Praktische Theologie
und empirische Religionsforschung

Veröffentlichungen der
Wissenschaftlichen Gesellschaft für Theologie
(VWGTh)

Band 39

Birgit Weyel / Hans-Günter Heimbrock / Wilhelm Gräb (Hg.)

Praktische Theologie und empirische Religionsforschung

EVANGELISCHE VERLAGSANSTALT
Leipzig

Bibliographische Information der Deutschen Nationalbibliothek
Die Deutsche Nationalbibliothek verzeichnet diese Publikation in der Deutschen Nationalbibliographie; detaillierte bibliographische Daten sind im Internet über http://dnb.dnb.de abrufbar.

Printed in Germany · H 7648

Das Buch wurde auf alterungsbeständigem Papier gedruckt.

Cover: Kai-Michael Gustmann, Leipzig
Satz: Steffi Glauche, Leipzig
Druck und Binden: Hubert & Co., Göttingen

ISBN 978-3-374-03369-0
www.eva-leipzig.de

Inhalt

Vorwort

Der vorliegende Band geht zurück auf die Arbeit der Projektgruppe »Empirische Religionsforschung« in der Wissenschaftlichen Gesellschaft für Theologie, die sich in den Jahren 2008 bis 2010 jährlich getroffen hat, um Fragen nach dem wissenschaftstheoretischen Verhältnis von Empirie und Praktischer Theologie grundsätzlich zu bedenken und konkrete Forschungsprojekte in ihrer Interdependenz von empirischer Wahrnehmung und Theoriebildung zu diskutieren. In der Projektgruppe haben vor allem Mitglieder der Fachgruppe Praktische Theologie mitgearbeitet. Darüber hinaus haben sich aber auch Kolleginnen und Kollegen der Empirischen Kulturwissenschaft, der Kirchengeschichte, der Religionspsychologie und der Religionssoziologie zusammengefunden, um ihre jeweiligen Perspektiven auf die Religion, ihren spezifischen Empiriebegriff und die historische Dimension als Zugang zum Gewordensein des Gegenwärtigen[1] ins Gespräch zu bringen. Von Anfang an waren auch Doktorandinnen und Doktoranden beteiligt, die den Werkstattcharakter der Tagungen mitgeprägt haben.

Die Projektgruppenarbeit in der Wissenschaftlichen Gesellschaft für Theologie ist turnusmäßig nach drei Jahren beendet. Die Arbeit wurde seitdem in einem informellen Arbeitskreis »Empirische Religionsforschung« durch jährliche Treffen 2011 und 2012 weitergeführt und soll in diesem Jahr 2013 durch die Gründung eines Vereins institutionell verstetigt werden. So gesehen liegt mit diesem Aufsatzband ein erster Ausschnitt an Ergebnissen der gemeinsamen Arbeit vor, die damit nicht jedoch abgeschlossen ist, sondern weiter voranschreiten soll.

Die Beiträge dokumentieren exemplarisch den gegenwärtigen Stand empirischer Forschung in der Praktischen Theologie. Im Hintergrund steht die jüngste Entwicklung der Praktischen Theologie, die mit der sogenannten »empirischen Wendung« seit den 1970er Jahren das Interesse der Praktischen Theologie auf die Wahrnehmung der gelebten Religion in ihren vielfältigen modernen Erscheinungsformen gerichtet und damit das von Gerhard Ebeling 1974 konstatierte »Wirklichkeitsdefizit der Theologie« als Herausforderung der Forschung angenommen hat. Im Interesse dieser Wahrnehmung ist ein Forschungszweig in der Praktischen Theologie entstanden, der in den verschiedenen Teildisziplinen der Praktischen Theologie Methoden empirischer Sozialforschung anwendet und weiterentwickelt. Mittlerweile hat sich an verschiedenen Forschungsstandorten in Europa auch ein sehr weites Feld der theologischen Religionsforschung

---

1 *Paul Drews*, »Religiöse Volkskunde«, eine Aufgabe der praktischen Theologie, in: Monatsschrift für die kirchliche Praxis 1 (1901), 1–8.

herausgebildet, in dem quantitative und qualitative Methoden zur Erhebung religiöser Einstellungen, Weltanschauungen und Lebensformen eingesetzt werden. Sie können Aufschluss über die lebensweltliche Situierung von Religion in der Alltagswelt, die Prägung religiöser Einstellungen und religiöser Praxen geben.

Empirische Religionsforschung trägt wesentlich dazu bei, Grundlagen für eine praktisch-theologische Wissenschaft zu schaffen, die – in allem theoretisch-theologischen Erkenntnisinteresse – an den Phänomenen orientiert bleibt. Dabei ist die Praktische Theologie nicht mehr nur Rezipientin empirischer Studien aus anderen Wissenschaften, um deren Ergebnisse auf ihre Handlungsfelder zu beziehen. Die Praktische Theologie als Subjekt der empirischen Religionsforschung ist seit einigen Jahren auch aktiv beteiligt, Forschungsfragen selbstständig zu generieren, Theoriekonzepte zu entwickeln und methodisch zu operationalisieren und damit den komplexen Zirkel von Forschungsfrage, Hypothesengenerierung, methodischer Reflexion, Feldforschung und Auswertung selbstständig zu durchschreiten. Darin liegt ein großer Gewinn für das Fach, da die Praktische Theologie ihren Praxisbezug verwissenschaftlicht hat und ihr methodisches Repertoire entschieden erweitern konnte. An die Stelle der intuitiven Beschreibungen treten wirklichkeitsgesättigte und transdisziplinär kommunikable Forschungsergebnisse. Hier kann die Praktische Theologie zum einen an die empirisch arbeitenden Sozialwissenschaften und die Sozialphänomenologie anknüpfen, zum anderen aber auch durch ihr profiliertes Verständnis vom Wesen der Religion und der Eigenart spezifisch religiöser Erfahrung in ihren unterschiedlichen, individuellen und gemeinschaftlichen Formen einen eigenständigen Beitrag zur empirischen Religionsforschung auch in interdisziplinärer Perspektive erbringen.

Die Arbeitsperspektiven der Projektgruppe lassen sich in vierfacher Hinsicht näher bestimmen. Sie bilden thematische Fokussierungen, die in den in diesem Buch versammelten Beiträgen immer wieder begegnen.

1. Am Anfang stand eine Bestandsaufnahme der empirischen Forschung aus allen Teildisziplinen der Praktischen Theologie sowie deren methodologischen Grundoptionen. Bereits abgeschlossene und im Entstehen begriffene Forschungsprojekte wurden im Rahmen der Projekttagungen vorgestellt und diskutiert. Auf diese Weise konnten eine Kartographie der Forschungsarbeiten in diesem Feld erstellt sowie Zusammenhänge und Anschlüsse zwischen den mit Einzelfragen befassten Forschungsarbeiten dargestellt werden. Gemeinsame Schnittmengen, die kritische Reflexion der ausgewählten Themen und die Erträge der jeweils angewandten Methoden, konnten in eine projektübergreifende Perspektive gerückt und auf einer neuen Ebene diskutiert werden.

2. Das Gespräch wurde in der Wechselseitigkeit zwischen Praktischer Theologie und benachbarten Wissenschaften möglich. Zum einen ging es dabei um die wechselseitige Information und einen Erkenntniszuwachs hinsichtlich der Forschungsstände und der Methodiken. Zum anderen aber ging es in diesen

Gesprächen auch darum, in eine Diskussion um das methodologisch jeweils zugrunde gelegte Wirklichkeits- und Religionsverständnis einzutreten. Die Frage nach dem in den konkreten Forschungsprojekten implizit und explizit zugrundeliegenden Religionsverständnis ist von zentraler Bedeutung. Praktische Theologie, aber auch die Religionswissenschaft, die Religionssoziologie und andere beteiligte Wissenschaften finden ihren Gegenstand, die religiöse Praxis, nicht einfach vor, sondern sie müssen ihn allererst zum Thema machen. Wenn sich also die Frage immer wieder neu stellt, was denn die Religion sei und wie man sie finden kann, dann ist das kein redundanter Exzess, sondern sachgemäßer Ausdruck der prinzipiell unabschließbaren Arbeit an einem empirisch gehaltvollen Begriff der Religion. Die Frage nach der ›gelebten Religion‹, ihren sich ständig wandelnden Erscheinungsformen und ihrer Emblematisierung in sozialen und kulturellen Praxen ist für jedes einzelne Forschungsprojekt von konstitutiver Bedeutung.

In einem engen Zusammenhang mit der Diskussion des Religionsverständnisses stehen auch die Überlegungen zum Erfahrungsbegriff. Lässt sich Erfahrung objektivieren und in welchem Verhältnis stehen objektivierbare und gelebte Erfahrung? Ein wesentliches Ergebnis der gemeinsamen Arbeit war es deshalb, aus der Einsicht in die Relationiertheit und die Kontextualität von Erkenntnissen im Erfahrungsfeld methodische Konsequenzen zu ziehen.

3. Weiter konnte umrissen werden, wie empirische Religionsforschung, die in theologischem Interesse durchgeführt wird, die Theologie insgesamt im interdisziplinären Gespräch der Wissenschaften erfahrungswissenschaftlich profilieren kann. Ansätze zu einer ›Empirischen Theologie‹ wurden diskutiert. Wenn christlicher Glaube von einem eigenständigen und offenen Wirklichkeitsverständnis bestimmt ist, dann hat dies in allen Disziplinen der Theologie Konsequenzen für den Umgang mit ihrem zentralen Gegenstandsbegriff wie »Erfahrung« oder »Wirklichkeit«. Empirisch arbeitende Theologie erhebt nicht den Anspruch, für das Ganze der Theologie zuständig zu sein. Aber sie verfolgt mit der Profilierung empirischer Zugänge zu den »Gegenständen« ein theologisches Gesamtinteresse.

Die empirische Religionsforschung in der Praktischen Theologie stärkt die Wahrnehmung eines vielschichtigen Spannungsverhältnisses zwischen einer normativ bestimmten religiösen Praxis und ihrer Empirie. Dabei versteht sich die Praktische Theologie nicht nur als Theorie der Wahrnehmung, sondern auch als eine Disziplin, die im Kontext der Theologie religiöse Praxis orientieren kann. Das Spannungsverhältnis zwischen einer normativ-theologischen und einer empirisch-religiösen Ausrichtung der Praktischen Theologie ist ein wichtiger Motor zur kritisch-konstruktiven Orientierung der kirchlichen Praxis.

4. Schließlich hat uns das Studium der Praktischen Theologie und die praktisch-theologische Ausbildung beschäftigt. Es ist deutlich geworden, dass Fragen der theologischen Bildung und Ausbildung in das Zentrum des wissenschaftli-

chen Selbstverständnisses zielen. Zwar wächst die Bedeutung der Praktischen Theologie, das Studium der Praktischen Theologie wird auch, so die Erfahrung der beteiligten Hochschullehrer und Hochschullehrerinnen, von Studierenden mit großem Interesse intensiver betrieben als früher. Eine Schwierigkeit des akademischen Studiums ist aber der Studienverlauf, der die Praktische Theologie an vielen Studienstandorten an das Ende des Studiums rückt und damit eine enge Anwendungsorientierung nahelegt, die dem Selbstverständnis einer eigenständigen Praxistheorie neben historischen und textbezogenen Zugängen entgegensteht. Eine weitere Schwierigkeit liegt darin begründet, dass Methoden der empirischen Forschung noch nicht Teil des akademischen Studiums sind, während sie aus der Forschung nicht mehr wegzudenken sind. Zwischen Forschung und Lehre klafft in dieser Hinsicht eine empfindliche Lücke, die nur durch eine schrittweise Integration empirischer Religionsforschung, beispielsweise im Zusammenhang von Praktika oder Lehrveranstaltungen, die empirische Methoden themenbezogen zum Gegenstand machen, partiell geschlossen werden kann.

Die Beiträge des Bandes sind nicht in eine strenge Systematik geordnet worden, sondern in drei Teilrubriken untergliedert. Im ersten Teil *I. Historische Anschlüsse* werden insbesondere die empirischen Wenden um 1800, 1900 und der 1960/70er Jahre und ihre jeweiligen zentralen Theoriekonzepte bearbeitet. Friedrich Schleiermachers empirisch-praktische Wissenschaftsbegründung, die mit der enzyklopädischen Begründung der Praktischen Theologie als eine eigenständige theologische Disziplin in enger Verbindung steht, ist der erste Beitrag von Wilhelm Gräb gewidmet. Paul Drews Konzept der »Religiösen Volkskunde« und der damit verbundenen Hinwendung zur »gelebten Religion« schließt sich in dem gemeinsamen Beitrag von Andreas Kubik und Cornelia Queisser an. Die »Religiöse Volkskunde« bildet eine gemeinsame historische Referenz, die die Praktische Theologie mit der Empirischen Kulturwissenschaft bis heute verbindet. Diese Bezüge treten in den Beiträgen von Angela Treiber und Ralph Winkle aus historisch-volkskundlicher und empirisch-kulturwissenschaftlicher Perspektive deutlich hervor. Hans-Günter Heimbrock rekonstruiert die vielfältigen Spuren und Herkünfte einer theologischen Empirieorientierung im 20. Jahrhundert und bezieht hier auch die internationale Forschung mit ein.

Der zweite Teil *II. Systematische Perspektiven* bietet Beiträge, die forschungstheoretische Zusammenhänge in den Blick rücken. Die Beiträge von Hans-Günter Heimbrock und Wilhelm Gräb sind dem Konzept der »gelebten Religion« gewidmet, das zum einen auf seine Wechselwirkungen mit dem Erfahrungsbegriff und zum anderen auf seine Bedeutung für die Praktische Theologie hin entfaltet wird. Birgit Weyel zeigt am Beispiel der Netzwerkanalyse, wie empirische Konzepte und Methoden sich wechselseitig bestimmen. Kristian Fechtner und Christian Mulia thematisieren gemeinsam die Kasualpraxis als ein anschauliches Beispiel für die konstitutive Bedeutung empirischer Forschung für die Theorie kirchlicher Praxis. Die Wahrnehmung der Perspektive der religiösen Akteure rückt die Frage nach ihrer Kompetenz in den Blick. Christoph Müller geht in seinem Beitrag der Frage nach, wie die Orientierung der theologischen Kompetenz in der kirchlichen Praxis zugunsten der Laiinnen und Laien erweitert werden kann. Kristin Merles Beitrag ist der Frage nach dem Sinn im Zusammenhang der Bestimmung von Religion und Leben nachgegangen. Im Rekurs auf Alfred Schütz und dessen Konzept von Phänomenologie entwickelt sie ihre Theorie in enger Beziehung auf die Alltagswelt und ihre religiösen Relevanzen.

Im letzten Teil *III. Methoden und Methodologie* fragt Christoph Morgenthaler nach dem Zusammenspiel der verschiedenen Methoden empirischer Religionsforschung. Die Anwendung mehrerer Methoden im Rahmen eines Projektes lässt nach ihrer Verbindung und damit ihrer Integration fragen. Lars Charbonnier und Peter Meyer stellen gemeinsam Überlegungen zur praktisch-theologischen Ausbildung und einer verbesserten Integration der empirischen Religionsforschung in Studium und Ausbildung an.

Nur ein Bruchteil der im Rahmen der gemeinsamen Tagungen gehaltenen Vorträge und Diskussionsbeiträge sind hier versammelt. Manche sind an anderen Orten zur Publikation vorgesehen, andere sind als Qualifikationsarbeiten mittlerweile publiziert. Der Band soll nur einen kleinen Auszug unserer gemeinsamen Arbeit dokumentieren und dabei gerade den Blick auf projektübergreifende Themen und weniger auf einzelne Forschungsergebnisse richten. Allen, die durch ihre Teilnahme, ihre Diskussionsbeiträge und Vorträge mitgewirkt haben, danken wir herzlich. Ihre Mitarbeit stellt eine wichtige Rahmenbedingung für das Zustandekommen des Bandes dar. Wir freuen uns, dass die gemeinsame Arbeit nicht beendet ist, sondern ihre Fortsetzung im Arbeitskreis »Empirische Religionsforschung« mit seinen jährlichen Treffen findet. Das Erscheinen dieses Buches ist uns aber auch ein Anlass, uns an die Gespräche, die Anregungen und den Gedankenaustausch dankbar zu erinnern. Dass man hart miteinander diskutieren kann und dennoch bzw. gerade deshalb freundschaftlich miteinander verbunden ist, ist eine sehr gute Erfahrung.

Schließlich danken wir noch denen, die an der Drucklegung des Bandes beteiligt sind: Dr. Kristin Merle (Tübingen) hat die bibliographischen Angaben vereinheitlicht und an die Reihenvorgaben angepasst, Janina Albrecht (Frankfurt am Main) hat die Beiträge Korrektur gelesen und Jennifer Marcen (Berlin) hat das Register erstellt. Wir danken dem Vorstand der WGTh für die Bewilligung der Projektgruppe und einen Zuschuss zu den Druckkosten.

Birgit Weyel (Tübingen)
Hans-Günter Heimbrock (Frankfurt am Main)
Wilhelm Gräb (Berlin)
im Mai 2013

I Historische Anschlüsse

Schleiermachers Konzeption der Theologie als empirisch-praktische Wissenschaft vom Christentum

Wilhelm Gräb

Friedrich Schleiermacher hat bekanntlich die Theologie insgesamt als eine die Praxis der Kirche orientierende »positive Wissenschaft« aufgefasst. Im gleichen Zuge wurde für ihn das Christentum zum empirischen Gegenstand der Theologie. In allen ihren Disziplinen sollte die Theologie auf das Christentum im Allgemeinen sowie auf eine bestimmte seiner kirchlich institutionalisierten Gestalten im Besonderen bezogen sein. Im Christentum und des Näheren in einer vor praktische Leitungsaufgaben stellenden christlichen Kirche findet die Theologie ihren empirisch gegebenen Gegenstand. So gesehen hat Schleiermacher die gedanklichen Voraussetzungen dafür geschaffen, nicht allein die Praktische Theologie, sondern die Theologie im Ganzen als die empirisch-praktische Wissenschaft vom Christentum aufzufassen.

Wenn die Theologie es heute in allen ihren gegenwartsorientierten Disziplinen als eine ihrer Aufgaben erkennt, Fragestellungen und Methoden der empirischen (Religions-)Forschung in ihre Arbeit zu integrieren, so hat sie allen Anlass, dies auf dem Hintergrund von Schleiermachers Auffassung der Theologie als »positiver Wissenschaft« zu tun. Des Näheren dürfte insbesondere die Praktische Theologie gehalten sein, sich an Schleiermachers Theologiekonzept zu orientieren. Denn es lag schon für Schleiermacher in der Bestimmung der Theologie als einer »positiven Wissenschaft«, dass sie auf das positiv gegebene Christentum eben zum Zwecke der mit seiner kirchlichen Gestalt gegebenen praktischen Aufgaben bezogen ist. Die empirische Forschung der Theologie steht für Schleiermacher durchgängig im Dienste von deren praktischer, auf die Kirchenleitung bezogener Ausrichtung. Ist die Theologie als Ganze eine empirisch-praktische Wissenschaft vom Christentum, so ist das Erfordernis zur empirischen Forschung mit der den Praxisbezug explizit thematisierenden und bearbeitenden Praktischen Theologie auf den Brennpunkt eingestellt.

Schleiermacher hat zugleich jedoch die Praktische Theologie, gerade weil der Praxisbezug implizit allen Disziplinen der Theologie inhärent ist, streng enzyklopädisch und damit in seiner intradisziplinären Vernetzung gedacht. Die empirische Erkundung des Christentums, einschließlich der Erfassung seiner gegenwärtigen kirchlichen Gestalt, sollte sie im Verbund mit Erhebungen zu den Erscheinungen des christlichen Lebens und seiner gegenwärtigen kirchlichen Lage leisten. Die Erfassung des gegenwärtigen Christentums, seiner Lehre und seines Lebens, seiner kirchlichen Verfassung und schließlich seiner Wirkungen auf Kultur und Gesellschaft, Staat und Wissenschaft fällt nach Schleiermacher in die »historischen« Disziplinen der Theologie. Die Empirie ist Aufgabe der Glaubenslehre, der christlichen Sittenlehre und schließlich der kirchlichen Statistik. Als zur »historischen Theologie« gehörig leisten diese Disziplinen somit auch die empirische Grundlegung der Praktischen Theologie. Denn diese hat, auf der Basis der Kenntnisse vom gegenwärtigen Zustand des kirchlichen Christentums und im Licht der normativen Bestimmung seines Wesens, die Kunstregeln für die Ausübung einer auf die Verwirklichung des wesentlich Christlichen ausgerichteten kirchlichen Praxis zu ermöglichen.

Diese intradisziplinäre Vernetzung der Praktischen Theologie mit den wissenschaftlichen Bemühungen um eine Empirie des Christentums wird im Folgenden genauer herausgearbeitet. Dabei soll auf die von Schleiermacher in Vorlesungen vorgetragene kirchliche Statistik, in der die Anfänge zu einer Religionssoziologie des Christentums gesehen werden können, ein besonderes Augenmerk fallen.

1 Die Praktische Theologie im Kontext der theologischen Disziplinen

Schleiermacher wurde nicht nur zum eigentlichen Begründer der Praktischen Theologie als einer für das Ganze der Theologie konstitutiven Disziplin, er hat die Praktische Theologie wie alle anderen Disziplinen der Theologie auch auf das empirische Christentum als den ihr vorgegebenen Gegenstand verwiesen. Noch sein nur wenig älterer Zeitgenosse, der Göttinger Theologieprofessor Gottlieb Jakob Planck (1751–1833), bezeichnete in seiner Enzyklopädie[1] die Praktische Theologie als »angewandte Theologie, Theologia applicata«[2]. Sie galt ihm im Grunde nicht als eigenständige Disziplin, weil sie keine sachhaltige theologische Erkenntnis hervorbringe. Als Homiletik, Katechetik und Pastoraltheologie war sie nach Planck lediglich mit der populären Vermittlung der von der theoretischen Theologie erkannten Religionswahrheiten befasst.[3]

---

[1] *G. J. Planck*, Einleitung in die Theologischen Wissenschaften, 2 Theile, Leipzig 1794/95. Schleiermacher hat dieses Werk herangezogen, als er zehn Jahre später in Halle zum ersten Mal über die theologische Enzyklopädie las.

[2] A. a. O. (Theil 1), 89.

[3] Vgl. a. a. O., 117.

Schleiermacher legte mit seinem enzyklopädischen Entwurf eine vollkommen neue Theologiekonzeption vor, die ihr entscheidendes Merkmal eben darin hatte, dass die Theologie insgesamt in ihrem Bezug auf die empirisch gegebene, hermeneutisch zu durchdringende und konzeptionell auszurichtende kirchliche Praxis gesehen wurde. Verbunden damit hat er dann auch der Praktischen Theologie den Status einer eigenständigen Disziplin zuerkannt. Er veröffentlichte seine Enzyklopädie 1811 in erster, 1830 in zweiter, stark überarbeiteter Auflage, als »Kurze Darstellung des theologischen Studiums«[4]. Darin formulierte er die christentumsgeschichtlichen, kirchlichen und wissenschaftlichen Konstitutionsbedingungen der Theologie. Er machte zudem die bis heute tragfähigen Konsequenzen für die Neubestimmung ihres Ortes an der Universität wie auch ihre disziplinäre Binnendifferenzierung erkennbar. Schleiermachers enzyklopädischer Entwurf sah erstmals eine »Philosophische Theologie« als Grundlagendisziplin vor. Er verlangt des Weiteren die Zuordnung der theoretischen Disziplinen der Theologie (Exegese, Kirchengeschichte, Dogmatik und Ethik) zur »Historischen Theologie«. Er intendierte schließlich eine den Praxisbezug der Theologie auf eigene disziplinäre Füße stellende »Praktische Theologie«.

In Schleiermachers Sicht der Dinge haben alle theologischen Disziplinen das kirchlich verfasste Christentum zum Gegenstand. Was sie zur Einheit der Theologie zusammenbindet, ist jedoch nicht nur dieser empirisch gegebene Gegenstand, sondern das spezifische Interesse, das sie an ihm nimmt. Dieses Interesse ist ein durchweg praktisches, die Befähigung zur kompetenten Leitung der christlichen Kirche. Die Leitung der christlichen Kirche muss in der Orientierung an ihrer Lehre geschehen, verlangt aber ebenso auch die Kenntnis ihrer Verfassung, ihrer Organisation und damit ihrer gesamten Lebensverhältnisse, also die Empirie der Kirche.

---

4 Vgl. Kurze Darstellung des theologischen Studiums zum Behuf einleitender Vorlesungen (1811), in: *F. D. E. Schleiermacher,* Universitätsschriften, Kritische Gesamtausgabe, Abt. I: Schriften und Entwürfe, Bd. 6, hg. von Dirk Schmid, Berlin u. a. 1998, 243–315; Kurze Darstellung des theologischen Studiums zum Behuf einleitender Vorlesungen. Zweite umgearbeitete Ausgabe (1830). Nebst den Marginalien aus Schleiermachers Handexemplar, in: A. a. O, 317–446. Im Folgenden abgekürzt KD. Sind Paragraphen angegeben, so beziehen sich diese Angaben auf die 2. Auflage.

2 Die Beziehung der Praktischen Theologie auf die kirchliche Statistik

Schleiermacher war der erste, der Vorlesungen zur kirchlichen Statistik[5] gelesen hat, mit denen er in Ansätzen bereits eine »Soziologie des Christentums«[6] zur Ausführung brachte. Diese kirchliche Statistik gehörte für ihn, zusammen mit der Glaubenslehre und der Christlichen Sittenlehre, zum weiten Feld der historischen Theologie, die mit allen ihren Teildisziplinen, von der biblischen Exegese angefangen, das Christentum in Geschichte und Gegenwart, mit seiner Lehre, mit seinem Leben und in seinen kirchlich verfassten Gestalten zur Darstellung zu bringen hat. In der »Kurzen Darstellung« schreibt Schleiermacher, die kirchliche Statistik sei die »Kenntniß des gesellschaftlichen Zustandes in allen verschiedenen Theilen der christlichen Kirche« und er fügt hinzu: In dem von der Statistik zu beschreibenden »Gesamtzustand einer kirchlichen Gemeinschaft unterscheiden wir die innere Beschaffenheit und die äußeren Verhältnisse«.[7] Auf beides zielt die kirchliche Statistik ab, zum einen auf die Beschreibung des inneren Lebens der Kirche, der Entwicklung der Frömmigkeit und ihrer Mitteilungspraxis, zum anderen auf die Beschreibung der Art und Weise, in der die Frömmigkeit eine gemeinschaftliche Gestalt gewinnt, sich Kirchen bilden, die jeweilige Kirche sich eine Verfassung gibt, sich in ihrem Verhältnis zu Staat und Gesellschaft, Kultur und Wissenschaft und zu anderen Kirchen wirksam erweist.[8]

Indem Schleiermacher das geschichtliche Christentum in seiner kirchlich organisierten Fassung einschließlich der praktischen Anforderungen, die die kirchliche Organisationsgestalt mit sich bringt, zum Gegenstand der Theologie gemacht hat, war im Grunde auch der Weg dahin gewiesen, diesen Gegenstand der Theologie mit empirischen Erhebungen zu erschließen. Die Frage jedenfalls,

---

[5] Vgl. *Ders.*, Vorlesungen über die kirchliche Geographie und Statistik, Kritische Gesamtausgabe, Abt. II, Bd. 16, hg. von Simon Gerber, Berlin u. a. 2005.

[6] *S. Gerber*, Kirchliche Statistik als Soziologie des Christentums, in: *A. Arndt/U. Barth/W. Gräb (Hg.)*, Christentum – Staat – Kultur. Akten des Kongresses der Internationalen Schleiermacher-Gesellschaft in Berlin, März 2006, Berlin u. a. 2008, 443–457. Simon Geber weist in diesem Aufsatz, wie auch schon in der Einleitung zu dem von ihm in der Kritischen Gesamtausgabe (KGA) herausgegebenen Band darauf hin, dass der Begriff der Statistik sich im 18. Jahrhundert im Deutschen als Lehnwort aus dem Französischen eingebürgert hatte und zunächst so viel wie Staatskunde, also die Beschreibung gegenwärtiger Staaten, vor allem ihrer politischen Verfassung, aber auch ihrer Größe, geographischen Beschaffenheit und Bevölkerungszahl, ihrer wirtschaftlichen und geistig-kulturellen Verhältnisse und ihrer Außenbeziehungen bedeutete. (Vgl. a. a. O., 443.)

[7] KD § 195, 232 (KGA 1/6, 394, 408).

[8] Vgl. KD § 234–241 (KGA 1/6, 408–410).

ob denn das Eigentliche der Kirche, der Glaube, der aus dem Wort Gottes kommt, mit empirischen Erhebungsverfahren überhaupt zugänglich gemacht werden kann, muss, sieht man die Dinge mit Schleiermachers Augen, als unangemessen erscheinen. Das Christentum ist eine Religionsgemeinschaft, eine Gemeinschaft des religiösen Gefühls. Sie kommt durch dessen interpersonale Mitteilung zustande und bildet mit dem Unterschied von Klerus und Laien dann auch eine Organisationsgestalt aus. Das ist die Kirche, die aber, aufgrund der geografischen, kulturellen und mentalen Verschiedenheiten, die alle menschlichen Gemeinschaftsbildungen, so auch die religiösen durchziehen, von Anfang an im Plural existiert. Schleiermacher hat dem Kirchenbegriff einerseits diese ethische bzw. kulturtheoretische Begründung gegeben und schon von daher einen Weg gebahnt, auf dem es nahelag, die Kirche als eine verfasste Religionsgemeinschaft auch statistisch-soziologisch zum Forschungsgegenstand zu machen.[9] Aber auch in theologischer Hinsicht sollten das Christentum und dessen verfasste Kirchengestalten durchweg als historisch-empirische Größen aufgefasst werden. Obwohl Schleiermacher an einem transhistorischen und damit göttlichen Ursprung des Christentums im Auftreten der Person Jesu – auf die das Christentum sich in allen seinen Entwicklungen und Gestalten zurückführt – festhielt, breitet sich für ihn das mit Christus kontingent auftretende »göttliche Prinzip« bzw. die durch Jesu Gottesverhältnis ursprünglich heraufgeführte Lebensform in der Menschheitsgeschichte und durch diese hindurch auf natürlich geschichtliche Weise aus. Was sich, von Christus ausgehend, in der Menschheitsgeschichte fortschreitend durchsetzt, kann man, so Schleiermacher, nach seiner Lehre beschreiben, was die christliche Glaubenslehre tut. Man kann es als Bestimmtheit einer Lebens- und Handlungsweise beschreiben, was Aufgabe der christlichen Sittenlehre ist. Und man kann dasjenige, was in der Menschheitsgeschichte mit dem Christentum zur Durchsetzung findet, auch im Blick auf die Gesamtheit der Wirkungen erfassen, die vom Christentum auf die Lebensverhältnisse, die Mentalitäten und Sinneinstellungen, die Alltagskultur, die gesellschaftlichen Institutionen, die religiösen Institutionen, die Kirchen, die Gesellschaft, den Staat und die Wissenschaft ausgehen. Das Christentum im Blick auf die Gesamtheit seiner realgeschichtlichen Wirkungen hin zu betrachten und die Daten zu erheben, die die Gesamtheit des christlichen Lebens in den verschiedenen Regionen dieser Welt beschreibbar macht, das heißt für Schleiermacher, zum einen Kirchengeschichte und zum anderen kirchliche Statistik zu betreiben. Bringt die Kirchen- bzw.- Christentumsgeschichte die Totalität der realempirischen Wirkungen des Christentums in der Vergangenheit zur Darstellung, so leistet die

---

9 Vgl. *F. D. E. Schleiermacher*, Ethik (1812/13), Das höchste Gut. Erster Teil, §§ 198, 209, 212, auf der Grundlage der Ausgabe von O. Braun, hg. u. eingel. von H.-J. Birkner, Hamburg 1981, 119–122.

kirchliche Statistik bzw. die Religionssoziologie des Christentums dies im Blick auf die Gegenwart.

Die Entwicklung der christlichen Lehre, wie sie die Dogmatik und Symbolik beschreiben, sollte Schleiermacher nicht genügen, weshalb es auch eine Unterbestimmung seines Begriffs der kirchlichen Statistik wäre, darin lediglich einen ersten Ansatz zur Kirchensoziologie oder gar nur der an den unterschiedlichen Lehren, Symbol- und Ritualpraktiken interessierten Konfessionskunde zu sehen. Dies alles ist zwar in seinem Konzept einer kirchlichen Statistik ebenso eingeschlossen wie die Frage nach der Kirchenverfassung und damit nach der Gestalt der Kirche als einer Organisation in der Gesellschaft. Aber zugleich bezieht sich dieses Konzept der kirchlichen Statistik eben auch auf die empirische Erhebung dessen, was im theologischen Verständnis von der Kirche deren Basis ausmacht, die Frömmigkeit, die individuell wie in der Gemeinschaft der Kirche gelebte Religion im Christentum.

Zum enzyklopädischen Gesamtentwurf Schleiermachers ist insofern zu sagen: Die Theologie, die im geschichtlichen Christentum ihren Gegenstand hat und sich zu dessen praktisch-kirchlicher Steuerung ausbildet, muss sich nach Schleiermacher jedenfalls des empirischen Phänomens der Religion bzw. der Frömmigkeit versichern und dieses empirisch gegebene Phänomen in seiner anthropologischen und geschichtlichen Bedeutung zu verstehen versuchen. Dazu braucht sie eine empirisch ausgelegte religionstheoretische Grundlegung, wie Schleiermacher sie in der »Philosophischen Theologie« vorgesehen hat. Neben die »Philosophische Theologie«, die Schleiermacher mit seinem Baum-Gleichnis als die »Wurzel« des theologischen Studiums bezeichnete, rückt dann die »Historische Theologie«, der es, von der biblischen Exegese über die Kirchengeschichte, bis hin zur Glaubenslehre, christlichen Sittenlehre und kirchlichen Statistik um die Kenntnis des empirischen Christentums als einem geschichtlichen Ganzen und in seinem gegenwärtigen Zustande geht. Sie bildet den »Stamm« des theologischen Studiums, während die »Praktische Theologie«, die die Umsetzung der theologischen Kenntnisse in die kirchliche Praxis reflektiert, zur »Krone« der Theologie erklärt wird.[10]

Die spezifisch neuzeitlichen Konstitutionsbedingungen der so konzipierten Theologie liegen dabei zum einen eben in ihrer durchgängig empirischen Orientierung – auch das Historische ist empirisch – und zum anderen in ihrer praktischen, berufsbezogenen Ausrichtung. Die Theologie ist nicht Lehre von Gott, sondern von einer »bestimmte(n) Glaubensweise«, also empirisch-herme-

---

[10] Vgl. KD, a. a. O., 253. Die Rede von der Praktischen Theologie als der »Krone des theologischen Studiums« (ebd.) findet sich allerdings nur in der 1. Auflage der KD. In der Zuordnung der Disziplinen hat Schleiermacher in der 2. Auflage jedoch keine Änderungen vorgenommen.

neutische Christentumstheorie. Als solche führt sie verschiedene Fächer zusammen, die allerdings ohne ihren Bezug auf die praktischen Anforderungen des kirchlich-religiösen Berufs auch den verschiedenen Fachbereichen der Philosophischen Fakultät zugehören könnten.

Trotz ihres konstitutiven Praxisbezuges hat Schleiermacher die Theologie von der Praxis des Christentums und seiner Kirchen aber zugleich unterschieden. Diese Praxis ist nicht Theologie, sondern empirische Religion, religiöse Praxis als christliche und kirchliche Praxis. Diese empirisch gegebene Praxis haben die Theologie als Ganze und in bestimmter Hinsicht dann die Praktische Theologie zu beschreiben, zu verstehen und kritisch zu reflektieren. Sie wird als diese empirisch-hermeneutische Wissenschaft vom Christentum nach Schleiermachers Auffassung allerdings erst notwendig angesichts bestimmter geschichtlicher Entwicklungsbedingungen, wie sie das Christentum durchlaufen hat: »Jeder bestimmten Glaubensweise wird sich in dem Maß, als sie sich mehr durch Vorstellungen, als durch symbolische Handlungen mitteilt, und als sie zugleich geschichtliche Bedeutung und Selbständigkeit gewinnt, eine Theologie anbilden.«[11] Solange die Religion in Symbolen und Ritualen lebendig, in die familiären und gesellschaftlichen Lebensbezüge unmittelbar eingelassen ist, noch keine Institutionen ausgebildet hat, die professionell gesteuert werden müssen, braucht es keine Theologie als empirisch-hermeneutisch verfahrende und die Praxis orientierende Wissenschaft. Diese ist erst dann erforderlich, wenn die Bedeutung von Symbolen und Ritualen strittig wird, wenn innerhalb der Glaubensgemeinschaft und erst recht in der Gesellschaft kein religiöser Konsens mehr vorausgesetzt werden kann. Wo sich eine Kirche als religiöse Organisation in der Gesellschaft bildet, dort wird es zu einer Theologie kommen. Diese ist dann freilich ein auf die empirisch gegebene Praxis ausgerichtetes, zu deren prinzipieller und historischer Deutung führendes, sowie in die praktische Disziplin auslaufendes Unternehmen.

Von einem eigenen Lehrstuhl für die Praktische Theologie wollte Schleiermacher dennoch abgesehen wissen. Sie sollte von den Professoren der historischen Disziplinen der Theologie mitversehen werden und Unterstützung durch hervorragende Prediger erfahren. Dies ist oft als eine angesichts der auf die kirchliche Praxis zielenden Theologiekonzeption Schleiermachers im Grunde unverständliche Herabsetzung der Praktischen Theologie gedeutet worden. Dabei wird jedoch übersehen, dass Schleiermacher zum einen eben die Theologie als Ganze auf die praktische Aufgabe des kirchlichen Handelns bezogen hat. Für Schleiermacher besaßen die Einheit der Theologie und die empirisch-hermeneutische Ausrichtung aller ihrer Fächer auf die kirchliche und christliche Praxis mehr Gewicht als die monodisziplinäre Spezialisierung der Lehrstühle.

---

11 KD § 2.

Alle Lehre und Forschung an der Theologischen Fakultät sollte die Aufgabe haben, Beiträge zu einer ebenso empirisch gesättigten, hermeneutisch aufgeklärten wie praxisförderlichen Theorie des Christentums zu liefern, in enger, intradisziplinärer Bezogenheit. Die Professoren sollten, der immer auch nötigen Spezialisierung unbeschadet, Professoren der *Theologie*, nicht jedoch Professoren nur eines ihrer Fächer sein. Das zeigt sich an der Struktur der wesentlich durch Schleiermacher geprägten Berliner Theologischen Fakultät, an der zwar die einzelnen Disziplinen ihre disziplinäre Eigenständigkeit gewinnen, nicht jedoch unbedingt mit jeweils eigenen Lehrstühlen ausgezeichnet werden sollten. So haben die neben Schleiermacher an die Berliner Theologische Fakultät Erstberufenen (de Wette, Marheineke, Neander) , obgleich in unterschiedlicher Breite, mehr oder weniger sämtliche theologischen Disziplinen gelesen. Vor allem Schleiermacher selbst hielt, bis aufs Alte Testament, Vorlesungen in allen Fächern der Theologie. Der Schwerpunkt seiner Lehrtätigkeit lag auf der (philologischen) Exegese des Neuen Testaments, die Spezialität, auf die er sich seiner Berufung gemäß besonders konzentrierte. Über das Neue Testament hinaus las er jedoch in der Theologischen Fakultät (Vorlesungen in der Philosophischen Fakultät kamen noch in jedem Semester hinzu) über Enzyklopädie, Dogmatik, Christliche Sitte, Kirchengeschichte, Kirchliche Geografie und Statistik, Hermeneutik, Praktische Theologie und (einmal und ausnahmsweise publice) Liturgik. Ebenso hatten alle anderen an die neu gegründete Theologische Fakultät Berufenen ihren disziplinären Schwerpunkt und lasen zusätzlich den Kursus in mehreren anderen Disziplinen, Marheineke auch in der Praktischen Theologie, zu der er dann sogar einen Gesamtentwurf veröffentlichte – was Schleiermacher nicht mehr gelang. Der Praktischen Theologie kommt aber ohne Frage eine wichtige Stellung in Schleiermachers weit verzweigtem Werk zu: Die Praktische Theologie las Schleiermacher von 1812 – 1833 insgesamt neunmal, zunächst 1812 vierstündig, danach immer fünfstündig. Sie war eine seiner meistgehaltenen Vorlesungen.[12] Die posthum herausgegebenen Vorlesungen und Nachlassstücke zur Praktischen Theologie haben einen Umfang von über 800 Seiten.[13]

---

[12] Vgl. *A. Arndt/W. Virmond*, Schleiermachers Briefwechsel (Verzeichnis) nebst einer Liste seiner Vorlesungen, Schleiermacher-Archiv, Bd. 11, Berlin u. a. 1992, S. 293–330. Vgl. auch *W. Virmond*, Schleiermacher als Dozent in der Berliner Universität, in: *G. Meckenstock (Hg.)*, Schleiermacher-Tag 2005. Eine Vortragsreihe, Göttingen 2006, 103–112.

[13] Leider liegt bislang von ihr keine kritische Ausgabe vor. Immer noch und bis auf Weiteres muss sich die Forschung mit der Kompilation von Vorlesungsnachschriften, die J. Frerichs 1850 veröffentlich hat, begnügen.

3 Die Praktische Theologie als empirisch fundierte und normativ reflektierte »Technik« kirchenleitenden Handelns

Die Zielsetzung, die Schleiermacher mit seinem in der Enzyklopädie entwickelten Theologieverständnis insgesamt, dann mit der Etablierung der Praktischen Theologie als »Theorie der Praxis«[14] verband, war die Überwindung des engen und im Grunde prinzipienlosen pastoraltheologischen Zuschnitts dieser Disziplin. Zu einer »zusammenstimmende(n) Leitung der christlichen Kirche«[15] nach Maßgabe ihres wesentlich christlichen, des Näheren protestantisch-christlichen Selbstverständnisses sollte die Praktische Theologie verhelfen. Entgegen einer unbedarften Handwerkslehre, die Schleiermacher in dieser Disziplin bislang vorherrschen sah, wurde es zur spezifischen Aufgabe der Praktischen Theologie in ihrer intradisziplinären Vernetzung, am Leitfaden der Bestimmung des Begriffs der Religion im Allgemeinen wie des Christentums im Besondern (Philosophische Theologie) und in Kenntnis des geschichtlich gegebenen Christentums, einschließlich einer genauen Beschreibung seiner gegenwärtigen kirchlich-gesellschaftlichen Lage (Historische Theologie, einschließlich der kirchlichen Statistik), ein zusammenstimmendes System kirchenleitender Handlungen zu entwerfen und eine einheitliche Theorie über die Grundsätze und Verfahrensregeln ihrer Ausführung aufzustellen.

Die Ausrichtung auf die »Technik« kirchenleitenden Handelns ist in Schleiermachers Sinn nur dann richtig verstanden, wenn man den Verweisungszusammenhang der so auf die Methodenreflexion ausgerichteten Praktischen Theologie in das Ganze seines enzyklopädischen Konzepts hinein im Auge behält. Dann nur wird deutlich, dass es Schleiermacher gerade um die Überwindung des pastoraltheologisch enggeführten Pragmatismus ging. Es sollten die methodisch zu reflektierenden Bereiche kirchlicher Praxis in einen sinnvollen Zusammenhang gebracht werden. Vor allem aber sollte in der Praktischen Theologie die Theorie der kirchlichen Praxis eben auf die Basis einer empirischen Erkundung und hermeneutischen Erschließung der kirchlich verfassten Religions- und Christentumspraxis gestellt werden.

Es ist zwar richtig, was in der Erinnerung an Schleiermachers Begründung der Praktischen Theologie als selbstständiger theologischer Disziplin vielfach

---

14 *F. D. E. Schleiermacher,* Die praktische Theologie nach den Grundsätzen der evangelischen Kirche im Zusammenhange dargestellt. Aus Schleiermachers handschriftlichem Nachlasse und nachgeschriebenen Vorlesungen hg. von Jacob Frerichs (Sämmtliche Werke, Abt. 1, Bd. 13, Bd. 8), Berlin 1850, photomechan. Nachdruck Berlin u. a. 1983 (im Folgenden: PTh), 12.

15 KD § 5.

betont wird, dass er der Praktischen Theologie in erster Linie die Methodenreflexion zugedacht hat. Als Kunstlehre sollte sie Regeln für den rechten Umgang mit den empirisch gesättigten Einsichten in die konkrete Lage und auch die wesentlichen Bestimmungen der Kirche entwickeln. Aber dabei wird vielfach genau die intradisziplinäre Vernetzung der Praktischen Theologie übersehen. Diese hat Schleiermacher immer mitgedacht und das meint eben, dass er das kirchenleitende Handeln, sowohl im Gemeindedienst wie in der Verantwortung für die Kirchengemeinschaft im Ganzen, einerseits an die von der Philosophischen Ethik zu erbringende Wesensbestimmung des Christentums und der evangelischen Kirche, andererseits an das im Durchgang durch die Historische Theologie bis hin zur kirchlichen Statistik zu erhebende Gesamtbild des christlichen Lebens zurückgebunden hat.

Ziel kirchenleitenden Handelns ist ja »die besonnene Einwirkung auf die Kirche, um das Christentum in derselben reiner darzustellen«[16]. Daran hat deshalb auch die praktische Theologie sich auszurichten. Sie muss den gegebenen Zustand der Kirche kennen (Empirie) und sie muss eine Vorstellung von dem haben, worauf hin dieser Zustand fortzubilden ist (normative Wesensbestimmung). Kennt sie den gegebenen Zustand, dann kann sie im Lichte dessen, was für das Christentum im Allgemeinen und die evangelische Kirche im Besonderen wesentlich und damit normativ verbindlich ist, diejenigen Methoden bzw. Kunstregeln entwickeln, die helfen können, dass das auf dem Wege empirisch-hermeneutischer Erkenntnis für das Christentum als wesentlich Erkannte in die Gestaltung der kirchlichen Verhältnisse einzubringen und das Wesentliche zu gesteigerter Durchsetzung finden zu lassen.

Weil in die Wesensbestimmung immer normative Implikationen eingehen, die aus der empirischen Feststellung des faktisch gegebenen Zustandes nicht abgeleitet werden können, sondern die im Grunde ein vom christlichen Leben selbst bereits getragenes kirchliches Wollen voraussetzen, deshalb ist die Praktische Theologie dann auch Sache derjenigen, in denen »kirchliches Interesse und wissenschaftlicher Geist vereinigt sind«[17]. Sie finden in die »besonnene Tätigkeit« derjenigen, die an einem guten Fortgang der kirchlichen Verhältnisse ein Interesse nehmen, zugleich aber auch theologisch gebildet sind. Sie verstehen deshalb, ihre Praxis »mit klarem Bewußtsein zu ordnen und zum Ziel zu führen«[18]. »Kunstregeln im engeren Sinne«[19], unterscheidet Schleiermacher eben deshalb von den »mechanischen« Künsten, den Handwerkskünsten, weil sie »Talent« und Bildung, die Verbindung empirischer Kenntnisse über die gegebene

---

[16] KD § 263.

[17] KD § 258.

[18] KD § 257.

[19] KD § 265.

Lage sowie normative Wesens- bzw. Zielreflexion voraussetzen und nur in Verbindung dieser beiden Hinsichten eine kompetente kirchenleitende Praxis erwarten lassen.[20] Die Fähigkeit zu einem der gegebenen Lage gemäßen wie auch am Wesen des Christentums bzw. der evangelischen Kirche ausgerichteten Handeln soll die Praktische Theologie als empirisch fundierte und normativ reflektierte Praxistheorie ermöglichen und mit den von ihr entwickelten Kunstregeln fördern.

Schleiermacher rechnete die Praktische Theologie denn auch wissenschaftssystematisch zu den Kunstlehren oder technischen Wissenschaftsdisziplinen. Sie teilt diese Zuordnung mit anderen Kunstlehren wie der Staatslehre, der Hermeneutik oder der Pädagogik. Alle diese Kunstlehren sind in ihrem Theoriestatus dadurch charakterisiert, dass sie auf handlungsorientierende Weise zwischen dem kategorialen Wissen um die konstitutiven Phänomene der menschlich-geschichtlichen Welt einerseits und ihrer empirischen Wahrnehmung andererseits zu vermitteln suchen. In der Beziehung der Idee auf den empirischen Befund entwerfen sie Verhaltensregeln, nach denen in den gegebenen Zustand einer Sache einzugreifen ist, geschichtliche Verhältnisse verbessert und nach Maßgabe bestimmter Kriterien verbessert werden können.

Schleiermacher war es wichtig, zu betonen, dass die Mittel kirchenleitenden Handelns dessen Zwecken angemessen sein müssen.[21] Deshalb wollte er im Blick auf die von der Praktischen Theologie aufzustellenden Regeln lieber von Methoden oder Kunstregeln sprechen als von Mitteln. Die aufzustellenden Regeln sollten nicht Mittel zum Zweck, sondern bereits Teil des angestrebten Zwecks sein.[22] Man könnte auch sagen, dass die Kunstregeln auf dem Wege schon realisieren sollen, was das Ziel des Weges in der sich selbst recht verstehenden evangelischen Kirche ist: Die »selbständige Ausübung des Christenthums«[23], eigene christlich-religiöse Urteils- und Handlungsfähigkeit, die Kompetenz zu christlicher Lebensdeutung und Lebensbewältigung. Schleiermacher sprach ebenso davon, dass kirchenleitendes Handeln »Seelenleitung«[24] sein soll, auf Verstehen und Verständigung fußende Einwirkung auf Geist und Gewissen, die kirchliche Praxis orientierende Theorie religiöser Kommunikation.

Schleiermacher hat gesehen, dass die Praktische Theologie dieser Zielbestimmung kirchlicher Praxis mit der Aufstellung ihrer Kunstregeln nur dienlich sein kann, wenn sie dies in möglichst genauer Kenntnis der gegebenen Lage der Kirche tut. Er hat des Weiteren mit der kirchlichen Statistik die empirische

---

20 Vgl. ebd.

21 Vgl. KD §§261ff.

22 Vgl. KD §263.

23 PTh S. 62.

24 PTh S. 40.

Erhebung von Daten zur kirchlichen Lage verlangt. Mit ihnen sollte die Beschreibung des Gesamtbildes der Kirche – ja, weit darüber hinaus – der gelebten Religion und des christlichen Lebens sowie der Gestalt der kirchlichen Gemeinschaft gewonnen werden können. Es ist insofern vollkommen angemessen, Schleiermacher nicht nur den Begründer der Praktischen Theologie als selbstständiger theologischer Disziplin, sondern auch den Initiator der Integration der empirischen (Religions-)Forschung in die Praktische Theologie zu nennen.

Paul Drews und die religiöse Volkskunde als Aufgabe der Praktischen Theologie

Andreas Kubik/Cornelia Queisser

1 Biographische Hintergründe

Paul Drews wurde am 8.5.1858 im erzgebirgischen Eibenstock als Sohn einer wohlhabenden Kaufmannsfamilie geboren.[1] Den »reellen Zug«, den ihm diese Herkunft gab, hat er zeitlebens betont. Sein Theologiestudium absolvierte er in Leipzig, wo er zum Hauskreis des jungen Harnack gehörte, und in Göttingen. Im weiteren Sinne kann Drews zur Schule Albrecht Ritschls, bei dem er studierte, gezählt werden.[2]

Nach dem Studium trat er 1883 in das Predigerkolleg St. Pauli in Leipzig ein, was damals vor der flächendeckenden Einführung von Predigerseminaren noch als besondere Auszeichnung galt. In dieser Zeit wurde er im Fach Kirchengeschichte promoviert.[3] Anschließend versah er für zehn Jahre Pfarrstellen zunächst in Burkau und dann in Dresden. In dieser Zeit begründete er mit seinen Studienfreunden Martin Rade, Wilhelm Bornemann und Friedrich Loofs die später berühmte Zweiwochenzeitschrift »Die christliche Welt«.[4]

Im Zuge des sogenannten Apostolikumsstreits, bei dem Drews auf der Seite der Verfechter der Lehrfreiheit stand, wurde seine Position in der Kirche zunehmend schwierig, und er entschied sich für eine akademische Laufbahn. Ab dem

---

1 Zur Biographie vgl. *W. Rudolph*, Paul Drews – der »Vater der evangelischen Kirchenkunde und religiösen Volkskunde«, Diss. theol. masch. Leipzig 1968.

2 Verlässliche einführende Überblicksartikel zum theologischen Ansatz Drews' bieten etwa *K. Eger*, Paul Drews' theologische Arbeit, in: Theologische Studien und Kritiken 90 (1917), 1–30; *C. Grethlein*, »Die Praktische Theologie lechzt nach Tatsachen ...«. Eine praktisch-theologische Erinnerung an Paul Drews, in: *U. Schnelle (Hg.)*, Reformation und Neuzeit. 300 Jahre Theologie in Halle, Berlin u. a. 1994, 377–397.

3 Vgl. *P. Drews*, Petrus Canisius, der erste deutsche Jesuit, Halle 1892.

4 Vgl. *J. Rathje*, Die Welt des freien Protestantismus. Ein Beitrag zur deutsch-evangelischen Geistesgeschichte, dargestellt an Leben und Werk von Martin Rade, Stuttgart 1952, 39–49.

WS 1894/95 wirkte er als Extraordinarius für Praktische Theologie in Jena. 1901 wurde er nach Gießen berufen, 1908 nach Halle, wo er am 1.8.1912 einem längeren Krebsleiden erlag. Interessierten Fachleuten ist er noch durch seine Studien zur Liturgiegeschichte bekannt.[5]

2 Die Ausgangserfahrung

Drews hat in einem – erst posthum erschienenen – Lexikonartikel auf seine theologischen Anfänge so zurückgeblickt: Theologischer Ausgangspunkt ist für ihn die »handgreifliche[] Erfahrung, daß die Ergebnislosigkeit vieler treuer pastoraler Tätigkeit zum guten Teil darauf zurückzuführen ist, daß der Pfarrer die Volksseele in ihrem Gesamtleben viel zu wenig kennt.«[6] Dass das Christentum Mühe hat, sich gegenüber einer autonomen Kultur verständlich zu machen, gehört zu den theologischen Grunderfahrungen spätestens seit der Aufklärung. Dass aber dieses Kommunikationsproblem damit zu tun haben könnte, dass man *selbst* in Theologie und Kirche die Adressaten kirchlichen Redens und Handelns nicht mehr versteht und deshalb an ihnen vorbei agiert, das ist ein Verdacht, der sich gegen Ende des 19. Jahrhunderts immer stärker aufdrängt.

Der Entdeckungszusammenhang dieses Grundproblems einer pastoralen Insuffizienz ist die ›soziale Frage‹ des 19. Jahrhunderts. Drews diagnostiziert ein beinahe vollständiges Versagen der Christenheit gegenüber den berechtigten Anliegen der Sozialdemokratie und ihrer Religionskritik, das »die Kirche fast um alles Zutrauen in den Arbeiterkreisen gebracht« hat.[7] Das ›Kennenlernen‹ der Arbeiterschaft bleibt ein Anliegen Drews'. Allerdings wird Drews in den folgenden Jahren klar, dass das hier namhaft gemachte Verstehensproblem wesentlich allgemeiner zu fassen ist: Die Theologie hat im Grunde *überhaupt* keinen rechten Begriff von den religiösen Anliegen, Vorstellungen und Einstellungen der Bevölkerung, weder innerhalb noch außerhalb der Kirche. Die Konstruktion der ›Lage‹, in der sich die Adressaten der kirchlichen Botschaft befinden, wird von der Theologie mit gänzlich unzureichenden Mitteln vorgenommen: Zumeist

---

[5] Vgl. *P. Drews*, Studien zur Geschichte des Gottesdienstes und des gottesdienstlichen Lebens, 5 Bde., Tübingen 1902 ff.

[6] *P. Drews*, Art. »Volkskunde, religiöse«, in: Religion in Geschichte und Gegenwart, Bd. 5, 1. Aufl., Tübingen 1913, 1746–1754: 1746.

[7] *P. Drews*, Können soziale Zustände ein Hindernis christlicher Charakterentwicklung sein? In: Die christliche Welt 8 (1894), 8–13: 12. Drews erhofft die Lösung der sozialen Frage von dem Wiedererstarken eines christlich-sozial motivierten Unternehmerethos; bis zu dessen flächendeckender Verbreitung optiert er vorsichtig für das Recht der Arbeiter auf Selbstorganisation, das aber in dem Moment seine Überflüssigkeit erwiese, in dem die christlichen Unternehmer gleichsam selbst zu den besten Arbeitnehmervertretern würden.

werden entweder lediglich Teilelemente der biblischen Anthropologie ohne jede Zwischenreflexion auf die Gegenwart übertragen, oder die führenden Personen in Kirche und Theologie beharren auf einem sozialkonservativ geprägten, der Moderne gänzlich unangemessenen Ständemodell der Gesellschaft. So redet die Theologie notwendig an den eigentlichen religiösen Nöten der Bevölkerung vorbei, was diese mit massenhafter – innerer oder äußerer – Abkehr von der Kirche quittiert. Die eigentliche Dramatik dieses Vorgangs um 1900 besteht darin, dass er zugleich Arbeiterschaft *und* Intelligenz betrifft.

Infolgedessen wird es zu Drews' praktisch-theologischem Hauptanliegen, schleunigst die »thatsächlichen Verhältnisse«[8] in den Blick zu nehmen. In diesem Zusammenhang fällt das entscheidende Stichwort: Die Theologie muss »das tatsächliche, empirische religiöse Leben«[9] erforschen, statt sich die ›Situation‹ der Menschen nach dogmatischen Vorgaben zu konstruieren. Dass dieses Anliegen möglichst breite Akzeptanz findet, ist für Drews die notwendige Voraussetzung dafür, dass die konstatierte pastorale Insuffizienz überwunden werden kann:

> »Erst wenn die praktische Theologie [...] dem künftigen Prediger und Seelsorger das dunkle Gebiet des empirischen religiösen und sittlichen Lebens aufgehellt hat, erst wenn ihm durch eine solche Darstellung das Auge für die wirklichen Lebenserscheinungen geöffnet ist, hat sie ihn, soweit sie es vermag, für seinen Beruf auf der Kanzel und in der Seelsorge wirklich vorbereitet.«[10]

Dieser Grundgedanke wird von Drews in der Folgezeit in ein konkretes Arbeitsprogramm überführt. Dies ist im Folgenden darzustellen.

3 Das Arbeitsprogramm zur Erforschung des empirischen religiösen Lebens

Drews hat in einem kurzen, aber wirkmächtigen Artikel[11], den jede(r) Theologiestudierende im Studium gelesen haben sollte, die drei Grundbegriffe seines Programms umrissen.

a) Mit der Forderung nach einer »religiösen Volkskunde« steht Drews einerseits in einer gewissen Nähe zur seinerzeit sich als Wissenschaft etablierenden

---

[8] *P. Drews*, Das Haus in unserer Zeit und in unserem Volke, in: Die christliche Welt 7 (1893), 553f.

[9] *P. Drews*, Dogmatik oder religiöse Psychologie? In: Zeitschrift für Theologie und Kirche 8 (1898), 134–151: 144.

[10] A. a. O., 146.

[11] *P. Drews*, »Religiöse Volkskunde«, eine Aufgabe der praktischen Theologie, in: Monatsschrift für die kirchliche Praxis 1 (1901), 1–8.

»Volkskunde«: Ausdrücklich bezieht er sich auf die Gebrüder Grimm und auf Wilhelm Heinrich Riehl als Vorläufer. Andererseits unterscheidet er sich in zwei gewichtigen Punkten deutlich von deren Bestrebungen: Erstens ist die »religiöse Volkskunde« nicht an der Idee der Nation orientiert, sondern ganz auf pastorale Berufsarbeit zugeschnitten. Und zweitens hält Drews es für eine bedenkliche Engführung, wenn die Volkskunde Riehls und anderer sich im Wesentlichen auf die Erkundung der bäuerlichen Bevölkerung konzentriert, weil sie diese für den ›Jungbrunnen der Nation‹ hält.[12] Von derlei Vorzugsoptionen ist Drews weit entfernt. Ziel der religiösen Volkskunde ist »eine wirkliche Kenntnis des gegenwärtigen religiösen Lebens innerhalb und ausserhalb der Landeskirchen.«[13] Mit ihr ist in etwa das gemeint, was heute als empirische Religionssoziologie oder als ›Religionsethnographie in der eigenen Gesellschaft‹[14] bezeichnet wird. Diese soll methodisch in enger Tuchfühlung mit der Sozialwissenschaft entworfen werden: »So werden wir bei der religiösen Eigenart einer Volksschicht die ethnographischen, die sozialen, die geschichtlichen Verhältnisse und Vorbedingungen energisch ins Auge fassen müssen.«[15]

Die Erhellung der religiösen Verhältnisse verlangt also einerseits gesichertes Tatsachenmaterial als Referenzpunkt, andererseits eine angemessene theologische Interpretation. Das eigentliche pastoraltheologische Ziel besteht daher nicht in der Vermittlung dieses oder jenes Wissensbestandes, sondern die religiöse Volkskunde soll dazu »anleiten, erziehen, dass der Geistliche fähig wird, [...] menschliche Art im Reiche der Religion zu verstehen«:[16] Sie findet ihre Erfüllung in der Ausbildung angemessener religionshermeneutischer Kompetenz. Zwar hat Drews seinen Verstehensbegriff nirgends ausführlich dargelegt, er lässt sich aber durchaus aus seiner Verwendung rekonstruieren, insbesondere dann, wenn man ihn vor dem Hintergrund des zeitgenössischen philosophischen Verstehensbegriffs – etwa eines Wilhelm Dilthey – liest.[17]

b) Als zweites Gebiet benennt Drews die evangelische Kirchenkunde. Der Ausdruck ist eine Anleihe bei Claus Harms, während das Anliegen von Drews grundsätzlich auf Schleiermachers »Kirchliche Statistik« zurückgeführt wird.[18]

---

[12] Vgl. *P. Drews*, Art. »Volkskunde, religiöse«, a. a. O. (Anm. 6), 1747 f.

[13] Vgl. *P. Drews*, »Religiöse Volkskunde«, a. a. O. (Anm. 11), 1.

[14] Vgl. *H. Knoblauch*, Qualitative Religionsforschung. Religionsethnographie in der eigenen Gesellschaft, Paderborn 2003.

[15] Vgl. *P. Drews*, »Religiöse Volkskunde«, a. a. O., 5.

[16] A. a. O., 6.

[17] So das Vorgehen von *C. Queisser*, Paul Drews' Programm einer empirischen Theologie, Diss. theol. Rostock 2013, 58–86.

[18] *F. D. E. Schleiermacher*, Kurze Darstellung des theologischen Studiums (1830/31), Darmstadt 1993, 89–96 (§§ 232–250). Dass die Theoriegeschichte der Kirchlichen Statistik und

Gemeint ist eine Disziplin, die dem Studenten der Theologie »ein klares Bild von Verfassung und äusseren Verhältnissen, Gemeindeleben und Vereinsthätigkeit, Liebesthätigkeit und gottesdienstlichem Leben, Ordnung und Sitte, Frömmigkeit und Sittlichkeit usw.«[19] innerhalb einer abgegrenzten kirchlichen Gegend bietet. Nach Drews' Wahrnehmung sind entsprechende Ansätze dazu in seiner Zeit in die regionale Kirchengeschichte verbannt, der aber immer die Gefahr droht, gar nicht bei der Gegenwart anzukommen. Daher fordert er eine strikte Aufgabenteilung und weist die empirisch zu gewinnende, zeitgenössische Überschau der praktischen Theologie zu.

c) Am schwierigsten zu deuten ist ein Teilgebiet, das Drews die »religiöse Psychologie«[20] nennt. Die besondere Schwierigkeit liegt darin, dass er einerseits scheinbar lediglich auf den mit Volldampf anfahrenden religionspsychologischen Zug aufzuspringen scheint,[21] andererseits seine programmatischen Schriften aber *vor* und darum unabhängig von den kurze Zeit später einflussreichen Schriften von William James, Edwin Starbuck, Sigmund Freud, u. a. erschienen.[22] Daher muss das, was Drews darunter versteht, textimmanent dargelegt werden. Die »Psychologie des religiös-sittlichen Lebens« ist dann erfolgreich, wenn »das religiös-sittliche Leben der Individuen in bestimmten Typen vorgeführt ist und die Bedingungen besonderen religiös-sittlichen Lebens zum klaren Bewußtsein gebracht sind.«[23] Die Aufgabe besteht also in Zweierlei: zum Ersten in einer Typenlehre der empirischen Frömmigkeit. Ist religiöses Leben nämlich zwar grundsätzlich als individuell anzusehen, so muss doch für eine Religionshermeneutik in psychologischer Hinsicht der *Typus* als Kategorie vermitteln, da die pure Individualität sich dem Verstehen entzieht. In kategorialer Hinsicht ist daher die Frage, wie solche Typen zu bilden sind, das vordringliche Problem. Zum Zweiten untersucht die ›religiöse Psychologie‹ die Einflussfaktoren bei der Entwicklung und Ausgestaltung individueller Religiosität. Als Beispiele solcher Faktoren nennt Drews Einflüsse aus »verschiedenen Altersstufen«, »sozialen Verhältnis-

---

Kirchenkunde indes viel reicher ist, als Drews suggeriert, weist sehr deutlich *W. Rudolph*, a. a. O. (Anm. 1), S. 68–86, nach.

[19] Vgl. *P. Drews*, »Religiöse Volkskunde«, a. a. O. (Anm. 11), 7.

[20] Ebd.

[21] Für einen Überblick vgl. *C. Henning*, Die Funktion der Religionspsychologie in der Protestantischen Theologie um 1900, in: *Ders./E. Nestler (Hg.)*, Religion und Religiosität zwischen Theologie und Psychologie, Frankfurt a. M. 1998, 27–78.

[22] Dass er diesen Umstand nicht bemerkt, macht den Hauptmangel von Henning bei seiner Einordnung von Drews aus, vgl. a. a. O., 50. Darüber hinaus führt die Verrechnung unter die Überschrift »Religionspsychologie im Dienste der Dogmatik« (a. a. O., 49) hinsichtlich Drews' in die Irre.

[23] *P. Drews*, Dogmatik oder religiöse Psychologie, a. a. O. (Anm. 9), 146.

sen«, aus »der dauernden Lebensbeschäftigung«, »aus der Macht der Sitte«, »aus dem Autoritätsbedürfnis u. s. w«.[24] Will man diese programmatischen Ausführungen hinsichtlich ihres Stellenwertes einschätzen, so ist einerseits richtig, dass Drews »hauptsächlich die individual-, sozial- und entwicklungspsychologischen Seiten« in den Blick nimmt, »womit insgesamt die kommende Entwicklung dieser Disziplin in Hauptzügen zumindest angedeutet wird«.[25] Andererseits hat Drews eine Typenlehre weder ausgeführt noch deren Bildung wirklich vorbereitet. Faktisch handelt es sich bei seinem Instrumentarium lediglich um die Sammlung von eher erfahrungsmäßig gewonnenen Determinanten der Frömmigkeit wie Region oder soziale Stellung.[26] Man wird also hinsichtlich dieses dritten Bereichs von einer besonders großen Differenz zwischen hochgradig plausibler programmatischer Begründung[27] und eher bescheidener eigener Umsetzung auszugehen haben. Gerade die Vagheit seiner eigenen Ausführung macht es indessen erklärlich, dass Drews später ein Werk wie William James' *Varieties of Religious Experience*[28] umstandslos als seine Grundidee unterstützend ansehen konnte.[29]

d) Nach einem neueren Urteil gab Drews der Praktischen Theologie mit der Forderung nach diesen drei neuen Fachgebieten »einen bis heute noch nicht eingelösten Impuls zu historisch fundierter, empirischer Arbeit.«[30] Allerdings habe er es unterlassen, »das genaue Verhältnis dieser Fächer untereinander ein-

---

24 Ebd.

25 *V. Drehsen*, Neuzeitliche Konstitutionsbedingungen der Praktischen Theologie, Gütersloh 1988, Bd. 1, 495. Drehsens Arbeit ist die bislang beste Darstellung der Theologie Paul Drews'.

26 Das zeigt sich etwa bei seiner in anderer Hinsicht nach wie vor äußerst erhellenden Studie: *P. Drews*, Zur Psychologie des Kirchenbesuchs, in: Deutsch-Evangelisch. Monatsblätter für den gesamten deutschen Protestantismus 2 (1911), 27–42.

27 »Denn wir Menschen sind, sowohl was die einzelnen Individuen, als auch was die gesonderten Gesellschaftsgruppen anlangt, durchaus nicht in ein- und derselben Weise fromm« (*P. Drews*, »Religiöse Volkskunde«, a. a. O. [Anm. 11], 2). So weit wir sehen, ist es bis heute nicht zu einer allgemein anerkannten Frömmigkeitstypologie gekommen. Ansätze in diese Richtung bieten etwa entwicklungspsychologische Stufentheorien oder die derzeit gängigen sozialpsychologischen religiösen Milieustudien.

28 Drews benutzte vermutlich diese Ausgabe: *W. James*, Die religiöse Erfahrung in ihrer Mannigfaltigkeit: Materialien und Studien zu einer Psychologie und Pathologie des religiösen Lebens (1902), übersetzt von G. Wobbermin, Leipzig 1907. Die derzeit gängige Übersetzung: Die Vielfalt religiöser Erfahrung, übers. von E. Herms und C. Stahlhut, 3. Aufl., Frankfurt 1997.

29 Vgl. *P. Drews*, Das Problem der praktischen Theologie, Tübingen 1910, S. 67.

30 *C. Grethlein*, Art. »Drews, Paul«, in: Religion in Geschichte und Gegenwart, Bd. 2, 4. Aufl., Tübingen 1999, Sp. 988.

deutig zu bestimmen«.[31] Dieses Urteil trifft zu; in der Tat sind die wenigen Ausführungen Drews' zur Verhältnisbestimmung uneinheitlich. Allerdings lässt sie sich durchaus nachträglich rekonstruieren. Man wird hier zwei Perspektiven unterscheiden können. Geht man von einer wissenschaftssystematischen Betrachtung aus, so ist die »religiöse Volkskunde« sicherlich die umfassendere Disziplin. Die »Kirchenkunde« ist als ein wichtiges Teilgebiet anzusehen, während die »religiöse Psychologie« für beide als ein Hilfsmittel zu stehen kommt. Ist die Perspektive hingegen an der pastoraltheologischen Aufgabenstellung orientiert, so ist die »Kirchenkunde« das eigentlich wichtige Wissensgebiet, zu dem die »religiöse Volkskunde« lediglich als umfassenderer Thematisierungsrahmen dient.

e) Drews hat zur Volkskunde wie zur Kirchenkunde selbst empirisch gearbeitet. Seine Themenfelder seien hier kurz vorgestellt.

- Drews war ein exzellenter Kenner der Literatur zu Religionsfragen in der *Arbeiterschaft*, wenn er sich auch nicht selbst mit eigenständigen Forschungen hervorgetan hat. Dieses Themenfeld bleibt für ihn zeitlebens höchst relevant.[32]
- Ähnliches gilt für die religiöse Volkskunde der *bäuerlichen Bevölkerung*, wobei Drews aufgrund seines theologischen Interesses von jeder Apologetik der angeblichen ›Schollennähe‹ des Bauernstandes oder seiner Glorifizierung als ›Jungbrunnen der Nation‹ vollkommen frei ist.[33]
- Ein eigenständiger Forschungsbeitrag liegt vor zur Kunde *freireligiöser Gemeinden*.[34] Neben einer umfassenden Literaturrecherche basiert die Darstellung vor allem auf Interviews mit den Leitern und Predigern dieser Gemeinden, sowie brieflichen Umfragen.
- Die wichtigsten Ergebnisse hat Drews auf dem Gebiet der *evangelischen Kirchenkunde* erzielt.[35] Seine Forschungen sind von einer Gründlichkeit und Vollständigkeit, dass das neuere Urteil immer noch in Geltung steht: »Unverzichtbar bleiben die von Paul Drews [...] betreuten religionssoziologischen Erhebungen zum ›kirchlichen Leben der deutschen evangelischen Landeskirchen‹.«[36]

---

[31] Ebd.

[32] Vgl. *P. Drews*, Die Kirche und der Arbeiterstand, Göttingen 1909.

[33] Vgl. vor allem *P. Drews*, Das Abendmahl und die Dämonen, in: Hessische Blätter für Volkskunde 4 (1905), 176–204; *ders.*, Zur Psychologie des Bauerntums, in: Monatsschrift für die kirchliche Praxis 6 (1906), 20–30.69–74.

[34] Vgl. *P. Drews*, Die freien religiösen Gemeinden der Gegenwart, in: Zeitschrift für Theologie und Kirche 11 (1901), 484–527.

[35] Vgl. neben der berühmten, nicht überholten Kirchenkunde Sachsens die bereits erwähnten Studien über den Abendmahlsbesuch und die Psychologie des Kirchenbesuchs.

[36] *G. Hübinger*, Kulturprotestantismus und Politik, Tübingen 1994, 75f.

f) Was macht nach Drews den wissenschaftlichen Charakter dieser drei Gebiete als Teil der praktischen Theologie aus? Nach seiner Beobachtung bildet sich im Laufe der pastoralen Amtszeit zwar immer wieder eine realistische Auffassung von den Adressaten kirchlichen Handelns aus. Aber dieser Prozess – sofern er überhaupt erfolgreich verläuft – geschieht in der Regel unter großen Mühen und auf vielen unproduktiven Umwegen. Und selbst dann bleibt er an die individuelle Perspektive des Einzelnen gebunden. Diese soll in der Praktischen Theologie überwunden werden durch eine möglichst umfangreiche Materialsammlung und -ordnung: »Wir müssen nur eben auf all' diesen Punkten über zufällige, persönliche, vereinzelte Beobachtungen und Meinungen empor zu festen Gesetzen fortschreiten.«[37] Um diesen Fortschritt aber plausibel werden zu lassen, muss die Frage nach den Methoden der Datengewinnung beantwortet werden.

4 Die Methodenfrage

»[W]ie ein unentdecktes Land liegt z. T. die Religion unseres eigenen Volkes vor unseren Augen. [...] Die praktische Theologie lechzt nach Thatsachen, Wirklichkeiten.«[38] Die Frage ist einmal, wie diese Tatsachen überhaupt zugänglich sind, und zweitens, ob und in welchem Sinn sie überhaupt als ›Tatsachen‹ anzusehen sind.

Methodologische Überlegungen zum empirischen Forschen finden sich bei Drews nicht. Gleichwohl ist die Datenerhebung auf eine erstaunlich breite methodische Basis gestellt. Mindestens fünf verschiedene Methoden sind von Drews erwähnt bzw. selbst angewandt.

a) Primäre Quelle ist die eigene pastorale Erfahrung, daneben aber auch das literarische Medium der *schriftlichen Pfarrererinnerung*. Dieser Punkt ist deswegen so wenig trivial, weil der Pfarrbesuch (Kasualgespräche, Seelsorge, Geburtstagsbesuche usw.) eine beinahe singuläre institutionalisierte Kontaktstelle zwischen verschiedenen Gesellschaftsschichten bedeutet. Kaum ein anderer Beruf hat in gleicher Weise Zugang zu den unterschiedlichsten Bevölkerungsgruppen.

b) Ist in der vor allem an der ländlichen Bevölkerung interessierten allgemeinen Volkskunde das ›Erwandern‹ ganzer Landstriche geübt worden, so müssen im urbanen und proletarischen Milieu gezielte *»Studienreisen«*[39] an dessen

---

[37] *P. Drews*, »Religiöse Volkskunde«, a. a. O. (Anm. 11), 5.

[38] A. a. O., 4.

[39] *P. Drews*, »Ehre geht selbst dem armen Manne über Brot«, in: Die christliche Welt 4 (1890), 66–70: 67. Drews' Vorbild für die Schilderung solcher Reisen ist *J. Post*, Musterstätten

Stelle treten. Auf ihr macht sich der Forscher ein eigenes Bild und kommt an verschiedenen Orten mit den Akteurinnen und Akteuren ins Gespräch.

c) Ein noch näheres Herankommen an die zu erforschenden Menschen ermöglicht das Eintauchen in ihren Lebens- und Arbeitsalltag. Der berühmte Bericht des Theologen Paul Göhre über seine Monate als Fabrikarbeiter[40], den Drews als gelungenes Beispiel anführt,[41] kann im Grunde als eine *Frühform der Feldforschung* bezeichnet werden, wenn er sich von einer ›teilnehmenden Beobachtung‹ auch dadurch unterscheidet, dass die beobachtende Perspektive zugunsten einer wirklichen Teilhabe an den Lebensbedingungen aufgegeben werden soll.

d) Den gelernten Kirchenhistoriker verrät am ehesten die Methode der gründlichen Auswertung *schriftlicher Quellen*, wozu auch Klein- und Kleinstliteratur wie Kirchenvorstandsprotokolle, kirchliche Jahresberichte, Gemeindevorträge und anderes gehört.[42] Als besonders fortschrittlich erscheint hier der Versuch, sich in hohem Maße auf *Selbstzeugnisse* der zu untersuchenden Bevölkerungsgruppen zu stützen.[43]

e) Drews hat intensiv daran mitgewirkt, die Datenerhebungsmethode der *Fragebögen* zu befördern. Dabei ist noch nicht eigens zwischen quantitativem und qualitativem Ansatz geschieden; die Fragen können entweder auf statistisch auswertbares Zahlenmaterial – wie etwa Gottesdienstbesucher oder Abendmahlsteilnehmende – oder auf ausführlichere schriftliche Antworten von Akteuren abzielen.[44]

Seit Längerem kursiert der Vorwurf, die ›Moderne Theologie‹ um Drews verfüge über »noch gar kein eigentliches wissenschaftlich-empirisches Instrumentarium«[45]. Diese Auskunft muss als Fehlurteil angesehen werden. Ordnet man den Methodenkatalog in die Geschichte der sozialwissenschaftlichen Methodik ein, so ergibt sich vielmehr das Bild, dass Drews und seine Mitstreiter nicht nur

persönlicher Fürsorge von Arbeitgebern für ihre Geschäftsangehörigen. Erster Band: Die Kinder und jugendlichen Arbeiter, Berlin 1889.

40 Vgl. *P. Göhre*, Drei Monate Fabrikarbeiter und Handwerksbursche. Eine praktische Studie, Leipzig 1891; neu hg. von J. Brenning/C. Gremmels, Gütersloh 1982.

41 Vgl. *P. Drews*, »Religiöse Volkskunde«, a. a. O. (Anm. 11), S. 4.

42 Vgl. *P. Drews*, Das kirchliche Leben der Evangelisch-lutherischen Landeskirche des Königreichs Sachsen, Tübingen/Leipzig 1902, IXf.

43 Vgl. *P. Drews*, Art. »Volkskunde, religiöse«, a. a. O., Sp. 1752.

44 Vgl. *P. Drews*, Das kirchliche Leben, a. a. O. (Anm. 42), IX. Hinzuweisen ist hier auch auf die Schrift von *M. Schian*, Der gegenwärtige Stand der Gemeindeorganisation in den größeren Orten Deutschlands. Auf Grund einer von P. Drews veranstalteten Umfrage, Leipzig 1913. Dort ist auch ein von Drews verwendeter Fragebogen abgedruckt (7f).

45 *H. von Bassi*, Otto Baumgarten. Ein »moderner Theologe« im Kaiserreich und in der Weimarer Republik, Frankfurt a. M. 1988, 351.

versuchten, mühsam den methodischen Standards ihrer Zeit gerecht zu werden, sondern dass sie diese energisch selbst mit vorantrieben. Nicht zuletzt aus diesem Grund ist Drews eine feste Referenzgröße, wenn es um die Geschichte der empirischen Religionssoziologie geht.[46]

Damit zu der intrikaten zweiten Frage: In welchem Sinne sind die erhobenen Daten als ›Tatsachen‹ anzusprechen? Es könnte so scheinen, als schließe sich Drews hier unkritisch an die Positionen eines Empirismus und Positivismus an, wonach Tatsachen »das unverarbeitete, nicht durch Deutungen und Hypothesen affizierte Grundmaterial der Erkenntnis«[47] darstellen. Doch die textimmanente Deutung seiner Verwendung des Ausdrucks spricht eine andere Sprache. Dazu ein Beispiel: Am Ende einer historisch-statistischen Untersuchung über den Abendmahlsbesuch in Sachsen resümiert Drews im Anschluss an den kirchlichen Statistiker Paul Pieper:

> »›Die Bevölkerung teilt eben nicht mehr in früherem Grade die Wertlegung auf das Sakrament, oder hält sein Erfordernis zum Heil nicht für ein unbedingtes, wie es die Kirchenlehre ihres Landes nicht glauben läßt‹ […]. Mit dieser Thatsache muß die Theologie rechnen, die praktische so gut wie die systematische und die historische.«[48]

Es ergibt sich, dass der Ausdruck »Thatsache« von Drews auch für hochinterpretative Sachverhalte gebraucht werden kann. Dies bestätigt nur die hermeneutische Grundorientierung seines Ansatzes. Daraus könnte man nun weiterhin schließen, dass hier im Grunde eine höchst unvorsichtige Etikettierung komplexer Umstände vorliegt und mithin Drews' Suche nach Tatsachen zu denjenigen »methodologisch recht naiven Prinzipien«[49] zu zählen wäre, auf denen seine empirische Arbeit angeblich aufruht. Doch was spricht eigentlich dafür, bei einem Schüler Ritschls und Harnacks eine derartige methodologische Naivität anzunehmen?

Weit näher liegt daher eine ganz andere Deutung. Der Ausdruck »Thatsache« impliziert bei Drews in Wahrheit keine These über den epistemologischen Status eines Satzes, sondern markiert so etwas wie ein theologisches Postulat. Es steht gar nicht im strengen Sinne der Tatsachencharakter des genannten Sachverhalts

---

[46] Vgl. etwa *F. Fürstenberg*, Problemgeschichtliche Einleitung, in: *Ders.* (Hg.), Religionssoziologie, Neuwied/Berlin 1964, 20f.

[47] *W. Halbfass*, Art. »Tatsache I«, in: Historisches Wörterbuch der Philosophie, Bd. 10, Basel 1998, Sp. 910–913: 911.

[48] *P. Drews*, Der Rückgang der Kommunikanten in Sachsen. Ein geschichtliche Studie über kirchliche Sitte, in: Zeitschrift für Theologie und Kirche 10 (1900), 148–166: 166.

[49] *H.-G. Heimbrock*, Frömmigkeit als Problem der Praktischen Theologie, in: Pastoraltheologie 71 (1982), 18–32: 21.

zur Debatte, auch wenn der Ausdruck »Thatsache« natürlich eine Unstrittigkeitsimplikation mitführt. Es geht vielmehr darum, seine theologische Bedeutsamkeit, seinen Folgenreichtum für die Praktische Theologie auszusagen: Die »Thatsache«, um die es hier geht, ist die *Tatsache, die nicht ohne Folgen bleiben kann* für das kirchliche Handeln. Um im Beispiel zu bleiben: Die These, dass der Abendmahlsbesuch für die meisten Gläubigen um 1900 keine Frage der Heilsnotwendigkeit mehr darstellt, ist einerseits deshalb Ausdruck einer »Thatsache«, weil sie den Anspruch auf Unstrittigkeit erhebt – und man darf vermuten, dass der Sachverhalt selbst in der Tat den damaligen Diskutanten nicht strittig war. Sie ist es aber andererseits auch deshalb, weil für die Praktische Theologie daraus gewichtige Folgen zu ziehen sind. Die empirisch (das heißt eben auch: interpretativ) zu erhebenden »Thatsachen« sind so etwas wie die vorgegebenen, der theologischen Konstruktivität entzogenen Handlungsdeterminanten der Pastorenschaft. Die eigentliche These Drews' besteht darin, dass diese bislang durch die Fixierung auf Bibelexegese und herkömmliche Dogmatik geradezu planmäßig ausgeblendet wurden.

Mit diesen Ausführungen deutet sich bereits an, dass das Plädoyer für eine empirisch orientierte Theologie nach Drews nicht ohne Folgen für den Aufbau des theologischen Studiums bleiben kann. Seine diesbezüglichen Forderungen seien im Folgenden dargestellt.

5 Folgen für die Studienreform

Drews' Plädoyer für eine empirische, gegenwartsorientierte Ausrichtung mündet in die Forderung nach einer Reform des theologischen Studiums. Diese bezieht sich zunächst intern auf den Bereich der Praktischen Theologie. Zweierlei moniert Drews: Zum einen entspricht ihr curricularer Zuschnitt nicht ihrem Gegenstand. Weder darf sie sich selbst als historische Wissenschaft begreifen, noch darf sie in deduktiv-systematisierender Weise ihre Inhalte aus Prinzipien ableiten wollen.[50] Der eigentliche Gegenstand der Praktischen Theologie ist vielmehr das gegenwärtige Leben der »empirischen Kirche«[51] im Kontext der gesamtkulturellen Entwicklungen. Sie findet ihre Gegenstände mithin stets vor und gibt sie sich nicht selbst. Hieraus folgt zunächst die Forderung nach einer gesteigerten Wahrnehmungskompetenz: »Das gegenwärtige [scil. religiöse] Leben will in seiner Eigenart nach jeder Seite hin berücksichtigt werden.«[52] Selbstverständlich weiß der gelernte Kirchenhistoriker, dass zur angemessenen Er-

---

50 Vgl. *P. Drews*, Das Problem der praktischen Theologie, a. a. O. (Anm. 29), 20–42.

51 A. a. O., 26.

52 A. a. O., 36.

fassung eines Ist-Zustandes dessen Gewordensein mit hinzugehört und warnt vor der »unverständigen Verurteilung alles Historischen in dieser Disziplin.«[53] Wofür er plädiert, ist aber eine entschlossene Akzentverlagerung von historischen und theoretisch-ekklesiologischen auf gegenwartsdiagnostische Leitgesichtspunkte. Religiöse Volkskunde, religiöse Psychologie und evangelische Kirchenkunde müssen integrale Bestandteile der Ausbildung der Praktischen Theologie werden.

Der andere Kritikpunkt besteht in dem Vorwurf eines ungeklärten Adressatenbezugs. Die universitäre Ausbildung ist gerade da, wo sie meint, besonders praxisnah zu sein, im Grunde höchst ineffizient: in den homiletischen, katechetischen und poimenischen Veranstaltungen. Diese müssen, da sie nicht den Lebenskontext der Studierenden treffen – die allenfalls mal eine Stunde den Ernstfall ›spielen‹ dürfen –, gänzlich umstrukturiert werden. Alle technischen, rhetorischen, didaktischen usw. Gesichtspunkte sind nach Drews' Meinung gänzlich für die flächendeckend einzuführenden Predigerseminare aufzuheben; an der Universität sind lediglich die prinzipiellen Gesichtspunkte zu erörtern. Den Hauptanteil des praktisch-theologischen Studiums müssen hingegen Methode und Inhalt der empirisch orientierten Theologie bilden. Wenn Drews schreibt, gerade daran leide »unsere übliche Praktische Theologie, daß sie zu wenig empirisch und zu stark theoretisch [...] geartet ist«[54], so ist das keine Volte gegen den am Ort notwendigen theoretischen Komplexitätsgrad, sondern eine Kritik an solchen abstrakten Inhalten, die ›bloß theoretisch‹ sind in Bezug auf den Erkenntnisgegenstand der Praktischen Theologie.

Die Akzentverlagerung in der Praktischen Theologie wird dann aber auch zum Motor einer Reform des theologischen Studiums insgesamt. »Alles soll hinzielen auf die Gegenwart, auf die Aufgaben, die Nöte, auf das Verständnis der Gegenwart, insbesondere der Kirche von heute.«[55] Tatsächlich beobachtet er aber eine ganz andere Tendenz, nämlich eine immense inhaltliche Ausweitung vor allem hinsichtlich des historischen Stoffs. Hier sieht Drews die Grenze der studentischen Belastbarkeit erreicht. Mag man einerseits mit guten Gründen die Ausweitung des erforderlichen Wissens fordern, so muss man doch angeben, was man auf der anderen Seite weglassen kann. Es ist höchst instruktiv, wie Drews »eine kleine Statistik über das Anwachsen unsres Studiums«[56] vorführt und eine »Tendenz, das ganze Studium nur als Examensstudium zu treiben«[57], diagnostiziert. Allen theologischen Disziplinen obliegt also dringend die Aufgabe

---

53 A. a. O., 41.

54 A. a. O., 57.

55 A. a. O., 11.

56 A. a. O., 2f.

57 A. a. O., 5.

der Selbstbeschränkung und der geschickten didaktischen Reduktion. Wie die fachinterne Selbstbeschränkung in der Praktischen Theologie aussehen könnte, hatte Drews vorgeführt. Er fordert Gleiches aber auch von den anderen Fächern. Drews sieht hier insbesondere die Fächer Altes Testament und Kirchengeschichte in der Pflicht.[58]

Es sei die Zwischenbemerkung gestattet, dass Drews' Überlegungen 100 Jahre später geradezu schreiend aktuell wirken. Das Studium wurde weiter ausgeweitet – Drews beklagte Studiendauern von neun [!] Semestern –, Forderungen nach Studienverkürzung ergehen von bildungspolitischer und prüfungsamtlicher Seite, sind aber durch keine inhaltliche Studienreform abgedeckt, d. h. sie gehen einseitig zulasten der Studierenden. Zugleich wird vonseiten der Pfarrer- und Lehrerschaft mit Recht angefragt, inwiefern das verhandelte Wissen tatsächlich zur kompetenten Lösung von Berufsaufgaben beiträgt. Und schließlich klagt der theologische Lehrkörper wie vor 100 Jahren, dass es kaum gelinge, »den wissenschaftlich theologischen Geist in weitere Kreise der Studierenden zu pflanzen«.[59] Anstatt dies allerdings auf kulturpessimistische Einschätzungen – sei es die Säkularisierung, sei es die Feminisierung – zurückzuführen, könnte Drews einfach Recht haben: »Es muß also in unserem Betrieb etwas verkehrt sein.«[60] Enzyklopädische Fragestellungen gehören wieder ganz oben auf die Tagesordnung, und vor allem bräuchte es endlich den Mut zu einer umfassenden, inhaltlich bestimmten Studienreform.[61] Für eine solche hat Drews eine nach wie vor diskussionwürdige Maxime ausgegeben: »Nicht das unmittelbar Praktische, aber das Gegenwärtige soll unser theologischer Lehrbetrieb fest und bestimmt ins Auge fassen.«[62]

6 Schlussbetrachtung

Die Praktische Theologie knüpft heute allenthalben wieder an Frage- und Problemstellungen an, die in der ›Modernen Theologie‹ um 1900 bereits weit entwickelt waren. Die Vorherrschaft der ›dialektischen Bewegung‹ führte auch auf dem Gebiet empirisch orientierten Arbeitens zum Abbruch einer Tradition, an die nur mühsam wieder angeknüpft werden konnte. Paul Drews und seinen Mit-

58 Vgl. a. a. O., 9. In den Jahren zwischen 1860 und 1910 hatte der Stundenumfang dieser Fächer in Leipzig um 50 % bzw. um 40 % zugenommen.

59 A. a. O., 7.

60 Ebd.

61 Viel zu wenig diskutiert wurde bislang der wichtige Reformvorschlag von *F. Wagner*, Metamorphosen des modernen Protestantismus, Tübingen 1999, 191–246.

62 *P. Drews*, Das Problem der praktischen Theologie, a. a. O. (Anm. 29), 7.

streitern wurde bislang weder in wissenschaftsgeschichtlicher noch in praktisch-theologischer Hinsicht die Aufmerksamkeit zuteil, die ihnen in sachlicher Hinsicht zukommt.[63] Die Äußerung von Dietrich Rössler aus dem Jahr 1965: »daß Paul Drews der Vergangenheit entrissen wird, das scheint mir denn schon eine der wichtigsten Aufgaben zu sein, die der Praktischen Theologie heute gestellt sind«,[64] hat bis heute nichts von ihrer Aktualität verloren.

---

[63] Die meisten der hier zitierten Texte von Drews werden in Kürze in einer eigenen Edition zusammengefasst: *A. Kubik (Hg.)*: Paul Drews, Religiöse Volkskunde und religiöse Psychologie. Schriften zur Grundlegung einer empirisch orientierten Theologie, Tübingen 2013.

[64] Zit. nach *W. Rudolph*, Paul Drews, a. a. O. (Anm. 1), 62.

»Gelebte Religion«, »religiöse Kultur« als volkskundlich-kulturwissenschaftliches Forschungsfeld

Von historischen Deutungsmustern, Sinnzuschreibungen und gegenwärtigen Konzepten[1]

Angela Treiber

1 Einführung: Konjunkturzyklen der Religionsforschung

Religion wird in der Öffentlichkeit und in der politischen Sphäre seit einem guten Jahrzehnt sehr stark thematisiert. Die kriegerischen Handlungen auf dem Balkan, die Anschläge des 11. September, die sichtbar werdende Globalisierung der religiösen Kommunikation, die vor den weltweiten Migrationsbewegungen entstandenen Kultur- und Religionskontakte mit ihren Fremdheitserfahrungen, das Wachsen religiöser Legitimation, die Instrumentalisierung durch Ethnisierung von Religion in einem »Kampf der Kulturen«, die Diskussionen um »Leitkulturen« und nicht zuletzt die Debatte um den Gottesbezug in der Präambel der EU-Verfassung offenbaren die Bedeutung von Religion(en) und religiösen Überzeugungen im öffentlichen Diskurs.

Peter L. Berger sprach lange vor philosophischen Diagnosen von der »postsäkularen Gesellschaft« 2001[2], 1994 in »Sehnsucht nach Sinn« von einer »Wiederverzauberung« der Welt und De-Säkularisierung. Der Trend- und Zukunftsforscher Matthias Horx sagte 1990 den Megatrend Spiritualisierung voraus und als deren praktische Umsetzung die Meditation.[3] Die Rede von der Wiederkehr, der Renaissance der Religionen, der Re-Sakralisierung oder der Re-Religioni-

---

[1] Leicht überarbeiteter Vortrag, gehalten auf dem 2. Arbeitstreffen der Projektgruppe Praktische Theologie: Empirische Religionsforschung: Religion – Religiosität – Spiritualität in Konzepten empirischer Forschung, Kronberg, 23.–25. Oktober 2009.

[2] Der Begriff der postsäkularen Gesellschaft wurde von Jürgen Habermas in seiner berühmten Friedenspreisrede 2001 eingeführt, in: Glauben und Wissen. Friedenspreis des Deutschen Buchhandels, Frankfurt a. M. 2001.

[3] Vgl. *P. L. Berger*, Sehnsucht nach Sinn: Glauben in einer Zeit der Leichtgläubigkeit, Frankfurt a. M. 1994; vgl. *M. Horx*, Megatrend der späten neunziger Jahre, Düsseldorf 1990; vgl. *A. Martin*, Sehnsucht – der Anfang von allem. Dimensionen zeitgenössischer Spirituali-

sierung, der Re-Spiritualisierung übertönt die Diskussion um die »unsichtbare Religion« als einen Prozess veränderter Sozialgestalt von Religion unter den Bedingungen von Privatisierung und Individualisierung. Längst sind die Schlagworte über den engeren Bereich des wissenschaftlichen Diskurses diffundiert.

Die groß angelegte empirische Studie des Religionsmonitors 2007/08 der Bertelsmann Stiftung, die qualitative Auswertung einer repräsentativen Umfrage über alle Kontinente, zeigt den hochspezialisierten Begriffs-, Analyse- und Konzepte-Apparat empirischer Religionsforschung, wie er vor allem in der Soziologie entwickelt wurde, und sie hat gleichzeitig auch wieder bewusst werden lassen, dass menschliches Fühlen, Denken, Handeln viel komplexer und variationsreicher sind als unsere Konzepte und wir an diesen ständig feilen müssen.[4] Qualitative Mikrostudien über die »gelebte Religion« der Menschen in ihrer alltäglichen Lebenswelt, sozial vermittelt und geprägt von ihrem gesellschaftlichen, kulturellen Umfeld, sowie Studien über konkrete Handlungsformen und religiöse Entwicklungen und Dynamiken angesichts eines im historischen Vergleich rapiden Wandels von Gesellschaften bieten zu diesem Ansatz ein Korrektiv. Ich halte es zudem für außerordentlich wichtig, die Genese der Phänomene, den historischen Blick, nicht zu vernachlässigen, um bei allem vehementen Wandel auch einschätzen zu können, inwieweit sich die Phänomene unter den öffentlichen und wissenschaftlichen Interessen und Blicken verändern, inwieweit im Kontext hochkomplexer Kommunikationsstrukturen Rückwirkungen oder Verstärkungen durch den öffentlichen Expertendiskurs in Rechnung zu stellen sind.

Auch in der Volkskunde oder Europäischen Ethnologie zeigen sich seit einigen Jahren leicht steigende Publikationszahlen zum Themenfeld »Religion und Kultur« bzw. »Religiöse Kulturen«, in jüngster Zeit auch wenige zum Thema Spiritualität, sowohl innerhalb als auch außerhalb der institutionalisierten Religionen, Kirchen und Glaubensgemeinschaften.[5] Zudem werden im Zusammenhang

---

tät, Ostfildern 2005. P. M. Zulehner ist der Frage spiritueller Dynamik in säkularen Kulturen nachgegangen.

[4] Vgl. *Bertelsmann Stiftung (Hg.)*, Religionsmonitor 2008, Gütersloh 2007.

[5] U. a. mit Bezug auf jüngere Entwicklungen: Aspekte »religiöser« Kultur. Rheinisches Jahrbuch für Volkskunde 35 (2003/2004); Ich glaub dann jetzt mal' – Spiritualität heute. Jahrestagung der Volkskundlichen Kommission für Westfalen 3./4. November 2008; *R. Mohrmann (Hg.)*, Alternative Spiritualität heute, Münster u. a. 2010; *A. Kaiser*, In der Kirche im Dorf. Eine ethnographische Untersuchung zur sinnlichen Dimension des Kirchgangs. Magisterarbeit am Ludwig-Uhland-Institut für Empirische Kulturwissenschaft, Universität Tübingen 2002; *G. Ponisch*, »... daß wenigstens dies keine Welt von Kalten ist ...« Wallfahrtsboom und das neue Interesse an Spiritualität und Religiosität, Wien 2008; *R. Reininghaus*, Die hausgemachte Religion. Kommunikation und Identitätsarbeit in Hauskreisen, Tübingen

von Migrationsstudien Bedeutung und Transformationen von Religion langsam stärker berücksichtigt.[6]

Im Fach ist diese Hinwendung zum Thema Religion eine jüngere Erscheinung, auch wenn Martin Scharfe schon 1986 in seinen »Prolegomena zu einer Geschichte der religiösen Volkskunde« anmahnte, »Religion ist ein gesellschaftlich-kulturelles Problem, und ein äußerst aktuelles, ja akutes dazu. Eigentlich wäre es völlig unverständlich, wenn sich nicht auch allerjüngste und gegenwärtige Gesellschafts- und Kulturwissenschaft damit befaßte, und da speziell die Volkskunde«[7].

Während in der Soziologie, speziell in der Religionssoziologie und natürlich in der Religionswissenschaft mit ihrer wissenschaftshistorisch und wissenschaftspraktisch engeren Verbindung zur Praktischen Theologie, Religion als Forschungsgegenstand immer präsent war, verfolgten in der Volkskunde, dies mag verwundern, spätestens nach dem »Abschied vom Volksleben« – so ein programmatischer Publikationstitel Anfang der 1970er Jahre – nur noch wenige eingehend und beharrlich das Themenfeld Religiosität und Frömmigkeit und hier meist in seiner historischen Dimension.[8] Zu ihnen gehörte u.a. Wolfgang Brückner, der in dem 1986 erschienenen Beitrag zur »Frömmigkeitsforschung im Schnittpunkt der Disziplinen« das Forschungsthema verteidigte: »Wenn Wissenschaft wirklich ›Probleme statt Fakten‹ zuvorderst im Sinn haben sollte, [...] dann dürfte ›Frömmigkeitsforschung‹ keinen pejorativen Beigeschmack besitzen«. Doch der Begriff löse bei nicht wenigen Volkskundlern oder empirischen Kulturwissenschaftlern Berührungsängste aus, und bekannt scharfzüngig formuliert er, sie rieche für manche nach »Kirche und Klerisei«, führe gar zu »Aversionen und Phobien«[9].

Auch für Schweden stellte Nils-Arvid Bringéus 1999 rückblickend fest, dass zu Beginn des 20. Jahrhunderts Erklärungsmodelle in der Volkskunde Schwedens, die von der Religion als kulturschöpfender Kraft ausgingen, anerkannt waren. Seit den 1950er Jahren hätten sie jedoch im Schatten ökonomischer funk-

---

2009; *S. Kubin*, Ritual der Individualisten. Eine ethnographische Studie zum Wandel des katholischen Gottesdienstes, Tübingen 2009.

6 Vgl. u. a. *H. W. Retterath*, »Wo findet die Seele die Heimat, die Ruh?« Zu migrationsbedingten Veränderungen Rußlanddeutscher Begräbnisrituale, in: Jahrbuch für deutsche und osteuropäische Volkskunde 45 (2003), 81–104; *G. Hüwelmeier/K. Krause (Hg.)*, Traveling Spirits. Migrants, Markets and Mobilities, Oxford u. a. 2010.

7 *M. Scharfe*, Prolegomena zu einer Geschichte der Religiösen Volkskunde, in: *W. Brückner/G. Korff/M. Scharfe (Hg.)*, Volksfrömmigkeitsforschung, Würzburg u. a. 1986, 67–90: 68.

8 Zu nennen wären hier Lenz Kriss-Rettenbeck, Wolfgang Brückner, Martin Scharfe, Gottfried Korff, später Christoph Daxelmüller und Christel Köhle-Hezinger.

9 *W. Brückner/G. Korff/M. Scharfe (Hg.)*, a. a. O., 5, 15.

tioneller und sozialer Interpretationen gestanden: »Religion wurde zum Tabuthema bei Seminarübungen wie auch bei bürgerlichen Abendgesellschaften«[10].

In den Geschichtswissenschaften dagegen hatte das Thema seit Beginn der 1980er Jahre einen enormen Aufschwung erfahren. Denn mit dem »cultural turn« und der »Wiederentdeckung« einer »popular culture«, »Volkskultur« übersetzt, wie ihn zunächst französische, italienische und englische Studien bekundeten, richtete sich hier das Augenmerk verstärkt auf den Bereich einer »popular religion« als subversive Glaubensformen gegen die Hegemonialmacht Kirche. Ich werde im Zuge neuerer Konzepte noch auf die Implikationen hinter diesen Begriffen eingehen.[11]

Das betonte »neutrale Verhältnis« der Humanwissenschaften zur Religion erscheint durchaus relativiert, betrachtet man die Konjunkturschwankungen in der wissenschaftlichen Beschäftigung mit Religion und Religiosität. Die Auswahl bzw. die Ausblendung von Forschungsthemen verweist auf die Abhängigkeit zu gesamtgesellschaftlichen und politischen Prozessen, die im Ganzen mit einem rapiden Bedeutungsverlust der christlichen Religion, näher der offiziellen christlichen Kirchen seit der Nachkriegszeit in der Öffentlichkeit wie in den akademischen Expertendiskursen zu charakterisieren ist.[12] Letztere sind nicht zuletzt Effekt älterer Modernisierungs- und Säkularisierungstheorien, die von einer fortschreitenden Dechristianisierung oder einem Glaubenszerfall ausgingen.[13]

Fachdiskurse und ihre Geschichte sind als »Archäologien« der Disziplinen und Wissenszweige längst wichtiger Bestandteil ihrer Untersuchungsgegenstände und werden als Formen »gesellschaftlicher Selbstbeobachtung und sozialer Selbstvergewisserung«[14] verstanden. Wissenschaftliche Fragestellungen, Theorien und ihre Begriffsbildungen stehen in gesellschaftshistorischer Abhängigkeit. Die Ausbildung und der Gebrauch von Begriffen wie Religion, Religiosität, Spiritualität, Frömmigkeit, Volksfrömmigkeit, Volksglaube und -magie oder Aberglaube, popularer und populärer Religion, Religiosität, Spiritualität sind in

---

10 *N.-A. Bringéus*, Volksfrömmigkeit. Schwedische religionsethnologische Studien, Münster u. a. 2000, 202.

11 Vgl. *A. Treiber*, Interpretamente historischer Forschung über Superstitionen und magische Mentalitäten, in: Jahrbuch für Volkskunde NF 19 (1996), bes. 92–97.

12 Hierzu *P. Eitler*, »Gott ist tot – Gott ist rot«. Max Horkheimer und die Politisierung der Religion um 1968, Frankfurt a. M. u. a. 2009, der die Verbindungen von politischer Theologie, Studentenbewegung und kritischer Philosophie und die daraus sich formierenden neuen Formen des Religiösen jenseits der Kirchen (und daher oft übersehen) aufzeigt.

13 Vgl. *H. Lehmann (Hg.)*, Säkularisierung, Dechristianisierung, Rechristianisierung im neuzeitlichen Europa. Bilanzen und Perspektiven der Forschung, Göttingen 1997.

14 *W. Kaschuba*, Kulturalismus. Vom Verschwinden des Sozialen im gesellschaftlichen Diskurs, in: Zeitschrift für Volkskunde 91 (1995), 36. Vgl. *ders.*, Einführung in die Europäische Ethnologie, München 1999, 248f.

ihrem Argumentationszusammenhang zu verfolgen und die entstehenden Bedeutungsebenen daher immer mitzudenken und zu hinterfragen.

Besonders die mit der Disziplin Volkskunde / Europäischen Ethnologie einst verbundenen forschungsspezifischen Nomenklaturen Volksfrömmigkeit, Volksglaube und -magie oder Aberglaube sind als vorstrukturierte perspektivische Begriffe längst dekonstruiert. Sie beinhalten Vorinterpretationen von rand- oder rückständigen Haltungen sowohl in zeitlicher als auch entwicklungsgeschichtlich-psychologischer Hinsicht. Zudem schwingt durch den Zusatz »Volk« in ihnen eine Schichtenkonnotation mit für Ausdrucksweisen breiter, wenig oder nicht gebildeter Bevölkerungsteile. Als Ergebnisse von Ab- und Ausgrenzungsstrategien jeweils historisch religiöser Felder sind diese Begriffe und die hinter ihnen liegenden Kategorisierungen höchstens als je historisch zu verortende Variablen von Fremd- oder Selbstbestimmung der deutenden Professionellen, der Geisteswissenschaftler und Theologen, wie auch von Laien zu betrachten.[15]

Mit einigen kursorischen Rückgriffen in die Wissenschaftsgeschichte der ethnologischen-kulturanthropologischen Disziplinen, aber auch der Theologie, möchte ich Entwürfe und Konzepte einer Religionsforschung fokussieren und an ihnen aufzeigen, wie dieselben die Perspektive des Beobachtenden und die Deutungen derselben über Religion mitbestimmten. Man kann einen solchen Zugang auch als Religionsforschung im Sinne einer Darstellung von Wissenschaftsbemühungen und Erkenntnisinteressen als eines »religiös« oder »weltanschaulich« motivierten Verhaltens verstehen.

Im klassischen Sinne eines ethno-wissenschaftlichen Ansatzes geht es dabei um den Anstoß zur Reflexion um die jeweilige (auch eigene!) Subjektivität, des sozialisierten, kulturell codierten Blickes auf die Anderen, um das Erkennen vermittelter und eingeübter Sprachmuster[16] hier im Zusammenhang empirischer Religionsforschung. »Anders gesagt« – wie der Grenzgänger zwischen Ethnologie und Soziologie Pierre Bourdieu bildlich formuliert – »muß man in die Theorie der Rituale die Theorie des praktischen Verstehens aller rituellen Akte und Dis-

---

15 Für den Bereich der »Volksmedizin« auch *V. Roelcke,* Medikale Kultur: Möglichkeiten und Grenzen der Anwendung eines kulturwissenschaftlichen Konzepts in der Medizingeschichte, in: *N. Paul/T. Schlich (Hg.),* Medizingeschichte. Aufgaben, Probleme, Perspektiven. Frankfurt a. M. u. a. 1998, 45–68: 48.

16 Besonders die Arbeiten über den Bereich von Textualisierungsstrategien zeigen dies. Vgl. u. a. *J. Clifford/G. E. Marcus,* Writing Culture. The Poetics of Etnography, Berkeley u. a. 1986; *C. Geertz,* Die künstlichen Wilden. Der Anthropologe als Schriftsteller, Frankfurt a.M. 1993 [1988]. Überblick zur Debatte: *E. Berg/M. Fuchs,* Phänomenologie der Differenz. Reflexionsstufen ethnographischer Repräsentation, in: *Dies. (Hg.),* Kultur, soziale Praxis, Text. Die Krise der ethnographischen Repräsentation, Frankfurt a. M. 1993, 11–108; *J. Fabian,* Präsenz und Repräsentation. Die Anderen und das anthropologische Schreiben, in: *E. Berg/M. Fuchs,* a. a. O., 337.

kurse wieder einbeziehen, die wir uns selbst leisten, und zwar nicht nur in der Kirche und auf dem Friedhof«[17].

2 Rückbezüge: Praktische Theologie und Volkskunde in der ersten Hälfte des 20. Jahrhunderts

In Hinsicht auf die Praktische Theologie möchte ich an frühe Berührungen und Gemeinsamkeiten mit dem Fach Volkskunde erinnern. Als vergleichsweise junge Forschungsrichtung und Disziplin, die aus der deutschen Philologie als nationale Germanistik im 19. Jahrhundert sich zu entfalten begann, konnte Volkskunde erstmals von Wolfgang Brückner vor nunmehr zwei Jahrzehnten als eine »preußisch-protestantische Wissenschaft« anhand kultureller Deutungen von Religiosität in »Volks«-Kultur-Konzepten beschrieben werden.[18]

Für die Volkskunde mag dies zunächst erstaunen, verbindet man doch mit dem Fach gemeinhin noch immer kirchen- und kulturgeschichtliche Untersuchungen von expressiv-bildhaften »Katholika«, wie sie katholische Theologen seit den 1930er Jahren unter der programmatischen Bezeichnung »religiöse Volkskunde« publizierten. Hier wurde die doppeldeutige Benennung und Charakterisierung des speziellen Fachgebietes als »religiös« bedacht und gezielt bekennend gebraucht. Gegen die ideologische Symbol- und Frömmigkeitsforschung der offiziellen nationalsozialistischen Volkskunde betrieben Gelehrte wie Georg Schreiber (am Institut für religiöse Volkskunde e.V. Münster, seit 1933 Deutsches Institut für Volkskunde) oder Karl Meisen tatsächlich »Volkskunde als gläubige Wissenschaft«, so der österreichische Volkskundler und Germanist Hanns Koren 1936. Letzterer hatte 1932 das »Salzburger Institut für religiöse Volkskunde« als Teil einer geplanten katholischen Universität gegründet.[19]

Für den Bereich der wissenschaftlichen Volkskunde/Europäischen Ethnologie sieht man gegenwärtig aufgrund der angedeuteten Implikationen von dieser Bezeichnung ab. Von kirchenhistorischer Seite werden allerdings wieder aktuell in der Schweizerischen Zeitschrift für Religions- und Kulturgeschichte (einst Kirchengeschichte) von dem Neuzeithistoriker Peter Herrsche unter dem

---

[17] *P. Bourdieu,* Sozialer Sinn. Kritik der theoretischen Vernunft, Frankfurt a.M. 1999, 38f.

[18] *W. Brückner,* Volkskunde als gläubige Wissenschaft. Zum protestantischen Aspekt der ideologischen Wurzeln deutscher ›Volkskultur‹-Konzepte, in: *N.-A. Bringéus u. a. (Hg.),* Wandel der Volkskultur in Europa, Bd. 1, Festschrift für Günter Wiegelmann zum 60. Geburtstag, Münster 1988, 17–42.

[19] Vgl. *H. Koren,* Volkskunde als gläubige Wissenschaft, 2. Aufl., Salzburg u. a. 1936; *W. Brückner,* ebd.

Titel die »Religiöse Volkskunde – Stille Bestattung oder Phönix aus der Asche?« Zukunftsperspektiven als »Fachrichtung« diskutiert.[20]

Der Entwurf einer erstmals auch so begrifflich gefassten »Religiösen Volkskunde« entstammt Ambitionen einer evangelischen Universitätstheologie mit konkretem Bezug zu der sich um 1900 gerade als Universitätsdisziplin etablierenden Volkskunde. Sie liegt zu großen Teilen in dem Entwurf einer »Ekklesiastik« von Paul Drews begründet.[21] Neben der Religionspsychologie sah Drews zum einen die evangelische Kirchenkunde als empirisch orientierte Statistik, die »konkrete Zustände und Verhältnisse des kirchlichen Lebens« wissenschaftlich zu ermitteln und soziologisch zu erschließen habe. Zum anderen sollte die von ihm erstmals so benannte und erläuterte »Religiöse Volkskunde« eine Aufgabe der Praktischen Theologie sein.[22] Letztere war für »die Ermittlung und Darstellung der tatsächlichen religiösen Zustände in unserem Volk«, die zugleich das »sittliche Gebiet mit umspannen« vonnöten. »Religion«, »religiöse Sittlichkeit« und »Kirchlichkeit« sah Drews in Abhängigkeit zur Kulturlage: Die »allerverschiedenartigsten Elemente bestimmen es [das Leben], und diese zu ermitteln und ihren Einfluß richtig zu bestimmen« sei Aufgabe der Volkskunde. Drews stellte die Religiöse Volkskunde im ersten Band der »Zeitschrift für die kirchliche Praxis« vor. Ein Jahr später richtete er als Mitinitiator der seit 1902 erscheinenden »Hessischen Blätter für Volkskunde« in denselben einen Aufruf besonders an Pfarrer und Lehrer, sich der »Religiösen Volkskunde« anzunehmen.[23]

Möglicherweise war der konstitutiv instrumentelle theologische Ansatz des Entwurfs einer »Religiösen Volkskunde« der Grund für die damalige Zurückhaltung in den Fachkreisen der Volkskunde gewesen.[24] Dazu beigetragen hat andererseits auch das Leitmotiv der »Primitivität« in der jungen Disziplin. Ethnologisch-religionswissenschaftlich ausgerichtet, traktierte man die Forschungsfelder des sogenannten Volks- und Aberglaubens sowie der Volksmagie, geleitet

---

20 *P. Herrsche*, Religiöse Volkskunde – Stille Bestattung oder Phönix aus der Asche?, in: Schweizerische Zeitschrift für Religions- und Kulturgeschichte 102 (2008), 393–414.

21 Vgl. *V. Drehsen*, Neuzeitliche Konstitutionsbedingungen der Praktischen Theologie. Aspekte der theologischen Wende zur soziokulturellen Lebenswelt christlicher Religion, 2 Bde., Gütersloh 1988; vgl. *A. Treiber*, Volkskunde und evangelische Theologie. Die Dorfkirchenbewegung 1907–1945, Köln u. a. 2004, 63–99, hier im Zusammenhang mit der Disziplin Volkskunde das Kapitel »›Religiöse Volkskunde‹. Entstehungsumfeld und Inhalte eines Entwurfes ›Evangelischer Kirchenkunde‹« von Paul Drews.

22 Vgl. *P. Drews*, »Religiöse Volkskunde«, eine Aufgabe der praktischen Theologie, in: Monatsschrift für die kirchliche Praxis 1 (1901), 1–8.

23 Vgl. *P. Drews*, Religiöse Volkskunde, in: Hessische Blätter für Volkskunde 1 (1902), 27–29; *W. Brückner/G. Korff/M. Scharfe (Hg.)*, ebd. (Anm. 7).

24 Vgl. *M. Scharfe*, a. a. O. (Anm. 7), 78.

von der Annahme, es handle sich bei Magie – Religion – Christentum um Entwicklungsstufen. Besonderen Einfluss übte Lucien Lévy-Bruhls Mentalitätstheorie des »Primitiven« aus und dessen Trennung von Bewusstseinstufen des »logischen Denkens« von »Kulturmenschen« und des »prälogischen Denkens« aus »mystischer Partizipation« und »Kollektivbewusstsein« von »Naturvölkern«.[25]

Auf theologischer Seite begriffen viele Pfarrer die zunehmende Entkirchlichung als Folge eines zu geringen Verständnisses und damit eines mangelnden Zugangs der akademisch gebildeten Pfarrer zum Volk, zu ihrer Gemeinde. Unkenntnis über das soziokulturelle Umfeld und »Seelenleben« ihrer Gemeindeglieder empfanden sie als Hauptursachen. Um dem abzuhelfen, hielt man die genaue Beobachtung und Beschäftigung mit »dörflichen, psychologischen und volkskundlichen Fragen« für dringend erforderlich; einer religiösen Volkskunde stand man daher auch positiv gegenüber.[26] Der methodisch-innovative Kern des Drewsschen Programms einer religiösen Volks- und Kirchenkunde als einer historisch und gegenwartsorientierten, im Grunde empirisch arbeitenden Wissenschaft konnte als »Nebentätigkeit« von Pfarrern gar nicht gelingen. Mehr noch aber prägten normativ-theologische Programme des Protestantismus die Beobachtungsperspektiven und Deutungsmuster von Kultur der von Pfarrern pflegerisch betriebenen »religiösen Volkskunde« oder Ethnographie. Jene konfessionell geprägten Programme – dies sei hier nur kursorisch angemerkt – gewannen trotz Abgrenzungsbekundung und Distanzierungserklärungen auch gehörigen Einfluss auf die Paradigmen der akademischen wissenschaftlichen Volkskunde, wie sie in den früheren Schlüsselbegriffen »Heimat«, »Gemeinschaft«, »Sitte«, »Brauch« und »Ordnung« besonders greifbar wurden und lang nachwirkten.[27]

---

[25] Vgl. *L. Lévy-Bruhl,* Les fonctions mentales dans les sociétés inférieures, Paris 1910; *ders.,*La mentalité primitive, Paris 1922. Mit *Participation mystique* beschrieb Lévy-Bruhl das Phänomen der Indifferenz gegenüber im westlichen Denken allgemeingültigen dichotomischen Ordnungsmustern (z. B. materiell/immateriell), Teilhabe meint damit Phänomene einer andersgearteten Teilhabe der Menschen an der Welt. Vgl. *R. Kriss,* Zum Problem der religiösen Magie und ihrer Rolle im Opferbrauchtum und Sakramentalienwesen, in: Österreichische Zeitschrift für Volkskunde NS 22 (1968), 69–84: 70.

[26] [Dekan *Nutzinger* aus Gutach:] Jahresversammlung des ev. Pfarrvereins im Großherzogtum Baden in Mosbach, 17. Mai.1910, in: Die Dorfkirche 3 (1910), S. 413.

[27] Vgl. *Treiber,* Volkskunde und evangelische Theologie, a. a. O. (Anm. 21), 365–382.

3 Volkskundlich-kulturwissenschaftliche Zugänge und Erkenntnisinteressen – Das ethnologische Paradigma

Das sog. »ethnologische Paradigma« und sein Ansatz des Fremdverstehens über den methodischen Zugang der »Teilnehmenden Beobachtung« brachten über die qualitativ hermeneutischen Verfahren der Ethnologie einen deutlich selbstreflexiven Impetus zunächst in die historisch-kritischen Analysen zu christlichen Frömmigkeitsformen.

Das Verbindende innerhalb der ethnowissenschaftlichen Disziplinen (Ethnologie, Sozial- und Kulturanthropologie, Europäische Ethnologie/Volkskunde) waren und sind weniger die Forschungsgegenstände als vielmehr die international geführten, stark erkenntnistheoretisch-methodologisch ausgerichteten Diskussionen um die Zugänge zum Fremden einer gemeinsamen Anthropologie des Verstehens. Bis heute nimmt die Suche nach Strategien für die Durchdringung derjenigen dialektischen Beziehung eine zentrale Stellung ein, »in welcher der Forschende in der Begegnung mit dem Anderen zu den Grenzen des Selbst findet, das Selbst seiner eigenen Vorurteile sowohl, wie seiner höchsten Wertvorstellungen gewahr wird«[28].

Die Beschäftigung mit den religiösen Vorstellungswelten und Weltanschauungen anderer verlangt sicherlich eine erhöhte Selbstreflexion. Denn hier gilt es, sich von den eigenen religiösen Erfahrungen im weitesten Sinne zu entfremden, die uns in unserem menschlichen Dasein zentral betreffen und unsere Identität entscheidend mitbestimmen: von unseren Glaubenswelten und Weltbildern. Vielleicht kann hier die eigene Relativität am deutlichsten erkannt oder gar schmerzlich empfunden werden.

Die Ausbildung einer Anthropologie des Verstehens ermöglichte erst eine Beschreibung und Zuerkennung von Eigenlogik und Handlungsrationalität der Anderen innerhalb ihrer eigenen kulturellen Bedeutungssysteme, ein Verstehen im Sinne eines Erkennens von sinntragenden und damit Rationalitätsgründen.[29] Besonders in der Kontroverse um Magie-Interpretationen wurden forschungstheoretisch diese Zugänge zuerst mit dem funktionalistischen Ansatz ethnologischer Studien gewonnen, welcher nach den soziokulturellen Zusammenhängen der als magisch deklarierten Handlungen fragte.[30]

---

28 *K.-P. Köpping,* Authentizität in der Dialektik Selbst/Anderer, in: kea 1 (1990), 14.

29 Vgl. *A. Treiber,* Interpretamente, a. a. O. (Anm. 11), bes. 92–97.

30 Vgl. *E. Durkheim,* Règles de la méthode sociologique, Paris 1895; vgl. *B. K. Malinowsky,* Magic, Science and Religion and Other Essays, Chapel Hill 1944/London 1952; vgl. *K. Greifeld,* Einführung in die Medizinethnologie, in: *B. Pfleiderer/K. Greifeld/W. Bichmann, (Hg.),* Ritual und Heilung. Eine Einführung in die Ethnomedizin, 2. vollst. überarb. u. erw. Neuaufl.

Aber auch die Rezeption eines theoretisch divergenten kulturmorphologischen Ansatzes führte zu bis heute - wie ich meine - fruchtbaren Erklärungsweisen religiösen Verhaltens. Besonders Adolf Ellegard Jensens Kategorien von »Ergriffenheit«, »Ausdruck« und »Anwendung« in seinen Ethnographien religiösen Lebens in »Mythos und Kult bei Naturvölkern« in Afrika und Indonesien sind hier zu nennen.[31]

Jensen zeigte, dass Vorstellungen eines prälogischen Denkens, wie die Animismustheorie Edward Burnett Tylors sie aufgreift, oder das Konstatieren einer »Urdummheit« des frühen Menschen von Theodor Konrad Preuß, rationale Denkformen der Moderne auf andere (archaisch interpretierte) Kulturen von »Naturvölkern« überstülpten und damit ein Verständnis der religiösen Inhalte und Praktiken verhinderten.[32]

Religionsgeschichtlich beschrieb er mit dem auf Leo Frobenius zurückgehenden Begriff der Ergriffenheit eine im emotionalen Vorgang erlangte Vorstellung vom Sosein der Welt, die »in unmittelbarer Anschauung gewonnen« und eine Erkenntnis über eine »›höhere‹ Wirklichkeit« in sich trage. Sie beziehe sich auf das »subjektive Erlebnis, das Festlichkeitsgefühl, ebenso wie auf das ›Wesen der Dinge‹, als eine nicht-alltägliche Gestalt des Wirklichen«[33]. Die aus ihr entstehenden schöpferischen Vorgänge fänden ihren »Ausdruck« in den mythischen Gestaltungen und Handlungen, wie sie in allen Kulturen anzutreffen seien. Vom Ausdruck wurden sie zur Anwendung als *zweckgerichtete* Verwendung ihres ehemaligen Sinnes entleert: Abwehr oder Heilserwartung wurden an den Ablauf der Handlungen selbst geknüpft.[34]

Das auf seine Weise religiöse Weltverständnis einer letztgültigen »göttlichen« universalen Wahrheit hat Jensen die Beurteilung eines »Mystagogen« und seines Denkens als »lebensphilosophischen Irrationalismus« eingebracht.[35] Die Ethno-

---

des Werkes »Krankheit und Kultur«, Berlin 1995, 11–31: 22; vgl. *H. G. Kippenberg/B. Luchesi (Hg.),* Die sozialwissenschaftliche Kontroverse über das Verstehen fremden Denkens, Frankfurt a. M. 1978.

31 Vgl. *A. E. Jensen,* Mythos und Kult bei Naturvölkern, Religionswissenschaftliche Betrachtungen, Wiesbaden 1951, NA 1960.

32 Vgl. *E. B. Tylor,* Primitive Culture. Researches into the Developement of Mythology, Philosophy, Religion and Custom, 2 Bde, London 1971 [dt. Fassung 1873]; vgl. *K. T. Preuss,* Der Ursprung der Religion und Kunst, in: Globus LXXXVI 1904/5, 355–363.

33 *A. E. Jensen,* a. a. O., 74.

34 Jensen lag aber eine vereinfachte evolutionistische Vorstellung von der Moderne als einem Stadium der Anwendung und der Naturvölker als schöpferisches Stadium der Ergriffenheit fern. Vgl. *M. Bührmann,* Das ›Spiel der Naturvölker‹ im Spiegel der deutschen Ethnologie. Zur Ästhetik von Mythos, Kult und Spiel bei Adolf Ellegard Jensen, in: *T. Anz/H. Kaulen (Hg.),* Literatur als Spiel. Evolutionsbiologische, ästhetische und pädagogische Konzepte, Berlin u. a. 2009, 135–158: 140 (Anm. 22 ebd.).

logen Werner Petermann und Karl-Heinz Kohl messen Jensens Perspektive dennoch zentrale Bedeutung für die Eröffnung einer »Annäherung an die Binnenperspektive, an Erlebens- und ›Erfahrenswahrheiten‹ von Religion zu, an die geistigen und emotionalen Befindsamkeiten des *homo religiosus* (samt den Formen, in denen sich diese äußern)«[36]. Ebenso sei Jensens Perspektive wichtig für die Einsicht, »dass die Kategorien der Zweckrationalität und Funktion allein nicht ausreichen, um Glaubensvorstellungen und religiösen Handlungen anderer Kulturen wirklich zu verstehen«[37].

4 Volkskundliche Konzepte und methodische Zugänge zu gelebter Religion

Volkskundlich-religionsphänomenologisch orientierte Studien, allen voran die von Lenz Kriss-Rettenbeck, haben in den späten 1950er Jahren lange vor religionswissenschaftlichen Arbeiten Abschied genommen von Zuweisungen des Magischen als irrational und primitiv, oder des nur Äußerlichen und Entleerten an rituellen Glaubenspraktiken, die sich zunächst dem eigenen Verständnis entziehen.[38] Am Beispiel des christlichen Amulettgebrauchs und Votivbrauchs kam Kriss-Rettenbeck zu der damals unerhörten, die vergleichende Religionsforschung in Frage stellenden Feststellung: »Ohne Schwierigkeiten lassen sich Er-

---

[35] Vgl. *H. Fuchs*, Die Religions- und Kulturtheorie Ad. E. Jensens und ihre geistesgeschichtlichen Wurzeln unter besonderer Berücksichtigung des Opferrituals: eine geistesgeschichtliche Studie, Aachen 1999. Man könnte auch von einem substantialistischen Verständnis Jensens sprechen, das die Ergriffenheit von einem wesenhaft Ergreifenden her deutet. »›Ergriffenheit‹ ist (auch nach dem üblichen Sprachgebrauch) ein seelischer Zustand, der den Menschen aus dem gewöhnlichen Leben heraushebt, ein Festgefühl, das in besonderem Maße auch das Kennzeichen schöpferischer Zeiten im Leben der Menschen ist. ›Von etwas ergriffen sein‹ deutet auf eine Wirklichkeit, auf die der Mensch gerichtet ist. Der Mensch wurde vom Wesen der Dinge ergriffen, sagte Frobenius. Man könnte auch sagen, in begnadeten Zeiten gewann der Mensch eine tiefere Erkenntnis der Welt, ihm offenbarte sich die Ordnung der Wirklichkeit oder – das göttliche in den Dingen.« (*J. A. Jensen*, Spiele und Ergriffenheit, in: Paideuma 2 (1941/42), 124–139: 130.)

[36] *W. Petermann*, Die Geschichte der Ethnologie, Wuppertal 2004, 635. Von theologischer Seite ist die Nähe zu romantischen Deutungen von Religion als Gefühl (Schleiermacher) und der Hermeneutik Diltheys und seiner Trias von Erleben, Ausdruck, Verstehen als Grundmodell interessant.

[37] *K.-H. Kohl*, ›Adolf Ellegard Jensen‹, in: *Ders./C. Feest (Hg.)*, Hauptwerke der Ethnologie Stuttgart 2001, 166–172: 171.

[38] Vgl. *L. Rettenbeck*, Zur Phänomenologie des Votivbrauchtums, in: Bayerisches Jahrbuch für Volkskunde 1952, 75, 78 mit Bezug auf *A. E. Jensen*, Mythos und Kult (Anm. 31).

findungen und Gebrauch fast aller abendländischen Amulette von der *participation mystique* (eines Lévy-Bruhl) ableiten, aber nur dann, wenn nur oberflächlich die äußere Erscheinung interpretiert und jede Geschichtlichkeit verneint und naivem Psychologismus gehuldigt wird«[39]. Deutung von Religiosität gelinge nur unter Berücksichtigung *umfassender* Lebenszusammenhänge.

Lenz Kriss-Rettenbeck entwickelte – angeregt vom christlichen Selbstverständnis mittelalterlicher Quellen, so meine ich – noch immer fruchtbare theoretische Ansatzpunkte zur kulturwissenschaftlichen Religionsforschung und kombinierte sie mit Jensens Überlegungen. Bezogen auf die institutionalisierte Religion des Christentums und in die Frage gekleidet »Was ist (Volks)frömmigkeit?« formulierte er, es gelte, die »im wesentlichen für die ganze Kirche gültige Konzeption vom Verhältnis *Lehre* (›liturgisch-sakramentalen Frömmigkeit‹), *religiöse Erfahrung, Erkenntnis,* (›spirituellen Frömmigkeit‹ als causa monachorum) und *menschlichen Vermögens* (›sensitiven Frömmigkeit‹) im jeweils historischen Kontext« offenzulegen.[40]

Theoretisch korrespondiert dieser Ansatz durchaus und nicht zufällig mit den Strukturen der wissenssoziologischen Theorie von Peter L. Berger und Thomas Luckmann von der »gesellschaftlichen Konstruktion der Wirklichkeit«[41].

In unserem Zusammenhang meint dies, es geht um die Aneignungsweisen und damit Umsetzungen von theologischem/oder anderem Wissen durch Vermittlung in und mit Wort- und Sprachbildern (mündlicher und schriftlicher Tradition), in symbolischen Objekten (Bildern und Zeichen) und in symbolischen Handlungen (Gebärden, Rituale). Sie stellen unterschiedliche Erlebnis- und Vergegenwärtigungsformen von Sinngebung und Welterklärung (Gewissheit, Wirklichkeit, bspw. in Erfahrungen) dar, also Lebenspraxis im jeweils sozial-historischen Kontext (Distribution des Wissens).

Wichtig dabei sind die dialektischen Beziehungen menschlichen Weltschaffens in Kommunikationsweisen, die auf Vorgänge des subjektiven Fühlens, Denkens, Glaubens verweisen, und deren Einverleibung in Dingwelten, die auf Aneignungs- und Prägearbeiten deuten.

Die Dingwelten sind Ausgangspunkt und Gegenstand der Volkskunde als einer Kulturwissenschaft. Nicht der Bereich der *Internalisierung,* das subjektive Glauben, Empfinden, Denken, was sich also in ihrem Inneren abspielt, kann Ausgangspunkt unserer Forschung sein, sondern die Prozesse der *Externalisie-*

---

[39] *L. Hansmann/L. Kriss-Rettenbeck,* Amulett und Talismann. Erscheinungsform und Geschichte, München 1966 [1977, 1999], mit Bezug auf: *L. Lévy-Bruhl,* La mentalité primitive (Anm. 25).

[40] *L. Kriss-Rettenbeck,* Bilder und Zeichen religiösen Volksglaubens, München 1963.

[41] *P. L. Berger/T. Luckmann,* Die gesellschaftliche Konstruktion der Wirklichkeit. Eine Theorie der Wissenssoziologie, 5. Aufl., Frankfurt a. M., 1992, 3.

rung und der *Objektivation* als Vergegenständlichung menschlicher Tätigkeit, der »gelebten Religion«, der »religiösen Kultur«[42]. »Ethnokategorien der Religion« nennt von religionssoziologischer Seite Hubert Knoblauch jene Entäußerungen mit Bezug auf die Volkskunde. Als »sprachliche Register«, »kommunikative Muster und Gattungen«, »Rituale« und schließlich »kommunikative Medien« bestimmen sie, beschreiben und legitimieren sie die Religion innerhalb einer Kultur.[43]

Die an der institutionalisierten Religion des Christentums entwickelten Überlegungen und ihre Transformation in wissenssoziologische Fragestellungen tragen auch bei einem weiten Religionsbegriff im Sinne von Clifford Geertz, der Religion als ein spezifisch kulturelles System beschrieben hat. Das meint einen bestimmten Rahmen von sozialen Verhaltens- und Orientierungsmustern bezogen auf eine Metaphysik zur Schaffung einer »allgemeinen« Seinsordnung. Diese Metaphysik gründet, so würde ich formulieren und hier Thomas Luckmanns Religionsverständnis folgen, in der anthropologischen Fähigkeit des Transzendierens, nämlich der Erfahrung »anderer«, »außerordentlicher«, jenseits der alltäglichen Empirie liegender »Wirklichkeiten«, den von ihm typisierten großen Transzendenzen. »Die Glaubensvorstellungen der Religionen bleiben«, so Geertz weiter, »nicht auf ihre metaphysischen Zusammenhänge beschränkt, sondern erzeugen Systeme allgemeiner Ideen, mit denen *intellektuelle, emotionale oder moralische* Erfahrungen sinnvoll ausgedrückt werden können. Da somit eine Übertragbarkeit von Symbolsystem und Kulturprozess vorliegt, bieten Religionen nicht nur Welterklärungsmodelle, sondern gestalten auch soziale und psychologische Prozesse.«[44] Kurz formuliert: Über Religion (als kulturellem System) werden die »Erfahrungen der Transzendenz sozial konstruiert«[45], und dies geschieht

---

[42] Vgl. die 3-Welten-Theorie Karl Poppers: Welt 1 – Stoffe und Dinge des Physischen und Physikalischen; Welt 2 – Vorgänge im Subjekt Denken, Fühlen, Glauben (Erleben); Welt 3 – objektive kulturelle Schöpfungen. Vgl. hierzu *M. Scharfe,* Menschenwerk. Erkundungen über Kultur, Wien u. a. 2002, 16–27. Scharfe spricht von externalisierten Erfahrungen, Vorstellungen, die in kulturelle Materialität übergegangen sind.

[43] *H. Knoblauch,* Die Sichtbarkeit der unsichtbaren Religion. Subjektivierung, Märkte und die religiöse Kommunikation, in: Zeitschrift für Religionswissenschaft 5 (1997), 179–202: 196f.

[44] *C. Geertz,* Religion als kulturelles System, in: *C. Geertz,* Dichte Beschreibung. Beiträge zum Verstehen kultureller Systeme, Frankfurt a. M. 1983, 44–95.

[45] *T. Luckmann,* Die unsichtbare Religion, Frankfurt a. M. 1991, 80; vgl. 88, 180–182; *H. Knoblauch,* a. a. O., 186. Vgl. *Knoblauch* mit Bezug auf Edmund Husserls »Cartesianische Meditationen« (Hamburg 1977) und seine »Phänomenologie der Intersubjektivität« (Den Haag 1973): »Phänomenologisch bedeute Transzendenz zunächst nicht den über den Menschen hinausgehenden Erfahrensbereich. Sie wird als ein Merkmal des menschlichen Erfahrens selbst verstanden. Die Erfahrung der Transzendenz beruht auf der Intentionalität des Bewusstseins und besitzt grundsätzlich religiösen Charakter.«

nicht ohne Spannungen und im stetigen Wandel der Sozialformen, den Objektivationen. Mit der zunehmenden Unübersichtlichkeit »gelebter Religion« in komplexen, stark individualisierten und pluralistischen Gesellschaften scheint ein weiter, auf transzendente Erfahrungen rekurrierender und auf ganz unterschiedlichen metaphysischen Weltdeutungen beruhender Religionsbegriff zunächst vorteilhaft.

Ethnowissenschaftliche Zugänge sind meist gekennzeichnet durch einen Methodenmix. Hierzu gehört auch die »Analyse von Denkmodellen und Begriffssystemen, die jeweilige Kulturen für die Klassifikation und Interpretation ihrer natürlichen wie soziokulturellen Umwelt entwickeln«[46]. Letzteres geschieht anhand des medial vermittelten Wissens über Zeichen, Bilder, Texte. Nicht die tatsächlichen, beobachtbaren Verhaltensweisen, sondern die Sinn schaffenden Strategien und Regeln sollen erfasst werden. Nicht der jeweilige konkrete Gebrauch beispielsweise von Votiven, Amuletten, Speisen, Kleidung usf. mit den individuellen Aneignungen der dahinterstehenden Glaubenslehre, also, mit Jensen gesprochen, die sog. Anwendungsstadien stehen im Vordergrund, sondern die symbolischen Sinnwelten ihres *Ausdrucks*stadiums.

Den tatsächlichen Verhaltensmustern, den Aneignungs- und *Anwendung*sweisen von »Glaubenswissen«, seiner Einbindung und situativen Anbindung an Praktiken des Alltags, den subjektivierten Formen von Religion beispielsweise in Erzählungen darüber, ist mit einem empirisch-qualitativen Methodenrepertoire nachzugehen, wie es in den unterschiedlichen Formen des Feldzugangs und Techniken von Gespräch und Beobachtung existiert. Rezeptionspraktiken, Grenzzonen, Mischungen unterschiedlicher religiöser Repertoires und (je nach Standort von religionsinterner oder externer Praxis) Anpassungsstrategien an soziokulturelle Bedingungen können so verfolgt werden.

Der Zugang über die mikroanalytischen, qualitativen ethnologischen Verfahren ist vielversprechend für Diagnosen zum Wandel des Religiösen, auch für andere Disziplinen. Die methodische »Umorientierung in den Sozialwissenschaften«, »Soziologie als (eine Art) Ethnologie der eigenen Gesellschaft«[47] neu zu charakterisieren, so Roland Hitzler 1999, mit der sich die soziologische Forschung »zwangsläufig … einer »Ethnologie der Heimat« annähere, so Hubert Knoblauch 2003[48], verweisen auf diesen Zusammenhang. Die Formen von Religiosität als gelebte Religion werden nun »unmittelbar« in Augenschein genom-

---

[46] Vgl. *W. Bauer*, Kognitive Anthropologie, Ethnotheorie, in: *W. Hirschberg (Hg.)*, Neues Wörterbuch der Völkerkunde, Berlin 1988, 255f.

[47] http://www.qualitative-forschung.de/fqs-supplement/members/Hitzler/hitzler-swd.html; *ders.*, Welten erkunden. Soziologie als (eine Art) Ethnologie der eigenen Gesellschaft, in: Soziale Welt 50 (1999), 473–483; vgl. *R. Hitzler/A. Honer (Hg.)*, Sozialwissenschaftliche Hermeneutik. Opladen 1997; *A. Honer*, Lebensweltliche Ethnographie, Wiesbaden 1993.

men, »am eigenen Leib erfahren und von innen heraus beschrieben«, so die Soziologinnen Becker und Eiesland. Sie greifen damit (eigentlich) eine Forderung der dichten Beschreibung von Clifford Geertz auf. Für eine sich umorientierende qualitative Religionsforschung sehen die Soziologinnen (Reader zur Contemporary American Religion 1997) im ethnographischen Zugang die Chance, religiösen Wandel adäquater zu beschreiben, ein nuanciertes Verständnis der Unterschiede von individuellem Glauben, Praxis und Organisationskulturen und -prozessen zu erhalten. Die Ethnographie verspräche zudem eine »verfeinerte Landkarte unseres Wissens über religiös-kulturelle Klüfte und religiöse Erfahrung« (anders formuliert: die Divergenzen zwischen *Lehre, Erfahrung und Vermögen*).[49]

Zur Beschreibung persönlicher, religiös gedeuteter Erfahrung von »Grenzüberschreitungen« als subjektivierte Form von Religion wird meist auf Erzählungen zurückgegriffen. Nachdem Beichte, Tagebuch, Memoiren und Psychoanalyse die notwendigen Voraussetzungen für die breitere Einübung reflexiver Bezugnahmen auf das eigene Leben waren, erzeugen auch die von Religionsforschern oder Journalisten geführten Gespräche über Religion, als weitere »Biographiegeneratoren«, Bewusstsein über Religion.[50] Die individuellen Erzählungen aber bleiben als »empirisch unentwirrbare Mischung von persönlichen, auf sinnlicher Wahrnehmung beruhenden eigenen Erfahrungen mit einer nahezu unbegrenzten Fülle der Erfahrungen aus zweiter Hand«. Sie bleiben wie die Deutungen religiösen Erlebens an die gesellschaftlich vermittelten Zeichen, Bilder und Texte gebunden, werden über jene gedeutet und mitgeteilt. Die volkskundliche Erzählforschung als Bewusstseinsanalyse verweist, wie Albrecht Lehmann an Gesprächen aufzeigt, auf diese Strukturzusammenhänge[51].

Die Frage: »Soll die Erforschung subjektiver Frömmigkeit das Ziel volkskundlicher kulturwissenschaftlicher Tätigkeit sein?« beantwortete der Volks-

---

48 »Soziologie ... fungiert im ›Pluriversum‹ der Übergänge zu einer anderen Moderne sozusagen als professionelles Grenzgängertum zwischen mannigfaltigen eigensinnigen Welten: Sie impliziert die Aufgabe, zu rekonstruieren (und zu übersetzen), wie Menschen im Zusammenleben mit anderen ihre jeweilige Welt konstruieren.« (*H. Knoblauch*, Qualitative Religionsforschung. Religionsethnographie in der eigenen Gesellschaft, Paderborn u. a. 2003, 24.)

49 *P. E. Becker/N. L. Eiesland*, Contemporary American Religion: An Ethnographic Reader, Oxford 1997, 17, 22.

50 Vgl. *A. Hahn*, Biographie und Lebenslauf, in: *H.-G. Brose/B. Hildenbrand (Hg.)*, Vom Ende des Individuums zur Individualität ohne Ende, Opladen 1988, 91–105: 93f.; vgl. auch *A. Hahn*, Biographie und Religion, in: *H.-G. Soeffner (Hg.)*, Kultur und Alltag, Göttingen 1988, 49–60.

51 *A. Lehmann*, Reden über Erfahrung. Kulturwissenschaftliche Bewusstseinsanalyse des Erzählens, Berlin 2007.

kundler Martin Scharfe dahingehend, dass entgegen einer Emphatisierung der Subjekte in der Fokussierung auf ihre inneren persönlichen Wirklichkeitserfahrungen, ihre Entäußerungen im Zentrum volkskundlich-kulturwissenschaftlichen Forschens stehen. Denn in ihnen werden jene inneren Wirklichkeiten sichtbar. Sie entstehen in Auseinandersetzung mit der überlieferten Kultur, werden weitergestaltet und neu konstruiert.[52]

5 Populare und populäre Kulturen – populare und populäre Religion

Im Zuge des Interesses an kulturellen Massenerscheinungen und Vermittlungsprozessen der Moderne fand im volkskundlichen Diskurs seit den späten 1960er und frühen 1970er Jahren bereits die Hinwendung zum Begriff »populär« als Alternative zu »Volk« statt.[53] Der damaligen Debatte lag ein verändertes Kulturverständnis und ein neuer Blick auf kulturelle Dynamik zugrunde, deren Anstoß deutlich in Zusammenhang mit der zeitpolitischen Stimmung in der damaligen Bundesrepublik zu sehen ist. Rudolf Schenda sprach sich 1970 für den Begriff »populär« im Sinne von »gemein, allgemein, auf keine Klasse beschränkt« aus. Populäre Kultur setze ein »Verfügbarmachen von Kulturgütern« – Medien- und Marktentwicklung inbegriffen – voraus, und dies sei nur im historischen Zusammenhang mit Demokratisierungsprozessen möglich.[54] Im gleichen Tenor erläutert Kaspar Maase am historischen Befund seit 1850 den Begriff der »Massenkultur« als beschreibende Kategorie, »gleichbedeutend mit ›populärer‹ Kultur« im Verständnis von Phänomenen »breiter Beliebtheit quer durch die Klassen«, und betont den wechselseitigen Zusammenhang zur Massendemokratisierung.

Diese Überlegungen und Einsichten fanden selten Eingang in Studien zum Themenfeld Religion und Religiosität, das im Fach ohnehin eher marginal behandelt wurde. Studien zu »populärer« Religiosität bzw. »Massenphänomenen«

---

52 Vgl. *M. Scharfe*, Soll und kann die Erforschung subjektiver Frömmigkeit das Ziel volkskundlich-kulturwissenschaftlicher Tätigkeit sein? In: *R.-E. Mohrmann (Hg.)*, Individuum und Frömmigkeit. Volkskundliche Studien zum 19. und 20. Jahrhundert, Münster u. a. 1997, 145–151, bes. 149f.

53 Dies geschah zunächst in Auseinandersetzung mit den Schriften Max Horkheimers. Vgl. *M. Horkheimer*, Neue Kunst und Massenkultur, in: *Ders.*, Kritische Theorie der Gesellschaft, Bd. 2, Frankfurt a. M. 1968. – Vgl. *R. Schenda*, »Populärer« Wandschmuck und Kommunikationsprozeß, in: Zeitschrift für Volkskunde 66 (1970), 102.

54 *K. Maase*, Grenzenloses Vergnügen. Der Aufstieg der Massenkultur 1850–1970, Frankfurt a. M. 1997, 23, 26. Zur näheren Erläuterung siehe *A. Treiber*, »Volkstümlich ist das Gegenteil von populär«. Kulturelle Deutungsmuster im Protestantismus des frühen 20. Jahrhunderts, in: Zeitschrift für Volkskunde 97 (2001), 49f.

des Religiösen, zur religiösen Massenkunst, zu Großwallfahrten oder Kirchentagen blieben rar.[55] Beachtung fanden nun allerdings sog. »parareligiöse« Formen und deren Deutungen durch die Parapsychologie. Doch beherrschte ein aufklärerisch gesellschaftskritischer Ton die Diskussion, welcher der hierfür maßgeblichen Polemik Theodor W. Adornos von Okkultismus als »Regression auf magisches Denken unter dem Spätkapitalismus« entsprang. Dirk Otten hat diese Zusammenhänge in einem analytischen Überblick zum Forschungsfeld der »Populären [!] Esoterik« und deren Wandel hin zu einer populären Exoterik anschaulich dargelegt.[56] »Alternative« Glaubensrichtungen, außerhalb und gegen die etablierten Glaubensgemeinschaften wie Okkultismus und Esoterik, die als bürgerliches Phänomen vor allem seit dem letzten Drittel des 19. Jahrhunderts eine Renaissance erfuhren, waren – wenn nicht bäuerlich, ländlich, unterschichtlich – außerhalb des Fachterrains verortet worden. Lediglich Will-Erich Peuckert hatte in den1930er Jahren auf den zeitgenössischen Okkultismus als einen Forschungsgegenstand der Volkskunde hingewiesen.[57]

Seit den 1980er Jahren begannen volkskundliche Arbeiten neuere Strömungen außerkirchlicher sog. spiritueller Glaubenspraktiken und Religiosität zu thematisieren (Neue Hexen, Okkultkommerz, etc.). Sie sind oft noch hinter dem alten Etikett der Magieforschung zu finden.[58] Erste Ansätze kamen aus der Frankfurter Kulturanthropologie zur »neuen« Religiosität von New Age und Buddhismus.[59] Das schon benannte, in Intellektuellenkreisen verbreitete, säkularistische Selbst-

---

[55] U. a. *M. Scharfe*, Wallfahrt – Tradition und Mode. Empirische Untersuchung zur Aktualität von Volksfrömmigkeit, Tübingen 1985; *G. Korff*, Maria in der technischen Welt, in: *U. Jeggle u. a. (Hg.)*, Tübinger Beiträge zur Volkskultur, Tübingen 1986, 195–219.

[56] Vgl. *D. Otten*, Populäre Esoterik. »Okkultismus« und »New Age« als Forschungsproblem, in: Jahrbuch für Volkskunde NF 18 (1995), 89–114: 109, mit Bezug auf: *T. W. Adorno*, Thesen gegen den Okkultismus, in: *Ders.*, Minima Moralia. Reflexionen aus dem beschädigten Leben (Gesammelte Schriften IV), Frankfurt a. M. 1980 [1951], 271–278. Vgl. u. a. *P. Assion*, Zur Kritik einer parapsychologischen Volkskunde, in: Zeitschrift für Volkskunde 71 (1975), 161–180; *ders.*, Legitimierte Irrationalität. Zur Popularisierten Parapsychologie, in: *H. Bausinger/E. Moser-Rath (Hg.)*, Direkte Kommunikation und Massenkommunikation. Referate und Diskussionsprotokolle des 20. Deutschen Volkskunde-Kongresses in Weingarten, 145–155.

[57] *W.-E. Peuckert*, Okkultismus, in: Handwörterbuch des Deutschen Aberglaubens, Bd. VI, Berlin 1935, 1227–1235.

[58] Vgl. *L. Degh*, Magie als Versandartikel, in: *U. Jeggle, u. a. (Hg.)*, Volkskultur in der Moderne. Probleme und Perspektiven empirischer Kulturforschung, Reinbek b. Hamburg 1986, 290–307; *D. Harmening (Hg.)*, Hexen heute. Magische Traditionen und neue Zutaten, Würzburg 1991.

[59] Vgl. *I.-M. Greverus/G. Welz*, Spirituelle Wege und Orte. Untersuchungen zum New Age im Urbanen Raum, Frankfurt a. M. 1990.

verständnis hatte in der Volkskunde beträchtlich zum Konjunkturtief der wissenschaftlichen Beschäftigung mit diesem Themengebiet beigetragen.

Das Forschungsfeld hat inzwischen großes Interesse bei einer kulturwissenschaftlich orientierten Religionssoziologie gefunden. Dort hat sich längst eingebürgert, von »populärer Religion« zu sprechen, wenn man »generierte Formen von Religiosität« meint, die »aus der Kombination von Markt und Medien« bestehen.[60] Hubert Knoblauch, der diese typisierende Kategorie in die Soziologie einführte, zielte damit zunächst auf die aus unterschiedlich »historisch gewachsenen Religionen« wählbaren religiösen Angebote mit ihren neuen Kommunikationsformen ab.[61] Er versteht sie als »neue Form der Religion, die sich durch ihren populärkulturellen Grundzug auszeichnet«, und deren Charakteristikum ihre große Ausbreitung und Ausweitung über das Feld der Religion hinaus ist (z. B. Werbung).[62] »Populäre Religion« wird bei ihm einer »popularen Religiosität« gegenübergestellt in Anbindung an die »religiosità populare« und »religion populaire«, in der volkskundlichen Forschung mit den bisher üblichen und wenig glücklichen Bezeichnungen »Volksfrömmigkeit« und »Volksreligiosität« tituliert. Knoblauch greift ausdrücklich auf eine Begriffsbestimmung aus dem internationale Beiträge von Religionssoziologen versammelnden Band »Volksfrömmigkeit in Europa« von 1988 zurück. Dort wird »populare Religiosität« umschrieben als »spezifische Konfiguration religiöser Vorstellungen und Praktiken [...] die sich infolge einer Monopolisierung der Definition von und Verfügung über ›Heilsgüter‹ [...], bei den von der Definition von und Verfügung über diese Heilsgüter Ausgeschlossenen herausbilden«. »Der sich diesem Wechselspiel von sozialer Schließung und Ausschließung bzw. Monopolisierung und Enteignung manifestierende Prozeß begründet somit die soziohistorische Voraussetzung und Ausgangslage für die Entwicklung popularer Religiosität«. Die aus dieser »strukturellen Beziehung« folgenden Ausdrucksformen seien jedoch jeweils empirisch zu ermitteln.[63]

Gerade letztere Forderung ist als Vorsichtsmaßnahme gegen das neomarxistische Konzept von der »kulturellen Hegemonie« einer »Elitekultur« zu verstehen, in dem Volkskultur als Ausdruck von »Widerständigkeit« und »Wider-

---

[60] Der Begriff des Generierens bedeutet normalerweise in der Sprachwissenschaft in Übereinstimmung mit einem grammatischen Regelsystem erzeugen, bilden. Eine Übertragung auf kulturelle Phänomene scheint mir besonders treffend.

[61] Vgl. *H. Knoblauch*, Populäre Religion. Markt, Medien und Popularisierung, in: Zeitschrift für Religionswissenschaft 8 (2000), 145–161: 143.

[62] Vgl. *H. Knoblauch*, Populäre Religion. Auf dem Weg in eine neue spirituelle Gesellschaft, Frankfurt a. M. 2009, 195.

[63] Vgl. *M. N. Ebertz/F. Schultheis*, Einleitung: Populare Religiosität, in: *Dies. (Hg.)*, Volksfrömmigkeit in Europa: Beiträge zur Soziologie popularer Religiosität aus 14 Ländern, München 1986, 25.

spenstigkeit« als Gegenkultur interpretiert wurde, im Zuge der interdisziplinären Wiederentdeckung des Forschungsthemas »Volkskultur«[64]. Grundsätzlich heißt es aber, die »populare Religion« sei »also heterodox«; »sie richtet sich nicht an einer orthodoxen Weltanschauung aus, sondern unterscheidet sich von ihr, ja setzt sich ihr zuweilen entgegen«[65]. Die »populäre Religion« dagegen entwerfe sich nicht gegen die Experten, sie setze zwar die Entwicklung eines Massenmarktes kultureller Güter voraus. Dabei werde nicht von einer »bloß passiven Rezeption vorgegebener Inhalte« (so angeblich in Konzepten der Volksreligion) ausgegangen.[66] Massenkultur findet im Unterschied zu den ethnologisch-volkskundlichen Konzepten eine qualitative Unterscheidung zu populären Kultur. »Die aktive und gestaltende Rolle, die den Handelnden in der Kommunikation mit interaktiven Medien zukommt, stellt einen Grund für die Verschiebungen dar, die aus der ›Massen‹kultur eine populäre Kultur macht und damit für die Verschiebung von der ›massenkulturellen‹ zur populären Form der Religion sorgt«[67]. Darin schwingen natürlich noch die moralisch-politischen Konnotationen von der hegemonialen »Kulturindustrie« mit, dem Ersatzbegriff für Massenkultur für Horkheimer und Adorno (1963), verkürzt formuliert, von der Manipulation und Weckung falscher Bedürfnisse: »Populäre Kultur ist keineswegs nur Ergebnis der gezielten Manipulationsversuche der Kulturindustrie.«[68]

Knoblauch kommt zu dem Schluss, populäre Religion erscheine »dort, wo früher die Volksreligiosität angesiedelt war, nämlich in auf »Brauchtum und Sitte beruhenden« Formen, aber auch dort, »wo die Menschen dem frönen, was die kirchlichen Spezialisten einst als Aberglaube bezeichneten (und was heute etwa New Age heißt)«[69]. Die beiden Begriffe sind damit von jeweiligen historischen Zusammenhängen bestimmt. Mit der Ausbreitung von Märkten und Medialisierung werden die Grenzen der beiden entwickelten Typen von popularer und populärer Religiosität fließend, sie »nähern sich an«[70]. Denn »Tischgebet,

---

64 *W. Brückner*, Popular Culture. Konstrukt, Interpretament, Realität. Anfragen zur historischen Methodologie und Theorienbildung aus der Sicht der mitteleuropäischen Forschung, in: Ethnologia Europaea 14 (1984), 14–24; *K. Köstlin*, Die Wiederkehr der Volkskultur. Der neue Umgang mit einem alten Begriff, in: Ethnologia Europaea 14 (1984), 25–31.

65 *H. Knoblauch*, a. a. O. (Anm. 62), 240.

66 *Ders.*, a. a. O. (Anm. 61), 143, 145.

67 *Ders.*, a. a. O. (Anm. 62), 215.

68 *Ders.*, a. a. O. (Anm. 61), 149, 161; *ders.*, a. a. O. (Anm. 62), 240.

69 *Ders.*, a. a. O. (Anm. 61), 149, 161; *ders.*, a. a. O. (Anm. 62), 240. Vgl. auch die Diskussion »Kritik: Volkskultur in Beziehung auf Magie und Aberglaube« im Bayerischen Jahrbuch für Volkskunde 1994, hier u. a. *L. Kriss-Rettenbeck*, »Volksmensch« und Magie – eine Konstruktion, in: Bayerisches Jahrbuch für Volkskunde 5 (1994) 161–174, sowie die interdisziplinäre Debatte im Jahrbuch für Volkskunde NF 19 (1996) über »Magische Volkskultur«.

70 *H. Knoblauch*, a. a. O. (Anm. 61), 147, vgl. 158.

Wandschmuck, Prozessionen und Wallfahrten«, die von dem Soziologen ganz traditionell zur popularen Religiosität gezählt werden,[71] da sie vor dem »Hintergrund des ›offiziellen Modells‹ der organisierten Religion« ausgebildet sind, können inzwischen in ihren Ausprägungen genauso als »massenkulturelle Sozialform der Religion« beschrieben werden.[72]

6 Populäre Spiritualität oder Populäre Religiosität?

Spiritualität als »Blockbuster«, als erfolgreichen Megatrend mit hohem Vermarktungseffekt zu bezeichnen, markiere, so der Zukunftsforscher Matthias Horx,[73] die Popularität dieses in seinem Gebrauch meist unscharfen Begriffes. Die alltagssprachliche Ersetzung der Begriffe Frömmigkeit und Religiösität durch Spiritualität verweist auf einen veränderten Bedeutungshorizont. Hubert Knoblauch zeichnet neu unter dem Titel »Populäre Religion« den Weg in eine spirituelle Gesellschaft. Die Wendung zur Spiritualität ist in seinem theoretischen Entwurf Ausdruck einer »grundlegenden Transformation der Religion, die sich an die postindustrielle Gesellschaft anpasst«[74]. Allerdings bezieht er den Begriff Religion auf eine historische Kategorie, nicht »überzeitliche Universalie«, auf die Weltreligionen der Achsenzeit und formuliert in Folge: »Während sich die populäre Spiritualität an einen zum Allgemeinwissen gewordenen Code orientiert, kann sich die populäre Religion durchaus auch des herkömmlichen Codes der organisierten Kirchen bedienen (sie ist allerdings in neue Formen gefasst)«[75]. Populäre Religion bliebe demnach auf die institutionalisierten Religionen bezogen und ein weiter Religionsbegriff wäre damit wohl aufgegeben.

Ich möchte eingehender auf das Konzept der Spiritualität eingehen. Regina Polak beschreibt auf einer breiten empirischen Basis qualitativer Interviews »Spiritualität« zum einen »im Sinne gelebter Religiosität«, »als menschlicher Existenzvollzug, der sich auf einen transzendenten Horizont bezieht«. Zum anderen beschreibt sie »Spiritualität im Sinne gelebten Sinnes, womit alle Formen menschlicher Praxis gemeint sind, mittels derer der jeweilige Lebensweg erfah-

---

[71] Diese werden natürlich mit dem klassischen »Kanonbereich« der Volkskunde konnotiert.

[72] Vgl. *H. Knoblauch,* a. a. O. (Anm. 61), 143, 145; *T. Luckmann,* Die massenkulturelle Sozialform der Religion, in: *H.-G. Söffner (Hg.),* Kultur und Alltag, Göttingen 1988, 37–48.

[73] Vgl. *M. Horx,* ebd. (Anm. 3). Vgl. auch *P. M. Zulehner,* Spiritualität – mehr als ein Megatrend? Ostfildern 2001.

[74] *H. Knoblauch,* a. a. O. (Anm. 62),195, 41.

[75] *Ders.,* a. a. O. (Anm. 62), 193.

rungsbezogen, bewusst und reflektiert in einen größeren Deutungshorizont gestellt und integriert wird.[76]

Charakterisiert wird damit - ausgehend von den »Selbst-Verständnissen« - bezogen auf Denken, Einstellungen und Handeln der befragten Menschen - eine subjektiv geprägte besondere Form des Religiösen, die auf eine transzendent erfahrene Wirklichkeit konzentriert ist und meist in Abgrenzung zu institutionell definierten Vorstellungen des Religiösen liegt.

Die Verständnisse, die Inhalte sowie die Praktiken der auch ehedem sog. »Neu-Religiösen« sind vielfältig, sie reichen von naturreligiösen, schamanistischen, mythologischen, buddhistischen bis zu technoreligiösen und deren variationsreichen Bricolages.

Blicken wir auf die Kategorie »Spiritualität« als Konzept, die anhand der erfahrenen Verständnisse von Spiritualität entwickelt wurde und deren Typisierung: Spirituell als »frei von religiöser Fremdbestimmung in Weltanschauung, Moral, Sinnfragen zu verstehen, verbunden mit dem Anspruch, den je persönlichen Sinn frei und autonom selbst zu wählen«, den »Anspruch, seine je individuellen religiösen Sinnkonstrukte auf der Basis konkreter Erfahrungen bewusst zu konstruieren«: »im Zentrum« der neuen Spiritualität »steht das bewusste, gefühlte und konkret gelebte individuelle Sinnkonzept«.[77]

Die gegenwärtige spirituelle Dynamik wird hier als eine spezifisch mentale Form des Umgangs mit der Erfahrung des Transzendenten und seiner Bewältigung sichtbar. Wilhelm Gräbs These ist sicher zutreffend, dass sich in der spirituellen Einstellung gewissermaßen eine »undogmatische, moderne*typische* Form der Artikulation und Kommunikation des religiösen Bewusstseins« zeigt.[78] Denn der Rückgang oder der Verlust übergreifender und einheitlicher Weltdeutungen, oder eines »Lebens in überlieferten Ordnungen« bedeutet für immer mehr Menschen, dass die Zugehörigkeit zu einer Religionsgemeinschaft kein Schicksal mehr ist.[79] Weltdeutung wird damit viel stärker zur Aufgabe und zur Herausforderung des Einzelnen. Wir dürfen uns aber nicht täuschen, unter den methodischen Zugängen wurde bereits darauf verwiesen: »Jedes Bewußtsein ist seinem

---

[76] *R. Polak,* Spiritualität -neuere Transformationen im religiösen Feld, in: *W. Gräb/L. Charbonnier (Hg.),* Individualisierung – Spiritualität – Religion. Transformationsprozesse auf dem religiösen Feld in interdisziplinärer Perspektive, Berlin 2008, 89–110: 98. Vgl. die beachtenswerte Feldstudie der Religionsethnologin *A. Martin,* Sehnsucht - der Anfang von allem (Anm. 3).

[77] *R. Polak,* ebd.

[78] *W. Gräb,* Spiritualität - die Religion der Individuen, in: *Ders./L. Charbonnier (Hg.),* a. a. O., 31–44: »dann verlangt das Konzept der Spiritualität aber auch danach, in eine Theorie der Funktion des Bewusstseins hinein verfolgt zu werden«. (40)

[79] Vgl. *P. L. Berger,* Der Zwang zur Häresie. Religion in einer pluralistischen Gesellschaft. Freiburg u. a. 1992, 41.

Wesen nach und damit unerlässlich immanentes Zeitbewußtsein« wie Hans Blumenberg es auf den Punkt bringt.[80]

Die empirische Religionsforschung *scheint* zu bestätigen, dass ein großer Teil der Menschen die Bewusstseinsleistungen der religiösen Selbst- und Weltdeutung im Zuge von Individualisierungsprozessen – nicht zuletzt über die Ideale der (religiösen) Erziehung zur Persönlichkeit – erbringen kann. »Menschen, denen die Transzendenzperspektive offen steht und die ihr Leben in Unbedingtheitsdimensionen deuten, kann jedenfalls eine spirituelle Haltung und Einstellung zugeschrieben werden, auch dann, wenn sie dies nicht in der geprägten Sprache religiöser Traditionen und in der Teilnahme an Ritualen einer religiösen Gemeinschaft tun.«[81] Wilhelm Gräb spricht hier neben der moderne*typischen* Form eine anthropologische Dimension des Spirituellen an, die des menschlichen *Vermögens* (Kriss-Rettenbeck). Als den Menschen prinzipiell auszeichnende Fähigkeit zur Spiritualität, die im historisch-gesellschaftlichen Kontext stärker oder weniger stark über kulturelle Entäußerungen zum Vorschein kommt, schließt *Vermögen* aber auch die individuellen menschlichen Dispositionen mit ein.

Wo sind in unserer Forschung diejenigen, denen (scheinbar) diese Transzendenzperspektive nicht offensteht, weil ihnen an Selbst-Bewusstheit der Deutungsleistungen fehlt? Sind es etwa die Formen gelebter Religion, die dem Aberglauben zugeordnet werden, und denen Irrationalität zugewiesen wird? Oder anders formuliert, wo und bei wem beobachten wir jene Praktiken, die Kriss-Rettenbeck als sensitive (Frömmigkeit) »Religiosität« charakterisierte, und wie sind sie kulturanthropologisch zu deuten? Wo bleibt die soziokulturelle Einordnung der inzwischen populär bezeichneten Spiritualität? Die Medienkultur und der Markt unterstützten und verstärken das Bedürfnis zur »Selbst- und Neuvergewisserung«[82] (Therapie-, Meditations-, Wellnessangebote). Wen erreicht dieser Mindnesstrend? Und wen erreicht die geforderte und angesagte Bewusstseinskompetenz? Welche Menschen geraten in den Blick, wo bleibt der umfassende Lebenszusammenhang? Wo werden Aneignungs- und Anwendungspraxen nach soziokulturellem Kontext und individuellem Vermögen beschrieben?

Auch dort, wo das konsumorientierte Angebot an Artefakten und Techniken vorherrscht und die religiöse Bedeutung nahezu verschwindet, wo Selbst- und Weltreflexion fehlen, wo lediglich im Stadium der *Anwendung* durch Handhabung einfache Lösungen zur Alltagsbewältigung in Aussicht gestellt werden, sollte die religiöse Dimension des Handelns nicht prinzipiell negiert werden.

---

80 *H. Blumenberg,* Lebenszeit und Weltzeit Frankfurt a. M.1986, 303.

81 *W. Gräb,* a. a. O., 44.

82 *J. H. Ulbricht,* Intellektuellenreligion, in: *C. Auffarth/J. Bernard/H. Mohr (Hg.),* Metzler Lexikon Religion. Gegenwart – Alltag – Medien, Bd. 2, Stuttgart u. a. 1999, 101–103.

Derartige Phänomene lediglich auf eine Ökonomisierung des Religiösen aufgrund ihrer Medialisierung und Vermarktung (Rational-choice-/Kosten-Nutzen-Ansatz) zu reduzieren, oder dem Irrationalem zuzuschlagen, nicht mehr zu Formen »gelebter Religion« zu zählen, greift sehr kurz.[83] Denn diese Perspektive lässt soziale wie psychologische Funktionen sensitiver Religiosität außer Acht, lässt außer Acht, dass sie unterschiedliche Strategien des Welthabens darstellen.

7 Rückbezüge und Ausblick

In den 1920er Jahren hat es durchaus bemerkenswerte Interpretationsansätze zu Formen gelebter Religion, »sensitiver« Religiosität gegeben, die auf die Bedeutung des Unbewussten im kulturellen Leben hinwiesen und wie sie heute in phänomenologischen und psychoanalytischen Theorien verfolgt werden. Hierher gehören beispielsweise die ethnographisch-psychologischen Überlegungen des Gießener Pfarrers und ehemaligen Landpfarrers Georg Koch von 1927 zur »Kirchlichkeit«. Er erwog mit dem Begriff der »Einordnung« als Agens gruppengebundenen rituellen Verhaltens in »Sitten und Bräuchen« die Existenz eines menschlichen Grundbedürfnisses nach Orientierungssicherheit. Sie werden meist affektiv in wenig reflektierten Automatismen ihrer Aneignung und »Anwendung« vollzogen.[84]

Die Überlegungen des österreichischen Volkskundlers Leopold Schmidt zum »Leben in überlieferten Ordnungen« fanden dort Anschluss. Er verstand darunter die »Möglichkeit«, die »jeden Menschen in jeder geschichtlichen Situation unwillkürlich als Hauptformungselement umfängt und erfüllt«. Diese »Überlieferungen« erkannte er »in einem eigentümlichen Zustand der Unbewußtheit empfangen und gelebt«. Nicht die Handlungen an sich vollziehen sich unbewusst und somit »ohne Mitwirkung unseres Tagesbewußtseins«, sondern die »betreffende Überlieferung, in der diese stehen«, ist »als solche nicht bewußt« und damit »primär kulturelle« Bindung.[85] Karl Popper sprach von der »angeborenen Tendenz, nach Regelmäßigkeiten Ausschau zu halten«, dem »Bedürfnis« der »›instinktiven‹ Erwartung, Regelmäßigkeiten zu finden, die psychologisch apriori

---

[83] Vgl. *S. Bruce,* Choice and Religion. A critic of Rational Choice Theory. Oxford 1999.

[84] Vgl. *J. Assmann,* Das Kulturelle Gedächtnis. Schrift, Erinnerung und politische Identität in frühen Hochkulturen, München 1992, 87; *W. Braungart,* Ritual und Literatur, Tübingen 1996, 130f; *A. E. Jensen,* Mythos und Kult (Anm. 31), 42; *L. Kriss-Rettenbeck,* »Volksmensch« und Magie (Anm. 69), 63. – *M. Scharfe,* Böse Geister vertreiben. Volkskulturelles Wissen als kulturelle Praxis. Zugleich ein Beitrag zur Brauchforschung, in: *K. Köstlin/H. Nikitsch (Hg.),* Ethnographisches Wissen. Zu einer Kulturtechnik der Moderne, Wien 1999, 137–167: 161f.

[85] *W. Braungart,* a. a. O., 136.

ist«[86]. Was geschieht im religiösen Feld unter den vehementen Transformationen kultureller Ordnungssysteme?

Die Erfindung von Innerlichkeit als normatives Programm für Religion im Protestantismus verhinderte nicht selten die forschungstheoretische wie praktische Umsetzung der genannten Ansätze zu gelebter Religion auch spiritueller Menschen – vielleicht bis heute.

---

86 *K. Popper*, Vermutungen und Widerlegungen, Tübingen 1994 [1968], 68.

Kriegsvolkskunde

Zur Empirie religiöser und religioider Phänomene 1914 bis 1918

Ralph Winkle

Gottfried Korff gewidmet

Unter dem Titel »Fern der Heimat findet so mancher Bundeswehr-Soldat den Glauben« kam in der Bild-Zeitung vom 19. Dezember 2007 der katholische Militärpfarrer Georg Pützer zu Wort, der aufgrund seiner seelsorgerischen Betreuung von Soldaten im Afghanistan-Einsatz zur Einsicht gelangte, »dass ein solcher Einsatz der letzte Grund für die Hinwendung zum Glauben« sei. Die Kriegserfahrung, so die Begründung, erzwinge den Umgang mit dem Außeralltäglichen und habe ein erhöhtes Heilsbedürfnis zur Folge: Die Soldaten, die er in Afghanistan getauft habe, hätten sich aber schon vorher mit der Frage beschäftigt gehabt, wie sie ihrem Leben »eine andere Deutung« geben könnten. »Pützers evangelischer Kollege Werner Buchel hat im Frühjahr in Bosnien-Herzegowina gleich fünf Soldaten getauft, vom Mannschaftsdienstgrad bis zum Offizier. Die ›Grenzerfahrung‹ bei Auslandseinsätzen fördert das Nachdenken über den Sinn des Lebens, ist Buchel überzeugt, und erinnert an das alte Sprichwort ›Not lehrt beten‹.«[1]

Diese Randnotiz zum Afghanistaneinsatz der Bundeswehr steht deshalb am Anfang der folgenden Ausführungen über allgemeinere Zusammenhänge von Krieg, Religion und Frömmigkeit, weil hier ein übergreifendes Deutungsmuster erkennbar wird: Im Deutungshorizont von Kirchenvertretern gleich welcher Konfession scheint fraglos festzustehen, dass sich in Kriegszeiten Religiosität intensiviere und die Frömmigkeit unter den Kriegsteilnehmern zunehme. Der postulierte Zusammenhang von Krieg und der Steigerung religiöser Kommunikation scheint darin begründet, dass öffentlich wie privat große Kontingenzen – Leid, Unsicherheit, Verwundung, Tod, Niederlage oder Sieg – bewältigt werden müssen; und so leisten Kriege der Erwartung auf eine Respiritualisierung der Kriegsteilnehmer und der Gesellschaft Vorschub. Im Folgenden soll dieser Zusammenhang am Beispiel des Ersten Weltkriegs näher in den Blick genommen werden, da zum einen der Kriegsbeginn im Zeichen einer religiösen Efferveszenz

---

1 BILD, 19. Dezember 2007, 2.

stand, zum anderen, weil im Laufe des Krieges eine Perspektivierung auf den Zusammenhang von Krieg und Religion stattgefunden hat, in der sich innerhalb so unterschiedlicher wissenschaftlicher Disziplinen wie der Theologie, der Volkskunde und der Psychologie Ansätze zu einer empirischen Religionsforschung herausbildeten.

1 Religiöse Efferveszenz und volkskundliche Explorationen

Geht man von Berichten der zeitgenössischen Kriegstheologen, Seelsorger und Feldgeistlichen aus, so stand die Anfangsphase des Ersten Weltkriegs im Zeichen einer kollektiven Efferveszenz, also »kollektiver Aufwallungen«[2]: Bereits das so genannte »Augusterlebnis« weckte in den begeisterten Massen »Kollektivempfindungen«, die den Keim einer religiösen Euphorie in sich bargen; und auch danach schienen die Regeln und Routinen des Alltags außer Kraft gesetzt: Immer wieder berichteten Seelsorger und Feldgeistliche davon, dass die Kirchen während des Krieges überfüllt waren, dass die Menschen während des Krieges zu ihrem Glauben zurückgefunden hätten, Soldaten und ihre Angehörigen beteten und kirchlichen Beistand suchten. In seinen 1917 erschienenen Betrachtungen zu »Weltkrieg und Sittlichkeit« konstatiert Bruno Grabinski unter den Soldaten gar eine »religiöse Mobilmachung«; und Paul Göhre schildert in seiner ebenfalls 1917 publizierten Studie über »Front und Heimat – Religiöses, Politisches, Sexuelles aus dem Schützengraben« eine Spiritualität, welche die Soldaten angesichts des bevorstehenden Sturmangriffs zu einer »Hinwendung zu Gott« veranlasst habe. Zeitgenössischen Beobachtungen zufolge haben sich Veränderungen der religiösen Stimmung der Soldaten in »Wellenbewegungen« vollzogen: An der Front stationierte Divisionspfarrer, wie etwa Erich Seeberg in seiner Untersuchung über die »Religion im Felde«, wiesen darauf hin, dass große Schlachten zum »›Aufflackern‹ der Massenreligion« geführt hätten.[3]

Nachdem die Amtskirchen vor dem Krieg als moralische Institutionen an Einfluss verloren hatten, »begehrt nun«, so war im kirchlichen Jahrbuch für die evangelischen Landeskirchen Deutschlands zu lesen, »das Volk den Dienst der

---

[2] *H. Knoblauch*, Religionssoziologie, Berlin u. a. 1999, 63. Die efferveszenten Praktiken scheinen, so Knoblauch, »eine Beziehung zum jeweiligen Gott herzustellen, doch binden sie das Individuum gleichzeitig an die Gesellschaft, deren sinnbildlicher Ausdruck dieser Gott wird. Wie die religiöse Erfahrung in kollektiven Ritualen gründet, so zeichnen sich auch die religiösen Glaubensvorstellungen dadurch aus, dass sie das Individuum überschreitende kollektive Vorstellungen sind.« (A. a. O., 64.)

[3] *E. Seeberg*, Religion im Felde, Berlin-Lichterfelde 1919, 12f.

Prediger wieder, viel Mißtrauen ist geschwunden. Gott sei's gedankt; die Kirche hat wieder Anziehungskraft. Brücken zwischen Volk und Kirche sind geschlagen [...]«[4]. Die »religiöse Konjunktur«, die der Krieg anheizte, schien die Antagonismen zwischen Christentum und säkularisierter Gesellschaft aufzuheben und den Annäherungsprozess von Kirche und Volk zu beschleunigen. Insbesondere innerhalb der evangelischen Kirche gab es Anstrengungen, die spirituellen und »geistigen Erweckungen« zu konservieren und fruchtbar zu machen. Um »die kreative Kraft des Krieges« zur Reorganisation einer auf umfassenden nationalen und religiösen Konsens abzielenden »Volkskirche« zu nutzen, galt es, die Aufgabenfelder der Inneren Mission auszudehnen und im Hinblick auf die Herausforderungen der Kriegszeit umzuorganisieren.[5] Die von Seelsorgern und Theologen diagnostizierte kriegsbedingte Efferveszenz involvierte eine diffuse Gemengelage zwischen nationaler Begeisterung, christlicher Heilsvergewisserung und der Konjunktur kirchengebundener sowie popularer Frömmigkeit; weil man den Zusammenhang zwischen diesen Phänomenen noch nicht genau kenne, habe man »zwischen einer religiösen Heilsbewegung und einer allgemeinen Erneuerung der Volksfrömmigkeit zu unterscheiden«, so der Praktische Theologe Friedrich Mahling in einem Grundsatzreferat vor dem »Centralausschuß der Inneren Mission« im Februar 1915.[6] Zu den wichtigsten Aufgaben der evangelischen Kirche gehöre die »sorgfältige Analyse der kirchlichen Zeitlage, die nicht von einzelnen allein bewältigt werden könne«. Mahling regte deshalb an, Einrichtungen zu schaffen, »um diese Arbeit in möglichst breitenwirksamer Weise zu bewältigen«[7]. Impulse dieser Art führten zur Gründung der Apologetischen Zentrale der Inneren Mission sowie zur Etablierung der religiösen Volkskunde innerhalb der evangelischen Kirche. Diese sollte während des Krieges einlösen, was einer ihrer Mitbegründer, Paul Drews, bereits 1910 zum Programm gemacht hatte, nämlich »die Ermittlung und Darstellung der tatsächlichen religiösen Zustände in unserem Volk«[8].

Auch außerhalb kirchlicher Institutionen waren Folkloristen und Volkskundler darum bemüht, den Einfluss des Krieges auf das religiöse Leben der Kriegsteilnehmer auszuloten. Mit den in volkskundlichen Zeitschriften publizierten

---

4 *Pfarrer Schneider-Eberfeld (Bearb.)*, Kirchliche Zeitlage 1914/15, in: Kirchliches Jahrbuch für die evangelischen Landeskirchen Deutschlands 42 (1915), 132–291: 147.

5 Vgl. *J.-C. Kaiser*, Sozialer Protestantismus im 20. Jahrhundert. Beiträge zur Geschichte der Inneren Mission 1914–1945, München 1989, 26f.

6 Protokoll der CA-Sitzung vom 9. 11. 1915 (Archiv des Diakonischen Werkes, Berlin [ADW], CA 1651).

7 *J.-C. Kaiser*, a. a. O. (Anm. 5), 28.

8 *P. Drews*, Das Problem der praktischen Theologie. Zugleich ein Beitrag zur Reform des theologischen Studiums, Tübingen 1910, 60; vgl. *ders.*, Evangelische Kirchenkunde, in: Internationale Wochenschrift für Wissenschaft, Kunst und Technik 1 (1907), Sp. 871–876.

Aufrufen wurde ein Projekt initiiert, das Adolf Spamer explizit als »Kriegsvolkskunde« ausgewiesen hat. Die Vorlesung, die er zwischen 1925 und 1926 an der Frankfurter Universität hielt, war der »deutschen Volkskunde des Weltkriegs«[9] gewidmet. Spamer zufolge stellte der Krieg vor allem deshalb für die zeitgenössische Volkskunde ein privilegiertes Forschungsfeld dar, weil er eine Konjunktur popularer Güter hervorrief, zu denen auch elementare Formen des Volksglaubens gehörten: »Unmittelbar mit dem Ausbruch des Weltkriegs stieg eine Springflut auf, die alle untergründigen geistigen Volksgüter in Vers, Prosa und bildnerischer Gestaltung auf die Oberfläche des öffentlichen Lebens emporschleuderte. Volksglaube und Volksfühlen, Volksgesang und Volkserzählung, Volkssatire und -witz gaben sich in unmittelbarer, unverhüllter Eigenform, bis dann bald eine von Skrupeln unbeschwerte Industrie die neue Konjunktur zu ihren geschäftlichen Zwecken ausnutzte.«[10]

Diese kriegsbedingte Konjunktur »einfacher Formen«[11] bot, wie Spamer hervorhebt, Einblicke in die Tiefenschichten des Volkslebens, die dem empirischen Blick normalerweise verborgen blieben. Diese Meinung vertrat auch der Schweizer Volkskundler Hanns Bächtold, der in seinen 1917 publizierten Ausführungen über den deutschen »Soldatenbrauch und Soldatenglaube[n]« die These aufstellte, dass der Krieg einen Vorhang beiseite geschoben habe und damit »einen Einblick in das Seelenleben des Volkes« gewähre, »wie wir ihn so unverhüllt nur selten erhalten«[12]. In der »Zeitschrift des Vereins für rheinische und westfälische Volkskunde« hatte er zur Erforschung von Phänomenen der Volkskultur aufgerufen, die kriegsbedingt in Erscheinung träten. Dabei ging es primär darum, die Fülle und Vielfalt der kulturellen und religiösen Ausprägungen und Eigenarten als Pluralisierungen innerhalb des deutschen Volkes aufzuzeigen: »Eine so günstige Gelegenheit dafür wie heute, wo namentlich in den Kriegsla-

---

9 *A. Spamer*, Deutsche Volkskunde des Weltkrieges, Vorlesungstyposkript einer Einführung in eine Vorlesung an der Universität Frankfurt aus dem Jahr 1925/26, Nachlass Spamer K 89. Spamer beschäftigte sich auch noch zwischen 1926 und 1928 als außerordentlicher Professor an der Technischen Hochschule in Dresden mit der »Volkskunde des Weltkriegs«. (Vgl. dazu *A. Martin*, Adolf Spamer in Dresden [1926–1936]. Zur Geschichte der volkskundlichen Arbeit in Sachsen, in: *M. Simon/M. Kania-Schütz/S. Löden [Hg.]*, Zur Geschichte der Volkskunde. Personen – Programme – Positionen [= Volkskunde in Sachsen, Doppelheft 13/14], Dresden 2002, 223–238: 225.)

10 *A. Spamer*, Deutsche Volkskunde des Weltkrieges, zitiert nach: *I. Weber-Kellermann/ A. C. Bimmer*, Einführung in die Volkskunde/Europäische Ethnologie. Eine Wissenschaftsgeschichte. 2. erweiterte und ergänzte Auflage von »Deutsche Volkskunde zwischen Germanistik und Sozialwissenschaften«, Stuttgart 1985, 77.

11 Zur Kategorie der »einfachen Formen« vgl. *A. Jolles*, Einfache Formen. Legende, Sage, Mythe, Rätsel, Spruch, Kasus, Memorabile, Märchen, Witz (1930), Tübingen 1982.

12 *H. Bächtold*, Deutscher Soldatenbrauch und Soldatenglaube, Straßburg 1917, 2.

zaretten sich Leute aus den verschiedensten Gegenden des deutschen Vaterlandes zusammenfinden, kommt nie wieder.«[13] Bereits in einem 1915 erschienenen Artikel mit dem Titel »Die Volkskunde und der Krieg« hatte der Leipziger Volkskundler Eugen Mogk angekündigt, eine »Sammelstelle für Nachrichten aus dem Kriege« einzurichten, die »einen Blick in das Volksempfinden und -denken« gewährten.[14] Er hoffte dadurch in den Besitz von »geistige(n) Erzeugnissen« zu kommen, die, so hat Adolf Spamer Mogks Intentionen kommentiert, »durch psych. Associationen entstanden und durch diese fortgepflanzt bzw. verändert worden sind«[15]. Spamer selbst hatte in den »Bayerischen Heften für Volkskunde« im Kriegsjahr 1916 zum Sammeln von Artefakten und Zeugnissen aufgerufen, die über das Volksleben unter den Bedingungen des industrialisierten Krieges und vor allem über religiöse Einstellungen und Glaubensformen der Kriegsteilnehmer Auskunft geben sollten. Neben dem breiten Spektrum populärer Kriegsschriften sollten vor allem Objektivationen popularer Frömmigkeit Eingang in das volkskundliche Kriegsarchiv der Sektion zur »Sammlung des deutschen Soldatenbrauchs und Soldatenglaubens« finden.

Das Projekt einer Volkskunde des Krieges basierte nicht nur auf der Sammlung von Trouvaillen und der Archivierung von materiellen Objektivationen popularer Religiosität, sondern vor allem auf der Abfrage von religiösen Einstellungen und Verhaltensmustern, die in ihrer empirischen Ausrichtung – wie noch zu zeigen sein wird – wegweisend wurden, weil die Kriegsvolkskunde vergleichsweise systematisch vorging. Exemplarisch für eine Empirie soldatischer Einstellungen und Dispositionen war der »Fragebogen zur Erhebung soldatischer Volkskunde«, der 1916 unter Federführung von Hanns Bächtold konzipiert wurde und dessen Schwerpunkt neben »Volks- und Soldatenbrauch« auf dem »Soldatenglaube(n) mit Bezug auf den Krieg« lag. Institutioneller Träger dieser Enquete war die volkskundliche Sektion zur »Sammlung des deutschen Soldatenbrauchs und Soldatenglaubens«, welche sich aus Mitgliedern der von Albrecht Dietrich ins Leben gerufenen »Kommission für die Sammlung der Segen- und Beschwörungsformeln« zusammensetzte. Der Fragebogen wurde zweisprachig konzipiert, so dass er sowohl an deutsche als auch an französische Kriegsteilnehmer adressiert war.[16] Anfang des Jahres 1917 wurde er zunächst in der Bro-

---

13 *K. Wehrhan*, Kettengebete und Himmelsbriefe, in: Zeitschrift des Vereins für rheinische und westfälische Volkskunde 13 (1916), 65–75: 65, Fußnote 16.

14 *E. Mogk*, Volkskunde und der Krieg, in: Mittheilungen des Vereins für Sächsische Volkskunde, 6 (1915), 211–212: 212.

15 *A. Spamer*, a. a. O. (Anm. 9), 11f.

16 Vgl. *M. Scheer*, Des Gefangenen Amulett. Funktionen des Kriegsgegners im volkskundlichen Aberglaubensdiskurs, in: *G. Korff (Hg.)*, Kasten 117. Aby Warburg und der Aberglaube im Ersten Weltkrieg, Tübingen 2007, 245–259: 249f.

schüre »Deutscher Soldatenbrauch und Soldatenglaube«, Ende desselben Jahres dann in mehreren Feldzeitungen, wie etwa »Aus Sundgau und Wasgenwald« oder der »Scharfschützen Warte«, abgedruckt und so unter die an der Front stehenden Soldaten gebracht.[17] Anstrengungen, das religiöse Leben der Kriegsteilnehmer mit empirischen Mitteln zu erforschen, wurden auch von österreichischen Volkskundlern gemacht. So hat etwa Victor Geramb an der Konzeption eines Fragebogens mitgewirkt, der der Exploration religiöser Einstellungen unter den Kriegsteilnehmern dienen sollte. Volkskundler, Linguisten und Anthropologen – wie etwa der Österreicher Rudolf Pöch – initiierten in Lazaretten und Gefangenenlagern empirische Untersuchungen, um das Projekt der »soldatischen Volkskunde« voranzubringen.[18] Empirische Verfahren stellten auch die Grundlage von religionspsychologischen Untersuchungen dar; Paul Göhre etwa hat systematisch Soldaten im Alter von 39 bis 45 Jahren befragt, die einem sächsischen Landsturmbataillon angehörten.[19] Auf den Schlachtfeldern des Krieges bildete sich eine Art Binnenethnographie aus, innerhalb derer unterschiedliche empirische Methoden systematisiert, spezifiziert und pragmatisch angewandt wurden; zur Erforschung religiöser Bewusstseins- und Verhaltensformen kamen während des Krieges auch Methoden wie die teilnehmende Beobachtung oder die Befragung von Kriegsteilnehmern zur Anwendung. Die »zarte Empirie«, die die Volkskundler bei der Befragung von Kriegsteilnehmern entwickelten, scheint dem Urteil von Max Dessoir zufolge, äußerst fruchtbar gewesen zu sein, denn »die Soldaten kamen«, so bemerkt er in seinen 1916 publizierten »Kriegspsychologischen Betrachtungen«, »dem Fremdling, der so merkwürdige Fragen stellte, freundlich entgegen«. Vertrauen wurde dem Volkskundler oder dem Religionspsychologen auch deshalb entgegengebracht, weil er »in ihren Augen ein Mittelwesen zwischen dem Geistlichen und dem Arzt« darstellte, der im Gegensatz zu diesen darum »bemüht war, sie wirklich zu verstehen«[20].

---

[17] Vgl. *H. Bächtold*, a. a. O. (Anm. 12), 45–48. Als Matrix diente der von Eduard Hoffmann-Krayer 1915 ausgearbeitete »Fragebogen zur Erhebung soldatischer Volkskunde«, der im Rahmen eines Aufsatzes (*E. Hoffmann-Krayer*, Volkskundliches aus dem Soldatenleben, in: Allgemeine Schweizer Militärzeitung [1915], Nr. 16/17, 1–19: 18f.) und seit Juni 1915 durch die Schweizer Presse (z. B. in: Der Kriegssammler, Meilen-Zürich, 1, April 1917) verbreitet wurde.

[18] Vgl. dazu das von Monique Scheer durchgeführte Tübinger SFB-Projekt »Wie nie zu anderer Zeit«: Ethnographie und Anthropologie in Kriegsgefangenenlagern des Ersten Weltkriegs.

[19] Vgl. *P. Göhre*, Front und Heimat. Religiöses, Politisches, Sexuelles aus dem Schützengraben, Jena 1917, 3.

[20] *M. Dessoir*, Kriegspsychologische Betrachtungen (= Zwischen Krieg und Frieden, Bd. 37), Leipzig 1916, 3.

Bevor die Ergebnisse der empirischen Bemühungen, Formen und Funktionen der Kriegsreligiosität näher zu bestimmen, dargestellt werden, gilt es mit den Worten des evangelischen Theologen Georg Koch resümierend festzuhalten, dass die »Not des Kriegs« zum Wegbereiter für eine »vertiefte Volkskunde«[21] wurde. Deren empirische Explorationen standen freilich oftmals in Widerspruch zu den euphorischen Darstellungen von Feldgeistlichen und Seelsorgern, die in den Symptomen kriegsbedingter Efferveszenz nichts anderes als die Intensivierung von Frömmigkeit unter den Kriegsteilnehmern erkennen wollten.

2 Anomische Kriegsstimmungen

Auch wenn die volkskundlichen Beiträge zur Erforschung der Kriegsreligiosität über die Publikation von Miszellen und fragmentarischen Deskriptionen zu Einzelphänomenen kaum hinausgekommen sind und daraus kein zusammenhängendes Gesamtbild bezüglich Formen und Funktionen von Religion im Ersten Weltkrieg abgeleitet werden kann, so lassen sich doch einzelne Tendenzen rekonstruieren. Volkskundliche Beobachtungen aus der Kriegszeit zeichneten ein Bild der Kriegsreligiosität und der emotionalen Befindlichkeit der Massen, das in einem auffälligen Kontrast zu den Berichten der Feldgeistlichen und Seelsorger stand. Akademiker, die bereits vor dem Krieg in volkskundlichen Zeitschriften publiziert hatten, standen nun als Soldaten an der Front und wurden so zu »Augenzeugen« jener konkreten Auswirkungen, die der Krieg auf das »Seelenleben« der Bevölkerung hatte.[22] So hat beispielsweise Paul Sartori in seinen 1916 in der Zeitschrift des Vereins für rheinische und westfälische Volkskunde erschienenen Reflexionen über die zeitgenössischen »Kriegsstimmungen« emotionale Tiefenstrukturen erhellt, die durch Angst und Verunsicherung geprägt waren. Empirischen Zugriff zu den seelischen Zuständen der Kriegsteilnehmer boten vor allem Ego-Dokumente, wie etwa die von den Volkskundlern ausgewerteten Feldpostbriefe. Sartori verwies beispielsweise auf die zahlreichen »mißmutige[n] Briefe«, mit denen »Frauen ihren Männern im Felde das Herz schwer machen«, indem sie darin »allerlei Klagen und Beschwerden vorbringen, denen sie ausgesetzt seien«[23], und konterkarierte damit das von den Amtskirchen vermittelte Bild einer religiösen Euphorie. Die aufgeheizte religiöse Stimmung, so

---

21 *G. Koch*, Die Dorfkirchbewegung, in: Die Erziehung 4 (1929), 103–118: 112f.

22 Vgl. *B. Ulrich*, Die Augenzeugen. Deutsche Feldpostbriefe in Kriegs- und Nachkriegszeit 1914–1933, Essen 1997.

23 *Paul Sartori*, Kriegsstimmungen, in: Zeitschrift des Vereins für rheinische und westfälische Volkskunde 13 (1916), 1–9: 7; vgl. auch das Kap. »Heimatbriefe – ›Jammerbriefe‹«, in: *B. Ulrich*, a. a. O. (Anm. 22), 156–168.

legt er überzeugend dar, habe nur wenig mit Kriegsbegeisterung zu tun – sie sei vielmehr eine Form der Kompensation von Angst, die angesichts des furchtbaren Krieges immer übermächtiger werde. Was die volkskundliche Darstellung der »Kriegsstimmungen« deskriptiv aufzeigt, hat zeitgleich der französische Religionswissenschaftler Robert Hertz, der als Soldat ebenfalls Einblicke in die Lebenswelt der Schützengräben hatte und in zahlreichen Briefen an seine Frau die religiöse Mentalität der Kriegsteilnehmer schilderte, mit der Formulierung »religion de la frousse«[24] (= Bammel, Schiss) auf den Begriff gebracht. Hertz, ein an der Ritualtheorie Van Genepps geschulter Anthropologe, systematisierte die teilnehmende Beobachtung in den Schützengräben und zeichnete volkstümliche Geschichten auf, die unter französischen Frontsoldaten kursierten und denen z. T. religiöse Deutungsmuster immanent waren.[25] Auf diese Weise machte er die elementaren Strukturen jener religiösen Formen transparent, die den Kriegsteilnehmern zur Angstbewältigung dienten. Auf ganz ähnliche Weise geben Sartoris volkskundliche Betrachtungen das Bild einer depressiven Masse wieder, für die Religion ein Medium der Artikulation kollektiver Ängste darstellt. Im Deutungshorizont der meisten gläubigen Kriegsteilnehmer erschien der Krieg als ein »Jammertal«, als eine Heimsuchung, in der Gottes Beistand und im Glauben Trost gesucht wurden.[26] Für Sartori waren neben Feldpostbriefen auch ikonographische Darstellungen und religiöse Gebrauchskunst ein Indikator für die Deutung des Krieges als »Jammertal«: »Auf Bildern, die der jetzige Krieg hervorgebracht hat, sehen wir Jesus die Verwundeten trösten, den Sterbenden den Weg zum Himmel weisen. Wir sehen ihn in Lichtgestalt im Dunkel der Nacht einsam und traurig an verschneiten Schützengräben vorüberwandeln. Wir sehen über den Wogen, in deren Schoße Freund und Feind gebettet liegen, den blassen Schimmer des allversöhnenden Kreuzes schweben.«[27] Die ikonographischen Motive deuten darauf hin, dass die Kriegsreligiosität, wie sie durch die religiöse Gebrauchskunst symbolisiert wird, primär den konsolatorischen Erwartungen der Soldaten und ihrer Angehörigen entgegen kommt. Sartori stand mit seiner Deutung der Kriegsreligiosität in der Tradition einer primitivistischen Volks-

---

24 *Robert Hertz*, Un ethnologue dans les tranchées, août 1914 – avril 1915. Lettres de Robert Hertz à sa femme Alice, présentés par A. Riley et P. Bernard, Paris 2002, 50.

25 Nachdem Robert Hertz am 13. April 1915 im Gefecht getötet worden war, veröffentlichte seine Frau Alice Hertz diese Aufzeichnungen 1917 unter dem Titel »Contes et dictons recueillis sur le front parmi les poilus de la Mayenne et d'ailleurs (Campagne 1915), in: Revue des Traditions Populaires H. 32/1–2 (1917), 32–45; H. 32/3–4 (1917), 74–91.

26 Vgl. *C. Brettle*, Mariä Trost. Predigt auf Mariä Himmelfahrt, in: *J. Schofer (Hg.)*, Die Kreuzesfahne im Völkerkrieg. Erwägung, Ansprachen und Predigten, Bd. 1, Freiburg i. Br. 1914, 27–34: 27, zitiert nach: *C. Geinitz*, Kriegsfurcht und Kampfbereitschaft. Das Augusterlebnis in Freiburg. Eine Studie zum Kriegsbeginn 1914, Essen 1998, 192.

27 *P. Sartori*, a. a. O. (Anm. 23), 4.

kunde, deren Fokus auf der Suche nach dem ›Elementaren‹, ›Einfachen‹, ›Natürlichen‹ und ›Archaischen‹ lag,[28] dessen Spurenelemente aber auch noch in höher entwickelten kulturellen Formen nachzuweisen seien. Auf der Folie dieses Deutungsschemas verglich Sartori die von den Kirchen in Gottesdiensten und Predigten inszenierte Efferveszenz mit »zeremoniellen Tänzen«[29] und primitiven Ritualen, wie sie Krieger von zivilisatorisch scheinbar niedrig stehenden Stammesgesellschaften zur Anrufung ihrer Ahnen und Götter ausübten: »Den Irokesen genügt es, den Namen ihres Kriegsgottes auszurufen, wenn sie in die Schlacht stürzen. Und unsere Krieger tragen auf ihren Säbelkoppeln und Helmen den Wunsch und die Hoffnung ›Gott mit uns!‹ vor sich her.«[30] Kriegsbedingte Angst und Not bewirkten diesen volkskundlichen Illuminationen zufolge weniger eine religiöse Erhebung als vielmehr eine Regression auf primitive Seelenschichten. Der volkskundliche Primitivismus impliziert hier einen deutlich kritischen Impetus: Indem Volkskundler wie Sartori auf die elementaren und ›niederen‹ Formen der Kriegsreligiosität verwiesen, grenzten sie sich deutlich von der idealisierenden Überhöhung der Kriegsfrömmigkeit ab, wie sie in der Kriegstheologie beider Kirchen angestrengt wurde. Die Immunität der primitivistischen Volkskunde gegenüber dem von der Kriegstheologie aufrecht erhaltenen religiös-ideologischen Verblendungszusammenhang wurde auch von anderen Forschern hervorgehoben, die an einer Empirie der Kriegsreligiosität mitwirkten.

So hat etwa der Psychologe Paul Plaut für seine 1920 erschienene Studie über die »Psychographie des Kriegers« volkskundliche Arbeiten rezipiert und in einem Vergleich mit kirchlichen Diagnosen der Kriegsreligiosität die kontroversen Deutungsansätze herausgestellt. Mit Sartoris volkskundlichen Beobachtungen stimmte er darin überein, dass der Krieg kein Anomie-Killer war und die religiöse Euphorie mit der Fortdauer des Krieges bald verebbt war: »Was die Neubelebung des religiösen Bewußtseins anbelangt, von dem sich die Theologen so viel versprochen haben, so wird sie von vielen bestritten.«[31] Die emotionalen Befindlichkeiten der Kriegsteilnehmer seien dadurch bestimmt, »daß die ganze seelische Entwicklung im Kriege auf einen Ausgleich hindrängt zwischen dem anfänglichen gesteigerten Frohgefühl der Mobilmachungsperiode und dem immer klarer werdenden Ausgang des Krieges als einem unheimlichen Sturz in ir-

---

[28] Vgl. dazu: *B. J. Warneken*, Volkskundliche Kulturwissenschaft als postprimitivistisches Fach, in: *Ders./K. Maase (Hg.)*, Unterwelten der Kultur. Themen und Theorien der volkskundlichen Kulturwissenschaft, Köln u. a. 2003, 119–141.

[29] *P. Sartori*, a. a. O. (Anm. 23), 5.

[30] A. a. O., 3.

[31] *P. Plaut*, Psychographie des Kriegers, in: *W. Stern/O. Lipmann (Hg.)*, Beihefte zur Zeitschrift für angewandte Psychologie, Bd. 21: Beiträge zur Psychologie des Krieges, Leipzig 1920, 1–123: 76.

gendein dunkles Etwas«[32]. Vor dem Hintergrund dieser Diagnose richtete sich Plauts Kritik gegen pseudo-empirische Verfahren, welche nicht die gelebte Religiosität der Kriegsteilnehmer, sondern die Distribution von kirchlichen Heilsgütern zum Indikator kollektiver Frömmigkeit nahmen. Die »statistischen Berechnungen«, mit denen vor allem Theologen versucht hatten, »durch Zahlen die Religiosität« der Kriegsteilnehmer zu messen, täuschten über die Erosion des Vertrauens in kirchliche Institutionen und ihre Repräsentanten hinweg. Exemplarisch für den Selbstbetrug der katholischen Kriegstheologie war Georg Pfeilschifters Schrift über »Religion und Religionen im Weltkrieg«, in der als Beweis für die gesteigerte Frömmigkeit der Kriegsteilnehmer neben der großen Zahl von Feldgebetsbüchern oder gedruckten Predigten, welche in den Schützengräben verteilt worden waren, die Tatsache ins Feld geführt wurde, dass »von den Feldsoldaten bis zu 95% zu den Sakramenten gehen«[33]. Plaut diskreditierte eine statistische Herleitung der Kriegsfrömmigkeit als »einseitig-unwissenschaftliche[s] Verfahren«, da sie die von den Feldgeistlichen oktroyierten Institutionsmuster und standardisierten Heilsgüter mit den subjektiven Glaubensüberzeugungen gleichsetzte. Tatsächlich unternahmen die Amtskirchen in den Jahren zwischen 1914 und 1918 zahlreiche Versuche, die Frömmigkeit der Kriegsteilnehmer zu messen und die Wirkungen des Krieges auf religiöse Dispositionen auszuloten. Maßgeblich daran beteiligt war die religiöse Volkskunde, die sich bereits um die Jahrhundertwende innerhalb der evangelischen Kirche institutionalisiert hatte.

3 Zur Diagnostik der kirchlichen Volkskunde im Ersten Weltkrieg

Bereits vor dem Krieg war aus der »religiösen Volkskunde« heraus die »religiöse Psychologie« entstanden, welche die »Bedingungen« betrachtet, »unter denen das religiöse Leben sich entfaltet, von denen es abhängig ist, und wie die verschiedenen äußeren Verhältnisse […] das religiöse Leben beeinflussen«[34]. Obwohl mit dem Projekt einer »umfassenden Erkundung und Aufnahme des unentdeckten Landes Volksreligion«[35] auch eine Hinwendung zu volkskundlichen

32 A. a. O., 75.

33 A. a. O., 73, mit Verweis auf *G. Pfeilschifter*, Religion und Religionen im Weltkrieg. Auf Grund des errechenbaren Tatsachenmaterials dargestellt, Freiburg i. Br. 1915.

34 *P. Drews*, a. a. O. (Anm. 8), 66f.

35 *V. Drehsen*, Neuzeitliche Konstitutionsbestimmungen der Praktischen Theologie. Aspekte der theologischen Wende zur soziokulturellen Lebenswelt christlicher Religion, Bd. 1, Gütersloh 1988, 483.

Methoden und Paradigmen verbunden war, nahmen führende Vertreter der religiösen Volkskunde von der »allgemeinen Volkskunde« auch deshalb Abstand, weil das Objekt der »kirchliche[n] Volkskunde« als Wissenschaft, wie Karl Sell 1904 proklamiert hatte, eben nicht die »mythologische Volksseele«, sondern das »religiöse Seelenleben des Volkes«[36] in seinen gegenwärtigen Ausformungen sei. Die Empirie kollektiver Dispositionen und religiöser Einstellungen der Kriegsteilnehmer sollte dazu beitragen, die Partizipation der evangelischen Kirche an den »Fragen und Nöten der Zeit« zu intensivieren.[37] Statt in primitivistischer Manier Relikte elementarer Glaubensformen in den Blick zu nehmen, unternahm die kirchliche Volkskunde das ehrgeizige Projekt einer empirischen Gesellschaftsdiagnose »unter dem symptomatologischen Gesichtspunkt der Religion«[38]. Während des Weltkrieges erhielt dieses Unternehmen eine besondere Relevanz, galt es doch, die akuten Einflüsse des Krieges auf das Seelenleben der Kriegsteilnehmer zu erfassen. Im Gegensatz zur »allgemeinen Volkskunde« ging es der religiösen Volkskunde in ihren empirischen Interessen nicht primär um das »Volk als Masse«, seinen »Aberglauben« und seine »alten Bräuche«,[39] sondern vielmehr um den Zusammenhang von Religion und Sittlichkeit, Kriegserfahrung und Anomie.[40]

Stand zu Anfang des Krieges für die kirchliche Volkskunde und die Religionspsychologie die Frage im Mittelpunkt, welchen Einfluss die Religion auf den Krieg hatte, inwiefern dieser zum Beispiel ein Vehikel der Reevangelisierung oder der Stärkung der katholischen Kirche in der Wilhelminischen Gesellschaft sein könnte, so kehrte sich bald die Fragestellung um, und Theologen und Psychologen begannen, die Wirkung des Krieges auf das religiöse Seelenleben der Soldaten und ihrer Angehörigen auszuloten. Die kirchliche Volkskunde zielte

---

36 *K. Sell*, Neueste Kirchengeschichte und Kirchenkunde, in: Theologische Rundschau 7 (1904), 76–85: 79.

37 Vgl. dazu das Kapitel »Die sittlich-pädagogische und gesellschaftliche Funktion der Kirche im Volk«, in: *G. Brakelmann*, Protestantische Kriegstheologie im Ersten Weltkrieg. Reinhold Seeberg als Theologe des deutschen Imperialismus, Bielefeld 1974, 130–132.

38 *V. Drehsen*, a. a. O. (Anm. 35), 476.

39 *F. Niebergall*, Praktische Theologie. Lehre von der kirchlichen Gemeindeerziehung auf religionswissenschaftlicher Grundlage, Band 1, Tübingen 1918, 32f.; für das Themenfeld »Aberglaube« siehe: Ebd., 9ff.

40 Beispielhaft für die Erforschung der anomischen Auswirkungen des Krieges sind die an Emile Durkheim angelehnte Studie des evangelischen Theologen Gerhard Füllkrug über den »Selbstmord in der Kriegs- und Nachkriegszeit« (*G. Füllkrug*, Das Problem des Selbstmords in der Kriegs- und Nachkriegszeit, Schwerin 1927), sowie Otto Baumgartens Untersuchung über die »geistige und sittliche Wirkung des Krieges in Deutschland« (*O. Baumgarten*, Geistige und sittliche Wirkungen des Krieges in Deutschland, Stuttgart u. a. 1927), die er u. a. auf der Grundlage der Auswertung von Ego-Dokumenten verfasst hat.

mit wissenschaftlichen und halbwissenschaftlichen Studien darauf ab, Einblicke in das »Seelenleben« der Soldaten und die kollektive Stimmung in der Kriegsgesellschaft zu bekommen. Dies war deshalb von allergrößter Brisanz, weil der christliche Glaube und das Vertrauen in die kirchlichen Institutionen als Garant für die Stabilität gesellschaftlicher Strukturen galten. Kirchengebundene Frömmigkeit war ein Gradmesser für den Glauben an den nationalen Auftrag, den es im Krieg mit kirchlich eingeforderter Opferbereitschaft zu erfüllen galt. Die von der evangelischen Kirche initiierte »Ethnographie« stand – so läßt sich in Anlehnung an Günter Brakelmanns Urteil über Reinhold Seeberg und die protestantische Kriegstheologie formulieren – »im Dienst der Politik«[41].

Der industrialisierte Krieg – darin waren sich die meisten Vertreter der religiösen Volkskunde einig – hatte einen großen Einfluss auf die religiösen Einstellungen und Praktiken der Frontsoldaten und der Menschen an der »Heimatfront«.[42] Konstatiert wurde »eine polarisierende Wirkung der Kriegsereignisse auf das religiöse Grundempfinden: Momente der Bestärkung und der Infragestellung der ursprünglichen Religiosität«[43]. Zum einen gab es Psychologen wie Paul Göhre, welche die Meinung vertraten, dass der Krieg die religiöse Verfassung der meisten Soldaten im Kern unberührt ließe; zum anderen gab es Untersuchungen, wie die von Erich Everth über die »Seele des Soldaten im Felde«, in der eine Erosion religiöser Glaubensvorstellungen diagnostiziert wurde.[44] Nur singulär, so Kurt Meier, wurde konstatiert »daß die lange Kriegsdauer auch ›vertiefende, verchristlichende Wirkung‹ gehabt habe (aus dem Jahre 1916)«[45]. Diese Meinung vertrat beispielsweise Dr. Josef Schneider, Referent für Seelsorge und Erziehung beim bayerischen Staatsministerium des Inneren, der unmittelbar nach dem Krieg eine Umfrage unter den heimkehrenden Soldaten durchführte, die Aufschluss über die deren religiöse Einstellung geben sollte. Er kam zu dem Schluss, dass die Religion »die größte Kraft des deutschen Volkes in diesem Kriege«[46] darstellte. Um die verheerenden Wirkungen, die der Krieg nicht nur in ökonomischer und sozialer Hinsicht, sondern auch im ›religiösen Seelen-

---

41 *G. Brakelmann*, a. a. O. (Anm. 37), 54–56.

42 Vgl. *R. Dreiling*, Das religiöse und sittliche Leben der Armee unter dem Einfluß des Weltkrieges, Paderborn 1922, 134.

43 *K. Meier*, Evangelische Kirche und Erster Weltkrieg, in: *W. Mischalka (Hg.)*, Der Erste Weltkrieg. Wirkung, Wahrnehmung, Analyse, München 1994, 691–724: 719; vgl. dazu aus zeitgenössischer Perspektive: *M. Schian (Hg.)*, Die deutsche evangelische Kirche im Weltkriege, Bd. 1: Die Arbeit der evangelischen Kirche im Felde, Berlin 1921, 119f.

44 Vgl. *E. Everth*, Von der Seele des Soldaten im Felde. Bemerkungen eines Kriegsteilnehmers, Jena 1915, 44f.; vgl. *P. Göhre*, a. a. O. (Anm. 19), 2–13.

45 *K. Meier*, a. a. O. (Anm. 43).

46 *J. Schneider*, Lebensweisheit für Deutsche, besonders Reichswehr und Polizei, Berlin 1926, 36.

leben‹ hinterlassen hatte, zu kaschieren, fokussierte Schneider die Befragung auf diejenigen Kriegsteilnehmer, die durch das Kriegserlebnis zu Gott gefunden hatten,[47] während der Vertrauensverlust in die Kirchen und ihre Heilsgüter zur Randerscheinung des Krieges erklärt wurden: »Manchen freilich half der verbürgerlichte, abstrakte, leere Gottesbegriff keine Lösung finden.«[48]

Die meisten seriösen Untersuchungen räumten freilich mit der Illusion auf, der zufolge der Krieg zu einer kollektiven Steigerung kirchengebundener Frömmigkeit geführt habe. Plaut, der, wie bereits erwähnt, heftige Kritik an den Methoden der kirchlichen Volkskunde geübt hatte, kommt in seiner Studie zu dem Schluss, dass die religiöse Weltanschauung während des Krieges »unkirchlicher« geworden sei: »[D]ie Leute wurden nüchterner, liefen nicht mehr während der Ruhetage hinter der Front so spontan wie früher in die Kirche; die Kritik setzte sehr stark ein, am Dogma, aber noch mehr an der ganzen Auslegung desselben, die eine sichtbare politische Färbung angenommen hatte.«[49] Auch kirchennahe Diagnostiker, wie Emil Pfennigsdorf und Pfarrer Strecker, deren empirischer Ertrag aus ihrer seelsorgerischen Arbeit mit Kriegsteilnehmern resultierte, hoben die desintegrativen Effekte der Kriegserfahrung hervor. So machten sie darauf aufmerksam, dass die Religion zwar zur Sinnstiftung des Krieges beitrage und der Verarbeitung von schrecklichen Erlebnissen diene, die zum Teil traumatischen Kriegserfahrungen aber auch die religiösen Sinnwelten schwächten. Strecker versuchte die »religiöse Gedankenwelt der Soldaten im Felde« empathisch zu erfassen und kam zu dem ernüchternden Ergebnis, dass »der Krieg in zahlreichen Fällen eine völlige Erschütterung des religiösen Bewußtseins und der sittlichen Maßstäbe mit sich« gebracht habe. Die geistige und seelische Abstumpfung der Kriegsteilnehmer sei angesichts verheerender Materialschlachten, furchtbarer Blutopfer und sinnloser Zerstörung unübersehbar. Sein Fazit: »Mancher hat im Krieg den letzten Rest von Gottesglauben verloren.«[50] Bruno Grabinski resümierte in seinen Betrachtungen zu »Weltkrieg und Sittlichkeit«, »daß selbst ein so furchtbarer Krieg wie der gegenwärtige, ein Weltkrieg in des Wortes vollster Bedeutung, die schlechten Neigungen und bösen Leidenschaften, die im Menschen schlummern, auf die Dauer nicht einzudämmen vermag [...] und daß vor allem die Sittlichkeit dabei schweren Schaden leidet«[51]. So seien

---

47 A. a. O., 35f.

48 A. a. O., 33.

49 *P. Plaut*, a. a. O. (Anm. 31).

50 Pfarrer *Stecker*, Aus der religiösen Gedankenwelt des Soldaten im Felde, Vortrag, gehalten im Pfarrverein zu Stettin, in: Evangelische Freiheit. Monatsschrift für die kirchliche Praxis in der gegenwärtigen Kultur 16 (1916), 221–228: 222.

51 *B. Grabinski*, Weltkrieg und Sittlichkeit. Beiträge zur Kulturgeschichte der Weltkriegsjahre, Hildesheim 1917, VI.

während des Krieges eine Erosion kirchlich tradierter Glaubensvorstellungen und eine Schwächung der im Christentum verankerten moralischen Werte zu beobachten, behauptete der Franziskanerpater Raymund Dreiling, der mit seiner Untersuchung über »[d]as religiöse und sittliche Leben der Armee unter dem Einfluß des Weltkrieges« die anomischen Folgen des industrialisierten Krieges transparent zu machen versuchte.[52] Die »Christusfrömmigkeit« schwächte sich ab, während der »Schicksalsglaube« aus Sicht der Seelsorger problematische Auswüchse annahm.[53] Gründe dafür benannte der Schweizer Theologe S. Zurlinden, der den Fokus auf die zunehmenden Dissonanzen zwischen der von den Kanzeln gepredigten Kriegsfrömmigkeit und der »gelebten Religiosität« der Kriegsteilnehmer richtete: »Während die Soldaten an der Front ›in einem dumpfen Schicksalsglauben, ein wimmerndes Gebet auf den Lippen‹, wie ein Krieger schreibt, mit aller Kraft ihrer Seele sich darnach sehnen, aus der Hölle des Krieges herauszukommen, mühen sich die Kriegstheologen zu Hause, die Göttlichkeit und Christlichkeit des Krieges nachzuweisen.«[54] Der wachsende Vertrauensverlust in die kirchlichen Heilsgüter führte seiner Ansicht nach zu einem »Moratorium des kirchlichen Christentums«[55].

Die Ergebnisse der volkskundlichen und religionspsychologischen Untersuchungen leisteten der Bereitschaft Vorschub, die Ausrichtung der Kriegstheologie zu überdenken und organisatorische Reformen auf den Weg zu bringen. Der Rostocker Theologieprofessor Gerhard Hilbert stellte in seinem Vortrag über »Innere Mission und Volksmission« auf der Novemberkonferenz des Central-Ausschusses im Jahr 1916 fest, dass aufgrund der Kriegserfahrung »große Massen mehr oder minder entkirchlicht, ja entchristlicht«[56] seien. Angesichts solch desintegrativer Tendenzen, die der Krieg forcierte, stellten sich auch katholische Kirchenvertreter die Frage, »ob nicht vielleicht das ganze System unserer deutschen Militärseelsorge sich als verbesserungsbedürftig gezeigt hat«[57]. So sei die

---

52 *R. Dreiling*, a. a. O. (Anm. 42).

53 *K. Meier*, a. a. O. (Anm. 43), 718. Zu diesem Ergebnis kommt auch Emil Pfennigsdorf: »Auf Grund vieler Zeugnisse aus dem Felde ist festgestellt worden, daß die Frömmigkeit unserer Feldgrauen im wesentlichen ein allgemeiner Vorsehungs- und Gottesglaube ist«, der in zunehmendem Maße »die bewußte Beziehung auf Christus« vermissen lässt. (*E. Pfennigsdorf*, Die apologetischen Aufgaben unserer Kirche in und nach dem Kriege [1916], in: *Ders.*, Im Kampf um den Glauben. Vorträge, Abhandlungen und Aufsätze zu Lebensfragen der Gegenwart, Gütersloh 1919, 180–193: 183.)

54 *S. Zurlinde*, Der Weltkrieg. Vorläufige Orientierung von einem schweizerischen Standpunkt aus, Bd. 1, Zürich 1917, 489f.

55 A. a. O., 488; vgl. dazu auch *F. Koehler*, Die deutsch-protestantische Kriegspredigt der Gegenwart dargestellt in ihren religiös-sittlichen Problemen und in ihrer homiletischen Eigenart, Gießen 1915, 32f.

56 *G. Hilbert*, Volksmission und Innere Mission, Leipzig 1917, 1.

seelsorgerische Betreuung der Frontsoldaten im Etappengebiet zwar »relativ problemlos zu bewerkstelligen« gewesen, doch ein sinnvoller Einsatz von Geistlichen für die kämpfende Truppe wurde »im Verlauf des Krieges immer schwieriger«[58]. Zahlreiche Feldgeistliche beklagten die Ferne der von Kriegstheologen in Umlauf gebrachten Predigtinhalte zur lebensweltlichen Realität der Frontsoldaten und forderten vehement, dass die Gottesdienste wieder »einfacher, volkstümlicher«[59] werden müssten. Die Erfahrungen der im Feld stehenden Seelsorger machten deutlich, dass in Kriegszeiten, in denen die Gläubigen mobilisiert werden mussten, die Kirchenvertreter – wie Max Weber formuliert – »im Interesse der Erhaltung und Propagierung der Anhängerschaft den Bedürfnissen der Laien Rechnung«[60] tragen mussten. Wieder einmal hatte sich im Krieg das Urteil von Paul Drews, einem Begründer der religiösen Volkskunde, bestätigt, »daß die Ergebnislosigkeit vieler treuer pastoraler Tätigkeit zum guten Teil darauf zurückzuführen ist, daß der Pfarrer die Volksseele in ihrem Gesamtleben viel zuwenig kennt«[61].

Die Diagnosen der religiösen Volkskunde zogen Reformen nach sich. Innerhalb kirchlicher Institutionen wie etwa dem Deutschen Evangelischen Kirchenausschuß dachte man über Strategien nach, die der Erosion der kirchengebundenen Frömmigkeit Einhalt gebieten sollte: »Der Vorsitzende Möller berichtete in der DEKA-Sitzung vom 7. und 8. Dezember 1916, dass im Innenministerium von einem zunehmenden Schwinden religiös-patriotischer Gesinnung gesprochen wurde und deshalb die ›Kirche zu verstärkter Arbeit auf diesem Gebiet berufen sei‹.«[62] Aus diesem Grund bekam die kirchliche Volkskunde nicht nur eine wissenschaftliche, sondern auch eine praktische Bedeutung, etwa in der Unterweisung der Pastoren und der Feldgeistlichen, die nicht nur den Kriegsteilnehmern seelischen Beistand geben, sondern auch der sich während des Krieges ausbreitenden »Entsittlichung« Einhalt gebieten sollten. Zu diesem Zweck errichtete der evangelische Theologe Georg Koch an der Westfront eine

---

57 Schwierigkeiten der Feldseelsorge, von einem badischen Feldgeistlichen, in: Oberrheinisches Pastoralblatt, vormals: Freiburger katholisches Kirchenblatt, Freiburg im Breisgau 1917, 222–225: 223.

58 *I. Lisberg-Haag*, »Die Unzucht – das Grab der Völker«. Die evangelische Sittlichkeitsbewegung und die »sexuelle Moderne« 1870–1918, Münster u. a. 1999, 222.

59 Mitteilungen an die Mitglieder der Konferenz für evangelische Gemeindearbeit Nr. 12, Januar 1916, 33.

60 *M. Weber*, Wirtschaft und Gesellschaft. Grundriß der verstehenden Soziologie, Tübingen 1972, 278.

61 P. Drews, zitiert nach *V. Drehsen*, a. a. O. (Anm. 35), 483.

62 Sitzungsprotokoll EZA (= Evangelisches Zentral Archiv) 1/A2/158, zitiert nach *Lisberg-Haag*, a. a. O. (Anm. 58), 244.

Feldhochschule, in der er »militärisch angewandte Volkskunde«[63] betrieb. Die empirischen Erträge der religiösen Volkskunde hatten auf diese Weise Eingang in praktische Anweisungen und Verhaltenslehren für Seelsorger und Feldgeistliche gefunden.[64]

4 Perspektiven der primitivistischen Kriegsvolkskunde

Paul Plaut stimmte in seiner Untersuchung über die »Psychographie des Kriegers« mit jenen empirischen Untersuchungen der religiösen Volkskunde überein, die einen kriegsbedingten Vertrauensverlust in kirchliche Institutionen und Repräsentanten diagnostizierten. Da er einen Zusammenhang zwischen dem von der kirchlichen Volkskunde diagnostizierten »Moratorium des kirchlichen Christentums« und der kriegsbedingten Zunahme – so ein Schlagwort der Zeit – »verkappter Religionen«[65] zu erkennen glaubte, plädierte er dafür, an volkskundlichen Untersuchungen anzuknüpfen und deren empirische Methoden zu übernehmen. Namentlich nannte er die Arbeiten von Albert Hellwig und vor allem die von Hanns Bächtold, der »für den Verband deutscher Vereine für Volkskunde eine grössere Anzahl solcher Kriterien für ›deutschen Soldatenbrauch und Soldatenglauben‹ zusammengestellt«[66] hatte. Die volkskundlichen Sammlungen seien gegenüber den von den Theologen angeführten Statistiken, edierten Briefsammlungen und Erlebnisschilderungen deshalb »[v]iel wertvoller«, weil in ihnen neben »Einzelerscheinungen, Äußerungen schlichter Soldaten« auch Objektivationen des »Aberglaubens« berücksichtigt worden seien, »dessen Erfassung für den Psychologen ebenso wichtig sein muss wie die des Glaubens«[67]. Für Plaut war das markanteste Symptom der akuten Zerfalls- und Desintegrationstendenzen kirchengebundener Frömmigkeit die kriegsbedingte Konjunktur magischer Praktiken. Für deren Erforschung konnte seiner Ansicht nach aber nicht die kirchliche Volkskunde zuständig sein. Während sich deren prominen-

---

63 *G. Koch*, Die Feldhochschule, eine Volkshochschule an der Front, in: *H. Sohnrey (Hg.)*, Jahrbuch für Wohlfahrtspflege auf dem Lande, 3. Sonderreihe: Archiv für ländliches Bildungswesen. Die ländliche Volkshochschule, Berlin 1919, 36–45.

64 Vgl. *G. Füllkrug (Hg.)*, Theologischer Lehrgang für die feldgraue Geistlichkeit in Ost und West. Berichte der Referenten, Leipzig 1918.

65 Vgl. *C. C. Bry*, Verkappte Religionen. Kritik des kollektiven Wahns (1924), hg. von Martin Gregor Dellin, Nördlingen 1988; vgl. *A. S. Stolzenburg*, Verkappte Religionen: Aberglaube, in: Das evangelische Deutschland. Kirchliche Rundschau für das Gesamtgebiet des Deutschen evangelischen Kirchenbundes, V. Jahr, Nr. 12, Berlin, 18. März 1928.

66 *P. Plaut*, a. a. O. (Anm. 31), 79.

67 A. a. O., 77.

teste Vertreter demonstrativ von den primitivistischen Tendenzen der außerkirchlichen »Kriegsvolkskunde« abgrenzten, widmete sich die primitivistische Kriegsvolkskunde vorwiegend Phänomenen, die man mit einem Begriff Georg Simmels als »religioid«[68] bezeichnen kann und die im Jargon der Zeit unter dem Begriff des »Kriegsaberglaubens« subsumiert wurden: Neben Untersuchungen zu Talismanen, Amuletten, Ketten- und Himmelsbriefen[69] gibt es volkskundliche Betrachtungen zu Wundern und sogenannten »Volksprophezeiungen«[70], zu Gebetserhörungen und anderen Gebetsformen[71], Zahlenmagie, Horoskopen und Privatoffenbarungen, in denen zumeist darüber spekuliert wurde, wann es Frieden geben werde.[72] Plaut versprach sich von der zeitgenössischen Volkskunde einen diagnostisch wertvollen Einblick in das Seelenleben der Kriegsteilnehmer, gerade weil sie die elementaren Formen der gelebten Religiosität, für welche

---

[68] Die Wortschöpfung religioid wurde von dem Soziologen Georg Simmel geprägt. Unter den Begriff subsumiert er »soziale Verhältnisse, Relationen der Menschen untereinander, die sozusagen ihrer Form nach religiöse Halbprodukte sind. Es sind dieselben Beziehungswerte, die von ihrem sozialen Interesseninhalt gelöst und in die transzendente Dimension erhoben, Religion im engeren, selbständigen Sinne bedeuten. Unter mancherlei Verhüllungen und Verschiebungen der Oberfläche sind diese Zusammenhänge spürbar.« (*G. Simmel*, Die Religion, in: *M. Behr/V. Krech/G. Schmid (Hg.)*, Georg Simmel Gesamtausgabe, Bd. 10, Frankfurt a. M. 1995, 39–118, 423–440: 61).

[69] Vgl. *A. Hellwig*, Himmelsbriefe im Weltkriege, in: Monatsschrift für Kriminalpsychologie und Strafrechtsreform 12 (1921), 141–145; *W. Paatz*, Der Himmelsbrief im Altenburgischen, besonders in der Gegenwart, in: Mitteilungen des Vereins für Sächsische Volkskunde 6 (1915), 212–218; *K. Prümer*, Über Amulette im gegenwärtigen Kriege, in: Zeitschrift des Vereins für rheinische und westfälische Volkskunde 13 (1916), 79–81; *K. Olbrich*, Deutsche Himmelsbriefe und russische Heiligenamulette im Weltkriege, in: Mitteilungen der Sächsischen Gesellschaft für Volkskunde 19 (1917), 140–156; *R. Stübe*, Der Himmelsbrief. Zur Geschichte eines fliegenden Blattes, in: Zeitschrift des Deutschen Vereins für Buchwesen und Schrifttum 1 (1918), 70–71; *ders.*, Der Himmelsbrief. Ein Beitrag zur allgemeinen Religionsgeschichte, Tübingen 1918.

[70] Vgl. *F. Rohr*, Die Entscheidungsschlacht des Europäischen Krieges am Birkenbaum und andere Kriegsprophezeiungen. Neue Beiträge zu ihrer Deutung und zur Untersuchung ihres Wahrheitsgehalts, Bocholt 1917; *R. Stübe*, Zur Kritik einer Kriegsprophezeiung, in: Mittheilungen des Vereins für Sächsische Volkskunde 7 (1918), 282–288.

[71] Vgl. *A. Becker*, Gebetsparodien. Ein Beitrag zur religiösen Volkskunde des Völkerkrieges, in: Schweizer Archiv für Volkskunde XX (1916), 16–28; *O. Menghin*, Kriegsvaterunser und Verwandtes (= Sammlung Natur und Kultur IX), München 1917; *ders.*, Vaterunserparodien aus dem Weltkriege, in: Volks-Bildungs-Blatt, Krems 1917, 29–31; *K. Wehrhan*, a. a. O. (Anm. 13), 65–75.

[72] Vgl. *W. Diener*, Prophezeiungen über das Kriegsende, in: Zeitschrift des Vereins für rheinische und westfälische Volkskunde 15 (1918), 131–133; *K. Helm*, Kriegs- und Friedensprophezeiungen, in: Hessische Blätter für Volkskunde XIII (1914), 195–198.

auch der Psychologe keinen anderen Begriff als »Aberglauben« parat hatte, nicht als zurückgeblieben und defizitär perhorreszierte, sondern sie den kirchlichen Heilsgütern und -wahrheiten als prinzipiell gleichwertig gegenüberstellte. Darüber hinaus kamen in den volkskundlichen Explorationen auch antiklerikale Haltungen zur Sprache, die freilich von den subalternen Kriegsteilnehmern in der Regel nicht verbalisiert wurden. So impressionistisch und fragmentarisch die Empirie der Kriegsvolkskunde auch war, für Plaut stellte sie einen vorbildlichen Versuch dar, Einblicke in die Lebenswelt von jenen Kriegsteilnehmern zu bekommen, »die im allgemeinen nicht gern über Religion und Religiosität sprechen, weil sie in der Unmittelbarkeit, mit der sie den Dingen gegenüberstehen, den Widersinn erkennen, der in einer kirchlich angeregten Begeisterung für den Krieg liegt«[73]. Damit war die Perspektivierung der Kriegsreligiosität durch eine grundsätzliche Differenzierung zwischen den kirchlich institutionalisierten Formen der Frömmigkeit und der »gelebten Religiosität«[74] der Kriegsteilnehmer geprägt – eine Leitunterscheidung, die für die volkskundliche Analyse der »Kriegsreligiosität« zwar nicht begrifflich, aber doch implizit konstitutiv war.

Die Euphorie Plauts über die volkskundlichen Explorationen verwundert auf den ersten Blick, beschränkten sich doch die meisten Volkskundler zumeist auf die Sammlung und ordnende Deskription des Faktenmaterials. Die zugrundeliegenden Beschreibungs- und Deutungskategorien waren überwiegend, wie Spamer in seiner Vorlesung über die »deutsche Volkskunde des Weltkrieges« selbst einräumt, durch ein »Nachleben veralteter Anschauungen«[75] geprägt, die nur vereinzelt den Keim neuer Interpretationsansätze in sich trugen. Das Interesse des noch jungen Fachs galt vorwiegend »zeitgenössischen Relikten ›primitiver Kulturstufen‹«, welche die Vertreter der Disziplin »insbesondere in den sozialen Unterschichten zu finden meinte[n]«[76]. Mit dem Ausbruch des Weltkriegs bekam dieses Interpretament neue Impulse, ging es doch nicht mehr nur darum, »inländische Volkskulturtraditionen« aufzuspüren, »die vermeintlich und oft tatsächlich von Modernisierungsprozessen marginalisiert wurden«[77]; vielmehr ging die Kriegsvolkskunde von einem Kausalzusammenhang zwischen modernem Krieg und dem Revival primitiver, vor allem religioider Denk- und Handlungsmuster aus: Der durch und durch technisierte Krieg, so lässt sich ein

---

73 *P. Plaut*, a. a. O. (Anm. 31), 73f.

74 Zur Unterscheidung von institutionalisierter und gelebter Religiosität vgl.: *D. Pollack*, Was ist Religion? Probleme der Definition, in: Zeitschrift für Religionswissenschaft 3 (1995), 163–190, hier v. a. 182–190.

75 *A. Spamer*, a. a. O. (Anm. 9), 1.

76 *B. J. Warneken*, a. a. O. (Anm. 28), 119.

77 A. a. O., 220.

zentrales Deutungsmuster der zeitgenössischen Volkskunde zusammenfassen, habe gerade nicht zu einer Marginalisierung, sondern im Gegenteil zu einer Revitalisierung überkommener Glaubensformen und deren dinghaften Objektivationen beigetragen. Auch Adolf Spamer war in der euphorischen Phase des Kriegsbeginns noch davon überzeugt, dass die »Sturmzeit der Menschheit [...] alle urtümlichen Instinkte aus dem Menschen« empor gepeitscht habe und das primitive »Triebleben der menschlichen Seele« mit dem Ausbruch des Krieges »in überraschender Jähheit« erwacht sei.[78] Die Konzeption der wissenschaftlichen Volkskunde als »primitivistisches Fach«[79] prägte auch die Deutungen des so genannten »Kriegs- und Soldatenaberglaubens«. Spamers Interpretamente tendieren zur Archaisierung religioider Phänomene. So stellten für ihn die Erscheinungsformen des Kriegs- und Soldatenaberglaubens ein »Aufflackern religiösen Lebens in seinen primitiven Formen« dar, welche als Ausdruck einer urtümlichen »Volksseele« begriffen wurden. Deren Emanationen würden sichtbar, nachdem der »Krieg »die drückende Alltagsdecke abgeworfen« habe.[80] Die Euphorie über die Vitalität scheinbar archaischer Relikte war sicherlich auch der konservativen und fortschrittsfeindlichen Haltung vieler Volkskundler geschuldet, welche in den rezenten Formen des Aberglaubens und im ›Aufblühen der Volksseele‹ die Wiederverzauberung einer Welt sehen wollten, welche tatsächlich durch die im Krieg entfesselten Destruktivkräfte der Moderne nicht nur – so Max Webers Diktum – entzaubert, sondern vielmehr der radikalen Zerstörung preisgegeben wurde. Immerhin vermochte die Reaktivierung vermeintlich vormoderner Glaubensformen Irritationen auszulösen, und die Vertreter der primitivistischen Volkskunde zeigten sich überrascht von der Gleichzeitigkeit des Ungleichzeitigen. Der Volkskundler Karl Wehrhan wunderte sich über die kriegsbedingte Konjunktur von Privatoffenbarungen, Kettengebeten, Amuletten und Himmelsbriefen: »Man sollte gar nicht glauben, daß im Zeitalter des Fernsprechers und der Maschinengewehre die alten Ansichten in so großer Menge wieder aufgetaucht seien und eine so große Anzahl von gläubigen Nachbetern gefunden haben würden [...].«[81] Dass technischer Fortschritt – als Prozess der Zivilisation begriffen – sich nicht grundsätzlich mit der Existenz scheinbar vorrationaler Denk- und Glaubensweisen ausschloss, bestätigte das in der Volkskunde gängige primitivistische Entwicklungsstufenmodell und die damit einhergehende These, dass elementare Glaubensformen von Modernisierungsprozessen unbeschadet

---

[78] *A. Spamer*, Der Krieg, unser Archiv und unsere Freunde. Ein Aufruf des Volkskundearchivs des Bayerischen Vereins für Volkskunst und Volkskunde in München, in: Bayerische Hefte für Volkskunde 2 (1915), 1–72: 2.

[79] *B. J. Warneken*, a. a. O. (Anm. 28), 119.

[80] *A. Spamer*, a. a. O., (Anm. 78), 49.

[81] *K. Wehrhan*, a. a. O. (Anm. 13), 66.

in den unteren Schichten der Volkskultur fortexistierten. Diesem Interpretament stand der Volkskundler Albert Dieterich Pate, dem zufolge sich »in der vorgeschichtlichen Epoche jedes Volkslebens« eine »ganze Schicht unmittelbaren religiösen Denkens, religiöser Vorstellungen und Bräuche« ausgebildet habe, eine »Unterschicht alles geschichtlichen Volkslebens [...], aus deren Mutterboden alle individuelle Gestaltung und persönliche Schöpfung herausgewachsen ist«[82]. Diesem Deutungsmuster lag ein evolutionistisches Entwicklungsschema zugrunde, das dazu verleitete, nach Urformen oder epochenübergreifenden Grundmustern zu fahnden. Die Kriegsvolkskunde machte mitunter Anleihen an eine mythologische Kontinuitätsprämisse, die ihren Ursprung in Jacob Grimms romantischem Positivismus hatte. Für Grimm war das unverbildete Einfache und Elementare »Ausdruck des göttlichen Atmens einer anonymen Volksseele«[83]; kirchenferne Formen der Religiosität wurden als Adaption heidnisch-mythologischer Glaubensrelikte ausgewiesen. Die Formen des Volksglaubens befinden sich diesem Konzept zufolge in einem »generell-stagnierenden« Aggregatszustand, während die Religion der Oberschicht durch eine »individuell-zivilisatorische« und sich dynamisierende Verfassung charakterisiert ist. Auch Spamers Schweizer Kollege Hanns Bächtold geriet in das Fahrwasser derjenigen Volkskundler, die dem Phantom einer ursprünglichen Religion nachjagten. Er maß der Erforschung dieser »uralte[n] Vorstellungen und Handlungen« deshalb allergrößten Wert bei, weil damit die Hoffnung verbunden war, »durch sie frühere Stufen religiöser Entwicklung entdecken« zu können.[84] Ihm zufolge ließ die kriegsbedingte »Sorge um die Erhaltung des Lebens« eben jene elementaren religiösen Vorstellungen wieder aufleben, welche »in früheren Jahrhunderten schon die Völker in ihrem Bann gehalten und bis heute noch im Volke geschlummert hatten«[85]. Zu Recht hat Bernd Jürgen Warneken darauf hingewiesen, dass »[d]er primitivistische Versuch, aus Zeugnissen der Volkskultur ur- bis ungeschichtliche ›Elementarteilchen‹ menschlichen Denkens und Handelns zu rekonstruieren, [...] heute zu Recht als eine Ur-Illusion der Volkskunde« gilt.[86] Jedoch teilte die deutsche Volkskunde dieses kulturevolutionistische Paradigma mit anderen zeitgenössischen Deutungen zu Krieg und Religion: Französische Religionspsychologen, italienische Folkloristen als auch der Hamburger Kulturwissenschaftler Aby Warburg versuchten in ihren während des Ersten Welt-

---

82 *A. Dieterich*, Über Wesen und Ziele der Volkskunde, in: Hessische Blätter für Volkskunde, Bd. 1 (1902), 169–194: 175.

83 *I. Weber-Kellermann/A. C. Bimmer/S. Becker*, Einführung in die Volkskunde/Europäische Ethnologie. Eine Wissenschaftsgeschichte, dritte, vollst. überarb. und aktualisierte Aufl., Stuttgart u. a. 2003, 71.

84 *H. Bächtold*, a. a. O. (Anm. 12), 31.

85 A. a. O., 2.

86 *B. J. Warneken*, a. a. O. (Anm. 28), 136.

kriegs durchgeführten Studien über Magie, Prophezeiungen und andere Formen popularer Religiosität einer wie auch immer gearteten archaischen, primitiven Tiefenschicht auf den Grund zu gehen, die – um es in Sigmund Freuds Worten zu formulieren – unterhalb der »dünnen Patina der Zivilisation« existiere.[87]

Der Begründer der Psychoanalyse hatte bereits in seinem 1915 publizierten Essay »Zeitgemäßes über Krieg und Tod« darauf hingewiesen, dass der industrialisierte Krieg zentrale Elemente der im Zivilisationsprozess erworbenen »Kultureignung« außer Kraft gesetzt und einer Regressionsbildung Vorschub geleistet habe, gehörten doch die hier freigesetzten ungeheuren Destruktivkräfte, die der Krieg entfaltet hatte, zu jenen »Mächten, welche solche Rückbildungen erzeugen können«[88]. Nicht zuletzt aufgrund der primitivistischen Implikate des Freudschen Ansatzes lassen sich in der Kriegsvolkskunde analoge Denkfiguren und Erklärungsansätze für die kriegsbedingte Konjunktur primitiver Glaubensformen und -praktiken finden: So kam Rudolf Stübe in seiner »Kritik einer Kriegsprophezeiung« zu dem Schluss, dass die »Zeiten der Not und des Leidens auch im Kulturmenschen das primitive Denken einer urmenschlichen Zeit« wieder wachgerufen hätten. Dieses sei freilich »nie ganz gestorben« und habe den Rationalisierungen des Modernisierungsprozesses widerstanden. Ähnlich wie Sigmund Freud vermutete Stübe, dass »die Rationalisierung der Menschheit [...] sehr jung« sei und »niemals die Tiefen des Unbewußten, das Leben der Gefühle und der Träume, erreicht« habe: »In diesen Untergründen lebt in jedem Menschen, wenn auch in verschiedener Stärke, ein Rest des Primitiven. Wo aber primitives Denken und Fühlen wieder aus den geheimnisvollen Tiefen des Menschen emporsteigt, da werden auch alte Formen primitiven Glaubens wieder ins Leben gerufen [...].«[89] Das in der Tradition der primitivistischen Volkskunde verankerte Reliktmodell bot für die Analyse religioider Symbolformen zwar immer noch einen gebräuchlichen Deutungsrahmen; jedoch zeichnete sich eine Wende hin zur Vorstellung einer Regressionsbildung ab, deren Initial die entfesselte Technik ist und die – anders als das Konzept einer relikthaft fortexistierenden archaischen Religiosität – keine Projektionsfläche für Romantisierungen oder mythologische Überformungen mehr bot. Ebenso trugen einzelne Kriegsvolkskundler dazu bei, substanzialistische Konzeptualisierungen religioider Formen durch quasi-funktionalistische Erklärungen zu erweitern: Stand noch für Hoffmann-Krayer in seinem programmatischen Aufsatz über die »Volkskunde

---

[87] Vgl. *C. Beil/R. Winkle*, »Primitive Religiosität« oder »Krise der sittlichen Ordnung«? Wissenschaftsgeschichtliche Anmerkungen zur Aberglaubensforschung im Ersten Weltkrieg, in: *G. Korff (Hg.)*, KriegsVolksKunde. Zur Erfahrungsbindung durch Symbolbildung, Tübingen 2005, 149–177.

[88] *S. Freud*, Zeitgemäßes über Krieg und Tod, Wien 1924 (erste Aufl. 1915), 12.

[89] *R. Stübe*, a. a. O. (Anm. 70), 287.

als Wissenschaft« aus dem Jahre 1902 die Konzentration auf das »generell stagnierende Moment«[90] im Vordergrund, so richteten Vertreter der Kriegsvolkskunde ihre Aufmerksamkeit auf die Anpassungsfähigkeit von volkstümlichen Bräuchen und Ritualen an jene Strukturen, die der Krieg hervorgebracht hatte. So hatte Hanns Bächtold seine Ausführungen zu »Soldatenbrauch und Soldatenglaube« der Frage gewidmet, »wie alter Glaube und alte abergläubische Handlungen neuen Verhältnissen angepasst werden«[91]. Hervorgehoben wurde hier die Anpassungsleistung gelebter Religiosität an die katastrophischen Verhältnisse, die der Krieg den Menschen aufgezwungen hatte. Die primitivistische Kontinuitätsprämisse wurde dahingehend differenziert, dass sich zwar die Formen religiöser Bräuche kaum verändern, sich deren Funktionen aber durchaus wandel- und veränderbar zeigen. In diesem Sinn konstatierte Paul Sartori, dass »[a]lte Volksbräuche den Krieg in verschiedener Weise« beeinflussen; in diesem Zusammenhang wies er darauf hin, dass Form und Funktion dieser wiederbelebten Rituale auseinanderfallen. Zumeist taucht »die äußere Form [...] plötzlich auf, ohne daß ein erkennbarer, innerer Zusammenhang mit der sonstigen Bedeutung des Brauchs vorliegt«; oder aber Rituale unterliegen einem Funktionswandel, indem etwa »eine alte Sitte [...] unter Beibehaltung ihres Sinnes und Zwecks in den Liebesdienst der Kriegszeit« gestellt wird: »So hat man in einem Taunusdorfe den Bettelgang des ›Laubmännchens‹ am Pfingsttag hübsch dazu benutzt, um Lazarette mit Eiern zu versehen.«[92]

Auf der Suche nach ursprünglichen Formen des Religiösen entdeckten die Kriegsvolkskundler mitunter dessen pervertierte Erscheinungen. Das Unbehagen, das in manchen volkskundlichen Beschreibungen durchscheint, resultiert weniger aus der Vorstellung, dass der Krieg den Durchbruch archaischer Glaubensvorstellungen ermöglicht, sondern steigert sich angesichts jener Destruktivkräfte der Moderne, die sich im industrialisierten Krieg mit größter Wucht entfaltet hatten. Für Albert Hellwig stellt weniger das abergläubische Verhalten der Soldaten und ihrer Angehörigen als vielmehr die Zerstörungs- und Tötungsmaschinerie einen Rückfall in die Barbarei dar; Irrationalität und Gewalt werden in seinen Ausführungen zu »Weltkrieg und Aberglaube« als Binnenproblem, als Resultat der Moderne und ihrer Destruktivkräfte begriffen. Abergläubische Vorstellungen und Handlungen erscheinen nicht mehr als mythologisches Konstrukt oder archaisches Relikt, sondern als psychische Reaktionsformen, welche – wie Arnold Gehlen einmal formuliert hat – »im Interesse der Ohnmacht und der Ohnmächtigen«[93] stehen. Angesichts der Hypertrophie der Technik sei der Soldat eine hilflose Kreatur und »[m]ehr noch wie in früheren Kämpfen [...] von tau-

---

90 *E. Hoffmann-Krayer*, Volkskunde als Wissenschaft, Zürich 1902, 10.

91 *H. Bächtold*, a. a. O. (Anm. 12), 2.

92 *P. Sartori*, a. a. O. (Anm. 23), 8.

senderlei Gefahren bedroht, gegen die auch die größtmöglichste menschliche Umsicht sich nicht hinreichend zu schützen vermag: Handgranaten, Minenwerfer, Fliegerpfeile, Fliegerbomben, Maschinengewehrfeuer, Geschosse unserer schwersten Artillerie, das alles sind Gefahrenquellen von einer so gewaltigen Stärke, daß dagegen alle Eindrücke der Schlachten früherer Zeiten uns geradezu wie Scherz und Spielerei anmuten […].«[94]

Hellwig zufolge waren es die durch die entfesselte Technik ausgelösten »starken nervösen Erschütterungen«, die zu Regressionsbildungen führten und so eine »dem Aberglauben außerordentlich günstige Gemütslage«[95] schufen. Die zumindest partiell vollzogene Ablösung oder Ergänzung des Relikt- durch ein Regressionsmodell erklärt Adolf Spamer durch eine Hinwendung zu psychologischen Theorie- und Beschreibungsmodellen, die zumindest einzelne Fachvertreter während des Weltkriegs vollzogen hatten:

»[D]ie Betrachtung volkskundlichen Glaubens, Denkens, Fühlens und Gestaltens zur Kriegszeit ist uns nicht nur ein exzeptioneller Fall, sondern sie führt uns zutiefst ins Land der menschlichen Seele selbst. Die Kriegsvolkskunde will und soll nicht die Volkskunde geruhigerer [sic!] Zeiten ersetzen. Denn die Aufgabe der Volkskunde ist nicht allein, primitive Geistigkeit in ihrer Urform allein darzustellen, sondern weil sie gerade zeigen will, wie innerhalb des völkischen Lebens die Formen dieser naturhaften Geistigkeit in verschiedener Stärke und verschiedener Offenheit, bald verschleiert, bald in nackter Öffentlichkeit wirken.«[96]

In seiner Vorlesung zur Kriegsvolksunde und im Vorwort zum 1934 publizierten dritten Band des Sammelwerks »Das deutsche Volk« hatte Spamer einen Wandel der volkskundlichen Ausrichtung konstatiert: Unter dem Eindruck des Krieges haben sich zahlreiche Volkskundler von der romantisierten Vergangenheit ab- und der katastrophischen Gegenwart zugewandt.[97] Die Wissenschaft, die lange »als Sammeltrieb seltsamer oder reizvoller Resterscheinungen aus vergangenen Zeiten wie geistig überwundener Entwicklungszustände« auch und gerade von ihren Fachvertretern verkannt und missverstanden worden war, habe gerade innerhalb und durch die Kriegsvolkskunde eine »Hinwendung zur

---

93 Vgl. *A. Gehlen*, Der Mensch, seine Natur und Stellung in der Welt, Berlin 1940, 449.

94 *A. Hellwig*, Weltkrieg und Aberglaube. Erlebtes und Erlauschtes, Leipzig 1916, 14f.; vgl. dazu auch: *P. Plaut*, a. a. O. (Anm. 31), 78f.

95 *A. Hellwig*, a. a. O. (Anm. 94), 15.

96 *A. Spamer*, a. a. O. (Anm. 9), 29.

97 Eine der aus der Weltkriegsvolkskunde resultierenden Forschungsmaximen lautet, dass die Volkskunde sich, »schon um der Exaktheit ihrer Beobachtungen willen, immer […] in erster Linie auf die Gegenwart einstellen und diese Gegenwart aus der Vergangenheit erklären« muss. (*A. Spamer*, a. a. O. [Anm. 9], 2.)

Erscheinungsfülle des gegenwärtigen Lebens« und zu Methoden der »Volkspsychologie« vollzogen.[98] Die Mehrzahl der Studien zur Kriegsvolkskunde befassten sich zwar auch weiterhin mit den Medien popularer Kultur und Religiosität sowie mit kommunikativen Gattungen, zu deren Mustern primär »einfache« Formen gehörten[99]; doch immer mehr wurde über bloße Deskription hinaus nach deren spezifischer Funktion und Semantik im Kontext der Kriegserfahrung gefragt. Während die traditionelle Volkskunde den Fokus ihrer Studien auf die Wirkungsmächte archaischer Traditionen und ihrer Relikte gelegt hatte, habe sich die »[d]eutsche Volkskunde des Weltkriegs« verstärkt psychischen Prozessen, genauer: dem kollektiven Unbewussten verschiedener Gruppierungen zugewandt. Im Fokus des Interesses standen vor allem Phänomene, »die aus triebmäßiger, naturhafter Geistigkeit entsprossen und durch äußere oder innere Eindrücke ausgelöst bzw. im freien Kräftespiel gebildet sind«[100]. Zur Neuorientierung des Faches habe die in den Untersuchungen der Kriegsvolkskunde gewonnene Einsicht beigetragen, »daß die Triebkräfte alles Geschehens viel tiefer in Menschen und Dingen liegen, unterhalb der bisherigen Beobachtungsperspektive, im Unterbewußten und Unbewußten«[101]. Vor allem die Untersuchung der sich »in Lied und Sage, in Glaube und Aberglaube« manifestierenden Dispositionen, Affekte und Vorstellungen – so »grotesk, anekdotenhaft oder gar unsympathisch« sie sich auch äußerten – hätten ungeahnte »Erkenntnisse über das menschliche Seelenleben vermittelt«, welcher der traditionellen Volkskunde aufgrund ihrer verzerrten Perspektive auf die primitive »Volksseele« bisher verstellt geblieben seien.[102] Anders als in den herkömmlichen Vorstellungen vom Aberglauben als Relikt einer zu rekonstruierenden Ur-Religion rekurrierte das Deutungskonzept der kollektivpsychischen Regression auf Figurationen der Moderne, etwa – wie bei Gustav le Bon – auf die künstliche Masse, die zum Signum des industrialisierten Krieges wurde: Denn »[n]och niemals in der Weltentwicklung sind aber derartige Massen in Gang gekommen, wie im August 1914.«[103]

---

98 *A. Spamer*, Vorwort, in: *Ders. (Hg.)*, Das deutsche Volk, Bd. 3, Berlin 1934, 3; vgl. dazu auch *D. Harmening*, Superstition – ›Aberglaube‹, in: *D.-R. Moser (Hg.)*, Glaube im Abseits. Beiträge zur Erforschung des Aberglaubens, Darmstadt 1992, 368–401: 396f.

99 Vgl. *K. Wehrhan*, Abfassung, Änderung und Wanderung von Kriegsgedichten. Ein Beitrag zur Volkspsychologie und Volksdichtung, in: Bayerische Hefte für Volkskunde 4 (1917), 1–45; *J. Beifus*, Deutsches Soldatenlied, in: Bayerische Hefte für Volkskunde 4 (1917), 46–56; *O. Mauser*, Der Leidbestand bairischer Truppen im Weltkrieg (1916), in: Bayerische Hefte für Volkskunde 4 (1917), 57–136.

100 *A. Spamer*, Wesen, Wege und Ziele der Volkskunde, Leipzig 1928, 11.

101 *A. Spamer*, a. a. O. (Anm. 9), 10.

102 A. a. O., 17.

Die künstlichen Massen, die Hans Freimark im Anschluss an Sigmund Freuds Studie über »Massenpsychologie und Ich-Analyse« zum Gegenstand psychoanalytischer Theoriebildung gemacht hatte,[104] rückten allmählich auch in den Fokus volkskundlicher Betrachtungen. Während die »Masse« bereits »vom Ende des 19. Jahrhunderts an in Psychologie, Soziologie und Kulturkritik zu einem der leitenden Begriffe«[105] avanciert war, setzte sich dieses Interpretament in der Volkskunde, deren rückwärts gewandte Vertreter freilich auch weiterhin an einem organologischen Volksbegriff festhielten, unter dem Eindruck des industrialisierten Krieges und der damit einhergehenden Mobilisierung der Massen durch. Adolf Spamer war sich bewusst, dass die durch den Krieg bewirkten Veränderungen kultureller und religiöser Phänomene kaum durch die herkömmlichen volkskundlichen Beschreibungs- und Interpretationsmodelle erfasst werden konnten. Insbesondere der Zusammenhang zwischen Krieg und Religion erlaubte es nicht, Analysekonzepte der Massenpsychologie länger außen vor zu lassen. Mit Blick auf das Kriegsgeschehen habe sich die moderne Volkskunde sowohl mit dem Phänomen »einer reinen ›zufällig‹ vereinten Masse« als auch mit »einer durch innere Verhältnisse auf längere Dauer vereinten ›organisierten Masse‘«, wie etwa der künstlichen Masse des Heeres und der Kirche, auseinanderzusetzen und dürfe diese Forschungsfelder nicht der von Gustave Le Bon konzipierten »Massenpsychologie« und seinen Adepten überlassen.[106] Wie Le Bon hatten auch Volkskundler während des Krieges – so Spamer in Anspielung auf Eugen Mogk und dessen Schüler – nach »Zeugnisse[n] einer assoziativen Denkform« gefahndet sowie das »Problem des geistigen Austauschs von Individuum und Masse zu klären« versucht.[107] In einer solchen neuen Akzentuierung einfacher oder primitiver Kulturmuster sei, so Spamer, der Keim für die Entwicklung einer »moderne[n] Volkskunde« zu finden, »die so etwas ganz anderes ist (z. T. dem Stoff, vor allem aber der Methode nach) wie die romantischen volkskundlichen Studien unserer früheren Germanisten [...]«[108]. Tatsächlich hatten Volkskundler wie Eugen Mogk, der durch seinen Beitrag »Die Volkskunde und der Krieg« zu den Mitinitiatoren der Kriegsvolkskunde gehörte,[109] sich

---

[103] *H. Freimark,* Die Revolution als psychische Massenerscheinung. Historisch-psychologische Studie, München u. a. 1920, 27.

[104] Vgl. *S. Freud,* Massenpsychologie und Ich-Analyse« (1921), in: *Ders.,* Massenpsychologie und Ich-Analyse. Die Zukunft einer Illusion, Frankfurt a.M. 1993.

[105] *H. König,* Zivilisation und Leidenschaft. Die Masse im bürgerlichen Zeitalter, Reinbek bei Hamburg 1992, 14.

[106] *A. Spamer,* a. a. O. (Anm. 9), 8 f.

[107] A. a. O., 14.

[108] A. a. O., 9.

[109] Vgl. *E. Mogk,* a. a. O. (Anm. 14), 211 f.

neuen methodischen und theoretischen Konzepten geöffnet und u.a. die religionsethnologischen Veröffentlichungen der »Année sociologique« um Emil Durkheim rezipiert. Mogks Beiträgen lag die grundlegende Unterscheidung von »reflektierend-logischer« und »assoziativer Denkweise« zugrunde, wie sie von Henri Hubert und Marcel Mauss in die soziologische Diskussion eingeführt worden war.[110] Die primitivistische Kriegsvolkskunde übernahm von Mogk Deutungskonzepte, denen zufolge den Erscheinungsformen des Kriegs- und Soldatenaberglaubens jene elementaren und assoziativen Strukturen immanent seien, die das »volkstümliche« Denken generell charakterisierten:

»Unter ›volkstümlich‹ fassen wir alles das zusammen, was dem Volke eigentümlich ist. Dabei verstehen wir unter Volk nicht die Gesamtheit der unter gemeinsamen Gesetzen vereinten Menge, sondern nur die Schichten der Bevölkerung, die im Gegensatz zu den Gebildeten einer wissenschaftlichen Erziehung und Ausbildung entbehren und deren ganzes Denken, Fühlen und Wollen nicht in die Zwangsjacke logischer Folgerichtigkeit und reifer Überlegung eingeengt ist. Hier herrscht nicht geschulter Verstand, sondern angeborener Mutterwitz, natürliches Gefühl und eine heilige Scheu vor dem Überlieferten.«[111]

Zwar kann man mit einigem Recht Mogks »Postulate«, wie Kellermann, Bimmer und Becker dies getan haben, als »Rückkehr zur Primitivenforschung des 19. Jahrhunderts«[112] kritisieren; jedoch wird dabei leicht übersehen, dass durch solche anthropologischen Differenzierungen der Weg für die Überwindung eines schematisch-mythologisierenden Paradigmas geebnet wurde. Zu Recht hat Bernd Jürgen Warneken die »janusköpfige Argumentationsfigur« von Mogks primitivistischem Deutungsschema herausgestellt: Einerseits betreibe »sie die bekannte bürgerliche Selbstüberhebung weiter, die den unteren Sozialschichten das logische Denken abspricht, andererseits attribuiert sie diesem primitiven Denken einige den ›höheren‹ Verstandestätigkeiten ebenbürtige oder gar überlegene Qualitäten«[113]. Im Gegensatz zu vielen Vertretern kirchlicher Institutionen, die in apologetischer Absicht das kirchliche Monopol auf die Heilsgüter gegen konkurrierende religioide Symbolformen verteidigten, verweigerten sich die meisten Kriegsvolkskundler der Versuchung, am Podest des Zivilisierten zu zimmern, um von dort überheblich auf die Kriegsteilnehmer und ihre primitiven Gebräuche herabzublicken.

---

110 Vgl. *A. Treiber*, Volkskunde und evangelische Theologie. Die Dorfkirchenbewegung 1907–1945, Köln u.a. 2004, 97.

111 *E. Mogk*, Sitten und Gebräuche im Kreislauf des Jahres, in: *R. Wuttke* (Hg.), Sächsische Volkskunde, Dresden 1900, 274–292: 274.

112 *I. Weber-Kellermann/A. C. Bimmer/S. Becker*, a.a.O. (Anm. 83), 90.

113 *B. J. Warneken*, a.a.O. (Anm. 28), 132.

Hatte die traditionelle Volkskunde das Primitive in den als organisch gewachsen vorgestellten Lebenswelten der bäuerlichen Volkskultur verortet, wo es in Form von Relikten fortexistierte, so entdeckte die Kriegsvolkskunde primitive Formen des Denkens, Fühlens und Verhaltens in Figurationen der Moderne, etwa in kriegsbedingten, künstlichen Massenbildungen wieder. Das »ursprünglich volkstümliche, d. h. triebmäßig unreflektierte Denken, offenbart sich gerade am Elementarsten im Rahmen der erregten Masse, da wo die Hemmungen gefallen und die seeliche [sic!] Erregung das Triebhafte aus der Menschenseele emporpeitscht, wo es in ruhigen Zeiten im Unterbewußtsein schlummerte«[114]. Angesichts dieses dramatischen Dezivilisierungsschubs spielte auch »(d)er romantische Begriff der Volksseele« als Analysekategorie innerhalb der Volkskunde »nur noch eine geringe Rolle«[115].

Mit der Kritik an bis dahin gültigen mythologischen Interpretamenten wurde die Kriegsvolkskunde zum Wegbereiter für Hans Naumanns Konzept eines »primitiven Gemeinschaftsgut[s]«[116]. Spamer teilte Naumanns Kritik an der Überschätzung der »Volksseele«, auch wenn er ihn dafür kritisierte, dass er lediglich das Bauerntum als eigentlichen »Vertreter der primitiven Gemeinschaftskultur«[117] gelten ließ. Spamer hatte weniger den Bauern als wohl vielmehr die Kriegsteilnehmer vor Augen, wenn er als Untersuchungsgegenstand der Volkskunde auf die »Menschen als ›Volksmenschen‹« verwies, welche nicht als individuelle Existenzen, sondern in ihren »allgemeinen oder gruppenhaft gegliederten Bindungen«[118] in den volkskundlich-analytischen Blick zu nehmen seien. Die Verabschiedung des organologischen Volksbegriffs ermöglichte somit, die Kriegsteilnehmer in verschiedene soziale Gruppen zu gliedern und die jeweiligen typischen religiösen Bewusstseinsformen und Handlungsmuster näher zu bestimmen. So wurden dogmatische Formen kirchlicher Religiosität und die niedermythologischen Elemente popularer Religiosität auf unterschiedlichen Ebenen sozial verortet. Auf der Folie der Unterscheidung von »reflektierend-logischer« und »assoziativer Denkweise« – wobei letztere den subalternen Schichten der Kriegsteilnehmer zugeschrieben wurde – galten das während des Krieges weit verbreitete Tragen von Amuletten und Talismanen, der Glaube an profane Prophezeiungen und Deutungen von Wahrsagerinnen als Erscheinungsformen eines plebejischen Aberglaubens, dessen Gegenpart die Deutungseliten der kirchlichen Institutionen und ihrer rationalen Organisationsformen darstellten.

---

114 *A. Spamer,* a. a. O. (Anm. 9), 9.

115 A. a. O.,7.

116 A. a. O., 12.

117 A. a. O., 13.

118 *A. Spamer,* Volkskunde als Wissenschaft (1933), zitiert nach: *I. Weber-Kellermann/ A. C. Bimmer/S. Becker,* a. a. O. (Anm. 83), 89.

Letzteren gehörten die Träger und Multiplikatoren einer national vereinnahmten Kriegstheologie an. Solchen Gegenüberstellungen lag ein Konfliktmodell zugrunde, das – ähnlich wie in Adolf Spamers volkskundlichen Analysen von »Kriegsschund« und »Hurrakitsch« – durch ein Aufeinandertreffen »zweier Kulturen« geprägt war: »[E]iner Kultur der geistigen Oberschicht« mit ausgeprägt disziplinierender Haltung, die gleichsam als Träger einer kriegslegitimierenden Religion fungierte, und »einer bodenständig gewachsenen Kultur der breiten Masse«[119], die Affinitäten zu renitenten Frömmigkeitsformen aufwies. In diesem Sinne stellte die von den Volkskundlern vielfach diagnostizierte Konjunktur von Wahrsagerei, Prophezeiungen über das Kriegsende sowie der Gebrauch von Amuletten, Himmelsbriefen und Kettengebeten eine Reaktion auf eine nationalistisch vereinnahmte Kriegstheologie dar, die das Monopol auf religiöse Heilsgüter beanspruchte. Die konkurrierenden Formen der Kriegsreligiosität, so lässt sich Spamers These konkretisieren, waren zwischen den Polen Orthodoxie und Heterodoxie aufgespannt und stellten konfligierende »Deutungsräume« dar.[120]

Die Kriegsvolkskunde sprengte zwar nicht in ihren theoretischen Modellen, aber doch in ihren konkret-anschaulichen Beschreibungen von Phänomenen und Objektivationen der Kriegsreligiosität jenes gängige dichotome Modell, in dem dogmatischer Kirchenglaube und populare Frömmigkeit, religiöse Spezialisten und Laien, kulturelle Eliten und das subalterne, ungebildete Volk einander diametral gegenüberstanden. Im Massebegriff, der sich innerhalb der Kriegsvolkskunde als Deutungskonzept durchsetzte, verwischten sich die Grenzen zwischen den Klassen und sozialen Schichten. Den empirischen Erkundungen der Volkskundler zufolge neigten nicht nur subalterne Soldaten, sondern auch Angehörige der Bildungsschicht zum Aberglauben: »Es kann daher nicht wundernehmen, daß die Ablösung des Eigengefühls durch die Massenempfindung sogar bei Persönlichkeiten erfolgte, die bis dahin ihren sonstigen Eigenschaften nach für gefeit gegen eine solche Beeinflussung gegolten hatten.«[121] In den Schützengräben, in denen sich während des über vier Jahre andauernden Krieges, so Spamer, eine »Gemeinschaftskultur der Masse«[122] herausgebildet hatte, mischten sich nicht nur Vertreter der antagonistischen Klassen, sondern jeder Kriegsteilnehmer zeigte, gleich welcher sozialen Herkunft, dieselben kriegsbedingten Symptome der Verrohung und der Regression:

---

[119] *A. Spamer*, a. a. O. (Anm. 78), 44. Diesen Hinweis, auf dem eine der zentralen Thesen dieser Untersuchung beruht, verdanke ich Kaspar Maase.

[120] Zum Begriff des »Deutungsraums« vgl. *A. Reimann*, Der große Krieg der Sprachen. Untersuchungen zur historischen Semantik in Deutschland und England zur Zeit des Ersten Weltkriegs, Essen 2000, 279.

[121] *H. Freimark*, a. a. O. (Anm. 103), 27.

[122] *A. Spamer*, a. a. O. (Anm. 9), 12.

»Das ist es, was Weltkrieg und Volkskunde verbindet, jene Tatsache, daß die Erregung jener Kriegsjahre, d. h. bes. der Frühzeit des Krieges uns jenes geistige und seelische Leben der breiten Masse in einer Klarheit gezeigt hat, wie sie keine Zeit, die wir vorher miterlebt, uns so klar vor Augen führen konnte, daß sich eine fast lückenlose geistige Einheitsfront bildete, die die sogenannten höheren und niederen geistigen und sozialen Schichten verschmolz, die alle intellektuellen Hemmungen, alle Kulturtünche wegriß und uns den Menschen an sich zeigte.«[123]

In dieser Diagnose konnten sich Volkskundler wie Eugen Mogk bestätigt sehen, der darauf bestanden hatte, dass »der Gebildete ebenso gut Stoff zur Volkskunde liefern kann wie der Ungebildete, der Mann aus dem Volke. In jedem Menschen lebt gleichsam ein Doppelmensch: ein Naturmensch und ein Kulturmensch; dieser zeigt sich durch seine reflektierende und logische Denkweise, jener durch seine assoziative. Unter den Gebildeten überwiegt im gewöhnlichen Leben der Kulturmensch, allein auch er kann in Lagen kommen, wo er in den Bann der assoziativen Denkform gerät«[124]. In der »primitiven Gemeinschaftskultur«, die noch in der Idealisierung der sog. »Schützengrabengemeinschaft« nachhallte, regredierten die Kriegsteilnehmer, gleich welcher sozialen Herkunft sie waren, auf den Status eines sozial gebundenen ›Herdentieres‹. Innerhalb der Kriegsvolkskunde setzte sich die Einsicht durch, dass der moderne Krieg und die darin involvierten künstlichen Massen Vorstellungen, wie sie einem organischen Volksbegriff zugrunde lagen, obsolet werden ließen. Im Deutungshorizont der Kriegsvolkskunde, die trotz aller Modernisierungsbemühungen durch einen tief sitzenden Antimodernismus geprägt war, stellten die für den industrialisierten Krieg typischen künstlichen und entpersönlichten Massen eine Verfallsform des organologisch konzipierten Volksbegriffs dar. So wurde Spamer zufolge während des Krieges offenbar, dass »der primitive Geist [...] dem Städter letzten Endes mindestens so zu eigen« ist »wie dem Landbewohner, eben weil er kein Standessymptom ist, sondern zutiefst dem Symptom des Menschen verbunden«[125]. Ähnlich argumentiert auch Plaut, wenn er konzediert, dass sich während des Krieges »Unterschiede bei den verschiedenen sozialen Schichten bemerkbar« machten; zugleich aber betont, dass »im großen Ganzen [...] die Disposition für den Aberglauben in der soldatischen Masse eine gleichmäßigere« ist »als in normalen Zeiten.«[126] Waren im organologischen Volkskonzept der Vorkriegsvolkskunde die sozialen Klassen wie die aufgeklärten und die archaischen Formen

---

123 A. a. O., 9.

124 *E. Mogk*, Wesen und Aufgaben der Volkskunde, in: Mitteilungen des Verbandes deutscher Vereine für Volkskunde, Nr. 6 (November 1907), 1–9: 4.

125 *A. Spamer*, a. a. O. (Anm. 9), 13.

126 *P. Plaut*, a. a. O. (Anm. 31), 78.

des Glaubens auf einer vertikalen Ebene voneinander geschieden, so mischten sich in der »künstlichen Masse« des Heeres die Vertreter unterschiedlicher sozialer Gruppierungen. Aufgeklärte Bildungsbürger waren genauso wenig wie die Angehörigen der Unterschichten gegen die kriegsbedingte Regression auf prälogische Formen des Denkens gefeit, wofür Paul Plaut das Beispiel »primitiver« Assoziationen im Gebrauch der Zahlenmagie angeführt hat.[127] In ähnlicher Weise hat der Volkskundler Johannes Bolte den »[a]bergläubische[n] Gebrauch der magischen Zahlenquadrate« während des Krieges als universales Phänomen beschrieben, welches sich keiner sozialen Gruppierung mehr zurechnen lasse.[128]

5 Resümee

Die kirchliche Volkskunde und die sich an den Universitäten als eigenständiges Fach etablierende Volkskunde waren während des Ersten Weltkriegs um die Erforschung des Zusammenhangs von Krieg und Religion bemüht, wobei empirische Erhebungen von einer nicht zu unterschätzenden Bedeutung waren. Die kirchliche Volkskunde war im Unterschied zur primitivistischen Volkskunde auf die religiösen Einstellungen und Dispositionen der Kriegsteilnehmer fokussiert; erst nachdem ein »Moratorium des kirchlichen Christentums« diagnostiziert war, rückten jene konkurrierenden religioiden Erscheinungsformen in den Blick, die unter dem Begriff der »verkappten Religionen« subsumiert wurden. Die empirischen Ergebnisse der kirchlichen Volkskunde mündeten so in einen theologischen Diskurs, der apologetisch ausgerichtet war. Bereits während des Krieges wurden innerhalb der evangelischen Kirche, insbesondere im institutionellen Rahmen der Inneren Mission Strukturen geschaffen, die 1921 zur Gründung der Apologetischen Zentrale führen sollten.[129] Carl Schweitzer, der erste Leiter der Apologetischen Centrale, systematisierte die Bekämpfung des ›Aberglaubens‹ als Folgewirkung des Ersten Weltkrieges. Schon im ersten Jahr ihrer Tätigkeit sah sich die Apologetische Centrale mit vielen Anfragen zum Thema ›Spiritismus‹ konfrontiert, was mit dem Weltkrieg insofern in Verbindung stand, als viele Kriegerwitwen und Hinterbliebenen über so genannte »Medien« den Kontakt zu den Gefallenen herzustellen versuchten. Die Tätigkeitsberichte und die Vortragslisten aus den frühen 20er Jahren zeigen, dass Schweitzer in

---

[127] Vgl. a. a. O., 78f.

[128] Vgl. *J. Bolte*, Abergläubischer Gebrauch der magischen Zahlenquadrate, in: Zeitschrift des Vereins für Volkskunde 26 (1916), 306–313.

[129] Vgl. *M. Pöhlmann*, Kampf der Geister. Die Publizistik der »Apologetischen Centrale« (1921–1937), Stuttgart, u. a. 1998.

Konferenzberichten, öffentlichen Vorträgen, Zeitschriftenartikeln und längeren literarischen Abhandlungen über Aberglaube, Okkultismus, Spiritismus und andere »verkappte Religionen« aufklärte.[130] Während die kirchliche Volkskunde zunehmend durch apologetische Bestrebungen funktionalisiert wurde, gerieten die Studien der Kriegsvolkskunde bald in Vergessenheit und im Fach selbst dominierten bald restaurative Tendenzen.

Die Kriegsvolkskunde, so Spamer, trug maßgeblich zur Profilierung und Etablierung des Faches als universitäre Disziplin bei. Trotz oder vielleicht auch wegen ihrer primitivistischen Ausrichtung beleuchtete und erhellte sie mitunter scheinbar periphere Phänomene, welche von positivistisch geprägten Disziplinen, wie etwa der sich formierenden Religionspsychologie, kaum berücksichtigt oder gar ernst genommen wurden. Weder Soziologen noch die experimentell ausgerichtete Religionspsychologie haben auf empirischer Ebene dem Zusammenhang zwischen Kriegserfahrung und der Konjunktur religiöser bzw. religioider Symbolformen Aufmerksamkeit geschenkt. In Abgrenzung zu anderen Disziplinen wird die Volkskunde von Adolf Spamer gleichsam als Krisenwissenschaft konzeptualisiert, die aufgrund ihrer empirischen Ausrichtung das Deutungsmonopol in Bezug auf die kollektiven Sensibilitäten der Kriegsteilnehmer beanspruchen konnte, die entscheidend zum Verlauf und Ausgang des Krieges beigetragen hätten. Aufgrund der volkskundlichen Betrachtung von Imponderabilien, so Spamers Argumentation, habe die Volkskunde an Bedeutung gewonnen, denn schließlich habe »der Krieg […] ja allen deutlich gezeigt, wie sehr gerade die führenden Kreise ihr Rechenexempel rein aus materiellen Faktoren konstruierten und daß dann, als man bei uns später wie in anderen Ländern, die Ausschlagkraft der psychologischen Momente in die Rechnung einzustellen versuchte, man zwar viel von diesen Faktoren redete, aber sie nicht zu handhaben wußte.«[131]

Ohne die systematische Berücksichtigung des prämoralischen und prälogischen Trieblebens, welches das Kriegsgeschehen mit beeinflusst habe, so Spamer, »hätte die neue volkskundliche Beobachtungsweise (oder die völkerpsychologische oder die psycho-ethnographische) nicht das allgemeine Interesse finden können, das sie tatsächlich gefunden hat«[132].

Die Beiträge der Volkskunde zur Kriegsreligiosität konnten sich in der Deutung von religiösen Strukturen und Objektivationen zwar nicht von der Erblast ihrer primitivistischen Tradition befreien; doch mit der Hinwendung zur Realität des industrialisierten Krieges verabschiedete sich das Fach zumindest phasenweise von jenem »Primitivismus light«, der Bernd Jürgen Warneken zufolge ein

---

130 Vgl. a. a. O., 144f.

131 *A. Spamer*, a. a. O. (Anm. 9), 10.

132 A. a. O.

wesentliches Charakteristikum der Vorkriegsvolkskunde darstellte. Deren »Interesse gilt vor allem dem sprachlichen und literarisch Elaborierten wie dem Lied, dem Märchen, der Sage, dem Rätsel, kurz dem ›poetische[n] Element im Leben des Landvolkes‹«[133]. Während die »Suche nach dem ›Elementaren‹, ›Einfachen‹, ›Natürlichen‹ [...] meist nicht wirklich hinaus ins »rough« führte, sondern »auf dem hausnahen pleasure ground«[134] endete, wagte sich die Kriegsvolkskunde auf bisher unerforschtes, schwieriges Terrain. Wie Theodor W. Adorno in seinen Ausführungen zum »Aberglaube[n] aus zweiter Hand« bemerkt, ist »[s]eit dem ersten Weltkrieg [...] das Bewußtsein der permanenten Krise nicht geschwunden«[135]. Mit der Perspektivierung des scheinbar Irrationalen, das in religioiden Phänomenen enthalten ist, haben sich Spamer zufolge innerhalb der Volkskunde während des Krieges erste Ansätze einer Krisenwissenschaft entwickelt. Die Distanzierung von einem organologischen Volks- und dessen partielle Ersetzung durch den Massebegriff vollzog sich unter dem Eindruck der Kriegserfahrung, die bei Spamer und anderen Kriegsvolkskundlern ein Krisenbewusstsein auslöste. Denn der Krieg verstärkte unter den Volkskundlern »die Sorge um die Erhaltung eines ›geistig-seelischen Gleichgewichtes‹ im Volk«[136], dessen organische Kohäsionskräfte Spamer durch die Kriegserfahrung in Auflösung begriffen sah. Der Versuch, die Volkskunde als gegenwartsorientierte Krisenwissenschaft neu auszurichten, trug mit dazu bei, dass sich das Fach im Kontext der ausgeprägten Modernisierungskrise unmittelbar nach dem Ende des Ersten Weltkriegs als akademische Disziplin institutionalisiert hat. Da aufgrund der militärischen Niederlage und dem Zusammenbruch der politischen und gesellschaftlichen Ordnung die Krise auch nach Kriegsende fortwirkte, erlebte das Fach auch in der Zwischenkriegszeit einen ungeahnten Aufschwung: »Volkskunde war im zentraleuropäischen Raum nach dem Ersten Weltkrieg«, wie Reinhard Johler kommentiert, »vorwiegend ein Fach der ›Kriegsverlierer‹.«[137] Doch die kurzzeitig sich abzeichnende Konturierung des Faches

---

[133] *B. J. Warneken*, a. a. O. (Anm. 28), 133, mit Verweis auf *A. Hauffen*, Geschichte der deutschen Volkskunde (Teil 3), in: Zeitschrift des Vereins für Volkskunde 20 (1910), 290–306: 296.

[134] *B. J. Warneken*, a. a. O.

[135] *T. W. Adorno*, Aberglaube aus zweiter Hand, in: *Ders.*, Soziologische Schriften I, hg. von Rolf Tiedemann, Frankfurt a. M. 1979, 147–176: 173.

[136] *T. Scholze*, Adolf Spamer (1883–1953) – Wissenschaftsgrundsätze, in: Geschichte der Völkerkunde und Volkskunde an der Berliner Universität: Zur Aufarbeitung des Wissenschaftserbes (=Beiträge zur Geschichte der Humboldt-Universität zu Berlin, Bd. 28), Berlin 1991, 53–60: 54.

[137] *R. Johler*, Konjunktur und Krise des (volkskundlichen) Primitiven. Warburg – Weltkrieg – Wien, in: *G. Korff (Hg.)*, a. a. O. (Anm. 16), 165–179: 172f.

als Krisenwissenschaft verwischte sich bald bis ins Unkenntliche. Im Zuge der Formierungsbestrebungen des Faches setzten sich restaurative Tendenzen durch, die – angesichts der militärischen Niederlage und der Beschleunigung von Modernisierungs- und Desintegrationsprozessen, die auch traditionelle Lebensweisen auflösten – die kompensatorischen Funktionen der Volkskunde in den Vordergrund rückten. Spamer war sich dieser Entwicklung bewusst, schließlich hielt er seinen programmatischen Rückblick auf die fortschrittlichen Elemente der Kriegsvolkskunde nicht umsonst »zu einer Zeit« – wie Spamer in einer Rezension zu Hans Naumanns »Grundzüge der Volkskunde« formulierte –, »in der die allgemeinen Nöte unseres Volkes wieder romantische Ideologien vergangener Zeiten aufflackern« [138] ließen. Der Rückblick auf die Kriegsvolkskunde enthielt gleichsam eine immanente Kritik an den restaurativen Tendenzen innerhalb des Faches, welche »die ethno-soziologische Einstellung und den psychologischen Grundcharakter der volkskundlichen Wissenschaft zugunsten einer landschaftlich oder stammheitlich beschränkten Heimatkunde zu zersetzen« trachteten.[139] Hier zeichnete sich bereits deutlich ab, dass die Volkskunde sich nach der Niederlage Deutschlands und dem Ende des bis dahin herrschenden »liberalen Paradigmas«[140] nicht nur von den Forschungsfeldern, sondern auch von der Einsicht in die primitiven und regressiven Anteile der Moderne verabschiedet hatte.

Das Scheitern des Projekts, die Volkskunde über die Rezeption von psychologischen Konzepten methodisch zu reformieren und sie als eine Art Krisenwissenschaft zu etablieren, liegt nicht in geringem Maße im primitivistischen Erbe des Faches selbst begründet. Zwar hat Adolf Spamer die »Kriegsvolkskunde« als Initiator der Erneuerung gepriesen, tatsächlich aber wurde der Anspruch, die religiöse Mentalität der Kriegsteilnehmer psychologisch zu durchdringen, nur selten wirklich eingelöst. Statt systematischer Untersuchungen, die auf völkerpsychologischen oder psycho-ethnographischen Theorien basierten, finden sich in den einschlägigen volkskundlichen Publikationsorganen zumeist nur Abhandlungen in Miniaturform, Miszellen und fragmentarische Deskriptionen, in denen bestenfalls erhellende Schlaglichter auf jene Triebkräfte geworfen wurden, die Spamer »unterhalb der bisherigen Beobachtungssphäre, im Unterbewußten und Unbewußten«[141] vermutet hatte. Kritisch zu betrachten

---

138 *A. Spamer*, Um die Prinzipien der Volkskunde. Anmerkungen zu Hans Naumanns ›Grundzüge der deutschen Volkskunde‹, in: Hessische Blätter für Volkskunde 25 (1925), 67–108: 85.

139 A. a. O.

140 *A. Gingrich*, Liberalism in Imperial Anthropology. Notes on implicit Paradigm in Continental European Anthropology before World War I, in: Ab Imperio 1 (2007), 224–239.

141 *A. Spamer*, a. a. O. (Anm. 9), 10.

sind darüber hinaus Spamers Psychologismus, der der vitalistischen Lebensphilosophie Wilhelm Diltheys verpflichtet war,[142] und Eugen Mogks reduktionistisches Verständnis des assoziativen Denkens, über das Utz Jeggle gesagt hat, dass es das kollektive Unbewusste in Gestalt der »Volksseele [...] nicht definitorisch abgegrenzt«, sondern bloß »metaphorisch umkreist«[143]. Über die vulgärpsychologische Deutung, dass magisches Denken einem wie auch immer definierten kollektiven Unbewussten zuzurechnen sei, gingen die Diagnosen der Kriegsvolkskunde tatsächlich nur selten hinaus. Die psychologistischen Deutungsmuster der Kriegsvolkskunde tendierten dazu, die germanisierende Mythologie der alten an den Kontinuitätsprämissen der Brüder Grimm orientierten Volkskunde durch eine Mythologie des Trieblebens und des Unbewussten zu ersetzen, die freilich selbst obskurantistische Züge trug. In gewissem Sinn tendierte die niedermythologische Deutung des Kriegs- und Soldatenaberglaubens dazu, die hochmythologische Ableitung zu enthistorisieren und in ein kollektives »Unbewusstes« zu verlegen.[144] So konnte sich die Kriegsvolkskunde zwar von dem »evolutionären Primitivismus« der Fachtradition emanzipieren, diesen aber nur ansatzweise in einen »re-volutionären Primitivismus« überführen, der, wie Bernd Jürgen Warneken ausführt, zu einer systematischen Kritik der Moderne und ihrer Destruktivkräfte fähig gewesen wäre.[145] Doch trotz aller Kritik an der primitivistischen Erbschaft der Kriegsvolkskunde gilt es deren produktive Potenziale noch einmal herauszustellen: Auch wenn die Kriegsvolkskunde nicht über das analytische Instrumentarium einer »rein psychologischen Wissenschaft«[146] verfügte, zu der sich die Volkskunde den Intentionen Spamers zufolge entwickeln sollte, so trugen ihre Vertreter dennoch in ihrer Deskription der rezenten Formen des Aberglaubens Material zusammen, das für Geschichte und Konzeption der empirischen Religionsforschung von großem Wert ist. Die von Spamer eingeforderte und von der primitivistischen Volkskunde initiierte »Betrachtung volkskundlichen Glaubens, Denkens, Fühlens und Gestaltens zur Kriegszeit« bezog nicht nur – wie etwa die kirchliche Volks-

---

142 Vgl. *T. Scholze*, a. a. O. (Anm. 136), 54f.

143 *U. Jeggle*, Volkskunde im 20. Jahrhundert, in: *R. W. Brednich (Hg.)*, Grundriss der Volkskunde. Einführung in die Forschungsfelder der Europäischen Ethnologie, Berlin 1988, 51–71: 55.

144 Zur Kritik einer psychologischen Deutung des Aberglaubens vgl. *D. Harmening*, a. a. O. (Anm. 98), 395f.

145 Bernd Jürgen Warneken hat in diesem Zusammenhang betont, dass die »Trennung in evolutionäre[n] und re-volutionäre[n] Primitivismus« keine nur analytische sei: »Der erstere ist durchaus ohne den letzteren zu haben; oft jedoch, nicht zuletzt in der volkskundlichen Tradition, gehen beide ineinander über.« (*B. J. Warneken*, a. a. O. [Anm. 28], 119.)

146 *A. Spamer*, a. a. O. (Anm. 9), 6.

kunde – religiöse Haltungen und Einstellungen in ihre empirische Fragestellungen mit ein, sondern darüber hinaus auch »kollektive Sensibilitäten«[147] und religioide Symbolformen, die als Funktionsäquivalente von kirchlichen Heilsgütern dienten.

[147] *M. Vovelle*, Die französische Revolution. Soziale Bewegung und Umbruch der Mentalitäten, Frankfurt a. M. 1985, 86f.

Von der »Lebensnähe« zur »Lebenswelt«

Forschungsgeschichtliche Durchblicke zur »Empirischen Theologie«

Hans-Günter Heimbrock

1 Zielsetzung

»Die Gretchenfrage an die Praktische Theologie lautet heute: Wie hältst Du's mit der Empirie?«[1] Schon 1974 formulierte H. Schröer diese Frage, aber die darin implizit mitformulierte Problemanzeige ist nach wie vor aktuell. Der bleibenden Aktualität verdankt sich Entstehung wie Ausrichtung der Projektgruppe »Empirie der gelebten Religion als Gegenstand der Praktischen Theologie« der Sektion Praktische Theologie in der Wissenschaftlichen Gesellschaft für Theologie. Zur generellen Zielsetzung haben wir im Antrag formuliert: »Die empirische Religionsforschung in der Pluralität gegenwärtig vorliegender Paradigmen trägt wesentlich dazu bei, Grundlagen für eine praktisch-theologische Wissenschaft zu schaffen, die – in allem theoretisch-theologischen Erkenntnisinteresse – gleichwohl an den Phänomenen orientiert bleibt. An die Stelle intuitiv gefasster, vorwissenschaftlicher Meinungen, treten wirklichkeitsgesättigte und transdisziplinär kommunikable Forschungsergebnisse. Hier kann die Praktische Theologie zum einen an empirisch arbeitende Sozialwissenschaften sowie an Sozialphänomenologie anknüpfen, zum anderen aber auch durch ihr profiliertes Verständnis vom Wesen der Religion und der Eigenart spezifisch religiöser Erfahrung in ihren unterschiedlichen, individuellen und gemeinschaftlichen Formen einen profilierten Beitrag zur empirischen Religionsforschung auch in interdisziplinärer Perspektive erbringen.«

Diese Zielsetzung ist zum einen auf dem Hintergrund einer langen Beschäftigung mit Themen, Methoden und Theorien empirischer Religionsforschung zu sehen, zum anderen im Kontext aktueller Diskussionslagen, in denen das interdisziplinäre Gespräch (wie auch das Konkurrenzverhältnis) zwischen empirisch arbeitender bzw. empirisch interessierter Praktischer Theologie und empirisch arbeitenden Sozial- und Kulturwissenschaften klärungsbedürftig ist.

---

[1] *H. Schröer*, Forschungsmethoden in der Praktischen Theologie, in: *F. Klostermann/R. Zerfaß (Hg.)*, Praktische Theologie heute, München u. a. 1974, 210.

»Empirie« ist in der Praktischen Theologie angekommen, was man nicht zuletzt am Vorkommen in Lehrbüchern ablesen kann.[2] Das Label deckt jedoch mitunter sehr divergierende Ansätze ab, und niemand hat heute ein Monopol auf den Begriff. Der Terminus wird inzwischen oftmals wieder enggeführt als Frage nach der Anwendung über Übernahme quantitativer und qualitativer Forschungsmethoden empirischer Sozialforschung, wobei die Breite der Bemühungen einschließlich interessanter systematisch-theologischer Ansätze übersehen wird.

In diesem Beitrag möchte ich über solche Verengung hinauskommen. In der Absicht beleuchte ich unterschiedliche Ansätze und relevante forschungsgeschichtliche Stränge des Problemfeldes, in Sonderheit das, was eben unter dem Label »Empirische Theologie« seit Beginn des 20. Jahrhunderts veröffentlicht worden ist. Dass dabei mit der Auswahl aus einer im 20. Jahrhundert enorm angewachsenen Gattung eine perspektivische Darstellung hin auf den eigenen Ansatz Empirischer Theologie erfolgt, sei vorab notiert.[3]

2 Die »Empirische Wendung«: Empirische Religionsforschung in der Theologie

Zu Beginn der 70er Jahre des 20. Jahrhunderts entwickelte die Praktische Theologie im Zuge der sozialwissenschaftlichen Wende der Theologie insgesamt eine methodologische Neuorientierung, welche frühere Elemente empirischer Orientierung (insbes. bei Schleiermacher[4]) wieder neu zur Geltung brachte. Als Initialzündung wie Geburtsstunde der jüngeren empirischen Orientierung in der Theologie generell zählt aus der Rückschau in der Regel die von Klaus Wegenast zunächst im Blick auf die Religionspädagogik proklamierte »Empirische Wende«[5]. Wegenast stellt seinen Überlegungen zu Defiziten und Desideraten das emphatische Plädoyer eines Erziehungswissenschaftlers voran: »Empirische Forschung […] hat die Chance, den Widerspruch zwischen Ideal und Wirklichkeit zu enthüllen, die Illusion unserer pädagogischen Schönfärberei aufzude-

---

2 Vgl. exemplarisch *C. Bäumler*, Methoden der empirischen Sozialforschung in der praktischen Theologie. Eine Einführung, München 1976; sowie den Abschnitt »Praktische Theologie und Empirie« in: *M. Meyer-Blanck/B. Weyel*, Arbeitsbuch Praktische Theologie, Gütersloh 1999, 46–54.

3 Im Blick auf die Konzeption meines empirisch-theologischen Ansatzes steht der Beitrag in sachlicher Korrespondenz zu meinem anderen Beitrag in diesem Band.

4 Vgl. dazu in diesem Band: *W. Gräb*, Schleiermachers Konzeption der Theologie als empirisch-praktische Wissenschaft vom Christentum.

5 *K. Wegenast*, Die empirische Wendung in der Religionspädagogik (1968), in: *Ders. (Hg.)*, Religionspädagogik, Bd. 1: Der Evangelische Weg, Darmstadt 1981, 241–264.

cken, sie kann mithelfen, Knechtschaft unter der Tyrannei der falschgewordenen Worte ›zu brechen‹«.[6] Der material recht weitgehende Katalog, den Wegenast aufstellte, stand methodologisch im Zeichen einer »empirischen Tatsachenforschung«[7].

Es ist noch nicht erforscht, auf welchen Kommunikationswegen innerhalb des Faches die Formel und das Programm Wegenasts rasch zu einer von vielen aufgegriffenen generellen Reforminitiativen für die gesamte Praktische Theologie wurde. Historisch steht sie zweifellos am Beginn einer ausgedehnten Rezeption moderner empirischer Sozialwissenschaften in praktisch-theologischen Teildisziplinen. Formuliert wurde dabei im Gegenzug gegen das ältere hermeneutisch orientierte Modell »ein neues empirisch-kritisches Verständnis von Theologie insgesamt«[8]. Und insbesondere das Aufgabenfeld Praktischer Theologie wurde »als kritische Theorie der Wirklichkeit«[9] neu entworfen und damit in einzelnen Handlungsfeldern vornehmlich kirchliche Praxis neu erschlossen.

In sachlicher Entsprechung wie zeitlicher Parallelität ist die Etablierung kirchlicher Sozialforschung zu sehen. Die Gründung wichtiger Forschungsinstitute[10] und die Begründung von ganzen Reihen empirisch-kirchensoziologischer Befragungsinstrumente wie etwa den EKD-Mitgliedschaftsstudien[11] fallen in diese Zeit.

Die Praktische Theologie als Theorie religiöser Praxis wurde zunehmend entsprechend der Forschungslogik von Sozialwissenschaften als Praxistheorie im Sinne der Handlungstheorie in der Tradition von Max Weber konzipiert. Die methodologische Neuorientierung handlungsorientierter Forschung ermöglichte nicht nur einen neuen begrifflich-theoretischen Zugang zum Verstehen religiöser Praxis, sondern brachte einen kräftigen Impuls zur empirischen Erforschung, zunächst kirchlicher und später dann auch außerkirchlicher Religiosität. Zu-

---

6 *H. Roth*, Pädagogische Anthropologie I, Hannover 1966, 99. Die Formel stammt von H. Plessner.

7 *K. Wegenast*, Die empirische Wendung in der Religionspädagogik, a. a. O., 253.

8 *W. Herrmann*, Mündigkeit, Vernunft und die Theologie, in: *H. E. Hess/H. E. Tödt (Hg.)*, Reform der theologischen Ausbildung II, Stuttgart 1968, 58.

9 So eine bekannte Formel von Janowski: *H. N. Janowski*, Theologie als kritisch orientierte Wissenschaft, in: *H.-G. Geyer/H. N. Janowski/A. Schmidt*, Theologie und Soziologie, Stuttgart 1970, 85; vgl. auch *B. Paeschke*, Praktische Theologie als kritische Handlungswissenschaft, in: Theologia Practica 6 (1971), 1ff.; vgl. *B. Weyel*, »Kenntnis des wirklichen Lebens«. Von der Empirie in der Praktischen Theologie, in: Pastoraltheologie 97 (2008), 328–314.

10 Auf evangelischer Seite ist hier die Pionierarbeit der Pastoralsoziologischen Arbeitsstelle unter Leitung von K. F. Daiber zu nennen.

11 Die erste wurde 1974 vorgelegt: *H. Hild (Hg.)*, Wie stabil ist die Kirche? Bestand und Erneuerung. Ergebnisse einer Meinungsbefragung, Gelnhausen u. a., 1974.

mindest eine Reihe von Fachkollegen fand sich mit der eigenen empiriebezogenen praktisch-theologischen Anstrengung zutreffend charakterisiert in Dietrich Stollbergs bekannter Formel von der Praktischen Theologie »als Sozialwissenschaften innerhalb der Theologie«.

Zur Logik des Ansatzes kann man zusammenfassend Folgendes sagen: Empirische Sozialwissenschaft nimmt gegen Urteilsbildung auf der Basis purer Annahmen sinnliche Erfahrung als Erkenntniszugang auf, wovon empirische Religionsforschung und empirische Kirchlichkeitsforschung dann kräftig profitiert haben. Der induktive Weg der Gewinnung möglichst »objektiver« Kenntnisse über die Wirklichkeit zielt auf der Basis empirischer Daten und interpretativer Schlussfolgerungen auf probabilistisches Wissen nach dem Typus nomothetischer Theoriebildung.

Vereinfacht gesagt läuft dieses Programm auf eine praktische Arbeitsteilung hinaus, nach der empirische Sozialwissenschaften für die methodisch valide Erhebung verlässlicher »Daten« zuständig sind. Die Theologie als solche hat dazu nichts beizutragen, sie beginnt da, wo das Geschäft der Interpretation im theologischen Interesse einsetzt. Der dahinterstehende methodische Agnostizismus wird inzwischen weitgehend geteilt.

Am Gewinn einer empirische Religionsforschung dieser Art aufnehmender Theologie wird heute angesichts beträchtlich angewachsener differenzierter Einsicht in Einzelzusammenhänge wie auch übergreifender Trends niemand mehr zweifeln. Zu den unbestreitbaren *positiva* zählt darüber hinaus auch Anderes: Im Gefolge der »empirischen Wende« der Theologie fand nämlich eine Art Wiederentdeckung der Religion als theologisch bedeutsamer Kategorie statt. Bei aller Berechtigung der theologischen Religionskritik in der Tradition K. Barths ist nicht länger zu leugnen, dass eine Beschreibung des Christentums als Religion für die Theologie hilfreiche Einsichten vermittelt. Neben der empirischen Einzelforschung zu Religion setzte sich dabei auch die Einsicht in kulturgeschichtlichen Wandel des Christentums im Kontext moderner weltanschaulicher Pluralisierung durch. Es gehört inzwischen zum Standardwissen, von moderner Religion in differenzierter Weise zu sprechen, etwa in der von Dietrich Rössler formulierten Trias von kirchlicher, öffentlicher und privater Religion[12]. Auch solche Unterscheidungen dienen dem Wirklichkeitsbezug von Theologie.

---

12 Vgl. *D. Rössler*, Grundriß der Praktischen Theologie, Berlin 1986.

3 Entwicklungslinien Empirischer Theologie

Unbeschadet populärer Periodisierungen in der Geschichte der Theologie gilt nun bei aller Anerkennung des Innovationsschubs im Verlauf der 70er Jahre des letzten Jahrhunderts, dass Ansätze empirischer Orientierung in der Theologie sehr viel weiter zurückreichen. Neben dem schon genannten Versuch Schleiermachers, eine als Praxistheorie entworfene Praktische Theologie zu empirischen Fragen in unserem heutigen Sinne in Beziehung zu setzen,[13] muss der ältere Ansatz einer empirischen Kirchenkunde bzw. »religiöser Volkskunde« zumindest genannt werden. Unter diesem Label trat bekanntlich eine ganze Bewegung an. In der ersten Reihe der Forscher standen P. Drews, M. Schian, Fr. Niebergall.[14] Ohne an dieser Stelle einen ausführlichen oder gar vollständigen historischen Durchblick durch die Genese Empirischer Theologie geben zu wollen[15], notiere ich einige für meine These relevante Etappen.

3.1 Frühe Vertreter

Die ersten Ansätze dazu datieren am Beginn des 20. Jahrhunderts, wo man etwa zeitgleich in den USA und in Europa von »Empirischer Theologie« zu handeln begann.

Der eine Ursprung liegt in der frühen Chicago-Schule mit Douglas MacInstosh als einem ihrer profilierten Köpfe. In seiner Studie »Theology as an Empirical Science«[16] entfaltete er auf der Basis englischer empiristischer Tradition (insbes. J. Locke und J. St. Mill) ein Konzept von Theologie, das wesentlich an der Analyse religiöser Erfahrung des Menschen auf der Straße orientiert war. Das Ganze lief auf ein Applikationsmodell hinaus: Empirische Forschung liefert Wissen, das in der Praxis angewandt werden kann. Dem zugrunde lag allerdings ein bestimmtes methodologisches Konzept, welches den kategorialen Rahmen für die Erforschung religiöser Erfahrung liefern sollte. Konzentriert auf isolierbare Variablen des religiösen Verhaltens versuchte MacIntosh »theologische Gesetzmäßigkei-

---

13 Vgl. dazu in diesem Band ausführlich: *W. Gräb*, Schleiermachers Konzeption der Theologie als empirisch-praktische Wissenschaft vom Christentum.

14 *P. Drews*, »Religiöse Volkskunde«, eine Aufgabe der Praktischen Theologie, in: Monatsschrift für die kirchliche Praxis 1 (1901), 1–8; *M. Schian (Hg.)*, Evangelische Kirchenkunde. Das kirchliche Leben der deutschen evangelischen Landeskirchen, Bd. 1–7, Tübingen 1902–1919; *F. Niebergall*, Religiöse Volkskunde, in: Religion in Geschichte und Gegenwart, Bd. V, 2. Aufl., Tübingen 1931, 1668 ff.

15 Vgl. dazu ausführlich: *A. Dinter/H.-G. Heimbrock/K. Söderblom (Hg.)*, Einführung in die Empirische Theologie. Gelebte Religion erforschen, Göttingen 2007. Zu historischen Durchblicken und systematischen Ortsbestimmungen der Empirie vgl. den Überblick bei *B. Weyel*, a. a. O. (Anm. 9).

16 *D. C. Macintosh*, Theology as an Empirical Science, New York 1919.

ten« herauszuarbeiten. Wenn die zentrale Ursache religiöser Erfahrung mit »Gott« benannt wird, dann kann gelten: »In any case, all laws of theology as a descriptive science will be knowledge of religious experience in relation to its conditions and central cause, the conditions here being largely subjective, while the central Cause [sic] is not only objective but divine.«[17] Hier wird Erfahrung ursächlich zu erklären versucht. Doch weder die Verortung Gottes als Letztursache noch das an naturwissenschaftlich-objektivistischen Idealen des frühen 20. Jahrhunderts ausgerichtete Programm dürften heute eine methodologisch tragfähige Basis für Empirische Theologie abgeben.

Der andere Ursprung Empirischer Theologie liegt in Europa. Dort prägte der deutsch-baltische Theologe und Begründer der Disziplin Religionspsychologie Werner Gruehn als Erster den Programmbegriff »Empirische Theologie«[18]. Dies war hier mit der Forderung verbunden, die Theologie durch geeignete Methoden näher ans »lebendige Leben« heranzubringen. Gruehn konzipierte Empirische Theologie im Pathos der Lebensnähe als experimentell operierende »Tatsachenforschung«, was er nach Anleitung seines Lehrers Giergensohn methodisch umsetzte in Gespräche mit Versuchspersonen, die unter kontrollierten Bedingungen geführt und protokolliert wurden. Gruehn hielt die Ergebnisse solcher als autark verstandenen psychologischen Erforschung der Frömmigkeit für eine reiche Quelle theologischen *Denkens*: »Denn diese [scil. die lebendige] Frömmigkeit lebt mit Gott und erlebt seine Wirkung in der täglichen Umwelt. Diese tausendfachen Beziehungen Gottes zum Leben sind der fruchtbarste Inhalt jeder Dogmatik, genau so wie sie für den Pädagogen und Seelsorger an erster Stelle stehen. Was Gott an sich ist, abgesehen von seinen Beziehungen zur Welt und abgesehen von einer Offenbarung, wissen wir nicht und werden wir auf Erden nie erfahren. Wir können nur Gottes Einwirkungen auf die Welt kennen lernen und studieren.«[19]

Dieser Ansatz forderte in einer für die Zeit bemerkenswerten Intensität Lebensnähe der Theologie ein. Er lebt jedoch von einem theoretisch nicht fundierten Unmittelbarkeitspathos der Forschung. Erfahrung und Projektion lassen sich in den Analysen Gruehns kaum verlässlich trennen. Damit war er aber schon zu seiner Zeit nicht hinreichend gegen Feuerbachs Religionskritik gewappnet. Aus heutiger sozialwissenschaftlicher Sicht betrachtet, wäre er zudem

---

17 A. a. O., 43.

18 *W. Gruehn*, Empirische Theologie (Zur Einführung), in: Archiv für Religionspsychologie und Seelenführung 6 (1936), XII. Zum Programm vgl. genauer die Darstellung bei *P. Meyer*, Typen empirischer Theologie – Forschungsansätze, Kontroversen und Erträge, in: *A. Dinter/H.-G. Heimbrock/K. Söderblom (Hg.)*, a. a. O. (Anm. 15), 27 ff.

19 *W. Gruehn*, Die Frömmigkeit der Gegenwart. Grundtatsachen der empirischen Psychologie, 2. verb. Aufl., Konstanz 1960 (1. Aufl. 1955), 522.

kaum kompatibel mit den Standards moderner empirischer Forschung, wie sie außerhalb der Theologie inzwischen erarbeitet worden sind.

Ohne einen direkten forschungsgeschichtlichen Zusammenhang suggerieren zu wollen, bleibt es aus der Rückschau auf die skizzierten Ursprünge Empirischer Theologie sehr plausibel, wenn systematisch-theologische Reflexion auf Erfahrung auch außerhalb der vom Barthianismus geprägten Theologie hier eher kritische Reserve anmeldete. Bereits zehn Jahre nachdem das Schlagwort der »Empirischen Theologie« von W. Gruehn geprägt worden war, hat der in Chicago lehrende Paul Tillich (in anderen Diskussionszusammenhängen) die Theologie ausdrücklich vor der Übernahme empirischer Methoden gewarnt, weil er darin die Gefahr der Überfremdung des eigenen Anliegens sah. »So scheint mir, dass die Betonung der sogenannten empirischen Methode in der Theologie nicht auf wirklichen Bedürfnissen der Theologie beruht, sondern der Theologie durch den Druck eines methodologischen Imperialismus aufgezwungen worden ist, den das Modell der Naturwissenschaft ausübt.«[20] Allerdings votierte Tillich so im Interesse des Erfahrungsbezugs von Theologie. Den spezifisch theologischen Zugang zur Erfahrung sah er gerade durch empirisch-methodische Ideale seiner Zeit gefährdet. »Die Unterwerfung der Theologie unter ein ihr fremdes Modell hat zu einer ungebührlichen Ausweitung des Begriffs »empirisch« geführt und zu mangelnder Differenzierung zwischen den verschiedenen Bedeutungen des Begriffs der Erfahrung in der Theologie.«[21]

3.2 Die Zweite Chicago School

Nahezu völlig übersehen blieb in deutschsprachigen Diskussionen um empirische Orientierung der (Praktischen) Theologie ein bereits in den 60er Jahren des letzten Jahrhunderts breiter ausgebauter Ansatz im Rahmen der Zweiten Chigaco School[22]. Zum knappen Überblick konzentriere ich mich auf den systematisch-theologischen Protagonisten B. Meland.[23]

---

20 Der Vortrag wurde ein Jahr später publiziert, vgl. *P. Tillich*, The Problem of Theological Method, in: Journal of Religion 27 (1947), 16–27 (dt. Übersetzung: *P. Tillich*, Das Problem der theologischen Methode [1947], in: *Ders.*, Korrelationen. Die Antworten der Religion auf Fragen der Zeit. Ergänzungs- und Nachlassbände zu den GW IV, Stuttgart 1975, 19–35).

21 Ebd.

22 Vgl. dazu den alle theologischen Disziplinen umfassenden Band: *B. E. Meland (Hg.)*, The Future of Empirical Theology, Chicago 1969.

23 Vgl. *B. E. Meland*, Faith and Culture, New York 1953; *ders.(Hg.)*, The Future of Empirical Theology, Chicago 1969; *ders.*, Fallible Forms and Symbols, Philadelphia 1976; vgl. zum Ansatz: *H.-G. Heimbrock*, Reconstructing Lived Religion, in: *H.-G. Heimbrock/C. Scholtz (Hg.)* Religion: Immediate Experience and the Mediacy of Research. Interdisciplinary Studies in Objectives, Concepts and Methodology of Empirical Research in Religion, Göttingen 2007, 111–128; vgl. *T. Inbody*, The Constructive Theology of Bernard Meland. Postliberal Empirical

Im Vergleich zu frühen naiv empirizistischen oder positivistischen Beiträgen zur empirischen Theologie ist sein Ansatz durchgängig von erkenntniskrtitischer Reflexion gekennzeichnet. Er tritt dafür ein, das spezifische auf Wirklichkeit gerichtete Interesse von Theologie in strenger Bezogenheit auf moderne Prinzipien der Erkenntnisbildung zu beziehen. Nur so ist s. E. dann auch die Differenz sinnvoll zu formulieren. »Theologians must reckon with the fact that their intellectual undertaking is motivated by objectives that differ decidedly from those of scientist. The scientist pursues knowledge of his world with a view to controlling.«[24] Das Interesse von Theologie richtet sich nicht darauf, distinkte Daten zum Zwecke der Kontrolle und Beherrschung von individuellen oder sozialen Prozessen zu erwerben, sondern um die Feier des Gottesdienstes vorzubereiten und um eine Sicht auf das Leben im Sinne der Geheimnisstruktur der Realität zu öffnen.

Unter Berufung auf Schleiermacher und auf pietistische Traditionen unterstreicht Meland sowohl die empirische Basis des Glaubens als auch die Reflexionsaufgabe von Theologie als theoretisches Unternehmen. Eine Theologie, die Glauben und Erfahrung be-denkt, kommt nicht an der Notwendigkeit vorbei, zwischen dem in lebendige Unmittelbarkeit »gelebter Erfahrung« eingebetteten Glauben einerseits und dem Versuch der begrifflichen Klärung dieser Art Erfahrung andererseits zu unterscheiden, wenn sie denn auf rationaler Basis darüber kommunizieren möchte. In gleicher Richtung behauptet Meland, dass adäquates theologisches Verstehen von Glauben diesen Glauben als Strukturierung von Erfahrung (»faithas a structureofexperience«)[25] thematisieren muss. Das impliziert die Annahme, dass der Kern zentraler theologischer Begriffe wie Offenbarung, Vergebung und Gnade auf ein Korrelat in menschlicher Erfahrung abzielt, deshalb nicht angemessen thematisiert wird, solange es auf bloße linguistische Realitäten reduziert wird.

Diesen Zugang bezeichnet Meland mit dem Begriff des empirischen Realismus («empirical realism«), der jedoch von ihm nicht im Kantischen Sinne entwickelt wird. Ein theologischer Ansatz gewinnt s. E., wenn man in der Reflexion auf Realität zwischen Sprache und Wirklichkeit, m. a. W., zwischen semantischer und logischer Explikation einerseits und dem Innewerden der Unmittelbarkeit gelebter Erfahrung andererseits unterscheidet. Hier macht Meland den Praxisbezug von Theologie als Wissenschaft stark. Denn der zielt darauf ab, den Akt

---

Realism, Atlanta 1995; vgl.ferner *D. J. Rogers*, The American Empirical Movement in Theology, New York 1990, insbes. 105–125; Einen guten Überblick gibt *P. Meyer*, a. a. O. (Anm. 18), 33ff.

24 *B. E. Meland*, The Appreciative Approach in Religion, in: The Journal of Religion 14 (1934), 194–204: 199f.

25 *Ders.*, Faith and Culture, a. a. O. (Anm. 23), 63.

des Glaubens jenseits der Beschäftigung mit linguistischen Phänomenen als Erfahrung von Gnade und Gericht gerade in vitaler Unmittelbarkeit lebendig zu machen. Lebendige Unmittelbarkeit ist dabei im Sinne von W. James pragmatistischem Begriff eines Stroms unmittelbaren Erlebens gemeint. Zur philosophischen Verdeutlichung des Ansatzes eines »empirischen Realismus« verweist Meland auf Husserls »Bewußtseinsstrom«. Allerdings verbleibt Theologie nicht im transzendental-theoretischen Ansatz, sondern folgt mit Merleau-Ponty einer leib-bezogenen Wende der Phänomenologie.

Den Erfahrungsbezug dieser Art Empirischer Theologie und ihrer Auslegung des Glaubens möchte Meland weiterhin dadurch zur Geltung bringen, dass er Glaube als spezifische Art der Erfahrung, als besondere Form responsiver Erfahrung, als »akzeptierendes Bewusstsein« (»appreciative consciousness«)[26] beschreibt. Seine theologische Theorie verfolgt mit diesem Gedanken das Anliegen, einen einseitigen theologischen Objektivismus zu vermeiden. Denn es geht bei dieser Art Erfahrungsbezug nicht um vom Subjekt trennbare Erfahrungsinhalte, die in objektivierender Beschreibung erhebbar wären. »Akzeptierendes Bewusstsein« zielt auf eine Relation des Subjekts zur Wirklichkeit. Meland betont dementsprechend, dass die empirische Seite des Glaubens, die vitale Unmittelbarkeit, weder als ein religiöses Apriori im menschlichen Bewusstsein aufgefasst werden darf, noch als unbedingte Unmittelbarkeit gelten kann, vielmehr als kulturell vermittelte Symbolwelt in Verbindung mit wissenschaftlich-rationaler Kritik. Gleichwohl bleibt es permanente Aufgabe für Theologie, lebendige Unmittelbarkeit und prä-reflexive Gehalte des Glaubens aproximativ zu rekonstruieren. Nota bene: Das ist eine *Reflexions*aufgabe. Aber es gilt ein *prius* und *prae* des Lebensprozesses vor der Reflexion. «We live more deeply than we can think.«[27] Insofern trifft die Bemerkung von Rogers, dass Melands Ansatz eines empirischen Realismus eine rationale und und zugleich eine mystische Seite aufweist.[28]

Betrachtet man den Ansatz Empirischer Theologie bei Meland im übergreifenden Forschungskontext, so ist rasch deutlich, dass hier nicht empirische Einzelforschung mit handlungsoptimierender Absicht präsentiert wird. Meland leistet eher systematisch-theologische Grundlagenforschung zur Empirischen Theologie. Zwar »stellt die von der Chicago School her aufgegebene Frage nach der Methodisierbarkeit theologisch anspruchsvoll gedeuteter Erfahrung vor ein forschungspraktisch weitgehend ungelöstes Problem«[29], aber der Gewinn der Grundlagenreflexion liegt zweifellos darin, von einer profilierten Position her die unbezweifelbare Notwendigkeit zur theoretischen Explikation erkenntnis-

---

26 *Ders.*, Higher Education and the Human Spirit, Chicago 1953.

27 *Ders.*, Fallible Forms and Symbols, a. a. O. (Anm. 23), 135.

28 Vgl. *D. J. Rogers*, a. a. O. (Anm. 23).

29 *P. Meyer*, a. a. O. (Anm. 18), 41.

theoretischer Implikationen einer jeden sich empirisch nennenden Theologie erwiesen zu haben.

3.3 Van der Ven

Mit klarer Ausrichtung auf die Praktische Theologie hat der Niederländische Theologe Johannes van der Ven in seinem Programm der Empirischen Theologie[30] konsequent den erfahrungswissenschaftlichen Ansatz bis in die Methodenentwicklung verfolgt. Unter der Leitformel eines »intradisziplinären« Ansatzes hat van der Ven wie wenige andere Theologen mit präzisen qualitativen und quantitativen Methoden konkrete religiöse Verhaltensweisen untersucht, z. B. die Entwicklung der Vorstellungen über Leiden und Theodizee, über die pastorale Arbeit von Laienmitarbeitern in der Gemeinde oder über die religiöse Entwicklung von Studierenden. Auch größere interkulturelle Studien wurden durchgeführt. Indem empirische Bedingungen und Gestaltungsmöglichkeiten der Glaubenserfahrung ermittelt werden, soll die Wirklichkeitsorientierung der Theologie empirisch und theologisch ernst genommen werden. Daraus ist inzwischen eine weit über die Niederlande einflussreiche praktisch-theologische Schule hervorgegangen (vgl. die Zeitschrift »Journal for Empirical Theology« ›JET‹ seit 1987 sowie das 2002 begründete Forschungsnetzwerk »International Society for Empirical Research in Theology ›ISERT‹)[31].

Allerdings ist es die Intention van der Vens, nicht nur präzise Hypothesen aufzustellen und konkrete Einzeluntersuchungen durchzuführen, sondern mit empirisch orientierter Methodologie auch die Theorie der Praktischen Theologie insgesamt klarer zu profilieren. Zentrale Kategorie ist »religiöse Praxis« in einem spezifischen Verständnis. Sein Ansatz kombiniert den antik-philosophischen Praxisbegriff von Aristoteles mit der modernen sozialwissenschaftlichen Kategorie »Praxis«. Menschliche Praxis wird auch hier als Handeln verstanden, sei es als funktionales oder als kommunikatives Handeln; dahinter stecken die Grundoptionen von M. Webers Handlungstheorie bzw. Habermas' Theorie des kommunikativen Handelns. Gleichzeitig geht van der Ven von der theologischen Überzeugung aus, dass dem Evangelium die Tendenz einer »Inkulturation« seiner Botschaft in menschliche Lebenspraxis inhärent ist. Im Unterschied zu manchem naiv-unreflektierten Sammeln empirischer Daten von Religion schärft er den Blick für den Reflexionsbedarf einer empirischen Theorie.

Dieses Konzept Praktischer Theologie scheint mir durch vier Momente charakterisiert:

---

30 *J. A. van der Ven*, Entwurf einer empirischen Theologie, Kampen 1991.

31 An dieser Stelle ist auf das in England von L. Francis und seinem Forschungsteam ebenfalls breit ausgebaute Pendant zu van-der-Ven-Schule Empirischer Theologie wenigstens zu verweisen.

1. Empirische Theologie untersucht nicht Gott oder den Glauben, sondern beschränkt sich dezidiert auf deren innerweltliche Korrelate.
2. Sie untersucht kausale Beziehungen zwischen dem Glauben an Gott und sozialem Verhalten von Menschen.
3. Entsprechende Forschung muss sich am Wandel von Religion in der Moderne orientieren, insbesondere von der Pluralisierung und Individualisierung von Religion ausgehen, insgesamt also einem breiten Begriff von Religion zugrunde legen.
4. Praktische Theologie richtet sich in ihrer Forschung nicht auf einzelne Phänomene, sondern auf Gruppen von Situationen, weil sie zu professionell brauchbaren Einsichten in generelle Regeln und Mechanismen religiöser Praxis führen will.

Dieses Modell Praktischer Theologie als empirischer Theologie ist an exakter Analyse religiöser »Ist-Zustände« interessiert und liefert dazu auch beachtliche Resultate. Es lässt sich nicht vom alten Vorurteil der Theologen irritieren, man könne Glauben empirisch nicht messen. Aber es möchte möglichst exakt Bedingungen angeben, unter denen kirchliches Handeln mit mehr Aussicht auf Erfolg verändert werden kann. Kirche darf sich um des Fortbestands ihrer Institution auch nicht davor scheuen, mit quantitativen Messmethoden der empirischen Dynamik von religiösen und nichtreligiösen Verhaltensformen nachzugehen. »Soll-Werte«, Normen und Ziele für kirchliches Handeln aus den biblisch und dogmatisch vorgegeben Quellen des Glaubens, ergeben sich aber nicht einfach aus der empirischen Analyse; deshalb bleiben auch für diesen Ansatz der Praktischen Theologie die anderen theologischen Fächer selbstverständlich unentbehrlich. Zugleich klärt van der Vens Arbeit in überzeugender Weise darüber auf, dass und wie empirische Religionsforschung immer schon mit bestimmten normativen Grundoptionen beginnt.[32]

3.4 Empirische Theologie »Gelebter Religion«

Mit einem anderen Grundverständnis von Empirie auf dem Hintergrund eines anderen philosophischen und theologischen Zugang zur »Wirklichkeit« arbeitet das vierte hier vorzustellende Konzept Empirischer Theologie (im Rahmen Praktischer Theologie), an dem ich selbst in den letzten zehn Jahren intensiv gearbeitet habe. Auch dieser Ansatz möchte den Wirklichkeits- und Lebensbezug der Theologie stärken, greift dabei auf andere wissenschaftliche Grundlagen zurück. Seinen Ausgangspunkt nimmt der Ansatz nicht in einer spezifisch kirchlichen Form der Religion, sondern im vorwissenschaftlichen Kontakt der Men-

---

[32] Vgl. dazu *J. A. van der Ven*, An Empirical or a Normative Approach to Practical-Theological Research? A False Dilemma, in: Journal of Empirical Theology 15 (2002), 5–33.

schen mit der alltäglichen Lebenswirklichkeit, wie dies im phänomenologischen Begriff der »Lebenswelt« (E. Husserl) beschrieben worden ist.

Auf dieser Basis wird Empirische Theologie als eine »Theorie Gelebter Religion« verstanden, die sich nicht als angewandte Sozialforschung in der Theologie, sondern dezidiert als theologische Praxis-Theorie versteht.[33] Diese ist nun allerdings nicht mehr praktisch darin, dass sie, wie noch vor 100 Jahren, mit naivem Unmittelbarkeitspathos, auf die naive Sammlung lebensnaher Phänomene aus ist. Es soll vielmehr darum gehen, den Wirklichkeitszugewinn wie auch den wirklichkeitskritischen Impuls in der Theologie gerade dadurch zur Geltung zu bringen, dass die theologische Forschung nicht nur immer wieder auf relevante Phänomene rekurriert, sondern sich der Mühe eines reflektierten Rückgriffs auf Empirie und den Begriff von Erfahrung unterzieht.[34] Und diese Aufgabe berührt die interdisziplinäre Klärung des Verständnisses von »Praxis-Wissenschaft«.

In methodischer Hinsicht greift dieser Ansatz u. a. vielfältig auf Forschungsstrategien qualitativ-empirischer Sozialforschung zurück, adaptiert diese jedoch unter spezifischen Fragestellungen der Praxisforschung wie auch einer leibphänomenologischen Epistemologie. An dieser Stelle kann auf die ausführliche Darstellung der Methodologie im Rahmen eines bereits veröffentlichten Projektes »Wahrnehmung des Anderen« verwiesen werden. Zur Klärung des methodischen Vorgehens heißt es dort u. a.: »Sowohl auf der Grundlage seiner Affinität zu wesentlichen Grundannahmen allgemein qualitativer Forschungsstrategien als auch inspiriert von der Phänomenologie achtet der empirisch-phänomenologische Ansatz besonders darauf, dieser subjektiven Perspektive gerecht zu werden: Ihr verdankt sich schließlich die besondere Qualität einer Erfahrung, Bedeutung »für mich« zu haben. Diese Qualität ergibt sich ausschließlich im Zusammenhang »gelebten Lebens«. Weil der Ansatz nicht einfach auf losgelöste, der Erfahrung zu entnehmende »Ergebnisse« baut, wird der Prozess des Erschaffens/Gewahrwerdens/Aufdeckens von Realität selbst entscheidend wichtig, in den der Forscher als Subjekt, das einzelne Erfahrungen macht, verwoben ist. Die Phänomene, die primär erfahrungsbedeutsam sind, dürfen mit unseren intellektuellen Kategorien nicht schlicht gleichgesetzt oder verwechselt werden. Primäre Lebenswirklichkeit besteht aus einem Erfahrungszusammenhang, der den Wörtern und sprachlichen Konzepten vorausgeht, die wir nutzen, um eine Erfahrung zu beschreiben oder zu deuten. Somit wird in diesem Ansatz die empirische Basis

---

33 Vgl. dazu ausführlich *H.-G. Heimbrock*, Evangelische Theologie als Praxis-Wissenschaft. Empirisch-theologische Erschließung gelebter Religion, in: *Ders./S. Alkier(Hg.)*, Evangelische Theologie an staatlichen Universitäten. Konzepte und Konstellationen Evangelischer Theologie und Religionsforschung, Göttingen 2010, 203–240.

34 Speziell dies ist Gegenstand meines zweiten Beitrags in diesem Band.

als die in der Wahrnehmung »gegebene« Welt jenseits eines wahrnehmenden Individuums verstanden. Diese Welterfahrung wird auf keine andere Weise zugänglich als über die sinnliche Erfahrung des einzelnen.«[35]

Theologie bringt mit dem Gegenstand »Gelebte Religion« und seinem begrifflich-methodischen Fundament »Gelebte Erfahrung« keine separate Methode einer »religiösen« Erfahrungswissenschaft ein, sondern sie plädiert als hermeneutischer Partner im interdisziplinären Diskurs von wissenschaftlichen Zugängen zur Erfahrung dafür, den Zusammenhang von Wissenschaft und vorwissenschaftlicher, lebensweltbezogener Erfahrung mit in den Ansatz einer theologischen Erschließung von Praxis aufzunehmen. Theologie muss und kann weder andere Erfahrungswissenschaften überbieten, noch darf sie sich von Erfahrungen abkoppeln. Von ihrer Sache her ist Theologie eher Anwalt für das Offenhalten der Fragen, die nach Blumenberg in den Naturwissenschaften allzu leicht durch gerade gültige Theorien verdrängt werden: »[W]as war es, was wir wissen wollten? Und was kann es sein, was wir erfahren könnten?«[36]

Dabei erweist sich alltags- und lebensweltorientierte Phänomenologie als ein unverzichtbarer Partner. Phänomenologische Analyse der Lebenspraxis mit methodischer Orientierung an einem gehaltvollen Wahrnehmungsbegriff setzt dazu bei der Lebenspraxis insgesamt an, schärft den Blick für das Unscheinbare des alltäglichen Lebens, begreift dieses primär nicht als von Subjekten bewusst reflektiertes und geplantes Verhalten. Praxis schließt auch zweckunabhängiges Sehen, Denken und Verhalten, emphatische Bereiche wie Erleben und Erleiden, Sehnsucht und Schmerz mit ein.[37] Dieser Ansatz erbringt somit nicht nur eine differenzierende Näherbestimmung religiöser Praxis, sondern zugleich im interdisziplinären Diskurs eine präzisierende Erweiterung des Handlungsbegriffs, die sehr wohl auch in der anthropologischen Debatte über die Theologie hinaus von Belang ist.

Um Missverständnisse zu vermeiden, sei betont: Dieser Ansatz Empirischer Theologie tritt nicht an mit dem Anspruch, gegenüber der Religionsforschung innerhalb qualitativer und quantitativer empirischer Sozialforschung eine »bessere« oder »effektivere« Konzeption vorlegen zu wollen. Mit seiner Hilfe lässt sich auch kaum zur Analyse isolierter, objektivierter Daten oder zu messbaren

---

35 *H.-G. Heimbrock/P. Meyer*, Erforschung professioneller Praxis in Fallstudien, in: *H.-G. Heimbrock/T. Wyller (Hg.)*, Den Anderen Wahrnehmen. Fallstudien und Theorien für respektvolles Handeln, Göttingen 2010, 37.

36 *H. Blumenberg*, Die Genesis der kopernikanischen Welt, Bd. 1–3, Frankfurt a. M. 1989, 483.

37 *H.-G. Heimbrock*, From Action to Lived Experience. Considering Methodological Problems of Modern Practical Theology, in: *H. Streib (Hg.)*, Religion inside and outside Traditional Institutions, Leiden 2007, 43–59.

Korrelationen beitragen. Und es soll weder solche Methodologie desavouiert werden noch ihre Relevanz für prognostische Fragestellungen in kirchenpraktischer Hinsicht bezweifelt werden. Demgegenüber geht es in diesem Ansatz Empirischer Theologie darum, übersehene Phänomene ans Licht zu befördern und insgesamt Beiträge zum »Verstehen« der Bedeutsamkeit und Sinnhaftigkeit gelebter Religion zu ermöglichen, die nicht auf faktorenanalytische »Erklärung« konzentriert sind. Der lebensweltorientierte Ansatz Empirischer Theologie stellt andere Fragen und ist zu anderen Antworten zur Erschließung der Realitätserfahrung in der Lage. Eine mit lebensweltlichem Erfahrungsbegriff operierende Theologie ermöglicht es zudem, die Wahrnehmung nicht vorschnell auf kirchlich-professionelle Praxis einzuengen.

3.5 Zwischenbilanz

Soweit ein geraffter Überblick über Etappen und Modelle Empirischer Theologie. Aus den hier nur verkürzt skizzierten Entwicklungssträngen der Empirischen Theologie zeigt sich ein deutlich nachweisbares Interesse an Empirie innerhalb der Theologie, wobei im Einzelnen in recht unterschiedlicher Weise auf die beiden Leitbegriffe Erfahrung *und* Empirie zurückgegriffen wird. Auch findet sich eine durchaus schillernde Vielfalt in Bezug auf das Interesse Praktischer Theologie an Lebensnähe. Die einen bejahen es emphatisch, andere reklamieren von den Standards exakter empirischer Forschung notwendige Distanz zwischen religiösen Vollzügen und deren wissenschaftlicher Rekonstruktion, wieder andere verweisen unter Bezug auf erkenntnistheoretische Argumente auf die Gebrochenheit eines jeden Zugangs zur »Realität«.

Die Diskussionslage ist dadurch verschärft, dass heute auch und bereits außerhalb der Theologie pluriform und strittig ist, was Empirie heißt. Die Auskunft, »empirisch« gleichzusetzen mit »aus der Erfahrung begründet«, verschiebt bzw. kaschiert den Klärungsbedarf nur. Und wo die einen auf das Modell der Induktion zur Ermittlung objektiver Daten verweisen, da betonen andere: »Empirie meint […] nicht das Vorhandensein von Daten und auch nicht deren Sammlung in Datenbanken, sondern diese Vokabel weist zurück auf die aristotelische ›empeiria‹, die im wiederholten Umgang mit den Dingen Gestalt annimmt. Dazu gehört auch, dass wir durch Leiden und Enttäuschungen lernen. ›Erfahrungen machen‹ heißt etwas durchmachen und nicht etwas herstellen.«[38]

Die Polarisierung von »empirisch« und »theoretisch« ist jedenfalls generell als unsinnig fallenzulassen. Mittlerweile gelten positivistische Wissenschaftsideale wert- und theoriefreier Erhebung von ›Fakten‹ oder ›Tatsachen‹ auch in den Sozialwissenschaften als naiv. Der induktive Weg der Datengewinnung

---

[38] *B. Waldenfels*, Topographie des Fremden. Studien zur Phänomenologie des Fremden I, Frankfurt a. M. 1997, 19.

nimmt explizit oder implizit stets theoretische Annahmen und Kategorien in Anspruch. Deshalb gilt generell, dass empirische Forschung in der Praktischen Theologie nicht unbeschadet, sondern gerade wegen ihres empirischen Charakters normativ ist.

4 Das empirische Interesse von Theologie

Am Ende sei noch einmal die Frage nach der Grundorientierung entsprechender Forschung aufgenommen. Es kann, sozusagen in buchstäblich empirischer Hinsicht, kein Zweifel daran bestehen, dass im relevanten Forschungsfeld unterschiedliche Typen der Bezugnahme auf Empirie anzutreffen sind. Und bis in die Gegenwart hinein ist die Frage erheblich, ob Theologie eher als kritisch-konstruktiver Rezipient empirisch-sozialwissenschaftlicher Religionsforschung auftreten solle oder ob daneben und darüber hinaus das Unternehmen einer Empirischen Theologie als Produzent von Theologie möglich oder gar angeraten ist.

Es dürfte wichtig sein, zwischen einer der empirischen Religionsforschung zugewandten Theologie und einer Empirischen Theologie zu unterscheiden. Das gilt schon forschungspolitisch. Eine empirisch-sozialwissenschaftliche Religionsforschung wird, selbst wenn sie im Kontext von Theologie stattfindet, wohl auch in Zukunft als Domäne der Sozialwissenschaften angesehen. Religionsforschung auf dem Boden Empirischer Kulturwissenschaft ist demgegenüber bislang sehr viel weniger konkurrenzorientiert aufgetreten.

In sachlicher Hinsicht ist darüber hinaus zu fragen, ob und inwieweit das mit der Rezeption der Sozialforschung faktisch praktizierte Modell einer Arbeitsteilung, nach der die Theologie da anfange, wo die Empirie aufgehört hat Daten zu sammeln, sachlich angemessen ist und wie weit sie trägt. Je intensiver moderne Methoden empirischer Sozialwissenschaften in die Praktische Theologie aufgenommen wurden, so mehr wurde die kritische Frage nach dem theologischen Proprium dieser Forschung gestellt. Steht Praktische Theologie bei aller Kopie von Kommunikationstheorie, Lerntheorie, Psychologie, Institutionenlehre usw. so nicht in der Gefahr, bloße Sozialwissenschaft im Kontext von Kirche zu werden? Wie verhalten sich empirische und theologische Erkenntnis der Wirklichkeit zueinander? Wie verhalten sich Voraussetzungslosigkeit von wissenschaftlicher Reflexion, Wirklichkeitskritik und das theologische Interesse des Glaubens?[39]

Nach der Überwindung des Positivismus ist auch für Theologie wie für jede Wissenschaft die Annahme obsolet, es gäbe eine isolierte Sammlung von empi-

---

[39] Vgl. *Y. Spiegel*, Praktische Theologie als empirische Theologie, in: *F. Klostermann/R. Zerfaß (Hg.)*, a. a. O. (Anm. 1), 178–194.

rischen Daten, ohne dass bei solchem »Sammeln« immer schon wichtige Perspektivierungen des Gegenstandes aktiviert werden, insbes. auch normativer Art. Und man kann zeigen, dass sich solche impliziten normativen Grundorientierungen keineswegs nur in den die Prolegomena von Forschungsprojekten als rhetorische Versatzstücke finden, sondern dass sie konkrete Relevanz haben für methodologische Optionen, z. B. in der Frage nach der Berücksichtigung lebensweltlicher Involviertheit des Forschersubjekts, z. B. in der Frage methodischer Erschließung vor-prädikativer Erfahrungen. Hier hat bereits die Kritik von H. Peukert entscheidende Fragen aufgeworfen, an die auch heute noch anzuknüpfen ist.[40] Diese Argumente sprechen aus meiner Sicht nicht gegen den Wert einer kundig-kritischen theologischen Rezeption empirischer Sozialforschung, jedoch zugleich auch für die Weiterentwicklung einer damit nicht identischen Empirischen Theologie.

Welchen Theorietyp repräsentiert eine sich als Praxistheorie verstehende Empirische Theologie? Welche Erkenntnisinteressen verfolgt sie? Von Schleiermacher her liegt das theologische Interesse im wissenschaftlichen Umgang mit »Kenntnissen« weder in einer spezifischen theologischen Methode neben Methoden des Kenntnisgewinns anderer Realwissenschaften, noch im separat gedachten Inhalt »Religion«. Vielmehr sollte ihr spezifischer Erfahrungsbezug über einen entwickelten Begriff von Praxis geschehen, weil in ihm die Momente von Wahrnehmung, Verstehen und Handeln zusammengedacht werden, und zwar – mit Schleiermacher – als subjektorientierte Praxis: »Die evangelische Kirche ist eine Gemeinschaft des christlichen Lebens zur selbständigen Ausübung des Christentums«.[41]

H. Schröer hat bereits in den 70er Jahren des letzten Jahrhunderts den von J. Habermas für die allgemeine Wissenschaftstheorie entwickelten ideologiekritischen Begriff des »erkenntnisleitenden Interesses« von wissenschaftlichen Disziplinen aufgenommen und vorgeschlagen, den Glauben als das erkenntnislei-

---

40 H. Peukert, dem eine gründliche theologische Reflexion sozialwissenschaftlicher Theoriemodelle seiner Zeit zu verdanken ist, hat in theologischer Fortführung die erkenntniskritische Linie von Habermas auf konkrete Methoden empirischer Forschung bezogen, indem er fragte, welcher Erkenntnislogik die dabei verwendeten Zugriffe auf Wirklichkeit folgen; vgl. *H. Peukert*, Wissenschaftstheorie, Handlungstheorie, fundamentale Theologie, Frankfurt a. M. 1988; *ders.*, Was ist eine praktische Wissenschaft? Handlungstheorie als Basistheorie der Humanwissenschaften: Anfragen an die Praktische Theologie, in: *O. Fuchs (Hg.)*, Theologie und Handeln, Düsseldorf 1984, 64–79.

41 *F. D. E. Schleiermacher*, Die praktische Theologie nach den Grundsätzen der evangelischen Kirche im Zusammenhange dargestellt. Aus Schleiermachers handschriftlichem Nachlasse und nachgeschriebenen Vorlesungen hg. von Jacob Frerichs (Sämmtliche Werke, Abt. 1, Bd. 13, Bd. 8), Berlin 1850, photomechan. Nachdruck Berlin u. a. 1983, 62.

tende Interesse von Theologie stark zu machen.[42] Dabei ist, wie Pannenberg zu Recht kritisiert hat, der Begriff »Erkenntnisinteresse« metaphorisch überdehnt. Ich plädiere gleichwohl dafür, die Methodologie-Debatte der Empirischen Theologie auch 40 Jahre später ausdrücklich unter *theologischem* Interesse anzugehen. Damit ist keineswegs einer Immunisierungsstrategie gegenüber Sozial- oder Kulturwissenschaften das Wort geredet, im Gegenteil. Aber die Praktische Theologie sollte das Projekt Empirischer Theologie selbstbewusst so anlegen, dass auch der Grundlagenbeitrag der Theologie im interdisziplinären Diskurs der Wissenschaften über Grundbegriffe wie Wirklichkeit, Realität, Erfahrung, Handeln u. a. ersichtlich wird. Denn gerade das kann nur sie kompetent ins interdisziplinäre Gespräch einbringen.

Theologie bringt mit dem Gegenstand »Gelebte Religion« und seinem begrifflich-methodischen Fundament »Gelebte Erfahrung« gewiss keine separate Methode einer »religiösen« Erfahrungswissenschaft ein, sondern sie plädiert als hermeneutischer Partner im interdisziplinären Diskurs von wissenschaftlichen Zugängen zur Erfahrung dafür, den Zusammenhang von Wissenschaft und vorwissenschaftlicher, lebensweltbezogener Erfahrung mit in den Ansatz einer theologischen Erschließung von Praxis aufzunehmen. Theologie muss und kann weder andere Erfahrungswissenschaften überbieten, noch darf sie sich von Erfahrungen abkoppeln. Im Sinne eines starken Begriffs von Praxis wird sie aber zugleich den Rückgang auf die lebensweltliche Basis theologischer Erkenntnis als Erneuerungsversuch einer wirklichkeitssensiblen Theologie reklamieren. In dieser Wendung des »emanzipatorischen Erkenntnisinteresses« (Habermas) kann sie nämlich eine theologisch unverzichtbare Subjektorientierung zur Geltung bringen.

Der Urimpuls Empirischer Theologie kommt aus dem theologie-kritischen Impuls der Überwindung von Lebensferne weltabgehobener Dogmatik, positiv gesprochen aus dem Motiv der »Lebensnähe« von Theologie. Gegen Wirklichkeitsverlust und Lebensferne hilft heute sicher keine naiv-enthusiastische Empirie, sondern nur diejenige theologische Forschung, die durch Empirie-Modelle der Sozialwissenschaften hindurchgegangen ist.

Theologie kann – bei allem Lernbedarf hinsichtlich empirischer Forschungsstrategien bei Sozialwissenschaften – dabei auch einen Überschuss geltend machen. Dieser Überschuss verweist auf das generelle theoretische Interesse der Theologie an Relationalität. Diese richtet sich nicht auf eine transzendente göttliche Realität, nicht auf die Sicht mental isolierter Maschinen ohne Subjektivität, sondern auf inter-aktive Subjekte, die an lebendigen Verbindungen teilhaben.

Auf dieser Linie kann Theologie von der Strategie und Methodologie empirischer Forschung lernen und zugleich einen Beitrag zu ihr leisten. Sie be-

---

42 *H. Schröer*, a. a. O. (Anm. 1), 213.

schreibt den ›subjektiven Faktor‹ als derart bedeutungsvoll, dass er nicht zur Disposition gestellt werden darf, um pragmatische Zwecke (wie etwa Standardisierbarkeit) einfacher erfüllen zu können. Es gehört also zur inneren Verfassung der Theologie, dass sie den Spezifika sozialer Situationen als sozialen Situationen besondere Beachtung schenkt.

Die Teilhabe am Wettbewerb verschiedener Perspektiven um die angemessene Wahrnehmung solcher Situationen, die das empirische Interesse prinzipiell teilen, ist der Theologie folglich absolut nicht fremd.[43]

---

[43] Dies ist weiter ausgeführt in: *H.-G. Heimbrock/T. Wyller (Hg.)*, a. a. O. (Anm. 35), 235ff.

II Systematische Perspektiven

Leben

Praktische Theologie als Theorie »Gelebter Religion« und der Begriff der Erfahrung

Hans-Günter Heimbrock

1 Lebenspraxis, Religionswandel und Praktische Theologie

Religion ist ein Phänomen der Differenz und zugleich des Ganzen. In ihr geht es um das ganze Leben. Dass eine darauf bezogene Praktische Theologie sich nicht allein auf tradierte kirchliche Religion und ihre Applikation in der pastoralen Praxis beschränken darf, sondern sich zugleich mit offenem Blick um gewandelte Religion in gewandelter Lebenspraxis der Spätmoderne beziehen soll, ist seit geraumer Zeit weitgehend *common sense* im Fach.

Erheblich sind in spätmodernen Kulturen veränderte Lebensformen, neue Arten der Generierung von Weltbildern und Lebensdeutungen, veränderte Qualitäten der Lebensgefühle. Erheblich sind also nicht nur Phänomene und Formen tradierter Religion, sondern auch Phänomene der Lebenspraxis, die auf der angestammten Landkarte der Religion noch nicht recht verortet sind: ein durch Ritualisierungen und Festkulturen strukturiertes urbanes Alltagserleben, suchtartige Lektüreerfahrungen von Harry-Potter-Gemeinden und epidemische Versenkungen in literarische Phantasy-Welten, die Faszination von Menschen durch bestimmte Klangwelten gerade inmitten säkularisierter Milieus, die Suche nach intensiviertem Körpererleben bis hin zu Heilserlebnissen in Fitnessstudios und auf Bergwanderungen, genauso aber katastrophische Kollektiverfahrungen wie der 11. September und das Blutbad in Norwegen 2011 samt der öffentlichen Inanspruchnahme religiöser Symbolhandlungen zu deren Bewältigung, das ›Flow-Erleben‹ beim Stadtmarathon, Träume, Wahnvorstellungen und Eingebungen, die Versunkenheit Jugendlicher in LAN-Partys und Computernächten, die spezielle Art, in der Menschen an materialen Objekten des alltäglichen Lebens hängen, die Verstrickung in virtuelle Welten beim Gebrauch des Computers und der computergesteuerten Spielzeugtechnik u. a. Alle diese und weitere alltagsgebundene Phänomene gehören zur gegenwärtigen Lebenspraxis von Menschen, in all ihrer schillernden und chaotischen Vielschichtigkeit und Undurchsichtigkeit.

In der neueren soziologischen und sozialphilosophischen Debatte wird intensiv um die Einordnung solcher Phänomene in einen adäquaten gesellschaftstheoretischen Bezugsrahmen debattiert. Wie der gesellschaftliche Wandel angemessen zu begreifen sei und welcher Art religiöse Äußerungen in der gegenwärtigen säkularen Zivilgesellschaft eigentlich sind, ist Gegenstand der religionssoziologischen, der sozialphilosophischen und politiktheoretischen Debatten. P. Berger hatte schon in den 70er Jahren von »Spuren der Transzendenz« innerhalb säkularer Gesellschaften gesprochen[1] und angesichts eines »Wiedererwachens« von Religion in kräftigen Plädoyers die Säkularisierung sowie vor allem die Säkularisierungsthese auf ein innereuropäisches Übergangsphänomen reduziert.[2] Die Verabschiedung der Säkularisierungsthese scheint heute klar. Die Paulskirchen-Rede »Glauben und Wissen«[3] vom 14. Oktober 2001 mit ihrer paradox klingenden Formel des Ineinanders von »nachchristlich« und »postsäkular« hat große Wirkkraft entfaltet. Ch. Taylor hat auf kommunitaristischer Basis dezente Modifikationen formuliert, die Grundthese aber bestätigt.[4]

Bemerkenswert in unserem Zusammenhang ist der Umstand, dass in der Sozialphilosophie mit der Bemühung darum, gewandelte religiöse Phänomene zu begreifen, auch eine neue Einordnung der Erfahrungsqualität von Religion generell eingesetzt hat. Habermas spricht mit dem Vorbehalt des Agnostikers so von der philosophischen Unzugänglichkeit des substanziellen Erfahrungsmoments in der Religion, dass es auf den ersten Blick wie eine Rehabilitierung von theologischen Positionen wirkt. »Bestenfalls umkreist sie [die Philosophie, HGH] den opaken Kern der religiösen Erfahrung, wenn sie auf die Eigenart der religiösen Rede und den Eigensinn des Glaubens reflektiert. Dieser Kern bleibt dem diskursiven Denken so abgründig fremd wie der von der philosophischen Reflexion auch nur eingekreiste, aber undurchdringliche Kern der ästhetischen Anschauung.«[5] Der Soziologe H. Joas hat, in der Thematisierung moralischer Gefühle, sachlich Widerspruch angemeldet und auf das komplexe Ineinander von Gefühl, individueller und gesellschaftlich präfigurierter Deutungsrahmen aufmerksam gemacht. »Deshalb sollten wir […] von einem Wechselspiel zwischen erlebter Situation, präreflexiver Erfahrung, individueller Artikulation und kulturellem Vorrat an Deutungsmustern«[6] ausgehen.

---

1 *P. Berger*, Auf den Spuren der Engel. Die moderne Gesellschaft und die Wiederentdeckung der Transzendenz, Frankfurt a. M. 1970.

2 Vgl. *Ders.*, The Desecularisation of the World, in: *Ders. (Hg.)*, The Desecularisation of the World: Resurgent Religion and World Politics, Washington 1999, 1–18.

3 *J. Habermas*, Glauben und Wissen, Frankfurt a. M. 2001.

4 Vgl. *C. Taylor*, Ein säkulares Zeitalter, Frankfurt a. M. 2009.

5 *J. Habermas*, Religion in der Öffentlichkeit. Kognitive Voraussetzungen für den ›öffentlichen Vernunftgebrauch‹ religiöser und säkularer Bürger, in: *Ders.*, Zwischen Naturalismus und Religion. Philosophische Aufsätze, Frankfurt a. M. 2005, 119–154: 150.

Wie immer diese Bemühungen der Soziologie weiterentwickelt werden – gibt es eine Theologie, die solche Phänomene, solches Verhalten und die damit verbundenen Erfahrungen von Menschen aufnehmen kann? Und welche Art der theoretisch-theologischen Annäherung an Erfahrung verhilft dazu, die bei menschlichen Erfahrungen beteiligten lebensweltlichen Prozesse in den Blick zu bekommen?

Eine empirisch offene Betrachtung religiöser Praxis, die den genannten Phänomenen gerecht werden will, darf Religion weder nur mit kognitiven oder rituell-praktischen Beständen tradierter offizieller Religion noch allein als Akte der Selbstvergewisserung, der Sinnsuche und anderen symbolischen Artikulationen von Lebens*sinn* identifizieren, sondern sie muss sich auf das Ganze der Lebenspraxis richten. Denn das Leben, auf das sich Religion bezieht, besteht nicht nur aus seinen mehr oder weniger elaborierten Sinn-Deutungen, und schon gar nicht nur aus verbal-kommunikativen Akten. Menschen verleihen dem Lebensgefühl von Beheimatung oder von Entfremdung Ausdruck auch auf andere Weise, durch leiblich-körperliche Gesten, durch spezifische Gestaltung ihrer persönlichen Wohnumgebung, im schweigenden Staunen oder in der Faszination vor Naturphänomenen.

Eine dem entsprechende theoretische Erschließung muss deshalb auch die sie fundierenden Erlebnisse und vorsprachlichen Artikulationsweisen mit aufzuspüren versuchen. Praxis von Religion als Lebenspraxis gilt ja nicht allein als Vollzug der Glaubensentscheidung, nicht im Sinne der Aneignung von theologischem Fachwissen oder von kirchlichen Traditionsbeständen, auch nicht im Sinne fertiger Produkte, die in pastoralen Strategien von Amtsträgern an den Mann und an die Frau zu bringen wären.

Praxis von Religion als Lebenspraxis wird hier auch nicht im materialen Sinne als religiöse Sonderwelt im Rahmen des Lebens insgesamt benutzt. Eine materiale Definition von Religion identifiziert Religion durch die Bestimmung von Gegenständen in der Wirklichkeit, die als religiös eingeordnet werden, sei es eine Erzähltradition aus der Bibel, ein Sakralraum oder ein Gegenstand, der in kirchlicher Religionspraxis verwendet wird. Dabei kommt aber das Moment von Lebenspraxis im Sinne der vorgängigen und vorvertrauten lebensweltlichen Erfahrung zu kurz. Um diese Qualität der Lebenspraxis, in die jeweils alle Glaubenspraxis immer schon eingebettet ist, angemessen zu benennen, nehme ich den Begriff der *»Gelebten Religion«* in Anspruch.[7] Praktische Theologie wird damit »Theorie Gelebter Religion« in einem ganz bestimmten Sinne. In ihr spielt

---

[6] *H. Joas*, Über die Artikulation von Erfahrungen, in: *Ders.*, Braucht der Mensch Religion? Über Erfahrungen der Selbsttranszendenz, Freiburg i. Br. 2004, 62.

[7] Dieser Ansatz wurde zuerst entfaltet in: *E. Failing/H.-G. Heimbrock*, Gelebte Religion wahrnehmen. Lebenswelt – Alltagskultur – Religionspraxis, Stuttgart 1998.

ein spezieller Begriff der Erfahrung eine fundierende Rolle. Im Folgenden soll dieser Erfahrungsbegriff näher erläutert werden. Dazu ist zunächst eine forschungsgeschichtliche Kontextualisierung nötig, in der die neuere praktisch-theologische Bezugnahme auf Erfahrung in Erinnerung gebracht wird.

2 Praktische Theologie als Erfahrungswissenschaft?

Alle Evangelische Theologie hat es um ihres Lebens- und Praxisbezugs willen mit Erfahrung als einer ihrer Erkenntnisquellen zu tun. Das gilt über die Disziplingrenzen hinaus und ist bekanntlich in höchst unterschiedlichen Varianten und theologischen Ansätzen in programmatischen Formeln immer wieder betont worden, von M. Luthers berühmtem Dictum »facit experientia theologum«[8] bis zu G. Ebelings und E. Jüngels Kurzformel des Glaubens als »Erfahrung mit der Erfahrung«[9]. Solche Formeln bleiben jedoch in der scheinbaren Klarheit ihrer permanenten Wiederholung präzisierungsbedürftig hinsichtlich des jeweils leitenden Begriffs von Erfahrung. Weder wird man Luther im historischen Kurzschluss für einen Erfahrungstheologen im gegenwärtigen Sinne des Begriffs »Erfahrungswissenschaft« halten dürfen,[10] noch wird man die theologisch berechtigte Kritik an einer sich faktisch von aller menschlichen Erfahrung separierenden Erfahrung der Heilsgewissheit in der Erlanger Erfahrungstheologie des 19. Jahrhunderts (Hofmanns, Ihmels u. a.) außer Acht lassen können.

2.1 Im Aufnehmen empirischer Problemlagen beruflicher Praxis in der Kirche hat E. Herms 1978 einen programmatisch angelegten Essay »Theologie – eine Erfahrungswissenschaft«[11] vorgelegt, in dem von theologischer Seite einige en-

---

[8] *M. Luther,* WA TR 1, 16,13; vgl. zum theologischen Ansatz und zum geistesgeschichtlichen Konzept Luthers die Analyse von *H. A. Obermann,* Contra vanam curiositatem. Ein Kapitel der Theologie zwischen Seelenwinkel und Weltall, Zürich 1974.

[9] *E. Jüngel,* Das Dilemma der natürlichen Theologie und die Wahrheit ihres Problems (1975), in: *Ders.,* Entsprechungen: Gott – Wahrheit – Mensch, München 1980, 158–177; *G. Ebeling,* Wort und Glaube, Bd. 3, Tübingen 1975, 22. Vgl. zur Formel insgesamt: *B. Schroeder,* Erfahrung mit der Erfahrung – Schlüsselbegriff erfahrungsbezogener Religionspädagogik, in: Zeitschrift für Theologie und Kirche 95 (1998), 277–294.

[10] Im Blick auf Luthers Theologie wird man nicht bruchlos von Erfahrungstheologie im Sinne gegenwärtiger Begriffsbildung sprechen: vgl. Luthers Auseinandersetzung mit Erasmus: »Der heilige Geist ist kein Skeptiker, er hat nichts Zweifelhaftes oder unsichere Meinungen in unsere Herzen geschrieben, sondern feste Gewissheiten, die gewisser und fester sind als das Leben selbst und alle Erfahrung.« (*M. Luther,* De servo arbitrio, WA 18, 605, 32.)

[11] *E. Herms,* Theologie – eine Erfahrungswissenschaft, München 1978.

zyklopädische und wissenschaftstheoretische Fragen gründlich angegangen wurden. In extensiver Bezugnahme auf die praktisch-theologische Debatte der Zeit forderte Herms bereits früh eine »empirische theologische Theorie« als empirisch-funktionale Handlungstheorie für kirchliche Profis, die als eine »selbst theologisch qualifizierte Theorie«[12] zu entfalten sei. Ausgangs- und Angelpunkt der Überlegungen von Herms war die These: »Theologie konstituiert sich im Ganzen als eine Erfahrungswissenschaft; was bedeutet, dass jeder ihrer Erkenntnisgänge sich im Zusammenwirken eines praktisch-experimentellen und eines systematisch-konzeptuellen Erkenntnisaktes vollzieht.«[13]

Wie sich Theologie im interdisziplinären Diskurs prinzipiell zu anderen Erfahrungswissenschaften verhält, das wollte Herms im genannten Versuch näher bestimmen:

> »Es geht in der wissenschaftstheoretischen Grundlagenforschung weder darum, die Theologie für sich als Metatheorie der übrigen Erfahrungswissenschaften zu behaupten, noch darum, die theologische Einzelforschung den Grundbegriffen anderer Erfahrungswissenschaften zu unterstellen. Vielmehr darum geht es: in dem metatheoretisch zu begreifenden und festzustellenden ontologischen Zusammenhänge der Leitbegrifflichkeit aller empirischen Sciences gleichursprünglich mit allen anderen wissenschaftskonstitutiven Strukturmomenten des erfahrbar Seienden als solchen auch die spezifisch theo-logischen Implikationen seiner Verfassung aufzuweisen.«[14]

Ich schließe mich ausdrücklich der Behauptung an, dass dieser Diskurs von der Theologie auf der Basis eines allgemeinen Erfahrungsbegriffes geführt werden muss, wiewohl aber kritisch, das heißt unter Einbezug des Eigenbeitrags christlicher Theologie. Die Reklamation eines schlechthin eigenständigen Gegenstands von Erfahrung im Jenseits von Erfahrungswissenschaften führt m. E. in wissenschaftstheoretische Isolation und ist theologisch weder notwendig noch sinnvoll. Unterhalb dessen muss man gleichwohl heute mit Herms hinter Herms' Ansatz empirisch-funktionaler Erfahrungswissenschaft zurückfragen nach Strukturmomenten eines generellen Erfahrungsbegriffs.

2.2 Es lohnt an dieser Stelle, zumindest einen kurzen Seitenblick auf diejenigen Tendenzen der jüngeren praktisch-theologischen Debatte in den USA zu werfen, in denen ebenfalls theologisches Interesse an Erfahrung formuliert wurde. Etwa gleichzeitig mit der soeben skizzierten handlungstheoretischen Kurve in Deutschland griff bei einigen an theoretisch-theologischer Refle-

---

12 A. a. O., 65.
13 A. a. O., 25.
14 A. a. O., 81.

xion interessierten amerikanischen Kollegen wie D. Tracy und Don Browning eine im Ganzen eher hermeneutisch bestimmte Neubestimmung des Faches Platz.

Die im Kontext des liberalen Protestantismus allgemein vollzogene hermeneutische Wendung wurde dabei im auch in Deutschland gängigen Modell »Tradition – Situation« auf die Intention der Praxiserschließung Praktischer Theologie ausgeweitet. Die Aufgaben des »Verstehens« und des »Interpretierens« werden, so Tracy, in einem korrelativen Zirkel wahrgenommen, in dem sich der Theologe zwischen dem Text der Schrift und der allgemeinen menschlichen Erfahrung hin und her bewegt.[15] Dabei differenzierte bereits Tracy den Erfahrungsbegriff in individuelle (»personal«) und kollektive (»corporal«) Erfahrung. In seinem Entwurf einer fundamentalen Praktischen Theologie von 1991 ging Don Browning[16] in der Bestimmung dessen, was man allgemeine menschliche Erfahrung nennen kann, zwei Schritte weiter. Einerseits schlug er eine weitere Differenzierung des Erfahrungsbegriffs in drei Unterkategorien vor: »(1) interpretations of the practices, inner motivations, and socio-cultural history of individual agents; (2) interpretations of relevant institutional patterns and practices; and (3) interpretations of the cultural and religious symbols that give meaning to individual and institutional action«[17]. Andererseits plädierte er im Rückgriff auf pragmatistische Epistemologie im Erbe von W. James dafür, ein rein texthermeneutisch bzw. linguistisch bestimmtes Konzept theologischer Wirklichkeitsanalyse zugunsten eines offeneren Erfahrungsbegriffs auszuweiten. Ohne am Schriftbezug aller theologischen Erschließung von gegenwärtiger Kultur etwas abmarkten zu wollen, notierte er gegen verengte Ansätze im Gefolge von Lindbeks einflussreichem Theologieprogramm: »Experience does things that break through the edges of our linguistic structures.«[18] Auch dieser Strang der Fachdebatte verweist auf die grundlegende Bedeutung des Erfahrungsbegriffes für die Praktische Theologie, insbesondere auf Klärungsbedarf im Blick auf das Verhältnis von Sprache und Erfahrung.

---

15 Vgl. *D. Tracy*, Blessed Rage for Order. The new Pluralism in Theology, Minneapolis 1975, 43.

16 Vgl. *D. Browning*, A Fundamental Practical Theology. Descriptive and Strategic Proposals, Minneapolis 1991.

17 A. a. O., 61.

18 Ebd. Den dabei von Don Browning eher avisierten Erfahrungsbegriff hatte der Chicagoer Systematische Theologe B. Meland im Kontext systematischer und religionsphilosophischer Überlegungen bereits in den 50er und 60er Jahren breit ausgearbeitet, vgl. dazu meinen Beitrag in diesem Band.

2.3 Es mag angesichts der seit den 70er Jahren des letzten Jahrhunderts historisch breit belegbaren Kette von Erfahrungsbezügen verwundern, wenn David Plüss in seiner Baseler Antrittsvorlesung dem Protestantismus ein gespaltenes Verhältnis zur Erfahrung vorgeworfen hat. Das ist jedoch plausibel, insofern bei ihm der theologisch vielerorts zurückhaltende Umgang mit Phänomenen gelebter Religion gemeint ist und er in Folge von religiöser Erfahrung handelt. Wohl räumt Plüss ein:

> »Nun ist es zwar nicht so, dass Gefühl und Erfahrung als solche im modernen Protestantismus fehlten, aber sie werden in theologischen Selbstreflexionen und kirchlichen Verlautbarungen allzu oft als theologisch wie politisch unkorrekte Phänomenbestände behandelt, die, [...] entweder einer vulgär-oberflächlichen Erlebnisreligiosität oder einem irrationalen Religionsfanatismus bzw. einem gewaltförmigen Nationalismus zugeordnet werden.«[19]

Plüss versucht dagegen, in analytischer Weise die »Erlebnisförmigkeit« gelebter Religion aufzuweisen. Das geschieht dadurch, dass neben den kognitiven Gehalten von Religion ihre performativen Aspekte deutlicher beleuchtet werden sollen. Denn, so der sicherlich zutreffende Verweis von Plüss: »Erfahrungsreligion hat darüber hinaus aber auch eine *performative Gestalt*.« So kommt Plüss insgesamt zur These: »Religiöse Erfahrung bildet das implizite oder explizite Thema der Praktischen Theologie schlechthin, und zwar in der Spannung von Gestaltwerdung und Reflexion.«[20]

Daraus folgert er eine strukturelle Bestimmung des Theorietyps Praktischer Theologie. Um der Komplexität und Eigenart von religiöser Erfahrung gerecht zu werden, sei Praktische Theologie in formaler Hinsicht als dreifacher Theorietyp zu entwerfen, sie sei deshalb als Phänomenologie, als Hermeneutik und als Handlungstheorie zu konzipieren, um so den gleichursprünglichen Elementen religiöser Praxis, Erlebnis, Darstellung und Deutung, die angemessene Aufmerksamkeit schenken zu können.

Der Lösungsansatz von Plüss scheint mir nicht nur im Blick auf das Ernstnehmen der Phänomene gelebter Religion sinnvoll, sondern darüber hinaus auch theoretisch, insofern sein Vorschlag auf einen Strukturbegriff von Praktischer Theologie zielt. In Frage bleibt aber, ob seine Trias nicht zu additiv gedacht ist und sachlich doch dem bekannten Dreischritt von Wahrnehmen, Urteilen und Handeln entspricht, welcher m. E. in der Rekonstruktion des Erfahrungsbegriffs nicht weit genug geht und man die inneren Verschränkungen von Perzep-

---

19 *D. Plüss*, Religiöse Erfahrung zwischen Genesis und Performanz. Praktisch-theologische Erkundungsgänge, in: Zeitschrift für Theologie und Kirche 105 (2008), S. 242–257.

20 A. a. O., 248.

tion, Interpretation und Gestaltung nicht mehr aus dem so betonten Erfahrungsbegriff ableiten kann. Im Folgenden möchte ich deshalb versuchen, einen tragfähigen Ansatz Praktischer Theologie von einem gegenüber Plüss breiteren, zugleich aber spezifizierten Erfahrungsbegriff her zu entwickeln.[21]

3 Gelebte Erfahrung als Grundkategorie einer Theorie gelebter Religion

Der Aufgabe der theoretischen Erschließung des Vollzugs von Erfahrung wende ich mich im nächsten Schritt zu. Insgesamt geht es mir dabei um eine Strukturbeschreibung von Erfahrung als Basis empirisch-theologischer Forschung, nicht primär um materiale inhaltliche Analysen, wenn auch gelten muss, dass die formale Beschreibung von Erfahrung (und religiöser Erfahrung) entscheidende Elemente der Phänomene auf kategorialem Wege nicht ausblenden darf.[22]

In der modernen empirischen Religionspsychologie galt seit H. Sundéns Arbeiten die theoretische Erschließung religiöser Erfahrung vermittels der Attributionstheorie geraume Zeit über als ein plausibles Erklärungsmodell.[23] Dabei ging man davon aus, dass Wahrnehmungen und Erlebnisse nicht in sich religiöse Qualität tragen, sondern erst durch die Aktivierung eines kollektiven religiösen Referenzrahmens, mit dem Perzepte gedeutet werden, im Subjekt verständlich sind. Zweifellos kann man mit Hilfe dieses Modells empirische Zusammenhänge zwischen bestimmten isolierbaren und objektivierbaren Phänomenen und religiösen Deutungsmustern rekonstruierend beschreiben. Ob aber etwa die bereits von W. James beschriebenen Phänomene der Mannigfaltigkeit religiöser Erfahrung allesamt oder auch nur in der Mehrzahl im Lebensprozess der Individuen tatsächlich auf diesem recht künstlich anmutenden Wege verständlich gemacht werden können, ist mit Gründen bezweifelt worden. Die weitere Debatte hat ergeben, dass ein derart mechanisch-simples und kognitionslastiges Modell weder

---

21 Dieser Beitrag steht deshalb in sachlicher Korrespondenz zum Beitrag »Von der ›Lebensnähe‹ zur Lebenswelt. Forschungsgeschichtliche Durchblicke zur ›Empirischen Theologie‹« in diesem Band.

22 Diese Überlegungen habe ich nicht nur in unserer Praktisch-Theologischen Projektgruppe vorgetragen, sondern parallel dazu auch in der Systematisch-Theologischen Projektgruppe. Vgl. dazu meinen Beitrag: *H.-G. Heimbrock*, Rekonstruktion gelebter Erfahrung als Aufgabe Empirischer Theologie, in: *M. Petzold/E. Gräb-Schmidt*, Theologie im Gespräch mit empirisch arbeitenden Wissenschaften, Leipzig 2012, 118–143.

23 Vgl. exemplarisch: *O. Wickström*, Attribution, Roles and Religion. A Theoretical Analysis of Sundén's Role Theory of Religion and the Attributional Approach to Religious Experience, in: Journal of the Scientific Study of Religion 26 (1987), 390–400; vgl. ferner *W. Proudfoot*, Religious Experience, Berkeley 1985.

erfahrungstheoretisch noch religionstheoretisch befriedigende Erklärungen vorhält.[24] Denn Erfahrung wird dabei in zwei unabhängig voneinander gedachte Schritte zerlegt: den der sinnlichen Wahrnehmung von Welt einerseits und den der davon unabhängig aktivierten kognitiven Operationen andererseits.

Gehaltvoller scheint mir demgegenüber die theoretische Bemühung, einen Erfahrungsbegriff zu rekonstruieren, der nicht vorschnell den Standards naturwissenschaftlicher Erfahrungswissenschaft folgt, sondern der nach den Spezifika menschlicher, sinnbezogener Erfahrungsprozesse fragt. Hier sind inzwischen in der zeitgenössischen kontinentalen, hermeneutisch orientierten Religionsphilosophie bemerkenswerte Beiträge vorgelegt worden. Einen profilierten Vorschlag zur begrifflichen Klärung der Struktur menschlicher Erfahrung hat im Rückgriff auf lebensphilosophische und pragmatistische Traditionen M. Jung vorgelegt.[25] Ich werde wichtige Elemente seiner Konzeption umreißen, sie dann aus phänomenologischer Perspektive weiterzuführen versuchen. Mir scheinen zumindest einige Argumentationslinien dieses primär an geltungstheoretischer Debatte von Erfahrungsbegriffen orientierten Konzeptes auch zur Klärung eines empirisch-theologisch brauchbaren Erfahrungsbegriffs erhellend. Und selbst die Schwachstellen und Einseitigkeiten dieses Ansatzes indizieren in hilfreicher Weise Probleme in Richtung auf ein lebensweltliches Erfahrungsverständnis. Die Leistungen dieses Konzeptes liegen darin, dass zum einen genauer auf die spezifischen Qualität menschlicher Erfahrung zurückgefragt wird, zum anderen die Qualifizierung des Religiösen in einer gehaltvolleren und theologisch anschlussfähigen Art und Weise vorgenommen werden kann.

Mit diesen Ansätzen ist davon auszugehen, den Startpunkt für die Klärung des alltagstauglichen Erfahrungsbegriffs nicht in einem bereichs- oder inhaltsspezifisch gedachten Wirklichkeitssegment religiöser Erfahrung zu suchen, sondern nach der Eigenart von Erfahrung generell zurückzufragen. Mit der lebensphilosophischen Rekonstruktion von Erfahrung bei Dilthey und James lassen sich dann nämlich religiös geprägte Wirklichkeitszugänge als »exemplarische Fälle dieses lebensweltlichen Typ von Erfahrung« aufzeigen.[26] Das Spezifikum religiöser Erfahrung bestimmt sich aus der lebensphilosophischen Perspektive – und in sachlicher Nähe zu Schleiermacher – zunächst nicht durch einen als Traditionsbestand abgrenzbaren materialen Korpus von religiösen Objektivationen, sondern dadurch, dass Menschen in bestimmten Erfahrungen der Bezug auf das Ganze der Wirklichkeit aufscheint. Dass dieser Religionsbegriff dann auch theologisch im Blick auf wesentliche Momente dogmatischer Lehrbildung re-

---

[24] Auch D. Plüss meldet entsprechende Kritik an.

[25] Vgl. *M. Jung*, Erfahrung und Religion. Grundzüge einer hermeneutisch-pragmatistischen Religionsphilosophie, Freiburg 1999.

[26] A. a. O., 262.

konstruiert werden kann, dass also ein doppelter Religionsbegriff notwendig ist, möchte ich zustimmend vermerken.

Einige Bemerkungen zur Genealogie dieses Erfahrungsbegriffes: Dilthey hat mit seiner klassisch gewordenen Unterscheidung diesen Typ von Erfahrung näher präzisiert. »Als Gegenstand der Geisteswissenschaften entsteht diese durch Einnahme der hermeneutischen Binnenperspektive, sofern nämlich menschliche Zustände erlebt werden, sofern sie in Lebensäußerungen zum Ausdruck gelangen und sofern diese Ausdrücke verstanden werden.«[27] Während naturwissenschaftliche Objektivität von der Dritten-Person-Perspektive lebt, ist es in Geisteswissenschaften nicht möglich, eine von der Relation zur Lebendigkeit abstrahierte Position einzunehmen. Theoretische Grundlage dabei ist ein kategorial ausgearbeiteter Begriff von Leben. »Der Inbegriff dessen, was uns im Erleben und Verstehen aufgeht, ist das *Leben* als ein das menschliche Geschlecht umfassender Zusammenhang.«[28]

Es ist dabei übrigens nicht nur begriffsgeschichtlich interessant, dass neben der Verwendung bei E. Troeltsch[29] in dieser lebensphilosophischen Tradition zum ersten Mal der Begriff »gelebte Erfahrung« auftaucht, nämlich in der englischen Übersetzung von Diltheys deutschem Begriff des Erlebnis, in Sonderheit dort, wo er auf die Eigenart und Struktur humanen Erlebens von Wirklichkeit insgesamt rekurriert. Dilthey setzte dem Empirizismus seiner Zeit einen im Lebensbezug gedachten Erfahrungsbegriff entgegen und vertrat in seinem hermeneutischen Spätwerk die These, dass ästhetisch-poetische Kreativität als Grundform solcher auf das Leben als Ganzem bezogenen Erfahrung anzusehen ist, weil dichterische Einbildungskraft als Modellfall der Hervorbringung von subjektiv verbindlicher Bedeutsamkeit gelten muss. Das relevante Zitat lautet in der englischen Übersetzung: »A lived experience does not confront me as something perceived or represented; it is not given to me, but the reality of lived experience is there-for-me because I have a reflexive awareness of it, because I possess it immediately as belonging to me in some sense. Only in thought does it become objective.«[30]

Dieses Zitat belegt im Übrigen hinreichend, dass Diltheys Rekonstruktion des Erlebnisses keineswegs ins verlorene Paradies naiver Unmittelbarkeit zurückverweist. Eine detaillierte Rekonstruktion seiner hermeneutischen Theorie

---

[27] W. Dilthey, Der Aufbau der geschichtlichen Welt in den Geisteswissenschaften, Gesammelte Schriften, Bd. VII, 8. unveränd. Aufl., Göttingen 1992, 86.

[28] A. a. O., 131.

[29] *E. Troeltsch*, Die Selbständigkeit der Religion, in: Zeitschrift für Theologie und Kirche 5 (1895), 361-436.

[30] *W. Dilthey*, Fragments for a Poetics (1907–1908), in: *R. A. Makkreel/F. Rodi (Hg.)*, Dilthey. Selected Works V: Poetry and Experience, 223-231: 223.

kann und soll hier nicht erfolgen. Ohne dass man die Tendenz zum Erlebnisfundamentalismus zumindest des jungen Dilthey teilen muss, kann man aber daran mit Jung einige auch für die Debatte verschiedener empirischer Orientierungen wesentliche Einsichten gewinnen, die ich jetzt thesenartig komprimiert zusammenfasse.

a) Erfahrung als spezifisch personale Erfahrung ist nur unter Berücksichtigung eines menschlichen Erfahrungssubjekts, d. h. unter angemessener theoretischer Repräsentation der Perspektive der Ersten Person beschreibbar. Man kann deshalb auch religiöse Gehalte von Erfahrung weder isoliert gedachten vorreflexiven Erlebnissen zuschreiben, noch durch naturwissenschaftlich reduktionistische Erklärungen fassen (z. B. neuro-physiologische), weil das deskriptiv nicht mehr angemessen wäre. Denn eine angemessene Erklärung muss die Bedeutung mit aufnehmen, die das bestimmte Erlebnis für sein Subjekt als Bedeutsamkeit hat. Dabei darf nicht außer Acht gelassen werden, »dass das erklärungsbedürftige Phänomen durch seine sinndeutende Artikulation überhaupt erst hervorgebracht wird«[31].

b) Weder gibt es uninterpretierte »religiöse Daten«, noch ist die Trennung »Binnenperspektive vs. äußerliche Erklärung« vollständig.[32] »Solche Korrelationen beziehen [...] keine Relate aufeinander, die auch unabhängig von ihrem Bezogensein verstanden werden könnten, sie markieren Phasen eines zirkulären hermeneutischen Prozesses. Die Rede von religiöser Erfahrung ist also dadurch legitimiert, dass zwischen subjektivem Erleben und religiösen Deutungstraditionen *interne* Beziehungen bestehen. Erfahrungen können nicht in Primärerleben und sekundäre Interpretationen zerlegt werden, weil die Interpretation – die Artikulation mit Hilfe kulturell verfügbarer Symbole – allererst die Bestimmung des erlebten Gehalts möglich macht.«[33] Dies ist im Gegensatz zu der die Debatte um religiöse Erfahrung vielerorts bestimmenden theoretischen Konzeption des Religionspsychologen W. Proudfoot[34] festzuhalten.

c) Inneres Erleben kann aber in der wissenschaftlichen Rekonstruktion nicht naiv-introspektiv in seiner Unmittelbarkeit eingeholt werden, sondern muss in hermeneutischer Rekonstruktion lebensweltlicher Phänomene in der Verbindung zu Ausdruck und Verstehen gefasst werden. Damit hatte bereits Dilthey in seiner hermeneutisch ausgearbeiteten Theorie des Erlebens operiert. Auch religiöse Erfahrung wird dann »gefaßt als Strukturbegriff für den internen Zusammenhang von subjektiver Perspektive und objektivierender Symbolbildung«[35].

---

[31] *M. Jung*, a. a. O. (Anm. 25), 265.

[32] Vgl. a. a. O., 358.

[33] A. a. O., 264.

[34] Vgl. *W. Proudfoot*, a. a. O. (Anm. 23).

[35] *M. Jung*, a. a. O. (Anm. 25), 267.

d) Es gilt zwar generell, dass heute keine ernstzunehmende Religionstheorie es sich erlauben könnte, die prinzipielle Differenz zwischen der Perspektive des lebensweltlichen Vollzugs und der distanzierten Reflexion von Theorie zu ignorieren. Alle Wissenschaft reduziert stets unvermeidlicherweise bestimmte Aspekte des Lebensprozesses. Will man aber wissenschaftlich notwendige Reduktionen des lebenspraktisch vorgängigen Erfahrungsprozessen von unzulässigen unterscheiden, so gilt entsprechend, dass es zum spezifischen Charakter menschlicher (religiöser) Erfahrung gehört, den Verstehensaspekt angemessen zu transformieren, d. h. das Subjekt als Schöpfer seiner Ausdrucksgestalten dieser Erfahrung (Bedeutsamkeit für das Subjekt) mit einzubringen. »Zur Beschreibung religiöser Erfahrung ist eine verstehende Einstellung unabdingbar«[36], wobei Verstehen und Einverständnis durchaus voneinander zu trennen sind.

Andere Typen der Beschreibung und Erklärung religiöser Erfahrungen, die die zu klärenden Phänomene als Objektivation und als diskrete Objekte einer empirischen Reflexion zuführen, sind zumindest darin defizitär, dass sie – unabhängig von der Transformation inhaltlicher Gehalte – die spezifische Eigenart der Ersten-Person-Perspektive als die »Eigenbestimmtheit einer lebensweltlichen Sinnperspektive«[37] vernachlässigen. Diese Abgrenzung zu einem naturalistischen Ansatz von Empirie folgt Diltheys Differenzierung Geistes- und Naturwissenschaften.

Es stellt also, wie T. Nagel gezeigt hat, eine unzulässige Reduktion menschlicher Erfahrung dar, wenn im Prozess theoretischer Erklärung im Zeichen landläufiger Objektivierungsideale die Sinnperspektive aus der Wirklichkeitsdeutung herausgefiltert wird. Dann würde die Perspektive »für mich« der gelebten Erfahrung zugunsten der Perspektive »an sich« gelöscht werden. Aber manche Sachverhalte sind nicht einfach objektivierbar – und spezifisch menschliche Erfahrung ist ein solcher, der deshalb nicht im perspektivlosen »View from Nowhere«[38], in der Abstraktion vom Lebensprozess angemessen erschlossen werden kann.

Wenn nun menschliche, auf Bedeutsamkeit hinzielende Erfahrung einerseits nicht vollständig als präreflexiver Erlebnisprozess verständlich gemacht werden kann, andererseits aber Deutungselemente nicht in unzulässiger Weise zu sekundären Größen atomisiert werden dürfen, dann bedarf es eines Strukturbegriffs von Erfahrung, der die beiden Momente umgreift. Eine dritte und angemessenere Variante der Theorie greift dazu – in der sachlichen Kontinuität mit Diltheys Gedanken der »Ausdrucksgestalt« – auf den Begriff der »Artikulation« zurück. Die These ist dabei, »›Erfahrung‹ als den Titel für jenen humanen Grundvollzug zu

---

[36] A. a. O., 356.

[37] A. a. O., 77.

[38] *T. Nagel*, The View from Nowhere, New York u. a. 1979; vgl. auch: *Ders.*, Die Grenzen der Objektivität. Philosophische Vorlesungen, Stuttgart 1991.

verstehen, in welchem Subjekte ihres Welt- und Selbstverständnisses gewahr werden, *indem* sie es in öffentlich zugänglichen Ausdrucksgestalten für sich und andere fassbar machen. Nur im Rahmen eines solchen ›holistischen‹ Erfahrungsbegriffs ist es sinnvoll, bestimmte regelmäßig auftretende Korrelationen von subjektiven Erlebnisqualitäten und symbolischen Formen zu spezifizieren und als ›religiös‹, ›sittlich‹, ›ästhetisch‹ ›alltagspraktisch‹ zu klassifizieren.«[39]

Mir scheint, dass dieser hier in aller Abgekürztheit notierte lebensphilosophisch-hermeneutische Erfahrungsbegriff nicht nur dazu in der Lage ist, menschliche Erfahrung in profilierter Weise verstehbar zu machen, sondern auch dazu, den die Praktische Theologie seit geraumer Zeit leitenden Begriff der »Gelebten Religion« näher zu fassen.

4 Lebensweltttheoretische Erweiterungen

4.1 Jungs religionsphilosophisch entfaltetes Konzept von Erfahrung reklamiert explizit, lebensweltliche Erfahrung theoretisch zu rekonstruieren. Geht man allerdings von einem gehaltvollen Begriff von »Lebenswelt« aus, so zeigen sich auch Schwachstellen und Grenzen des vorgestellten Konzepts. Wer diese philosophische und primär geltungstheoretisch interessierte Rekonstruktion von Erfahrung und damit von religiöser Erfahrung aus der Perspektive empirischer Theologie zur Kenntnis nimmt, wird in mancher Hinsicht den Eindruck nicht los, dass der strukturell bestimmte Erfahrungsprozess eben in lebensweltlicher Bestimmung empirisch doch noch unzureichend bestimmt ist. Der Strukturbegriff wird der Wirklichkeit von Erfahrung, zumal unter gegenwärtigen sozialen Bedingungen der Pluralität und Traditionsumbildung, vor allem den Phänomenen von Religiosität außerhalb religiöser Institutionen m. E. noch nicht voll gerecht, selbst wenn er von »expressiv-schöpferischen Akten« des Subjekts und von »strukturell irreduzibler Pluralität« spricht.[40] Der Ansatz arbeitet nicht nur mit einem unzureichenden, nämlich letztlich doch kognitionslastigen Wahrnehmungsbegriff, sondern er vermag auch die, man möchte sagen: »empirische« Eigenart des Ineinanders von Erlebnis und Artikulation in ihrer Konkretheit des menschlichen Leibsubjekts nicht zu beschreiben. Schließlich arbeitet er mit einem Subjektbegriff, der im religiösen Erleben viel zu sehr bewusste Entschei-

---

[39] *M. Jung*, a. a. O. (Anm. 25), 264. Dieses Moment der Artikulation nimmt, wie oben notiert, auch H. Joas in seinen Überlegungen zur Artikulation von Erfahrung auf.

[40] *M. Jung*, Ebd. Auffällig ist in diesem Zusammenhang der Umstand, dass Jung zur Illustration seines Strukturmodells auf Erfahrungen in katholischen Festliturgien rekurriert, wobei jeweils ein Erfahrungskern des offiziellen liturgischen Verhaltensmodells und nicht individuelle Erfahrungen angesprochen werden.

dung unterstellt. Meine kritischen Rückfragen gelten selbstverständlich bei voller Zustimmung zu Jungs Kritik an denjenigen Theoriekonzepten, welche die Unmittelbarkeit von lebensweltlicher Erfahrung bruchlos meinen rekonstruieren zu können.[41] Auch in dieser Hinsicht halte ich phänomenologische Einsichten für unverzichtbar. Ich notiere wichtige Elemente wiederum thetisch abgekürzt, ausführliche Beschreibungen liegen an anderer Stelle vor.

Sich für die Analyse gelebter Religion auf die *Lebenswelt* zu beziehen heißt nicht, sich einfach auf Alltagserfahrungen zu beziehen. Der von Husserl insbesondere in seinem Spätwerk entfaltete Begriff der »Lebenswelt« zielt vielmehr auf die Annäherung an die vertraute Welt in vorbegrifflicher Begegnung, auf die Art und Weise, wie uns die Realität zunächst undifferenziert als Ganze sinnenhaft gegeben ist, im Ineinander von Vorvertrautem und neu Aufblitzendem, ehe wir vermittels bewusster Aktivitäten in ihr differenzierende Unterscheidungen vornehmen. Der Begriff »Lebenswelt« zielt also primär nicht auf eine Ontologie, sondern auf Klärung von Erkenntnisbildung. Und zwar insbesondere auf vorprädikative Begegnung mit der Welt, auf die Art und Weise, wie uns die Realität gegeben erscheint, wenn wir nicht vermittels bewusster Aktivitäten in ihr differenzierende Unterscheidungen vornehmen. Mit Lebenswelt ist also zugleich eine für jeden stets hintergründig mitlaufende Welt von Gewissheiten und stillschweigenden Voraussetzungen für zielgerichtetes thematisch fokussiertes Denken und Handeln gemeint, eine Welt unproblematischer Einheitlichkeit und selbstverständlicher Orientierungen vorbegrifflicher Bestimmtheit. In ihr steckt die Vertrauensgrundlage eines »Weltglaubens«, der fraglos annimmt, dass die Welt immer so weiter existiert. Denkt man jedoch »Lebenswelt«, so hat man sie immer schon verlassen.

Lebensweltlich erschlossene Erfahrung verweist auf vor-prädikative Gegebenheit der menschlichen Erfahrung, betont den relationalen Modus von gelebter Erfahrung. Dem Subjekt ist dabei etwas *gegeben*: »Daten« in der ursprünglichen Bedeutung des Wortes *datum*. Dabei hängen Erfahrung und Wahrnehmung sehr eng zusammen. Sinnliche *Wahrnehmung* ist basale Weise der Begegnung des Menschen mit der Wirklichkeit und deshalb unabdingbar für den Prozess gelebter Erfahrung. Wenn das Verständnis eines *empirischen* Zugangs in der modernen Wissenschaftstheorie immer mit sinnlicher Wahrnehmung verknüpft ist, so geht es allerdings im phänomenologischen Ansatz um einen spezifisch profilierten Wahrnehmungsbegriff. Die elementare Weise, in der Menschen der Welt gewahr werden, ist gebunden an die Komplexität leibhafter, kinästhetisch

---

[41] Vgl. zur Diskussion des Unmittelbarkeitsproblems ausführl. meinen Beitrag: *H.-G. Heimbrock*, Reconstructing Lived Religion, in: *Ders./C. P. Scholtz (Hg.)*, Religion: Immediate Experience and the Mediacy of Research. Interdisciplinary Studies in Objectives, Concepts and Methodology of Empirical Research in Religion, Göttingen 2007, 133-156.

vermittelter Anschauung. Spezifisch menschliche Wahrnehmung vollzieht sich weder abstrakt intellektualistisch noch kausal-mechanistisch, sondern in der situativen Gebundenheit eines endlichen leibhaftigen Wahrnehmungssubjekts. Der räumlich situierte Leib, das »Körperschema«, ist das organisierende Prinzip aller sinnlichen Wahrnehmung, und zwar deshalb, weil der Mensch in seiner leibhaften Bewegung (einschließlich aller sinnlichen Wahrnehmungen) nicht einfach mechanische Akte eines Automaten vollzieht, sondern auf spezifische Weise Leib-Intentionalität lebt und damit sein »Zur-Welt-sein« realisiert. Bereits hier zeigt sich für phänomenologische Wahrnehmungsanalyse eine Nahtstelle zur Theologie: »Wahrnehmen [...] heißt: Glauben an eine Welt. Diese Offenheit zur Welt ist es, die die Wahrheit der Wahrnehmung, die Verwirklichung einer Wahr-Nehmung erst möglich macht [...]«[42]

Erleben von Welt ist immer verknüpft mit sinnlicher Wahrnehmung in ihrer Intentionalitässtruktur. Sie ist stets gerichtet, ist Wahrnehmung von etwas als etwas. Die Leib-Haftigkeit menschlicher Existenz bringt allerdings eine spezifische leib-fundierte Gerichtetheit mit sich. Wir verhalten uns intentional zur Welt bereits in unserer körperhaften Verfassung; was als real erlebt wird, konstituiert sich in situativ-körperlicher Relation, nicht erst dann, wenn wir es in Akten der Kognition begrifflich fassen.

Es ist üblich, transitive Formulierungen zu gebrauchen wie: »Ich mache eine Erfahrung«. Entsprechendes findet sich oft in Bezug auf religiöse Erfahrungen von Menschen.

Phänomenologische Analyse des Erfahrungsprozesses schärft demgegenüber den Blick auch für die komplementäre oder gar die reverse Konstellation: Menschen können in spezifischen Situationen auch in Erfahrungen verwickelt sein, sie können in Grenzsituationen sogar Erfahrungen ausgeliefert sein, von denen sie mitgenommen sind, überwältigt oder gebannt werden. Auch diese Qualität gilt in spezifischer Weise im Bereich gelebter Religion. Erfahrungen sind nicht immer Resultat zuvor oder in actu bewusst vollzogener Entscheidungen, haben vielmehr inter-aktiven Charakter. Menschliche Erfahrungen überschreiten so vielfältig rein strategisches Handeln. Ihnen kommt zuweilen eine empfangende Qualität zu, was von Vertretern der psychosomatischen Medizin und der Gestalttheorie V. von Weizsäcker und Fr. Buytendijk schon vor Längerem auf den Begriff des »pathischen« Verhaltens gebracht worden ist.[43]

Diese pathische Qualität des Erlebens in der Begegnung mit situierter Wirklichkeit hat große Relevanz für theologische Erschließung gelebter Religion. Um es mit P. Tillich zu sagen: »Wir begegnen der Realität – oder die Realität drängt

---

42 *M. Merleau-Ponty*, Phänomenologie der Wahrnehmung (1945), München 1966, 345.

43 Vgl. *V. Weizsäcker*, Der Gestaltkreis (1947), Frankfurt a. M. 1973, sowie *F. Buytendijk*, Allgemeine Theorie der menschlichen Haltung und Bewegung. Berlin 1956.

sich uns auf [...] Die Voraussetzung der Theologie ist, dass es eine besondere Art und Weise gibt, in der sich uns die Wirklichkeit aufdrängt, die normalerweise ›religiös‹ genannt wird.«[44] Das hier gemeinte Geschehen ist nicht auf irgendein Segment kultureller Praxis zu begrenzen, das von den in Erfahrung verwickelten Subjekten als »religiöse« oder gar »christliche« Praxis bezeichnet wird. Gleichwohl sehe ich in solchen Erlebnisqualitäten gehaltvolle Ansatzpunkte für eine theologische Anthropologie, die von der Christologie her konzipiert ist.

4.2 Praktische Theologie hat als empirisch-theologische Forschungsinstanz die Aufgabe, an den Phänomenen von Religion in offener, lebensweltbezogener Weise erschließend zu arbeiten. Sie nimmt schon damit eine empirisch-kritische Funktion innerhalb der Theologie wahr. Dazu gehört aber gleichzeitig, dass sie von den Phänomenen aus prinzipielle theologische Fragen stellt, wie die nach dem Verständnis von Religionspraxis oder von Auslegung von Wirklichkeit generell. Sie ist keinesfalls die »bessere« Erfahrungswissenschaft, insistiert aber auf einen reichen, menschliche Selbsterfahrung einbeziehenden Begriff von Erfahrung. In ihrem inhaltlich und methodisch notwendigen Austausch mit Erfahrungswissenschaften ist sie stets auf den Diskurs mit anderen theologischen Disziplinen angewiesen. Alt- und neutestamentliche Wissenschaft geben kritische Korrektive, dies nicht nur im Blick auf historisch-kritische Rekonstruktion christlicher »Ur-Erfahrungen« in materialer Hinsicht, sondern auch zum Problem von Sprache und Erfahrung und damit zum Artikulationsproblem. Praktische Theologie ist insbesondere auf das Gespräch mit der Systematischen Theologie und der Religionsphilosophie angewiesen. Das gilt in theologie-interner Hinsicht wie auch in Bezug auf deren empiriekundiger und selbstbewusster Partizipation am prinzipiellen Diskurs aller Wissenschaften über alle der hier berührten – und sicher weiterer – grundlagentheoretischen Fragen.

Ob und inwieweit sich ein erfahrungswissenschaftlicher Begriff von Erfahrung mit dem Gegenstand religiöser Erfahrung und dem theologischen Interesse seiner Erforschung verbinden lässt, bleibt strittig. Die Spannung hatte bereits E. Herms auf die Formel gebracht: Die Kategorie »Erfahrung« ist »problematisch und legitim zugleich«.[45] Jedenfalls kann m. E. die Frage um

[44] *P. Tillich*, Das Problem der theologischen Methode (1946), in: *Ders.*, Korrelationen. Die Antwort der Religion auf Fragen der Zeit. Ergänzungs- und Nachlaßbände zu den Gesammelten Werken IV, Stuttgart 1975, 17. Tillichs theologischer Ansatz der Erfahrung bedarf einer erneuten Rekonstruktion. Auszugehen wäre dabei von der These »Der Religion als lebendiger Erfahrung geht es nicht um ihre eigene Zukunft, sondern um ihren Inhalt (und um unser Verhältnis zu ihm); und dieser Inhalt ist das Ewige.« (*P. Tillich*, Die Frage nach der Zukunft der Religion, in: Die verlorene Dimension, Not und Hoffnung unserer Zeit, Hamburg 1962, 92.)

eine theologische Geltung »messbarer Religion« theoretisch gehaltvoll erst im Kontext lebensweltlicher Gewissheiten diskutiert werden. »Was als [gegenständliche] Erfahrung gelten soll, kann nicht abgelöst werden von dem – empirischer wie existentieller Erfahrung gemeinsamen – Grundproblem ihres Zustandekommens, und so hat *Erfahrung* immer auch einen unanschaulichen Bereich ihrer Entstehung und Vergewisserung. Bevor angeschaut und gemessen werden kann, ist *etwas* zur Erscheinung gekommen; und *dass* dies so ist bleibt lebensweltlich gewiss, auch wenn Methoden der Überprüfung noch nicht vorgenommen werden konnten, aber gerade auch nicht ausgeschlossen werden müssen.«[46]

5 Vorläufiges Fazit für die Praktische Theologie

5.1 Der hier vorgestellte Ansatz bei »gelebter Erfahrung« liefert im spezifischen Zugang zu gelebter Religion einen Beitrag zur weiteren Klärung des Lebensbezugs von Religion generell und von christlichem Glauben im Besonderen. Wirklichkeitshaltige Praktische Theologie im Sinne des Bezugs auf gelebte Erfahrung beschränkt sich nicht auf die Überprüfung der Wirklichkeit allein am Raster systematisierter religiöser Wissensbestände und Normen, etwa aus Exegese, Kirchengeschichte und Dogmatik, anhand des Falles.

Der Leitbegriff »Gelebte Religion« ist ein programmatischer Begriff, insofern er die Öffnung von Theologie in Richtung auf Kultur- und Alltagsbezug im Blick auch auf deren religiöse Produktivität einfordert. Die Wirklichkeit des christlichen Glaubens ist nämlich, bei aller Hochschätzung des »sola scriptura«, mehr als Wirklichkeit von Texten oder Wirklichkeit in Texten. Glaubens*leben* muss breiter verstanden werden als als Anwendung von *Lehren*, auch weiter als propositionale Gehalte des Glaubenswissens. Wenn »Gelebte Religion« als Leitbegriff *Empirischer* Theologie fungiert, kann die Rekonstruktion ihrer Phänomene nicht bruchlos und in toto Geltung für wahrheitsfähige Verständigung über Glauben beanspruchen, aber Lehre und Leben sind dialektischer zu denken, als ein einliniges Applikationsmodell von Glaubensnorm und Glaubensvollzug dies unterstellen mag.

Eine phänomenologisch angeleitete Analyse der Lebenspraxis öffnet, angeleitet vom Begriff der »Gelebten Erfahrung« die Sinne für Wahrnehmung mit entschränkter Perspektive, versucht dann aber sehr wohl auch bestimmte alltägliche Erscheinungen theoretisch als bedeutsam für den Zusammenhang von

---

45 *E. Herms*, Art. »Erfahrung IV. Systematisch-theologisch«, in: Theologische Realenzyklopädie, Bd. 10, Berlin 1982, 128–136: 131.

46 *H. Deuser*, Religionsphilosophie, Berlin 2009, 424.

Religion zu rekonstruieren. Allerdings ist zur Durchführung dieses Programms ein doppelter Religionsbegriff nötig.

Religionen können zunächst in materialer Hinsicht als Traditionen religiöser Institutionen beschrieben werden. Aber weil Religion – spätmodern plural wie allezeit – nicht allein von ihren offiziellen Inhalten her wissenschaftlich zureichend beschrieben werden kann, ist ein erweiterter Religionsbegriff notwendig. Die Begriffe »Religion« bzw. »religiöse Erfahrung« müssen wegen der Breite der Phänomene und zugleich im Interesse ihrer weitergehenden Klärung material und zugleich in einem perspektivischen oder dimensionalen Sinne umschrieben werden.

Zur Klärung des religiösen Gehalts alltagsweltlicher Erfahrung sind mittlerweile mehrere Denkfiguren entwickelt worden, etwa das Konzept abgestufter Transzendenzen von Th. Luckmann[47] oder auch der offene Ansatz des Religionswissenschaftlers J. Waardenburg.[48] Bei aller Sympathie gegenüber Versuchen, welche die Wirklichkeit gegen Theorie-Imperialismus in Schutz nehmen wollen, ist allerdings zu betonen: Auch der Begriff »Gelebte Religion« ist ein Instrument theoretischer Konstruktion, er bezeichnet eine wissenschaftliche Perspektive.[49] Die Denkoperation der Identifizierung als Gelebte Religion ihrerseits geschieht unverkennbar von einer Forscherperspektive aus, m. a. W. als eine fiktive Näherung auf der Ebene der Theorie. Diese Reflexion arbeitet immer schon mit der Illusion, durch Epoché die interpretativen Referenzrahmen der Forschersubjekte in der Begegnung mit den Phänomenen ausschalten zu können. In diesem Sinne ist auch »Gelebte Religion« nur ein Näherungsbegriff. Vollständig gelingt solche Rückannäherung an die Lebenswelt nicht.

---

47 Vgl. *T. Luckmann*, Die unsichtbare Religion. Frankfurt a. M. 1991.

48 Ausgangspunkt beim niederländischen Religionswissenschaftler J. Waardenburg ist nicht die Religionsdefinition von religiösen oder wissenschaftlichen Experten, sondern die Frage, »wie die Menschen ihre jeweilige Religion oder Religion im allgemeinen deuten, anwenden und gebrauchen [...]« (*Ders.*, Über die Religion der Religionswissenschaft, in: Neue Zeitschrift für Systematische Theologie und Religionsphilosophie, 26 [1984], 239.) Die Perspektive wird also auf die »kleinen Leute«, auf den Alltag von religiösen Laien gerichtet. Waardenburg möchte damit eine ungekünstelte, nicht konstruierte, natürliche Form von Religion erfassen, die noch nicht von gesellschaftlichen Institutionen (einschließlich Kirche und theoretischer Analytik seitens der Wissenschaften) entfremdet, überformt oder verzerrt ist.

49 Diese Perspektive verdankt sich, wie *G. Pfleiderer*, »Gelebte Religion« – Notizen zu einem Theoriephänomen, in: *Ders./A. Grözinger (Hg.)*, »Gelebte Religion« als Programmbegriff Systematischer und Praktischer Theologie, Zürich 2002, 23-41, gezeigt hat, spezifisch neuzeitlichen Denktraditionen.

Angemessener Umgang mit »Gelebter Religion« zielt nicht auf »Dechiffrierung« unbekannter Elemente oder deren Zurückführung auf bekannte Kategorien (etwa nach dem Muster heilige Texte; heilige Orte, heilige Zeiten, heilige Personen etc.). Religion, ernst genommen, ist immer zugleich Suchbewegung von Subjekten nach Orientierung für das Leben und im Leben in Auseinandersetzung mit der eigenen Begrenztheit, endet aber auch nicht bei subjektivistischer Beliebigkeitsreligion des isolierten Individuums. Ein solcher Ansatz zielt gleichwohl nicht auf den Versuch der eindeutigen Identifizierung von religiös zu qualifizierenden Dinglichkeiten in der Wirklichkeit und verhindert damit, Religion zu verdinglichen. Das hat allerdings eine Offenheit und notwendige Unschärfe im Religionsverständnis zur Folge.

Auch dieser Ansatz der Praktischen Theologie zielt auf Erneuerung kirchlicher Praxis, aber in veränderter Wahrnehmung und in erneuerter Form. Es geht dann weniger um möglichst »korrekte« oder »vollständige« Wiederholung der Formen tradierter kirchlicher Praxis, sondern um die Verlebendigung ihres Geistes (im Sinne des 3. Glaubensartikels). Deshalb dürfen auch neue kulturelle Gestaltungsperspektiven der Kunst als inszenatorische Praxis, Fantasie und Improvisationen ins Spiel kommen. Religion erscheint dann als spezifischer »Spiel-Raum« des Verhaltens, der aber eben keineswegs auf kirchliche Religionspraxis beschränkt ist. Die von der (großen wie kleinen) autonomen Kunst ausgehende Provokation und Motivation ist zur Ermöglichung authentischer Such- und Ausdrucksbewegungen von Menschen nach verdichtetem Leben immer wieder gefragt.

Die Analyse »Gelebter Religion« in diesem Modell verfährt eher nach dem Typus der Fallarbeit, wie er in bestimmten Strömungen qualitativ-empirischer Soziologie im Rückgriff auf A. Schütz entwickelt worden ist. »Nicht durch diese kausale Erklärung der Differenz lässt sich der Einzelfall deutend verstehen, sondern umgekehrt: Durch deutendes Verstehen sozialen Handelns gelangt man zur Konstruktion von Idealtypen, die ihrerseits den Einzelfall als solchen sichtbar machen und ihm zu seinem Recht verhelfen. Indem sie seine Differenz zum Idealtypus erklären, tragen sie dazu bei, ihn in seiner Singularität und Konkretion zu verstehen.«[50] In diesem Typ der »case study« geht es nicht um induktives Fortschreiten vom Einzelfall hin zu generalisierbaren Aussagen, sondern darum, den Fall im Sinne des Phänomenbegriffs anzugehen. Und: Kommunikative Validierung ist auch hier unerlässlich.

---

50 *H.-G. Soeffner*, Sozialwissenschaftliche Hermeneutik, in: *Ders. (Hg.)*, Interpretative Verfahren in den Sozial- und Textwissenschaften, Stuttgart 1979, 174; vgl. zur phänomenologischen Forschung auch: *C. Moustakas*, Phenomenological Research Methods, Thousand Oaks/CA 1994.

5.2 Dass der hier vorgestellte Ansatz zur Erforschung gelebter Religion aus der Perspektive »gelebter Erfahrung« nicht nur als Entdeckungszusammenhang interessanter und bislang übersehener Phänomene und Themen der Religionsforschung fungiert, sondern zugleich gehaltvolle empirisch-theologische Analysen mit Konsequenzen für Grundsachverhalte liefern kann, demonstriert die Reihe der auf seiner Basis durchgeführten und publizierten Einzelstudien. Wichtig scheint mir der Hinweis, dass dabei ein spezifischer methodischer Zugang eröffnet wird, der für die Forschungspraxis beachtliche Innovationen erbracht hat.

In seiner Studie zum »Erlebnis Gottesdienst« hat A. Knecht aufgrund eines phänomenologisch erweiterten Methodendesign gezeigt, welcher Erkenntnisgewinn empirischer Forschung damit verbunden ist, dass man einen lebensweltlich offenen Zugang wählt. »Der phänomenologische Zugang zum Phänomen wird in einer offenen Aufmerksamkeit realisiert, die nicht ausschließlich auf eine bestimmte Bezeichnung von Sachverhalten festgelegt ist, sondern auch darüber hinaus mit einem weiteren Auftreten des untersuchten Phänomens rechnet. Es ist in methodischer Hinsicht sinnvoll und notwendig, auch auf Gestaltungen von Gottesdiensten zu achten, die nicht ausdrücklich die Ermöglichung besonderer Erlebnisse zum Ziel haben (aber gleichwohl diesen Effekt aufweisen können). Und es ist beachtenswert, wenn in weiteren Veranstaltungen neben dem Gottesdienst, in denen es auch um religiöse Erfahrung oder Glaube geht, das Stichwort »Erleben« eine besondere Rolle spielt.«[51]

Eine abgeschlossene gestalt-theologische Studie zu Wahrnehmung und theologischem Verstehen ästhetischer Phänomene der Kreuzessymbolik ist u. a. der Rekonstruktion individueller Erfahrungen von Pfarrerinnen und Pfarrern aus der oben prinzipiell beschrieben Perspektive der Ersten Person nachgegangen.[52] Bringt man eine lebensweltlich orientierte, also auch vor-theoretische Erfahrungen mit einbeziehende Rekonstruktion methodisch ein, spricht man vom Kreuz mit den Beteiligten also nicht mehr im luftleeren Raum des Prüfungswissens, sondern in beruflich erlebten Lebens-Situationen, dann zeigt sich die hohe Bedeutsamkeit und das beachtliche eigenständige Deutungsinventar, das Menschen hier mitunter entwickelt haben. Neben den kreativen theologischen Potenzialen aus dem ästhetischen Erleben neben und in Verbindung mit theologischen Interpretationen von Schrifttexten tritt dann freilich auch die Grenze des für einen Theologen theologisch und speziell christologisch Sagbaren im eigenen Erfahren/Artikulieren deutlicher hervor.

---

51 *A. Knecht*, Erlebnis Gottesdienst. Zur Rehabilitierung der Kategorie »Erlebnis« für Theorie und Praxis des Gottesdienstes, Leipzig 2011, 62.

52 Vgl. *H.-G. Heimbrock*, Das Kreuz – Gestalt, Wirkung, Deutung, Göttingen 2013.

5.3 Ein Problem aller Bezugnahme von Theologie auf empirische Forschung besteht in der angemessenen Verhältnisbestimmung von Erfahrung und Normativität. Die Reflexion auf unterschiedliche Erfahrungsbegriffe im Sinne struktureller Bestimmung hilft dazu, dies differenzierter zu sehen. Es scheint mir dabei auf jeden Fall sinnvoll, dass nicht von einem inhaltlich bestimmten idealen Ansatz zu machender Erfahrungen ausgegangen wird, sondern empirisch-kritisch Raum gegeben wird zur Erforschung von in der Realität ausweisbaren Erfahrungskonstellationen. Der Lebenswelt-Ansatz hilft dazu, die normativen Aspekte gelebter Religion in ihrer Herkunft jenseits und unterhalb eines als bewusste Zustimmung des Subjekts zu abstrakten Propositionen gedachten Prozesses zu rekonstruieren.

Darüber hinaus hilft die Reflexion zugleich, einige landläufige Kurzschlüsse zu vermeiden. Die auch unter Theologen oft anzutreffende übliche Polarisierung zwischen empirisch und normativ ist unangemessen. Denn beide Erfahrungskonzepte, sowohl dasjenige induktiv arbeitender empirischer Sozialforschung wie das lebensweltlich bestimmte Konzept sind deutlich normativ angelegt. Im einen Fall ist Neutralität und Abstraktion vom Subjekt einer »objektiven« Kenntnis als geltende Norm der Erkenntnisgewinnung vorausgesetzt, im Falle lebensweltlich angelegter Theoriebildung ist die Konzentration auf die theoretische Abbildung der Ersten-Person-Perspektive und der Relationiertheit des Subjekts zur Wirklichkeit als Wert von Erkenntnis betont. In lebensweltlich erschlossenem Zugang zur gelebten Erfahrung wird das Entweder-Oder unhaltbar.

In theologischer Perspektive plädiere ich für die Unterscheidung zwischen Normativität 1 und 2. Darunter verstehe ich die Bestimmung von materialen Normoptionen einerseits und normativen Elementen der Theoriebildung andererseits. Und Theologie mit ihren Erkenntnisinteressen kommt m. E. nicht nur auf der 1. Ebene ins Spiel. Neben dem in theologischer Anthropologie begründeten Verweis auf »pathische« Qualität bestimmter religiöser Erfahrung wäre dann auch aus der Perspektive der Gotteslehre auf das spezifische Wirklichkeitsverständnis von Theologie zu verweisen. Es gibt theologische Erkenntnisinteressen in empirischer Methodologie, was bereits Schleiermacher im §6 der Enzyklopädie notiert hatte. Und das widerspricht nicht sinnvollem Gebrauch des methodischen Atheismus. Theologische Weltsicht ist von einem prozessual fundierten Gottesbegriff her an einem Begriff von Wirklichkeit und an entsprechenden Beschreibungsverfahren interessiert, die neben einem schöpfungstheologisch gut begründbaren Interesse an empirischer Rekonstruktion von Regelhaftigkeiten zugleich Raum lassen für Offenheit, Andersartigkeit und für die Veränderbarkeit von Welt.

In summa: In meinem Beitrag bin ich davon ausgegangen, dass der Theologie nicht ein separiertes Phänomen »Religion«, sondern die reflektierende Bezugnahme auf die Gesamtheit der Lebenspraxis aufgegeben ist. Das Konzept »Gelebter Erfahrung« kann m. E. diesem Ziel dienen, indem es prinzipielle und auch methodische Orientierung dazu bereitstellt. Um es mit P. Tillich zu sagen: »Der Religion als lebendiger Erfahrung geht es nicht um ihre eigene Zukunft, sondern um ihren Inhalt (und um unser Verhältnis zu ihm); und dieser Inhalt ist das Ewige.«[53]

---

53 *P. Tillich*, Die Frage nach der Zukunft der Religion (Anm. 44), 92.

Praktische Theologie als empirisch gehaltvolle Deutung gelebter Religion

Thesen zu den theologiebegrifflichen Bedingungen der empirischen Religionsforschung in der Praktischen Theologie

Wilhelm Gräb

1. Im neuzeitlichen Kontext wird die Theologie insgesamt zur sowohl empirisch wie hermeneutisch arbeitenden Wissenschaft vom Christentum. »Die neuzeitliche Wende der Praktischen Theologie zur religionskulturellen Lebenswelt der christlichen Religion« (Volker Drehsen) verlangt insbesondere von der Praktischen Theologie, dass sie sowohl inhaltlich wie methodisch eine empirisch gehaltvolle, religionshermeneutische Ausrichtung gewinnt.

Seit Schleiermachers enzyklopädischem Entwurf, der die Praktische Theologie erstmals zu einer der konstitutiven Disziplinen der Theologie erklärte, ja recht eigentlich die Theologie als Ganze zu einer auf die Praxis hin orientierten Wissenschaft machte, ist die Praktische Theologie nicht mehr allein die Anleitung zu den praktischen Amtstätigkeiten im kirchlichen Beruf. Sie geht auch nicht darin auf, handlungsorientierende Theorie des kirchlichen Berufs zu sein. Im Verbund mit den anderen Disziplinen der Theologie und deren (humanwissenschaftlichen) Bezugswissenschaften findet sie ihren Gegenstand vielmehr in der empirisch gegebenen Christentumspraxis, der gelebten Religion des Christentums.[1] Zu dieser gehört die kirchliche Fassung. Sie geht in dieser aber nicht auf, vor allem ist die subjektiv und intersubjektiv, in kommunikativer Praxis gelebte christliche Religion ihrer kirchlichen Organisationsgestalt vorgängig.

In der Konsequenz von Schleiermachers Theologiebegriff ist der Gegenstand der Theologie in allen ihren Disziplinen das christlich bestimmte religiöse Bewusstsein, weiter gefasst, die historisch-empirische Religions- und Kulturpraxis des Christentums. Die Theologie wird zu einer Erfahrungswissenschaft[2], zur »empirischen Theologie«, bzw. zur Religionswissenschaft des Christentums. Was die Theologie von der Religionsphilosophie, -wissenschaft, Kulturgeschichte usw. dennoch unterscheidet, ist die Verbindung der empirisch fundierten Religions-

---

1 Vgl. meinen anderen, Schleiermachers Verständnis der Praktischen Theologie gewidmeten Beitrag in diesem Band.

2 Vgl. *E. Herms*, Theologie – eine Erfahrungswissenschaft, München 1986.

hermeneutik mit dem praktischen Interesse an der kirchlichen Gestalt des Christentums. Realisiert die Theologie diese Verbindung, dann ist sie als Ganze und in allen ihren Disziplinen eine praktische Wissenschaft, letztendlich praktische Theologie. Die Praktische Theologie als Teildisziplin der Theologie im engeren Sinne könnte sich darauf beschränken, Methodenlehre für die Wahrnehmung der kirchlichen Leitungsaufgaben zu sein. De facto funktionieren diese Fächeraufteilung und das notwendige Zusammenspiel der Disziplinen jedoch nur ungenügend. Vor allem die Verknüpfung einer christentumskulturell weiten religionsempirischen und -hermeneutischen Ausrichtung der Theologie mit deren praktisch-kirchlichen Interessen muss die Praktische Theologie in die eigene Zuständigkeit nehmen. Das setzt selbstverständlich ihre intra- und interdisziplinäre Kooperation mit den anderen Disziplinen der Theologie wie mit den Human- und Erfahrungswissenschaften voraus. Sie darf sich jedenfalls nicht darauf beschränken, nur Kirchentheorie, nur Pastoraltheologie oder gar nur methodisch ausgerichtete Anwendungswissenschaft (theologia applicata, Lehre von der Anwendung der zuvor durch Exegese und Dogmatik festgestellten »Sache« der Theologie) zu sein.

2. Die Grundfrage der Praktischen Theologie als der auf die kirchliche Praxis ausgerichteten empirisch-hermeneutischen Wissenschaft vom Christentum ist die nach der im christentumskulturellen Kontext gelebten Religion. Die Praktische Theologie verlangt eine Bestimmung des Begriffs der Religion, die sich explizit in der modernen Situation des Christentums verortet. Sie nähert sich deshalb der Klärung des Religionsbegriffs, indem sie herausarbeitet, was in der modernen Kultur zum gesellschaftskulturellen Bezugsproblem der gelebten Religion geworden ist.

Die Praktische Theologie kann sich der Beantwortung der Frage: »Was ist Religion?« nicht entziehen. Diese ist heute zu einer alle Disziplinen der Theologie betreffenden Grundfrage geworden. Weder die Frage, was Religion ist, noch wie sie heute in Kultur und Gesellschaft vorkommt, darf sie freilich durch traditionelle theologische oder kirchliche Vorgaben bereits beantwortet sein lassen. Damit hätte sie ja nur wiederholt, was man in Theologie und Kirche immer schon für Religion hält und wo man sie demnach auch vorkommen sieht. Soll diese kirchlich-theologische Selbstbezüglichkeit überwunden werden, gilt es mit einem diskursiv-offenen, formal-funktionalen Religionsbegriff zu arbeiten. Danach sind nicht bestimmte Phänomene in Kultur und Gesellschaft per se religiös. Sie sind dann religiös, wenn sie sich als Phänomene verstehen lassen, die die gesellschaftskulturelle Funktion der Religion auf religiöse Weise erfüllen.

Die Theologie braucht einen formal-funktionalen Allgemeinbegriff der Religion, um – empirisch gesättigt – kultur- und religionshermeneutisch verfahren und somit bestimmen zu können, welche Phänomene in Kultur und Gesellschaft bzw. in der modernen Lebenswelt sich a) überhaupt als religiöse verstehen und b) des Näheren in ihrem christlich-religiösen Gehalt deuten lassen. Beides lässt sich in der neuzeitlichen Welt des Christentums nicht mehr auf einem normativ-dogmatischen Wege entscheiden, auch wenn zuzugestehen ist, dass normative Implikationen selbst in die formal-funktionale Bestimmung des Begriffs der Religion eingehen. Wir sind bereits in der Bestimmung des Begriffs der Religion in den religionshermeneutischen Zirkel einbezogen, sind von einem Vorverständnis von dem, was Religion ist, geleitet. Dennoch sollte eine religions- und kulturhermeneutisch verfahrende Praktische Theologie normativ-*inhaltliche* Festlegungen auf bestimmte Phänomenbestände expliziter Religionspraxis vermeiden. Besser ist es, den formal-funktionalen Begriff der Religion als einen diskursiven Operator aufzufassen, der es ermöglicht, bestimmte Phänomene, Erfahrungen und Lebensäußerungen als religiöse zu deuten.

Der religionshermeneutisch entscheidende Punkt ist die Operation mit dem hermeneutischen »als«, etwas als religiös zu deuten. Immer setzt das hermeneutische »als« den Begriff der Religion bzw. eine Theorie der Religion voraus, ohne allerdings die Lösung des Problems des Erfülltseins des Begriffs durch empirische Phänomene damit schon zu beanspruchen. Der allgemeine, formal-funktionale Begriff der Religion kann nur im Ausgang von einer bestimmten Religion gefunden werden. Im historischen Hergang der Dinge waren bekanntlich die christliche Theologie und die sich von ihr emanzipierende Religionsphilosophie an seiner Ausbildung entscheidend beteiligt. Wie wiederum an Schleiermachers Vorgehen exemplarisch zu sehen ist, muss die Operation mit einem allgemeinen, formal-funktionalen Begriff der Religion den besonderen Bezug der Theologie auf die »positive« Religion des Christentums nicht gefährden. Im Gegenteil, die Arbeit mit dem Begriff der Religion ermöglicht es der Theologie, die christliche Religion sowohl in den ihr eigentümlich religiösen Motiven wie in dem ihr spezifisch Christlichen zu bestimmen.

Dennoch begegnet man immer wieder der Behauptung, die Theologie im Allgemeinen hätte mit dem christlichen Glauben und die Praktische Theologie im Besonderen mit der Kirche einen ihr jeweils exklusiven Ausgangspunkt und Gegenstand zu verteidigen. Der christliche Glaube soll dann überhaupt etwas anderes sein als die den formal-funktionalen Allgemeinbegriff der Religion auf sich beziehende christliche Religion. Man beruft sich auf das Axiom der Wort-Gottes-Theologie, wonach die Theologie davon ihren Ausgang zu nehmen habe, dass Gott in Jesus Christus geredet hat. Bei genauerem Zusehen können wir allerdings darauf aufmerksam werden, wie elegant auch Karl Barth dieses offenbarungspositivistische Axiom von Gottes Selbstkundgabe in Jesus Christus religionshermeneutisch gebrochen hat. Auf Jesus Christus als Gottes menschliches Wort können wir ja nur im Medium des biblischen Zeugnisses und der das biblische Zeugnis vergegenwärtigenden Predigt zugreifen. Ohne die kirchlich-christliche Auslegungsgeschichte der Bibel und das immer wieder neue, menschliche Bemühen um das Verstehen der Erfahrungszeugnisse von Gottes Offenbarung, das die biblischen Zeugen überliefert haben, kann die Gottesoffenbarung in

Jesus Christus für die Wort-Gottes-Theologie nicht zum Gegenstand der Theologie werden. Gott ist auch bei dem neuzeitlichen Theologen Karl Barth christentumstheoretisch vermittelt. Die Lehre von der dreifachen Gestalt des Wortes Gottes in den Prolegomena der kirchlichen Dogmatik lässt sich durchaus als Konzeptionalisierung religiöser Kommunikation bzw. der Kommunikation des Wortes Gottes lesen. Sie besagt, dass Gott nur vermittels symbolischer Medien (Bibel) und deren unendlich fortgehender Interpretation (Predigt) erkannt und kommuniziert werden kann.[3]

3. Die die Empirie und Hermeneutik der gelebten Religion betreibende Praktische Theologie muss sich in den hermeneutischen Zirkel hineinbegeben. Darin liegt, dass der allgemeine Begriff der Religion zwar nur im Ausgang von den positiven Religionen gefunden werden kann, seine inhaltliche Bestimmung aber gleichwohl nicht mit der kirchlich-dogmatischen Selbstauslegung des christlichen Glaubens zusammenfallen muss. Nur mit einem diskursoffenen, formal-funktionalen Religionsbegriff bleibt die ebenso empirisch wie religionshermeneutisch verfahrende Praktische Theologie wahrnehmungsoffen und deutungsstark, auch im Blick auf das Vorkommen religiöser Kommunikation jenseits der in Theologie und Kirche gepflegten Sprachspiele.

In einem aktuellen Band zu einer »Hermeneutik der Religion« findet sich ein Beitrag des Bandmitherausgebers Philipp Stoellger zu den »Abgründe[n] und Anfangsgründe[n] einer Hermeneutik der Religion«[4], in dem es heißt: Es wird hier »vorausgesetzt, erstens daß Religion nur in *positiven* Religionen gegeben ist, daß also in phänomenologischer Hinsicht von den konkreten Gestalten auszugehen ist, nicht von einem vorgefaßten Allgemeinbegriff«.[5] So richtig dies ist, so sehr bleibt doch der hermeneutische Zirkel, der dabei zu berücksichtigen ist, unbedacht. Kein Wort wird in dem gesamten Beitrag zu der Frage verloren, was denn hier das »Gegeben«-Sein der Religion in den Religionen meint, geschweige denn, ob Formen und Inhalte der in den Religionen gegebenen Religion nicht auch durch empirische Forschung zugänglich zu machen wären. Völlig unklar bleibt zudem, was überhaupt eine Religion zu einer *positiven Religion* macht, sodann eben auch, wie deren empirisch feststellbare, weil offensichtlich doch »gegebene« Umgrenzungen in den Kulturen heutiger Lebenswelten zu bestimmen sind. Schließlich bleibt offen, was es macht, dass in den positiven Religionen, die im Plural genannt werden und die sich ja voneinander unterschei-

---

3 Vgl. *K. Barth*, Die Kirchliche Dogmatik, I,1, Zürich 1964, 89–127.

4 Vgl. *P. Stoellger*, Vom Nichtverstehen aus. Ab- und Anfangsgründe einer Hermeneutik der Religion, in: *Ders./I. U. Dalferth/. (Hg.)*, Hermeneutik der Religion, Tübingen 2007, 59–90.

5 A. a. O., 63

den, gleichermaßen »Religion« soll gefunden werden können. Stoellger behauptet letztlich, man müsse es der Selbstauskunft der positiven Religionen überlassen, zu sagen, was Religion ist. Diese Selbstauskunft erfolgt jedoch gerade nicht so, dass sie einen in der Perspektive des Christentums liegenden formal-funktionalen Allgemeinbegriff der Religion zu formulieren versucht. Die positive Religion des Christentums sagt bei Stoellgers Vorgehen nicht, was Religion im Sinne der Allgemeinheit dieses Begriffs ist. Sie sagt nur, was die christliche Religion ist, bzw. eben, was der christliche Glaube glaubt. Die Selbstauskunft der christlichen Religion darüber, was Religion ist, läuft strikt auf die kirchlich-dogmatische, von Kreuz und Auferstehung Jesu her definierte Auslegung des christlichen Glaubens zu. Es sind diesem von der Selbstauskunft der positiven Religion des Christentums bestimmten Religionsbegriff somit keine Gesichtspunkte zum Verständnis einer gelebten Religion abzugewinnen, die sich, wiewohl innerhalb der positiven Religion des Christentums gegeben, doch anders als in der kirchlichen Glaubenssprache ausdrückt.

Der Praktischen Theologie muss es, will sie sich zu einer empirisch-hermeneutischen Theorie der gelebten Religion ausbilden, darauf ankommen, im Ausgang von den positiven Religionen und in Kenntnis insbesondere der – schon biblisch – höchst vielfältigen Selbstauslegungen des christlichen Glaubens, einen formal-funktionalen Begriff der Religion zu entwickeln, der die Religionshaltigkeit von Phänomenen, Praktiken und Diskursen in der Kultur der Gegenwart auch dann verständlich macht, wenn sie sich nicht im Modus einer bestimmten, biblisch-dogmatisch normativ gesetzten Auslegung der christlichen Glaubensgehalte, somit der »positiven Religion« des Christentums darstellen. Dann erst wird die Praktische Theologie religions- und kulturhermeneutisch wahrnehmungsoffen und deutungsfähig. Sie kann die Präsenz religiöser Motivlagen und Ausdrucksformen auch außerhalb der theologischen und kirchlichen Kommunikationszusammenhänge erkennen. Sie macht die längst nicht mehr haltbare Unterscheidung einer Innen- von einer Außenperspektive auf die christliche Religion durchlässig. Sie kann so schließlich sogar im Blick auf die kirchlichen Handlungsvollzüge zeigen, ob und wie Menschen auch außerhalb der Kirche sich in eine christlich-religiöse Sicht auf Welt und Leben kommunikativ einbeziehen lassen.

4. Einer empirisch fundierten und religionshermeneutisch operierenden Praktischen Theologie legt es sich nahe, im Anschluss an Niklas Luhmann das gesellschaftliche Bezugsproblem der Religion in der Erfahrung von Kontingenz, in der Konfrontation mit dem Unverfügbaren und der Beobachtung von Unbeobachtbarem zu sehen. Mit diesem gesellschaftlichen Bezugsproblem der Religion können die Menschen auch auf nichtreligiöse Weise umgehen. Von nicht-religiöser Lebensführung machen zahlreiche Zeitgenossen Gebrauch. Ein kulturell dominanter Umgang mit dem Bezugsproblem der Religion ist die Praxis seiner Vernachlässigung, Verkennung und Leug-

nung. Religiös ist jedoch eine solche Praxis des Sich-Verhaltens zum Unverfügbaren zu nennen, bei der dieses in seiner Unbedingtheit Anerkennung findet. Zum religiösen Verhalten gehört insofern immer die Fähigkeit, das Bedingte vom Unbedingten zu unterscheiden. Im Lichte des formal-funktionalen Religionsbegriffs ist Religion dennoch kein Personenmerkmal, sondern ein kommunikativer Tatbestand. Sie zeigt sich dort, wo religiöse Probleme auch religiös und d. h. im Ausgriff auf eine transzendente Größe verstanden, somit kommunikativ aufgenommen oder auch abgewiesen werden.

In der mit Ingolf U. Dalferth gemeinsam verfassten »Einleitung«[6] in den Band zur »Hermeneutik der Religion« weicht Stoellger von seiner steilen, einen allgemeinen Religionsbegriff negierenden Behauptung ab. Er sucht jetzt doch, zusammen mit Dalferth, nach einem Allgemeinbegriff der Religion. Er fragt nach dem, was religiöse Lebensorientierungen von nichtreligiösen unterscheidbar macht. Des Näheren rekurrieren die beiden auch auf Luhmann und dessen Allgemeinbegriff der Religion, wonach Religion die symbolische Verarbeitung der Erfahrungen des Unverfügbaren betreibe. Jede Gesellschaft bilde einen religiösen Kommunikationscode aus, dessen Leistung es sei, zwischen Verfügbarem und Unverfügbarem, Vertrautem und Unvertrautem, unterscheiden zu können. Religiöse Kommunikation liege immer dann in der Gesellschaft vor, wenn diese Unterscheidung von Verfügbarem und Unverfügbarem, Vertrautem und Unvertrauten, im Vertrauten und Verfügbaren selbst vollzogen, also kommunikativ in die Gesellschaft eingeführt und bearbeitet werde. Auf dem Wege der Codierung, Symbolisierung und Ritualisierung religiöser Erfahrung baue die Gesellschaft eine Kultur des Verhaltens zum Unverfügbaren und Unvertrauten auf.

Auch Stoellger und Dalferth brauchen letztlich den von ihnen zunächst abgelehnten formal-funktionalen Begriff der Religion, um die Religion am Ort von Kultur und Gesellschaft wahrnehmen und transzendenzbezogene, auf Sinnbestimmungen des Unbestimmbaren ausgehende Äußerungen als religiöse deuten, sie damit theologisch anschlussfähig machen zu können. Ein formal-funktionaler Begriff der Religion öffnet einen diskursiven Raum, in dem sich menschliche Lebensäußerungen als religiöse zur Sprache bringen lassen, selbst dann, wenn sie von sich aus gar nicht als religiöse verstanden werden wollen.

Vielfältige hybride Formationen religiöser Symbol- und Ritualbildungen werden auf diese Weise kulturell sichtbar, säkularreligiöse Äquivalente der kirchlichen Lebensrituale ebenso wie die Phänomene medienreligiöser Netzwerkbildung und die unterschiedlichen Formen und Assoziationen einer Patchwork-Religion. Vor allem jedoch, es wird jede auf eine transzendente Sinnganz-

---

[6] *I. U. Dalferth/P. Stoellger*, Einleitung: Religion zwischen Selbstverständlichkeit, Unselbstverständlichkeit und Unverständlichkeit, in: *Dies.*, a. a. O., 1–20.

heit ausgreifende Lebensdeutung am Leitfaden dieses formal-funktionalen Religionsbegriffs als religiöse Sinndeutung explizierbar.[7]

5. Der formal-funktionale Begriff der Religion bestimmt Religion als eine kommunikative Deutungspraxis, die das endliche menschliche Leben ins Licht eines unendlichen, ganzheitlichen und notwendigen Sinnzusammenhanges rückt. Als im Unbedingtheitshorizont sich bewegende Lebenssinndeutungspraxis findet religiöse Kommunikation überall dort statt, wo Menschen sich zu der Frage danach äußern, was ihrem Leben einen Sinn gibt. Religion ist die symbolische Kommunikation letztinstanzlicher Lebenssinndeutung.

Der an Luhmanns Religionstheorie sich anschließende Soziologe Armin Nassehi[8] urteilt in der Auswertung qualitativer Interviews, die im Rahmen des »Bertelsmann Religionsmonitors« durchgeführt wurden, über die religiöse Lage in nachmodernen, »postbürgerlichen« Gesellschaften (knapp zusammengefasst) so: Die religiöse Sinnform scheint nach wie vor nicht nur notwendig, sondern in der gesellschaftlichen Kommunikation auch allgegenwärtig zu sein. Die Religion kehrt nicht nur wieder. Sie war nie verschwunden. Sie kann auch gar nicht verschwinden, weil gesellschaftliche Kommunikation ohne den Rekurs auf Ganzheit nicht auskommt, weil letztendlich Einzelnes nur Sinn macht, wenn dem Ganzen ein Sinn unterstellt werden kann. Wir können das Ganze der Welt und ebenso das Ganze des eigenen Lebens nicht erkennen und müssen doch davon reden, wenn wir auf den Sinn unseres Lebens zu sprechen kommen. Warum sind dann der Wahrheitsanspruch der christlichen Glaubenslehre und der in ihr erschlossenen Lebenssinndeutung so sehr an deren persönliche Aneignung und die Bildung einer eigenen Überzeugung gebunden?

Nassehis Antwort ist: Weil es neben der christlichen Lebensdeutung so viele weitere gibt, weil nicht mehr nur die Religionsgemeinschaften und Kirchen, sondern die Massenmedien religiöse Sinn- und Sprachformen gesellschaftlich präsent halten, weil die Gesellschaft überhaupt so ungeheuer komplex und unübersichtlich geworden ist, gerade mit ihren aufs Lebensganze ausgreifenden, somit potenziell religiösen Sinnmotiven und Sinnversprechen. Deshalb kommt es zur Pluralisierung, Individualisierung und Kulturalisierung des Religiösen, zu erheblichen Transformationen in der Codierung und Symbolisierung des Unbeobachtbaren und somit dann auch in der Konstruktion von ganzheitlichen Sinnzusammenhängen.

---

7 Vgl. *B. Weyel/W. Gräb (Hg.)*, Religion in der modernen Lebenswelt. Erscheinungsformen und Reflexionsperspektiven, Göttingen 2006.

8 Vgl. *A. Nassehi*, Religiöse Kommunikation. Religionssoziologische Konsequenzen einer qualitativen Untersuchung, in: *Bertelsmann Stiftung (Hg.)*, Woran glaubt die Welt? Analysen und Kommentare zum Religionsmonitor 2008, Gütersloh 2009, 169–204.

Dennoch, die Menschen sind durchaus bereit und in der Lage, wenn sie auf Religion, und eben dies in Gestalt der Frage nach Gott, Sinn und Glück, Leben und Tod angesprochen werden, auch religiös zu antworten. Aber, und das ist für Nassehi das »Postbürgerliche« daran: Sie tun dies so, dass sie nicht mehr auf ein Allgemeines und Objektives, eine normativ gültige Religionslehre Bezug nehmen, um davon ihren individuellen Glauben oder Nicht-Glauben abzuheben und in Zustimmung oder Kritik zu profilieren. Die Kirche und das, was dort gepredigt und gelehrt wird, spielen bei der lebensweltlichen Religionsproduktivität eine vergleichsweise geringe Rolle. Die Glaubensinhalte, die von der Kirche vertreten werden, stellen – sofern überhaupt bekannt – allenfalls ein frei kombinierbares Symbol-Material dar. Sie liefern Sprache und Vorstellungen in deren Anverwandlung sich die Menschen souverän zu den im Leben aufbrechenden Sinnfragen verhalten. Dieses ihr Verhalten ist insofern ein religiöses zu nennen, da mit ihm ja der Anspruch verbunden ist, die eigenen Beobachtungen des Unbeobachtbaren, die persönlichen Sinndeutungen, die subjektiven Gottes- und Jenseitsvorstellungen auszudrücken. Ob dabei Übereinstimmungen mit dem gegeben sind, was die ›verfasste Religion‹ bzw. die kirchlich verfasste Glaubensgemeinschaft lehrt, interessiert die Menschen zumeist nicht sonderlich.

Sofern die Kirche das Sinndeutungspotenzial der christlichen Glaubenslehre in die lebenspraktischen Selbstdeutungsinteressen der Menschen zu vermitteln vermag, sie die christliche Glaubenslehre in ihrer Lebenssinn erschließenden Kraft entfalten kann, dürfte sie, so gesehen, auch Gehör finden. Zu bemerken ist aber auch, dass die Menschen selbstbewusst unterschiedliche Vorstellungen und Fragmente aus den unterschiedlichen religiösen Symbolkulturen aufnehmen und zu kombinieren versuchen. Sie können ihre religiösen, d. h. auf transzendente Ganzheit ausgreifenden Sinnkonstrukte zudem mit Elementen säkularer, sogar atheistischer Weltanschauungen verbinden.

Konsistenzanforderungen, denen die theologische Dogmatik meint entsprechen zu müssen, werden in der »postbürgerlichen« Lebenswelt nicht mehr empfunden. Was in religiöser Kommunikation, Nassehis qualitativer empirischer Untersuchung folgend, allein Gewicht hat, ist dies, dass die religiöse Äußerung als *authentische* anerkannt sein will: ›Ich glaube das so.‹ ›Ich sehe das so.‹ ›Das ist meine Überzeugung.‹ Oder auch bei den in der Bertelsmann-Studie identifizierten sog. Hochreligiösen: ›Ich habe das so erfahren.‹ ›Ich habe das erlebt.‹

Religiöse Äußerungen arbeiten sich demnach nicht mehr, wie das in Zeiten der klassischen Moderne der Fall war, an allgemeinen Wahrheitsansprüchen oder den Paradoxien theologischer Denkfiguren ab. Sie messen sich ebenso wenig an der Autorität der Kirche und ihrer Verkündigung. Stattdessen wird auf die authentische Selbstpräsentation der eigenen Individualität, der eigenen religiösen Erfahrung oder Meinung der entscheidende Wert gelegt. Die eigene Person und ihre authentische Selbstmanifestation ist das Argument für die Wahrheit der religiösen Äußerung.

Das gilt nach Nassehi sogar für die sog. Hochreligiösen. Gerade sie äußern sich oft kritisch zur Kirche, ihrer Verkündigung und ihrer Theologie. Sie bemängeln, dass sie die Trinitätslehre nicht verstehen, dass sie die Predigten nicht ansprechen usw. Dagegen setzen sie ihre persönliche Gottesbegegnung und die Wende, die ihr Leben durch diese erfahren hat. Dabei kann es durchaus die Bibellektüre sein, auf die sie ihre Bekehrung zurückführen. Dennoch lebt auch ihre Präsentation der religiösen Erfahrung von der Berufung auf die eigene Person, die eigene Erfahrung und Überzeugung. Auch von den Hochreligiösen werden völlig inkommensurable religiöse Vorstellungen aufgenommen und miteinander verbunden. Nassehi nennt das die Kulturalisierung der Religion, die zu ihrer Subjektivierung hinzukomme.

6. Die religionshermeneutisch verfahrende Praktische Theologie befähigt zur religiösen Interpretation auch der sog. säkularen Kultur. Sie wird zu einer praktischen Kulturtheologie. Das heißt aber keineswegs, dass sie die Kirche aus dem Blick verliert. Im Gegenteil. Sie zeigt der Kirche, wie sie sich mit ihrer Praxis auf die veränderte Kultur des Religiösen in der Gesellschaft einzustellen hat. Die Kirche behält nicht nur die Aufgabe, die im christlichen Glauben erschlossene Lebenssinndeutung zu kommunizieren, die Chancen ihrer kommunikativen Kompetenz werden vielmehr erheblich gesteigert. Die kirchliche Praxis in Verkündigung, Bildung und Seelsorge erkennt schließlich die Aufgabe, diejenigen Lesarten der christlichen Glaubensüberlieferungen zu entwickeln, die sich auf ihren heute religiös anschlussfähigen Deutungssinn hin ausführen lassen. So beteiligt sich dann eine zur Kulturtheologie erweiterte, gleichwohl der Orientierung kirchlichen Handelns dienende Praktische Theologie daran, die biblisch-dogmatischen Glaubenslehren in eine Sprache zu übersetzen, die die christliche Lebenssinndeutung den Zeitgenossen neu verständlich macht, so dass sie sich in Zustimmung bzw. Ablehnung wieder dazu verhalten können.

Dass wir ein Einzelnes nur im Vorgriff auf ein Allgemeines verstehen können, das Allgemeine nur vom Besonderen her konkret wird, besagt schon der hermeneutische Zirkel, wie ihn etwa Rudolf Bultmann mit religionsthematischem Bezug beschrieben hat. Nur mit einem Vorverständnis von der Sache, um die es in einem Text geht, so Bultmann, werden wir den Text und das, was er zu dieser Sache zu sagen hat, verstehen. Nur wenn ich, fährt Bultmann in seinem Aufsatz zum »Problem der Hermeneutik«[9], bezogen auf die Auslegung religiöser Texte fort, ein Vorverständnis von Gott, zumindest in Gestalt der Frage nach ihm, in die Auslegung der biblischen Texte eintrage, werde ich ihre Rede von Gott und seinem Handeln verstehen können.

9 Vgl. *R. Bultmann*, Das Problem der Hermeneutik (1950), in: *Ders.*, Glauben und Verstehen. Gesammelte Aufsätze, 2. Bd., 4. Aufl., Tübingen 1965, 211–235.

Wie stellt sich heute das Vorverständnis von Gott, zumindest in Gestalt der Frage nach ihm, dar? Wenn die Frage nach Gott, wie schon Bultmann meint, in der Frage nach Sinn und Glück da ist, wie kann dann im Lichte solcher Fragen das Wort ›Gott‹ auch heute verständlich werden? Die letztlich auf die kirchliche Praxis der Kommunikation des Evangeliums ausgerichtete Praktische Theologie will mit ihrem empirisch religionshermeneutischen Vorgehen immer auch Licht in das religiöse Vor- bzw. eben richtige Selbstverständnis der Menschen bringen. Gerade deshalb geht es ihr dann aber auch um die empirische Wahrnehmung und religionshermeneutische Erschließung der Transformationen des Religiösen in der Kultur der Gesellschaft. Sie geht den hybriden Neubildungen des Religiösen ebenso nach wie der weithin unausdrücklichen Präsenz der religiösen Dimension in den lebenspraktisch mit unbedingtem Anspruch sich anmeldenden Lebenssinnfragen. Sie macht die religiöse Sinnkommunikation in populären Hollywoodfilmen, in der Popmusik und Fankultur, nicht zuletzt in den Online-Netzwerken der neuen Medien sichtbar. Indem sie mit ihren qualitativ-empirischen Untersuchungen die Menschen in ihrer Lebenswelt zu Wort kommen lässt, gibt sie vor allem aber Einblick in die religionsproduktiven Selbstdeutungen der Zeitgenossen.

Angesichts der Entgrenzung der Religion ins kulturell fluid gewordene Religiöse ist die Fähigkeit zur religiösen Interpretation der lebensweltlichen Sinnkommunikation zur entscheidenden Herausforderung einer praktisch-theologischen Religionsempirie bzw. einer empirisch fundierten praktisch-theologischen Religionshermeneutik geworden. Sie hat religiöse Lesarten kultureller Phänomene und Praktiken herauszuarbeiten. Dabei geht es grundsätzlich nicht darum, kulturelle Phänomene und Praktiken religiös zu vereinnahmen. Ziel ist es vielmehr, herauszufinden, ob alltagsweltliche Kommunikationen, auch solche, in denen sich die beteiligten Menschen selbst nicht religiös verstehen, für diese doch eine religiösen Ganzheitssinn konstituierende Funktion erfüllen.

Praktische Theologie geht mit ihrer empirischen Religionsforschung der Frage nach, ob sich mediale Symbolformen oder lebensweltliche Äußerungen von Menschen deshalb religiös deuten lassen, weil genau diese religiöse Deutung auch funktioniert, sie kommunikativ anschlussfähig erscheint und sich in ihrem Sinn auf evidente Weise erschließt. Sofern Menschen an religiöse Deutungsangebote kommunikativ anschließen, sie ihnen somit als religiöse Deutungsangebote verständlich werden, was auch im Modus ihrer Zurückweisung der Fall sein kann, kann gesagt werden, dass diese religiös funktionieren.

Die entscheidende Frage, die sich an die religiöse Kommunikation in der Kirche heute richtet, ist insofern ebenfalls religionshermeneutischer Natur. Es ist die Frage danach, ob die Menschen kommunikativ an die Deutungsangebote der kirchlichen Verkündigung anschließen können, ob sie diese in ihrem auf das Ganze gehenden Sinnerschließungsgehalt und damit in ihrer Lebenssinn generierenden Kraft verstehen und deshalb in ihnen die Bereitschaft erwächst, sie für sich selbst zu übernehmen oder eben auch zurückzuweisen. Deshalb muss die Praktische Theologie zuletzt immer auch dieses kirchliche Interesse verfolgen und dazu befähigen, den Lebenssinn schaffenden Deutungsgehalt des christlichen Glaubens so zu erschließen, dass dieser in den Horizont seiner je individuellen Aneignungstauglichkeit gerückt wird. Dazu gehört es, die Deutungssprache des christlichen Glaubens fortzubilden und in die der eigenen Gegenwart verständlichen Sprachen übersetzen zu können.

7. Angesicht der offenen Grenzen der kirchlich verfassten Glaubensgemeinschaft, der Individualisierung und Kulturalisierung der christlichen Religion und zuletzt des fluid gewordenen Religiösen, kann die zur Kulturtheologie erweiterte Praktische Theologie die potenziell religionshaltigen Phänomene, Praktiken und Kommunikationen in Kultur und Gesellschaft nur im Modus ihrer empirisch gesättigten, religionshermeneutischen Erschließung erfassen und der auf die kirchliche Kommunikationspraxis zielenden Praxisreflexion zugänglich machen. Auf der Basis ihrer religionsempirischen Forschung betreibt die Praktische Theologie eine auf unbedingte Sinngehalte ausgreifende Deutung der Deutung medialer oder lebensweltlicher Erfahrung. Als theologische Religionskulturhermeneutik zielt sie dabei auf die Steigerung der Anschlussfähigkeit kirchlicher Kommunikation an die lebensweltliche Sinnkommunikation, an die hybriden Formen religionskultureller Neubildungen wie auch ans fluid gewordene Kulturell-Religiöse.

Die Praktische Theologie, die sich im kirchlichen Interesse um eine empirisch fundierte und hermeneutisch bewusste Erschließung der Religion und ihrer Transformationen in den Kulturpraxen der Gesellschaft bemüht, kann zu ihrem Gegenstand, der Religion in der Kultur der Gegenwart, selbstverständlich kein exklusives Verhältnis beanspruchen. Die Praktische Theologie ist heute eine Stimme unter anderen im Konzert der Religionsdeutungen. Im wissenschaftlichen wie im gesellschaftsöffentlichen Diskurs der Religionsdeutungen muss die Praktische Theologie ihre empirisch fundierte Religionskulturhermeneutik mit der historisch-hermeneutischen Deutungskraft der biblisch-exegetischen, christentumshistorischen, religionssystematischen Disziplinen verbinden, ohne den Blick für die ihr spezifische Aufgabe, die Erkundung der religiösen Sinnbedürfnisse in der Gesellschaft und die Erschließung der Kommunikabilität des je gegenwärtigen Sinnpotenzials der christlichen Glaubenslehre aus den Augen zu verlieren.

Die Entgrenzung des »Positiven« im Christentum ins Fluid-Religiöse, zudem die gesellschaftliche Marginalisierung der Kirchen (in Ostdeutschland weit vorgeschritten), verstärken die an die Praktische Theologie gestellten, mit empirischer Fundierung anzugehenden, religionshermeneutischen Anforderungen. Sie muss ihren vormals kirchlich begrenzten Praxisbezug kulturpraktisch erweitern. Erweitert sich die auf die kirchliche Praxis bezogene Praktische Theologie zu einer die religiöse Dimension der Kultur ebenso in den Blick nehmenden

Kulturtheologie, dann muss die Religionshermeneutik zur *Religionskulturhermeneutik* werden. Es geht ihr dann um die empirische Erkundung und hermeneutische Erschließung auch der religiösen Dimension in der sog. säkularen Kultur, in Film und Literatur, Popmusik und bildender Kunst, Sport und Sexualität usw. Immer freilich ist sie sich dabei bewusst, dass zum einen deren Religionshaltigkeit selbst eine Frage ihrer Deutung ist und sie zum anderen eben diese Deutung im Lichte des kirchlich-christlichen Deutungswissens und damit letztlich auch wieder um der Orientierung der kirchlichen Kommunikationspraxis willen vornimmt.

8. Die Praktische Theologie muss auch ihre biblische Hermeneutik auf Religionshermeneutik umstellen. Sie muss die biblischen Texte als Ausdruck, Codierung und Symbolisierung religiöser Erfahrung lesen und sie in ihrem religiös sinnstiftenden Deutungsgehalt zu deuten versuchen.

Religionshermeneutisch muss die biblische Hermeneutik verfahren, sofern sie praktisch-theologisch und damit eben für die religions- und kulturhermeneutisch orientierte kirchliche Kommunikationspraxis in Predigt, Unterricht und Seelsorge brauchbar sein will. Die in die religiöse Kommunikationspraxis eingehende, damit praktisch-theologische Auslegung biblischer Texte muss zeigen können, dass diese von Ereignissen und Widerfahrnissen Zeugnis geben, die durch sie selbst als religiöse Erfahrung, als Erfahrungen der Selbsttranszendierung, als Gottesbegegnungen gedeutet worden sind. Im Weiteren kann dann die Fragerichtung auch umgekehrt werden. Dann ist es nicht mehr der formal-funktionale Allgemeinbegriff der Religion, an dessen Leitfaden die biblischen Texte als exemplarische Dokumente religiöser Erschließungserfahrungen verstanden werden. Im Ausgang von spezifischen Konturen des christlichen Gottesgedankens kann vielmehr bedacht werden, dass im christlichen Verständnis allein der Glaube, als bedingungsloses Gottvertrauen verstanden, das Gott gegenüber menschlich angemessene Verhalten ist.

Unsere religionskulturelle Situation ist allerdings eben die, dass solche theologisch steilen Umkehrungen die alltagsweltliche Plausibilisierung des Gottesgedankens und dessen Implikationen für die menschliche Lebenssinndeutung zur Voraussetzung haben. Erst muss die Frage beantwortet sein, was uns Menschen überhaupt dazu veranlassen kann, einen Gott zu denken, bzw. bestimmte Erfahrungen als Gotteserfahrungen zu deuten, bevor auf die Motivation gerechnet werden kann, sich über die christologisch bestimmte Eigenart des christlichen Gottesgedankens – im Medium der Auslegung biblischer Texte – Gedanken zu machen.

9. Die Praktische Theologie ist in ihrer intradisziplinären Kooperation darauf angewiesen, dass auch die Disziplinen der Christentums-, Kirchen- und Theologiegeschichte sowie die Dogmatik und Ethik auf religionshermeneutische Fragestellungen eingehen. Nur wenn die tradierten Gehalte des christlichen Glaubens in ihrem religiös sinnstiftenden Charakter so erschlossen werden, dass sich subjektive Evidenzen einstellen, kann in der modernen Kultur religiöse Traditionsvermittlung noch gelingen.

Darin liegt der praktische Zweck der Kirchen- und Christentumsgeschichte, dass sie die religiöse Kommunikationspraxis innerhalb und außerhalb der Kirche an den geschichtlichen Reichtum der christlichen Symbol- und Ritualkultur anschlussfähig macht. Die Hermeneutik der biblischen und kirchlichen Überlieferungen befähigt nach wie vor zu einer religiösen Deutungskompetenz, die zur Deutung je eigner Lebenserfahrung im Horizont des christlichen Deutungswissens befähigt. Religiöse Deutungsvollzüge haben heute ihr Charakteristikum jedoch eben darin, dass sie sich zugleich in einem relativ autonomen Verhältnis den christlichen Überlieferungen gegenüber bewegen. Auch religiöse Bildungsprozesse verlaufen nicht mehr im Schema der Vermittlung vorgegebener Traditionsbestände, sondern nach Maßgabe der Bereitschaft der Individuen, diese in den Vollzügen ihrer religiösen Selbstbildung zu integrieren – nach Maßgabe einer selektiven und von je gegenwärtigen Sinnbedürfnissen gesteuerten Wahrnehmung. Die Bereitschaft zur Aneignung tradierter christlicher Gehalte entwickelt sich nunmehr am ehesten dann, wenn die Tradition religionshermeneutisch aufgeschlossen und d. h. auf ihr religiös sinnstiftendes Potenzial durchsichtig wird.

10. Eine Praktische Theologie, die sich an empirischer (Religions-)Forschung beteiligt, befähigt dazu, die in der alltäglichen Lebenswelt der Menschen wie dann auch in der populären Medienkultur eingelagerten Sinnmotive und Sinnversprechen in ihrem oft verborgenen religiösen Gehalt zu deuten. Ihren religions- und kirchenpraktischen Zweck erfüllt sie im Wesentlichen genau damit, dass sie die religiösen Bedürfnisse, Einstellungen und Erwartungen der Zeitgenossen erkennt und zeigt, wie deren Bearbeitung an die christlich-religiöse Kommunikation in der Kirche und die von ihr mitverantworteten religiösen Bildungsprozesse anschlussfähig zu machen wäre.

Die empirisch fundierte Religionskulturhermeneutik wird zur zentralen Aufgabe der Praktischen Theologie im engeren Sinn (die ganze Theologie ist letztlich ja praktische Theologie). Am Leitfaden eines allgemeinen, formal-funktionalen Begriffs der Religion erforscht sie mit Methoden der empirischen Sozialforschung das Vorkommen religiöser Motive, Symbole und Rituale in der alltäglichen Lebenswelt sowie den verschiedenen Bereichen der Gegenwartskultur, in den Medien, in Kunst und Politik, Popmusik und Kino, Recht und Bildung. In praktischer Absicht zielt sie auf die kirchliche Anschlussfähigkeit des gegenwärtigen, in sich vieldeutigen und oft in seinem religiösen Gehalt nicht unmittelbar zu erkennenden religiösen Ausdrucksverhaltens. Insofern geht es ihr letztlich immer auch um die Weiterentwicklung und religiöse Wirksamkeit der überlieferten Symbolkultur des Christentums und damit um die Förderung der kirchlichen Glaubenskommunikation.

Was die empirisch fundierte Religionskulturhermeneutik zu einer praktisch-theologischen macht, ist insofern durchweg das Interesse an der förderlichen Ausübung des kirchlichen Christentums. Nur wenn in der Arbeit Praktischer Theologie zum besseren Verständnis kommt, was die Menschen in den verschiedenen Belangen ihres Lebens unbedingt angeht, wird sie auch dazu verhelfen, in den elementaren Vollzügen kirchlicher Praxis, in Predigt, Unterricht und Seelsorge, den christlichen Glauben so zur Sprache bringen zu können, dass seine religiös sinnstiftende und das Leben umfassend orientierende Kraft sich mitteilt.

Netzwerkanalyse – ein empirisches Paradigma zur Konzeptionalisierung von religiöser Sozialität?

Überlegungen zur wechselseitigen Erhellung von empirischen Methoden und praktisch-theologischen Konzepten

Birgit Weyel

1 Einleitung

Der Begriff des Netzwerks für zeitgenössische Formen von Sozialität hat Konjunktur. Netzwerke sind ein Thema der Medienwissenschaften, die die Funktionen von *Social Media* und die Rückwirkungen der Mediennutzung auf die Freundeskreise und Kontakte insbesondere jugendlicher Nutzer in den Blick nehmen. Netzwerke sind darüber hinaus ein zentrales Thema der Soziologie, und zwar im Besonderen der relationalen Soziologie, die bei den Grundlagen der Soziologie, der Erforschung der Beziehungen ansetzt. So geben Christian Stegbauer und Roger Häußling in ihrer Einleitung zum *Handbuch Netzwerkforschung* als eine der Ursachen für die Konjunktur des Paradigmas an: »Das Versprechen der Netzwerkforschung ist es nun, die Grundlage der Soziologie, nämlich die Beziehungen und Beziehungsgefüge in Betracht zu nehmen.«[1] Der Begriff des Netzwerks besitzt eine modische Plausibilität. Die Veränderungen im Kommunikationsverhalten und die Bedeutung der Pflege von Beziehungen verdichten sich im Begriff des Netzwerkes. So ist denn auch alltagssprachlich vom ›netzwerken‹ die Rede und vom Übergang in eine Netzwerkgesellschaft[2]. Die Verwendung des Begriffs ist mit erheblichen Unschärfen verbunden. Dieses Schicksal teilt er mit anderen zeitdiagnostischen Großbegriffen, die in der Praktischen Theologie aufgenommen werden, um gesellschaftliche Wandlungsprozesse zu beschreiben.[3] Das mag sich nur bis zu einem gewissen Grad vermeiden lassen, um Entwicklungen und Tendenzen aufzunehmen. Allerdings kann ein empirischer Ansatz in der Praktischen Theologie wesentlich dazu beitragen, empirische Phänomene

---

[1] *C. Stegbauer/R. Häußling*, Einleitung in das Handbuch Netzwerkforschung, in: *Dies. (Hg.)*, Handbuch Netzwerkforschung, Wiesbaden 2010, 13–15: 13.

[2] So *C. Schulz*, Seelsorge auf dem Weg in die Netzwerkgesellschaft, in: Pastoraltheologie 101 (2012), 341–358.

[3] Wie Individualisierung und Pluralisierung, Postmoderne, Spätmoderne u. a. m.

und praktisch-theologische Konzepte in Verbindung zu halten. Ich möchte daher dafür plädieren, Erscheinungsformen von Sozialität auf der einen Seite und Begriffe und Theoriekonzepte für Sozialität auf der anderen Seite stärker aufeinander zu beziehen.[4] Darin könnte der Beitrag der Praktischen Theologie als Theorie der gelebten Religion zur Theologie liegen, während mit der relationalen Soziologie das Gespräch über die Religionshaltigkeit von Beziehungen und Beziehungsgefügen geführt werden kann.

Mit Netzwerkanalysen als empirischen Erhebungsinstrumenten eröffnet sich ein lohnendes Forschungsfeld für die Praktische Theologie. Durch empirische Netzwerkanalysen kann die faktische Relevanz mediatisierter Kommunikation auch für die religiöse Praxis in den Blick genommen werden. Welche Bedeutung hat die webbasierte, mediatisierte Kommunikation tatsächlich für einen Austausch über Religion? Wie viel Religion ›enthalten‹ *Social Media*, und in welchem Verhältnis steht die Kommunikation im Internet zur Face-to-Face-Kommunikation, für die kirchliche Sozialisationskonzepte ausdrücklich eine Präferenz pflegen? Die Konzentration auf die Kommunikation unter Anwesenden dürfte mit der Rezeption von Niklas Luhmann in der Kirchen- und Pastoraltheologie in Verbindung stehen, da hier Interaktion definiert wird als ein Geschehen, bei dem »Personen in Hörweite und ihre Körper in Griffnähe« stehen.[5] Es bleibt allerdings zu fragen, ob diese Fokussierung auf persönliche Interaktion unter Anwesenden nicht eine willkürliche Ausgrenzung mediatisierter Kommunikation darstellt. Jedenfalls hat die Fokussierung auf Kommunikation unter Anwesenden Konsequenzen für die Kirchentheorie, sowohl hinsichtlich der Beschreibung von kirchlicher Sozialität, als auch in normativer Hinsicht. Ein favorisiertes Konzept wäre demnach die Ortsgemeinde und Vereine, in denen Menschen zusammenkommen und sich face-to-face engagieren. Theoretisch kann es auch zu einer Überschätzung der Konsequenzen des Mediennutzungsverhaltens kommen. Publizistische Strategien der Kirchen bauen jedenfalls darauf, eine neue Öffentlichkeit zu erreichen. Noch fehlen Einsichten darüber, wer welche religiösen Seiten aufruft, vor allem aber ob und welche Beziehungsgefüge

---

4 Ein Beispiel für eine gelungene Interdependenz von empirischer Forschung und Theoriebildungen in der Praktischen Theologie ist das Kasualchristentum im Kontext der Kasualtheorie. Mittlerweile zahlreiche und vielfältige Erhebungen zur Wahrnehmung der Kasualpraxis stehen in Wechselwirkungen zu einer dynamischen Entwicklung der Kasualtheorie. Die dritte Kirchenmitgliedschaftsuntersuchung hat dazu wesentlich beigetragen. *K. Engelhardt/H. von Löwenich/P. Steinacker (Hg.)*, Fremde Heimat Kirche. Die dritte EKD-Erhebung über Kirchenmitgliedschaft, Gütersloh 1997.

5 *N. Luhmann*, Die Gesellschaft der Gesellschaft, Frankfurt a. M., 812 ff. So zustimmend zitiert bei *I. Karle*, Der Pfarrberuf als Profession. Eine Berufstheorie im Kontext der modernen Gesellschaft, Gütersloh 2001, 59 mit Anm. 1.

entstehen, die auf ihre kirchliche Vergemeinschaftungsqualität hin befragt werden könnten.

Auf dem Feld der Netzwerkanalyse ist in den letzten Jahren sehr viel in Bewegung gekommen. Die Netzwerkforschung hält spannende Anregungen für die empirische Religionsforschung bereit, weil sie einen Ansatzpunkt liefert, um Erscheinungsformen von Religion und Sozialität in der Gegenwart zu untersuchen. Die Anregungen liegen auf zwei Ebenen: zum einen auf der Ebene der methodischen Erforschung des Verhältnisses von Individuum und Sozialität unter den Bedingungen translokaler, mediatisierter Kommunikation, zum anderen auf der Ebene der Begriffe und Theoriekonzepte, die sich mit der Netzwerkanalyse verbinden. Trotz der technisch-innovativen Seite des Medienwandels muss das Rad der Sozialitätskonzepte nicht ganz neu erfunden werden. Georg Simmel, Leopold von Wiese und andere Klassiker der verstehenden Soziologie können mit Gewinn wieder neu gelesen werden.[6]

Es soll im Folgenden darum gehen, den Begriff des Netzwerks und die Blickrichtung der sozialen Netzwerkanalyse näher in den Blick zu nehmen. Was ist ein Netzwerk, und was trägt das Netzwerk-Konzept für die Erforschung von Religion und Sozialität aus?

Erweist sich das Netzwerk-Konzept möglicherweise als tragfähig, um die Nachfolge solcher Begriffe anzutreten, die mehr und mehr ekklesiologisch verengt sind: Sei es, weil sie durch die kirchentheoretischen Diskurse konnotiert sind, sei es, dass sie neue, soziale Formen religiöser Vergemeinschaftung nicht angemessen abbilden.[7] Gewinne bringt die Netzwerkanalyse aber vor allem auf der Ebene der komparativen Forschung. Es würde die einseitige Betonung der Face-to-Face-Kommunikation zugunsten medialer Kommunikationsnetzwerke aufbrechen und den Weg für eine vergleichende Forschung von Sozialität möglich machen.

---

[6] Vgl. dazu *R. Häußling*, Relationale Soziologie, in: *C. Stegbauer/R. Häußling (Hg.)*, Handbuch Netzwerkforschung, a. a. O. (Anm. 1), 63–87.

[7] Hier ist an klassische religiöse Sozialitätskonzepte wie Gemeinde, Gemeinschaft oder Parochie zu denken. Wortverbindungen wie »Kirche bei Gelegenheit« (*M. Nüchtern*, Kirche bei Gelegenheit, Stuttgart 1991) oder »Gemeinde auf Zeit« (http://www.kirche-im-aufbruch.ekd.de/praxis/gemeinde_auf_zeit.php) signalisieren, dass die Pluralität religiöser und kirchlicher Vergemeinschaftung durch das etablierte Set nicht angemessen abgebildet werden kann. Vgl. auch die differenzierten Überlegungen von Jan Hermelink zum Thema Kirchenmitgliedschaft: *J. Hermelink*, Kirchliche Organisation und das Jenseits des Glaubens. Eine praktisch-theologische Theorie der evangelischen Kirche, Gütersloh 2011, 175ff.

2 Das ›Netzwerk‹ als Konzept

Der Begriff des ›Netzwerkes‹ ist ein transdisziplinäres Konzept, das in vielen Wissenschaften – Natur- und Kulturwissenschaften – verwendet wird. Grundlegend ist die Betrachtung von mehr oder weniger komplexen Phänomenen als ein Gebilde, das durch Verbindungen konstituiert wird. Auf dieser formalstrukturellen Ebene können sehr viele unterschiedliche Phänomene als Netzwerke betrachtet werden: Computer, die miteinander durch Datenaustausch verknüpft sind, der Warenhandel und vieles mehr. Im Folgenden soll der Netzwerkbegriff auf soziale Gebilde fokussiert werden, die aus sozialen Akteuren bestehen, die miteinander interagieren. Diese nähere Bestimmung hat Implikationen, die ich kurz entfalten möchte. Anders als in der die kirchentheoretische Debattenlage dominierenden Systemtheorie kommt im Rahmen der soziologischen Netzwerkforschung den sozialen Akteuren eine wichtige Rolle zu. Während die Systemtheorie den Menschen als Umwelt sozialer Systeme betrachtet, ist dieser in der ego-zentrierten, relationalen Netzwerkforschung wieder an zentraler Position eingesetzt. Allerdings ist der Akteur immer schon in soziale Beziehungen eingebettet. »Wenn man nicht nur fragt, wie Merkmale verteilt sind, sondern wissen möchte, was die Ursache dieser Verteilung ist, wenn man danach fragt, wie die soziale Struktur, die für unser Verhalten ausschlaggebend ist, zustande gekommen ist und welche Bedeutung diese hat, kommt man um die Netzwerkforschung nicht herum.«[8] Ein weiterer wichtiger Aspekt betrifft die Komplexität, die der Netzwerkbegriff impliziert. Netzwerke sind ein Konzept, das insbesondere darauf zielt, Sozialitäten darzustellen, die unterhalb der von Niklas Luhmann klassisch beschriebenen gesellschaftlichen Systeme, auf der Mesoebene[9], zu verorten sind. Zwar kann man mit dem Konzept ›Netzwerk‹ auch kleine soziale Gebilde erfassen und beschreiben. Ein Beispiel wäre hier die Konversionsforschung, die zeigen kann, dass durch spezifische Veränderungen in der Beziehungskonstellation eines Menschen eine Konversion begünstigt werden kann; es wird die Mikroebene betrachtet, wenn das persönliche, von Freundschaft und Verwandtschaft geprägte Beziehungsnetz eines einzelnen Menschen grafisch repräsentiert wird. Schließlich können auch sehr große Netzwerke dargestellt werden. Ein Beispiel dafür sind die globalen Kommunikationsströme von *facebook* oder die massenhafte Ausbreitung einer *twitter*-Nachricht. Ihren besonderen heuristischen Wert aber hat die Netzwerkforschung auf

---

8 *C. Stegbauer/R. Häußling*, a. a. O. (Anm. 1), 13.

9 Auf die Bedeutung der Mesoebene für die Kommunikation des Evangeliums auf der Grundlage des Wandels familaler Lebensformen hat Christian Grethlein hingewiesen: *C. Grethlein*, Praktische Theologie als Theorie der Kommunikation des Evangeliums. Ein Prospekt, in: Theologische Literaturzeitung 137 (2012), 623–639.

der Mesoebene im Zwischenraum zwischen nahen Kontakten (wie Familie und Freunde) und großen Organisationen (wie Kirche, Parteien etc.). Wenn man die heutige Gesellschaft als Netzwerkgesellschaft bezeichnet, dann ist thetisch impliziert, dass die sozialen Beziehungsgeflechte mittlerer Größe an Bedeutung gewinnen, während die Organisationen und Institutionen an sozialer Bindungskraft verlieren.

Das Netzwerk als Konzept hat eine weitere wichtige Implikation. Netzwerke sind offen für die mediale Konstitution von Konnektivität. Der Wandel, den der Mediengebrauch mit sich bringt, lässt sich in die Netzwerkforschung integrieren. Vergemeinschaftung durch regelmäßige Face-to-Face-Kommunikation kann ebenso mit dem Netzwerkparadigma betrachtet werden, wie Kommunikation in den *Social Media*, der regelmäßige Gebrauch von Mobiltelefonen, Internettelefonie und mobiles Internet. Auf diese Weise kommt eine entscheidende Pointe der modernen Kommunikation mit ins Spiel, ohne dass völlig auf die Wahrnehmung von sozialen Beziehungen unter Anwesenden zu verzichten wäre bzw. von vornherein die eine Form von Sozialität (Kommunikation unter Anwesenden) gegen die andere (mediatisierte Kommunikation) auszuspielen.

3 Die kulturelle Wendung der Netzwerkforschung

Die Analyse von Netzwerken erlaubt, ganz grundlegend gesagt, Konnektivitäten von sozialen Akteuren, ihre Positionen und Relationen im Netzwerk nachzuzeichnen. Die Anfänge der Netzwerkforschung waren sehr stark von der Mathematik geprägt. Die Konnektivitäten wurden grafisch visualisiert und entsprechend *weak ties* und *strong ties* identifiziert. Die Verfahren waren, und sind es vielfach noch, statistisch orientiert. Als soziokulturelle Formationen kommen die Netzwerke erst seit der kulturellen Wendung der Netzwerkforschung in den Blick. Die kulturelle Wendung der Netzwerkforschung verbindet sich wesentlich mit Harrison White, genauer seinem Buch *Identity and Control* (1. Aufl. 1992, 2. Aufl. 2008), in dem er die Bedeutung der Kultur für die Konstitution von Netzwerken entfaltet hat. Der »reine Strukturalismus, wie er in der Netzwerkanalyse hauptsächlich verfolgt«[10] wurde und in Teilen noch wird, ist damit zugunsten eines »cultural approach to social networks«[11] überwunden. Gemeinsam ist diesem mittlerweile in sich vielfältig aufgefächerten *cultural approach* die Einsicht, dass Netzwerke nicht nur reine Strukturen darstellen, sondern aus Narrativen

---

[10] *S. Mützel/J. Fuhse*, Einleitung: Zur relationalen Soziologie. Grundgedanken, Entwicklungslinien und transatlantische Brückenschläge, in: *Dies. (Hg.)*, Relationale Soziologie. Zur kulturellen Wende der Netzwerkforschung, Wiesbaden 2010, 7–35: 7.

[11] Ebd.

(*stories*) bestehen, die soziale Akteure zum Zwecke der Identitätskonstruktion einsetzen. »Netzwerke werden nicht als ›kulturlose‹ oder ›sinnfreie‹ Strukturen gedacht, die allein soziale Phänomene erklären könnten.«[12] Kultur und Sinn sind allerdings auch nicht einfach als ein freies Reservoir zu denken, auf das das Subjekt unvermittelt zugreifen könnte, sondern Kultur und Sinn sind relational zu verstehen. Somit geht es darum, beide Perspektiven in Kontakt zu halten: Die Struktur von Netzwerken *und* die individuellen Orientierungen, d. h. die kulturellen und die relationalen Praktiken im Zusammenhang mit den Beziehungsnetzen zu untersuchen.

Die Identitäten von Akteuren bilden sich in Netzwerken. Wer mit wem Kontakt hat, ist »von herausragender Bedeutung für die Konstitution des Sozialen.«[13] Das Individuum greift auf Narrative und kulturelle Formen zu, formt sie um und probiert sie in sozialen Netzwerken aus. White, als Sozial- und Wirtschaftswissenschaftler, betont, dass Selbstvergewisserung und Identitätskonstruktion wesentlich bestimmt sind durch die Aushandlung eines Standpunkts innerhalb des Netzwerks.

Meines Erachtens ist offensichtlich, dass die kulturelle Netzwerkforschung anschlussfähig ist an bereits vorhandene Modelle von Individualität und Sozialität, weil sie auf das soziale Handeln eines Subjekts in der Kultur zielt.

Die Netzwerkkommunikation ist somit konzeptionell nichts per se Neues, sondern hat Teil am Konzept der bürgerlichen Öffentlichkeit, indem »aus der Mitte der Privatsphäre heraus ein relativ dichtes Netz öffentlicher Kommunikation [entsteht]«[14]. Die Kommunikation in sozialen Netzwerken ist von Freiwilligkeit, Partizipation und Reziprozität geprägt. Von daher gibt es gute Gründe, die Wurzel des Netzwerkgedankens in der Salonkultur im Zeitalter der Aufklärung zu sehen. Der Salon steht für eine Verdichtung öffentlicher Kommunikationskultur, an der Menschen teilhaben, um unabhängig von ständisch-sozialen Kriterien in einen geselligen Verkehr miteinander einzutreten und gemeinsame Interessen zu pflegen.[15] Der Salon mit seinen von Vergemeinschaftungszwängen freien Formen der Partizipation ist bekanntlich das Modell für die moderne Kirchentheorie im Anschluss an Schleiermachers Zirkulation des religiösen Interesses geworden. Die Kommunikation in Netzwerken schließt meines Erachtens hieran nahtlos an, sie bietet als ›freie Geselligkeit‹ dynamisches Potenzial in ei-

---

[12] A. a. O., 9.

[13] Ebd.

[14] *J. Habermas*, Strukturwandel der Öffentlichkeit, Frankfurt am Main 1990, 13 (1962).

[15] Vgl. dazu *B. Weyel*, Praktische Bildung zum Pfarrberuf. Das Predigerseminar Wittenberg und die Entstehung einer zweiten Ausbildungsphase evangelischer Pfarrer in Preußen, Tübingen 2006, 120; sowie: *U. im Hof*, Das gesellige Jahrhundert. Gesellschaft und Gesellschaften im 19. Jahrhundert, München 1982, insb. 185.

nem Möglichkeitsraum, in dem das Individuum sozialer Akteur ist, nicht nur Rezipient. Es bieten sich interaktive Möglichkeiten, Anteil zu haben an den Narrativen der *alteri* und als *ego* seine *stories* mitzuteilen. Beide Formen der Netzwerkkommunikationen, die mediale und die Kommunikation unter Anwesenden haben ein begrenztes Set an Darstellungsmöglichkeiten, beide bieten aber auch je eigene Chancen.

4 Erscheinungsformen von Sozialität unter den Bedingungen der Individualisierung

Sozialität ist für das moderne Individuum immer eine ambivalente Angelegenheit. Zugespitzt spricht Manfred Prisching von der paradoxalen Anziehung bzw. Abstoßung, die Sozialität auf das moderne Individuum als »Grauen und Sehnsucht« gleichermaßen ausübt:

> »Keiner will sich binden, verpflichten, in eine Kontinuität hineinmanövrieren; jeder will unabhängig und spontan sein können. Aber die Luft ist dünn bei einer solchen Lebensweise, und auf dem Gipfel der Entscheidungsfreiheit ist man so allein wie die reisenden Manager in den Bars der Luxushotels, die ihre Verlorenheit mit teurem Whiskey wegspülen. In dieser unbehaglichen Situation sucht das freigesetzte Individuum nach Einbettungen. Es will dazugehören. Es will geborgen sein. Es braucht Verlässlichkeit.«[16]

Gelegenheiten der temporären Vergemeinschaftung, so Prisching, ermöglichen es einerseits Gemeinschaft zu erleben, andererseits bleibt der Verbindlichkeitsgrad der Beziehungen überschaubar. Die Beziehungen können jederzeit wieder aufgelöst werden oder werden von vornherein nur auf Zeit eingegangen.

Prisching schlägt zwar einen kritischen Ton an, der in einer wissenschaftlichen Analyse stört. Die besondere emotionale Erlebnisqualität temporärer Vergemeinschaftungen, »Spots einer Vergemeinschaftung, die man intensiv erlebt und doch nicht ernst nimmt«[17], beschreibt er aber prägnant: »Das Erfolgskriterium der temporären Vergemeinschaftung ist und bleibt das individuelle Erleben. Im Vergemeinschaftungserlebnis ist nicht die Gemeinschaft, sondern der *Widerschein der Gemeinschaft im Individuum* das Wichtige.«[18]

---

16 *M. Prisching*, Paradoxien der Vergemeinschaftung, in: *R. Hitzler/A. Honer/M. Pfadenhauer (Hg.)*, Posttraditionale Gemeinschaften. Theoretische und ethnografische Erkundungen, Wiesbaden 2008, 35–54: 39.

17 A. a. O., 38.

18 Ebd.

Michel Maffesoli hat diese flüchtigen Vergemeinschaftungsprozesse als Neotribalismus bezeichnet.[19] Im Unterschied zu traditionalen Stammeskulturen sind die neuen Stämme durch Durchlässigkeit, Flüssigkeit und Flüchtigkeit charakterisiert. Der moderne Nomade muss sich nicht zwischen Stämmen entscheiden, sondern partizipiert, von Modeströmungen hin- und hergetrieben, mal hier, mal da. Hatte 1887 Ferdinand Tönnies noch die Gesinnung als Zusammenhalt der Gemeinschaft bestimmt, konstituieren sich neue Stämme wesentlich auf der Grundlage von Gefühlen. Die neotribalistische Gemeinschaft unterscheidet sich von der traditionalen Gemeinschaft, der Gesellschaft, aber auch von der Gruppe oder der Szene durch das Affektive. In ihr gibt es, zugespitzt gesagt, kein Wir, sondern eher die Mit-Ichs als Resonanzraum des Ich.[20]

Vieles von dem, was hier angesprochen wird, ist in der Praktischen Theologie bereits im Zusammenhang der ästhetischen Erfahrung und der Ästhetisierung der Lebenswelt beschrieben worden.[21] Im Blick auf das Verhältnis von Individuum und Sozialität ist die Ambivalenz von Gemeinschaftserleben wesentlich. Unter den Bedingungen der Individualisierung sind auch die Gesellungsgebilde, an denen das Individuum temporär partizipiert, Mittel zum Zweck, das »eigene Leben« (Ulrich Beck) zu leben. Die Formen der Geselligkeiten sind Gefäße individueller Neigungen, an denen man teilhat, weil man unterstellt, bestimmte, begrenzte Gemeinsamkeiten könnten der Realisierung je eigener Vorstellungen und Interessen förderlich sein.[22]

Es greift allerdings zu kurz, wenn man die Funktion der gelebten Sozialität nur von Affektivität bestimmt sieht. Grundlegender noch ist die Kommunikation als ein soziales Handeln zu verstehen, das das Verhältnis von Individuum und Sozialität konstituiert. Gesellungskonzepte wie Szenen, Stämme, aber auch Gruppen, Milieus, Cliquen und Gangs bilden das soziale Handeln der Akteure nur unzureichend ab. Anders der Netzwerkbegriff, der sowohl offen ist für starke und schwache Konnektivitäten, als auch das Moment der Flüchtigkeit und Temporalität integriert, indem er den prozesshaften Umbau seiner Netzwerkstrukturen mit sich führt. Das Verknüpfen und Lösen von Netzwerkverbindungen ist ein wesentlicher Fokus der Netzwerkforschung. Was aber bedeutet es für die Kommunikation in Netzwerken, wenn diese sich nicht mehr nur unmittelbar vollzieht, sondern durch die Neuen Medien basiert ist?

---

19 *R. Hitzler/A. Honer/M. Pfadenhauer*, Zur Einleitung: »Ärgerliche« Gesellungsgebilde?, in: *Dies. (Hg.)*, a. a. O. (Anm. 16), 9–31: 23.

20 *F. Tönnies*, Gemeinschaft und Gesellschaft. Grundbegriffe der reinen Soziologie. Wissenschaftliche Buchgesellschaft, Darmstadt 2005.

21 Vgl. beispielsweise *W. Gräb*, Sinnfragen. Transformationen des Religiösen in der modernen Kultur, Gütersloh 2006.

22 *R. Hitzler*, Brutstätten posttraditionaler Vergemeinschaftung. Über Jugendszenen, in: *Ders./A. Honer/M. Pfadenhauer (Hg.)*, a. a. O. (Anm. 16), 55–72.

5 Erscheinungsformen von Sozialität unter den Bedingungen der Medialisierung

Auf die religionskulturellen Rückwirkungen der Massenmedien und auf die »Raum- und Zeitdifferenzen überwindende Interaktionsgemeinschaft«[23] im Internet hat insbesondere Wilhelm Gräb hingewiesen. Im Unterschied zur Face-to-Face-Kommunikation in einem Kontext der Ko-Präsenz mit einem geteilten raum-zeitlichen Referenzsystem schafft der Gebrauch von technischen Medien translokale Konnektivität. Die Beteiligten der mediatisierten Kommunikation agieren in unterschiedlichen Kontexten, die räumlich und/oder zeitlich unterschiedlich sind. Indem die translokale Interaktion auf bestimmte Adressaten bezogen wird, also ein bestimmter Interaktionspartner angerufen oder angemailt wird, ist sie als eine translokal adressierte Kommunikation zu verstehen.

Das Spezifische des Internets aber ist, dass es Kommunikationsformen integriert, die sich sowohl der personalen Kommunikation, also der gerichteten Kommunikation, als auch der öffentlichen Massenkommunikation zurechnen lassen. Die Kommunikation im Netz ist daher als eine translokale mediatisierte Quasi-Interaktion zu beschreiben. Sie richtet sich, anders als die translokal adressierte Kommunikation, »an ein unbestimmtes Potential von Anderen«.[24] ›Quasi-Interaktion‹ bedeutet: dass es sich um ein Kommunikationsgefüge mit offenen Rändern handelt. Die Kommunikation ist nicht adressiert, indem sie sich wie die Massenkommunikation an alle möglichen Adressaten richtet. Die offenen Strukturen des Netzwerks haben das Potenzial, grenzenlos zu expandieren, immer neue Knoten zu bilden, aber Netzwerke haben faktisch ihre Grenzen darin, dass diese Vernetzungen nicht notwendig stattfinden müssen. Die Differenz von öffentlicher und privater Kommunikation im Netz ist teilweise aufgehoben. Das erklärt sich durch den Modus der quasi-interaktionalen Kommunikation. Sie ist am Code orientiert, der in der adressierten Kommunikation Verwendung findet. Der Adressatenkreis ist aber tendenziell für ein weites Spektrum von Interaktionspartnern geöffnet. Gerade die Grenzen von Netzwerken sind ein interessantes Thema, weil sie nicht klar zu bestimmen sind. Während das System als in sich abgeschlossen von seiner Umwelt unterschieden ist, ist mit Blick auf Netzwerke von einer Unschärfe an den Rändern auszugehen, während die Kommunikation sich im Inneren verdichtet.

Auch wenn der Zugang zum Internet und die Verfügbarkeit mobilen Internets nicht für alle Menschen gleichermaßen gegeben ist, ist unsere Kultur den-

---

23 *W. Gräb*, Sinn fürs Unendliche. Religion in der Mediengesellschaft, Gütersloh 2002.

24 *A. Hepp*, Kommunikationsnetzwerke und kulturelle Verdichtungen, in: *J. Fuhse/C. Stegbauer (Hg.)*, Kultur und mediale Kommunikation in sozialen Netzwerken, Wiesbaden 2011, 13–29: 16.

noch wesentlich als Medienkultur zu bestimmen. Die Medien stellen die primären Bedeutungsressourcen zur Verfügung. Medienkulturen sind »die Summe der verschiedenen, primär medienvermittelten Klassifikationssysteme und diskursive Formationen, auf die in alltagsweltlichen Praktiken Bezug genommen wird, um Dingen Bedeutung zu geben.«[25] Die Fokussierung auf Kommunikationsnetzwerke bringt in diesem Zusammenhang den Strukturaspekt kommunikativer Konnektivität zur Geltung. Die Übergangs- und Unschärfebereiche zwischen verschiedenen Medienkulturen können analysiert werden.

Die Rückwirkung der Neuen Medien auf Vergemeinschaftungsprozesse lässt sich wesentlich so beschreiben, dass deren kulturelle Verdichtung sowohl – wie bisher – territorialisiert, als auch deterritorialisiert, stattfindet. Neben lokale Vergemeinschaftungen, den Wissensgemeinschaften, deren Mitglieder lokal, dauerhaft zusammenleben und die einen Großteil ihres Wissens teilen, weil dieses weitgehend unausgesprochen, habitualisiert und routiniert ist, treten von Mediatisierung, Entkontextualisierung und Anonymisierung bestimmte Kommunikationsnetzwerke, die die Abnahme des gemeinsamen Wissens durch eine Zunahme der Kommunikation ausgleichen. Kommunikation gewinnt somit an Bedeutung. Kommunikationsnetzwerke verdichten sich dann zu Kommunikationsgemeinschaften, wenn sie Gemeinsamkeiten der Kommunikation und ihrer Objektivierung in soziale Strukturen umsetzen, d. h. gemeinsame Themen traktiert werden, gemeinsame Codes und Formen gepflegt werden.[26] Solche ortsübergreifenden Vergemeinschaftungen sind stets symbolisch vermittelt und damit vorgestellt (eine *invention*), so wie dies Benedict Anderson im Blick auf das Konzept der Nation[27] entfaltet hat.

---

25 A. a. O., 22.

26 Vgl. *H. Knoblauch*, Kommunikationsgemeinschaften. Überlegungen zur kommunikativen Konstruktion einer Sozialform, in: *R. Hitzler/A. Honer/M. Pfadenhauer (Hg.)*, a. a. O. (Anm. 16), 73–88.

27 *B. Anderson*, Die Erfindung der Nation. Zur Karriere eines folgenreichen Konzepts, 2. Aufl., Frankfurt a. M. u. a. 1996. Andreas Hepp unterscheidet vier deterritorialisierte Vergemeinschaftungen: Die Diaspora mit vorwiegend ethnischen Aspekten, die populärkulturellen Gemeinschaften, die in sich durch Themen aufgefächert sind, soziale Bewegungen, die durch politische Aspekte bestimmt sind und schließlich religiöse Vergemeinschaftungen. Für Letztere gilt, was für alle anderen auch gilt, dass sie nicht neben und außerhalb territorialisierter Vergemeinschaftungen stehen, sondern diese in sich integrieren. Sie bestehen sowohl aus Netzwerken lokaler Gruppen, als auch aus einem translokalen Sinnhorizont, der durch mediatisierte Interaktionen aufrechterhalten wird und auf eine deterritoriale Erstreckung hin offen ist. Dabei sind die Kommunikationsnetzwerke immer weiter zu fassen als die sozialen Netzwerke. Vgl. *A. Hepp*, a. a. O. (Anm. 24), und: *Ders.*, Medienkommunikation und deterritoriale Vergemeinschaftung. Medienwandel und die Posttraditionalisierung

Die Religion als eine »soziale Tatsache, noch bevor sie institutionalisiert wird«[28], ist als ein symbolisches Universum zu verstehen, das in den Narrativen präsent ist, an denen die sozialen Akteure partizipieren. Hier, im kommunikativen Zwischenraum von Individuum und Sozialität werden Sinn und Bedeutung konstruiert. Die subjektive Erfahrung wird in ein Deutungsschema integriert, mit Sinn ausgestattet und somit ›transzendiert‹.[29] Der soziale Charakter der Religion lässt sich vor allem in seiner Funktion für die Identitätskonstruktion des Individuums sichtbar machen. Die Netzwerkkommunikation, in gesteigertem Maße die medial-vermittelte Netzwerkkommunikation, zielt strukturell auf diese Konstruktionsprozesse ab, »die Wirklichkeitsstücke durchzumustern, auszuwählen und abzuwägen, sie gleichsam zu einer Kulisse zu arrangieren, vor der sich der Mensch als Person darstellen kann.«[30] Ihr Merkmal ist ja gerade die kreative, selbstbestimmte, selbsttätige Partizipation, nicht die subjektive Entsprechung zu institutionellen Vorgaben. Die Vermittlung von sozialer Selbsterfahrung, Situationsausdeutung und kultureller Wertdeutung vollzieht sich immer schon unter Verarbeitung religiöser Aussagen und Symbole.[31]

6 Methodische Perspektiven der qualitativen Netzwerkanalyse

Die Netzwerkanalyse bietet vielfältige Ansatzpunkte für die Erforschung religiöser Vergemeinschaftung. Ihr großer Vorzug liegt darin, dass sie Vergemeinschaftungen in deterritorialisierten Kommunikationsnetzwerken in den Blick nimmt und auch wechselseitige Bezüge zwischen lokalen und weltweiten Netzwerken in einer vielfältig geprägten Medienkultur abbilden und nachvollziehen kann.

Man kann die Auswirkungen des Medienwandels nicht so einfach benennen, ohne mit Vereinfachungen arbeiten zu müssen, wie etwa die, dass Religion im Netz spiritualisiert oder fundamentalisiert werde.[32] Die empirische Religions-

---

translokaler Vergemeinschaftungen, in: *R. Hitzler/A. Honer/M. Pfadenhauer (Hg.),* a. a. O. (Anm. 16), 132–150.

[28] *T. Luckmann,* Die unsichtbare Religion, Frankfurt a. M. 1991, 79.

[29] Im Anschluss an die Ausführungen zu Luckmann von Volkhard Krech, in: *V. Krech,* Georg Simmels Religionstheorie, Tübingen 1998, 260.

[30] Zur Gruppe: *V. Drehsen,* Religion – der verborgene Zusammenhalt der Gesellschaft, in: *Ders.,* Der Sozialwert der Religion. Aufsätze zur Religionssoziologie, hg. von *C. Albrecht/H. M. Dober/B. Weyel,* Berlin u. a. 2009, 39 f.

[31] *Ders.,* Neue Religiosität aus der Sicht eines Soziologen, in: a. a. O., 370.

[32] So *A. Hepp,* Medienkommunikation und deterritoriale Vergemeinschaftung (Anm. 27).

forschung zielt allerdings darauf, die sozialen und kulturellen Kontexte, die Symbole und kommunikativen Muster, die der Darstellung und Mitteilung der gelebten Religion dienen, genauer zu erheben. Mit Hilfe der Netzwerkanalyse können zumindest erste Schneisen in die Vielfalt religiöser Vergemeinschaftungsprozesse geschlagen werden. Im Sinne dieser Schneisen könnten folgende drei Perspektiven der empirischen Forschung interessant sein.

1. Insofern Religion als transzendentes Sinn- und Bedeutungssystem nicht selbstverständlich wie in der Wissensgemeinschaft geteilt wird, bedarf es der emblematischen Markierung von Religion *als* Religion. Kommunikationsnetzwerke könnten insbesondere daraufhin beobachtet werden, wie die Religion als Sinnhorizont in sozialen Netzwerken kommunikativ ausgehandelt wird und wie sich über religiöse Themen soziale Vergemeinschaftungen bilden bzw. nicht bilden. Dabei wären insbesondere die Ränder von Netzwerken und sogenannte »kulturelle Löcher« von Interesse.

2. Gruppenkommunikationen, wie man sie zum Beispiel im Rahmen der vierten Kirchenmitgliedschaftsuntersuchung erhoben hat,[33] bilden nur ein Segment sozialer Vernetzungen des Individuums ab. Es ist daher weiterführend, wenn man, ausgehend von einem sozialen Akteur, dem Individuum, die Komplexität von dessen Netzwerkpartizipation zu erheben versucht. Dabei ist es wichtig, die Vielfalt der die Kommunikationen basierenden Medien mit einzubeziehen, da sie die Kommunikation wesentlich prägen. Ego-basierte Netzwerkkarten sind bereits verwendet worden, um Einblicke in die kommunikative Konnektivität von Migranten und Migrantinnen zu gewinnen. Im Blick auf religiöse Vergemeinschaftung könnten sie ebenfalls sinnvoll eingesetzt werden. Hier wäre auch eine Möglichkeit, die situative Funktion der Parochie mit in den Blick zu nehmen.

3. Qualitative Interviews zur eigenen Identität und der emotional grundierten Zugehörigkeit zu sozialen Netzwerken könnten Aufschluss bieten über die Medienaneignung unterschiedlicher sozialer Akteure, etwa bei Jugendlichen etc. Medientagebücher können diese Interviews ergänzen. Wie bildet sich Identität durch Kommunikation? Welche religiöse Qualität hat die Steigerung von Kommunikation selbst? Es liegt auf der Hand, dass die alltagsweltliche Einbettung des Individuums in Kommunikationsnetzwerke selbst eine religiöse Qualität gewinnt. Konnektivität in Netzwerken dürfte eine neue Form von Sozialität sein, die die Individualität des Individuums nicht in Frage stellt, sondern vielmehr erst möglich macht.

---

[33] *J. Hermelink/I. Lukatis/M. Wohlrab-Sahr* (Hg.), Kirche in der Vielfalt der Lebensbezüge. Die vierte EKD-Erhebung über Kirchenmitgliedschaft. Band 2: Analysen zu Gruppendiskussionen und Erzählinterviews, Gütersloh 2006.

Sozialitätskonzepte sind stets verbunden mit theoretischen Implikationen, die Aussagen über das Zustandekommen der Sozialitäten, ihre Integrationskraft, das Verhältnis zur Umwelt, ihre Funktionsweisen und vieles mehr treffen. Das Set der Sozialitätskonzepte, die in der Kirchentheorie Anwendung finden, ist verhältnismäßig eng umrissen. Vieles spricht dafür, dass die Konzepte zwar unterschiedliche religiöse und kirchliche Organisationsformen abbilden können, aber möglicherweise gerade neue, flüchtigere Formen von Sozialität und solche Beziehungsgebilde, die durch mediatisierte Kommunikation entstehen, nur am Rande in den Blick kommen. Die soziale Netzwerkanalyse bietet eine Vielfalt empirischer Methoden, die auf die sozialen Beziehungen zielen und zugleich diese in ihrer Vielfalt darzustellen vermögen und damit in exemplarischer Weise zur wechselseitigen Erhellung von empirischen Methoden und praktisch-theologischen Konzepten und damit zu einer empirisch basierten Praktischen Theologie[34] beitragen können.

---

34 *B. Weyel*, »Kenntnis des wirklichen Lebens.« Von der Empirie in der Praktischen Theologie, in: Pastoraltheologie 97 (2008), 328–341.

Kasualwirklichkeiten

Zur Bedeutung empirischer Forschung für das Verständnis heutiger Taufpraxis

Kristian Fechtner / Christian Mulia

In Wirklichkeit ist die Realität ganz anders.
(Rainer Hasard)

Christliche Religion ist eine Lebenswirklichkeit. So ist Praktische Theologie, die darauf aus ist, die zeitgenössischen Formen gelebten Christentums zu erkunden, um in ihnen den Gegenwartssinn und die Bedeutung des christlichen Glaubens kritisch zu erschließen, auf empirische Einsichten angewiesen.[1] Dies betrifft auch die Taufpraxis, die im Folgenden exemplarisch für empirische Kasualforschung betrachtet werden soll. Das Interesse des Beitrags ist allerdings nicht, die bislang vorliegenden Studien zur Taufe vorzustellen und ihre Erträge möglichst vollständig zu referieren. Uns interessiert vielmehr, ob und inwiefern den empirischen Untersuchungen spezifische Blickwinkel und vorgängige Themenstellungen eingeschrieben sind, die ihre Wahrnehmung präformieren, und in welcher Weise Einsichten der empirischen Forschung im kirchlichen Zusammenhang rezipiert werden. Dies wird am Beispiel von quantitativen und qualitativen Studien erörtert. Vor diesem Hintergrund kann dann nach der Bedeutung, d. h. nach der Aufgabe, den Möglichkeiten und den Grenzen, *empirischer Religionsforschung in praktisch-theologischer Perspektive* gefragt werden.

---

1 Vgl. *K. Fechtner*, Praktische Theologie als Erkundung, in: *Ders.*, Späte Zeit der Volkskirche. Praktisch-theologische Erkundungen, Stuttgart 2010, 155–168.

2 Vgl. *H. Hild (Hg.)*, Wie stabil ist die Kirche? Bestand und Erneuerung. Ergebnisse einer Meinungsbefragung, Gelnhausen u. a. 1974, 352 f.; *J. Hanselmann u. a. (Hg.)*, Was wird aus der Kirche? Ergebnisse der zweiten EKD-Umfrage über Kirchenmitgliedschaft, Gütersloh 1984, 100; *K. Engelhardt u. a. (Hg.)*, Fremde Heimat Kirche. Die dritte EKD-Erhebung über Kirchenmitgliedschaft, Gütersloh 1997, 98; *W. Huber u. a. (Hg.)*, Kirche in der Vielfalt der Lebensbezüge. Die vierte EKD-Erhebung über Kirchenmitgliedschaft, Gütersloh 2006, 70.

Antwortvorgabe	1972	1982	1992 West	2002 West
(1) Das Kind wird mit der Taufe in die Gemeinschaft der Gläubigen aufgenommen.	82	75	90	92
(2) Ein Kind wird getauft, damit es zur Kirche gehört.	85	73	85	86
(3) Ein Kind wird getauft, weil es christlich erzogen werden soll. 1972: Ein Kind wird getauft, damit es christlich erzogen werden *kann*.	75	74	77	77
(4) Ein Kind wird getauft, weil das einfach dazugehört. 1972: Ein Kind wird getauft, weil die meisten es so machen; es geschieht aus alter Tradition. 1982: Ein Kind wird getauft, weil die meisten es so machen.	63	29	61	62
(5) Die Taufe ist vor allem eine Familienfeier. 1972: Die Taufe hat keine Bedeutung für das Kind – sie ist in erster Linie eine Familienfeier.	40	40	62	64
(6) Ein Kind wird getauft, damit ihm die Erbsünde vergeben wird.	29	—	—	—
(7) Ein Kind wird getauft, damit seine Seele keinen Schaden nimmt.	30	—	—	—
(8) Mit der Taufe wird ein Kind unter den Schutz Gottes gestellt.	—	66	74	81
(9) Ein Kind wird getauft, damit es später kirchlich getraut werden kann.	78	58	69	65
(10) Ein Kind wird getauft, damit es ein anständiger, guter Mensch wird.	39	—	—	—
(11) Ein Kind wird getauft, damit es keine Schwierigkeiten in Schule und Beruf hat.	41	—	—	—
(12) Ein Kind wird getauft, damit ihm für die Zukunft nichts verbaut wird.	—	31	50	44
(13) Mit der Taufe wird der Beginn eines Lebensweges gefeiert.	—	56	72	69
(14) Die Taufe ist ein Fest, bei dem die Namensgebung öffentlich bekräftigt wird.	—	—	—	63
(15) Ein Kind wird getauft, um Schaden von ihm abzuhalten.	—	—	—	41

Abb. 1: Die Bedeutung der Taufe in den vier Kirchenmitgliedschaftsuntersuchungen der EKD 1972–2002 (Zustimmung in Prozent)[2]

1 Taufe empirisch: die Kirchenmitgliedschaftsuntersuchungen der EKD

Den Ausgangspunkt der Kirchenmitgliedschaftsuntersuchungen (KMUs), die im Bereich der EKD seit Anfang der 1970er-Jahre regelmäßig durchgeführt werden, bildet keine theologische Wesensbestimmung von Kirche, sondern deren soziologische Betrachtung als *Organisation*, zu der sich die Evangelischen als *Mitglieder* – mehr oder weniger entschieden – in Beziehung setzen. »Deshalb wird nicht überprüft, ob und wie die Mitglieder den Erwartungen der Kirche entsprechen, sondern gefragt, wie sie selbst ihre Mitgliederrolle verstehen und welche Erwartungen gegenüber der Kirche ihre Mitgliedschaft begründen«.[3] Wenn vor diesem Hintergrund nach dem Sinn der Taufe gefragt wird, dann werden die vorgegebenen Antworten nicht biblisch-theologisch oder dogmatisch-bekenntnismäßig entwickelt, sondern aus dem – von den empirisch Forschenden vermuteten bzw. unterstellten – Blickwinkel der Taufeltern konzipiert. Im Antworttableau wird deshalb bewusst auf lehrhafte Formulierungen der theologischen Tradition verzichtet. Es ist konsequent, wenn die einzige Wendung aus der ersten KMU, die in diese Richtung zielt (Nr. 6: »Ein Kind wird getauft, damit ihm die Erbsünde vergeben wird.«), in den Folgeuntersuchungen herausgenommen wird. Die Frage nach der Bedeutung der Taufe sucht diese in lebensweltlichen Zusammenhängen, die in der Taufe christlich-religiös grundiert, normiert oder transzendiert werden, sowie in der kirchlichen Bindung der Subjekte. *Bedeutung* der Taufe ist in der Perspektive einer solchen Befragung bereits ein voraussetzungsvoller, konzeptioneller Begriff. Er bemisst nicht (nur) ein Wissen um den kirchlich geprägten Sinngehalt, das sich die Befragten zu eigen machen, sondern gibt (auch) zu erkennen, inwiefern die Taufe für diejenigen, die an ihr teilhaben, *bedeutsam* ist. In den standardisierten Antworten artikulieren sich nicht nur »Meinungen«[4], denen man individuell zustimmen kann oder nicht, sie bringen immer auch Wünsche, Hoffnungen, Befürchtungen und Erfahrungen zur Geltung, die sich mit der Taufe verbinden oder an sie herangetragen werden.

Bereits *Friedrich Niebergall* kann vor mehr als hundert Jahren in seiner Programmschrift der modernen Kasualtheorie die »Stimmung der Beteiligten«, die zwischen »Sorge« und »heller Freude« changiert, zum Gefühlsraum erklären, in dem die Bedeutung der Taufe situiert ist.[5] Mit der ihm eigenen Beobachtungsgabe notiert er Motive der Eltern, ihr Kind zur Taufe zu bringen, die unschwer auch in den heutigen Voten ihren Widerhall finden: Es seien, so die alte Klassifikation, »magische Anschauungen«, die der Taufe anhaften und ihr eine beson-

---

3 *H. Hild (Hg.)*, a. a. O. (Anm. 2), 38.

4 So formuliert es die Einleitung zu dieser Frage in den KMUs.

5 *F. Niebergall*, Die Kasualrede, 2. Aufl., Göttingen 1907, 71–74.

dere Schutzwirkung zuschreiben (Nr. 15: »[...] um Schaden von ihm abzuhalten«); verbreitet sei »der Wunsch nicht aufzufallen« (Nr. 4: »[...] weil das einfach dazugehört«); man lasse das Kind taufen, um ihm »Ungelegenheiten im späteren Leben zu ersparen« (Nr. 11: »[...] damit es keine Schwierigkeiten in Schule und Beruf hat« / Nr. 12: »[...] damit ihm für die Zukunft nichts verbaut wird«); es mag aber auch das »Herzensbedürfnis« bestehen, in der Taufe Gottes »Segen auf sein junges Haupt herabzuflehen« (Nr. 8: »In der Taufe wird ein Kind unter den Schutz Gottes gestellt.«).

Angesichts des spezifisch kirchlichen Erkenntnisinteresses, das den KMUs eingeschrieben ist, kommt der Taufe eine *Schlüsselstellung* zu: »Sie ist der Beginn der Zugehörigkeit zur Kirche, sie setzt gemeinhin als erste Station den Ausgangspunkt für die kirchlich-religiöse Sozialisation im eigenen Lebenslauf und sie beinhaltet – zumindest bei den noch immer ganz überwiegenden Kindstaufen – die Willensbekundung von Eltern, die christliche Botschaft an die Nachfolgegeneration weiterzugeben.«[6] Dies lässt sich empirisch daran festmachen, dass bei der Frage zur Bedeutung der Taufe die darauf verweisenden Antwortoptionen (Nr. 1–3) in den Kirchenbefragungen mit Abstand die höchste Zustimmung gefunden haben. Wenn jedoch daraus gefolgert wird, dass »[d]ie Bedeutung der Taufe [...] von den Kirchenmitgliedern überwiegend in Übereinstimmung mit der kirchlichen Lehre gesehen (wird)«[7], dürften Zweifel angebracht sein. Mit der Taufe, so lässt sich zurückhaltender sagen, verbinden die Befragten das Motiv der Zugehörigkeit. Evangelischen Kirchenmitgliedern ist bewusst und es ist für sie offenkundig bedeutsam, dass ein getauftes Kind »in die Gemeinschaft der Gläubigen aufgenommen« wird bzw. dass es getauft wird, »damit es zur Kirche gehört« und »weil es christlich erzogen werden soll«. Alle drei Voten speisen sich aus dem Grundbestand kirchlicher Lehre, nach der selbst aber explizit nicht gefragt wird. Die Befragten verorten sich bzw. ihr Kind in einem Lebens- und Traditionszusammenhang, sie antworten mithin auf die Frage: Wo gehöre ich, wo gehört mein Kind hin? Ob und inwiefern sie damit zugleich mit der kirchlichen Lehre *übereinstimmen*, ist damit noch nicht ausgemacht. Die Anlage der Untersuchung legt vielmehr eine vorsichtigere, aber möglicherweise präzisere Deutung nahe: Das Taufverständnis der Kirchenmitglieder ist *anschlussfähig* an und *resonanzfähig* für substanzielle Momente der kirchlichen Tauflehre, ohne dass gleichsam von außen unterstellt werden müsste, es sei mit ihr identisch. Von einer Schlüsselstellung der Taufe wäre dann – über den kirchenmitgliedschaftlichen Aspekt hinaus – in zweifacher Hinsicht zu sprechen: Zum einen werden in den Antwortvorgaben tauftheologische Traditionen auf heute gelebte Kirchlichkeit hin geöffnet. Zum anderen erschließen sich die Befragten mit den

---

6 *K. Engelhardt u. a. (Hg.)*, a. a. O. (Anm. 2), 95; vgl. *H. Hild (Hg.)*, a. a. O. (Anm. 2), 95f.

7 *W. Huber u. a. (Hg.)*, a. a. O. (Anm. 2), 69.

vorformulierten Voten (oder gegebenenfalls auch gegen sie) die Bedeutung der Taufe, die sie ohne eine solche »Sprachhilfe« möglicherweise so gar nicht zum Ausdruck bringen (können).

In der Gesamtschau der vier EKD-Studien fallen drei weitere Aspekte ins Auge:

(1) Den größten Zuwachs an Zustimmung seit 1992 verzeichnet die Bedeutung der Taufe als *Familienfeier* (Nr. 5), was auf eine zunehmende lebens- und familiengeschichtliche Verankerung der Kasualien hinweist. »Eine Mehrheit wünscht Taufe und Konfirmation, Trauung und Beerdigung, will den Ritus und das Fest zur Verarbeitung lebenszyklischer Erfahrungen, zur Strukturierung der Individual- und Familienbiographie.«[8] Nun ist der enge Zusammenhang von kirchlichem Akt und familiärem Leben ein Signum neuzeitlicher Taufpraxis insgesamt, man denke nur an die Stichworte ›Haustaufe‹ oder ›Patenamt‹. Praktisch-theologisch sind die Befunde der KMUs doppelt interessant: Erstens fällt der signifikante Bedeutungszuwachs der Taufe als Familienfeier in die Phase, in der die familialen Beziehungen in den vergangenen drei Jahrzehnten in sich vielfältiger und nicht selten prekärer geworden sind. Zweitens markiert die Formulierung »vor allem« eine implizite Akzentuierung, die – zumindest was das Taufgeschehen angeht und die Art und Weise, wie es erlebt wird – auch als Abgrenzung gehört werden kann: Taufe ist vorrangig bedeutsam als familiäres, nicht als gemeindliches Ereignis. Der Befund verweist zurück auf eine kontroverse praktisch-theologische Diskussion: Ist der ausgeprägte Familiencharakter lebensweltlicher Horizont oder lebensweltliche Herausforderung, Stärke oder Problem heutiger Taufpraxis?

(2) Mit Ausnahme der Befragung von 1982, in der vermutlich die »institutionskritische Grundstimmung«[9] im Zuge der 68er-Bewegung durchschlug, bejahen rund 60% der Befragten die Taufe als *Konvention* (Nr. 4: »Ein Kind wird getauft, weil das einfach dazugehört.«). Insbesondere im Rahmen der dritten KMU wird indes die Unterstellung eines unreflektierten Traditionalismus abgewiesen: »Eine Interpretation, die darin nur eine inhaltsleere, opportunistische Anpassungshaltung sehen will, greift zu kurz. In diesen Aussagen schwingt vieles mit: die Bejahung einer kulturellen und geistigen Heimat, die Verwurzelung in einer Familientradition, eine Standortbestimmung in der Generationenfolge.«[10] Der Traditionsübernahme kommt demnach eine identitätsstiftende Funktion zu, die sich – wie aktuelle Interviewauswertungen bestätigen (vgl. 3) – mit überleg-

---

[8] *Studien- und Planungsgruppe der EKD (Hg.)*, Fremde Heimat Kirche. Ansichten ihrer Mitglieder. Erste Ergebnisse der dritten EKD-Umfrage über Kirchenmitgliedschaft, Hannover 1993, 18.

[9] *W. Huber u. a. (Hg.)*, ebd. (Anm. 2).

[10] *Studien- und Planungsgruppe der EKD (Hg.)*, ebd. (Anm. 8).

ten Entscheidungsprozessen verbinden, wobei die Taufeltern »im weiten Rahmen der Tradition« durchaus »neue religiöse Deutungsmuster« hinzufügen können.[11] Die Neubewertung des sog. Gewohnheitschristentums relativiert die kirchensoziologischen Thesen, die einlinig auf die Kategorie der biografischen Entscheidung abgestellt sind, und unterfüttert kirchentheoretische Wahrnehmungen in der späten Zeit der Volkskirche.

(3) Im Laufe der Untersuchungsreihen sind neue Antwortvorgaben hinzugekommen, die bei den Befragten auf hohe Resonanz stoßen: Im Jahr 2002 stimmen etwa zwei Drittel der Westdeutschen der Aussage zu, dass »mit der Taufe der Beginn eines Lebensweges gefeiert wird« (Nr. 13), und sie sehen in der Taufe ein Fest, »bei dem die Namensgebung öffentlich bekräftigt wird.« (Nr. 14) An dieser Stelle wird noch einmal deutlich, dass die empirische Religionsforschung in einem konstruktiven Wechselverhältnis mit ihrer eigenen praktisch-theologischen Reflexion steht. In den 1990er Jahren ist *Lebensgeschichte* zu einem Leitmotiv der Praktischen Theologie geworden, Biografie erscheint als derjenige Ort, an dem gelebte Religion zum Thema wird und zur Geltung kommt. Dabei war insbesondere die erste KMU-Auswertung mit ihrer Entdeckung der Kasualfrömmigkeit ein entscheidender Impuls für die biografische Wende im Fach.[12] In einer hermeneutischen Schleife kehren nun in der jüngsten Studie Einsichten und daraus folgende Perspektivierungen in die Befragung selbst zurück, sie akzentuieren, differenzieren und erweitern die Wahrnehmung. Zugleich geben die Ergänzungen (ebenso wie die Reduktion von Antwortvorgaben an anderer Stelle) zu erkennen, dass die empirischen Untersuchungen nicht nur Momentaufnahmen und Ausschnitte gelebter Kirchlichkeit darstellen, sondern sie selbst *zeitgemäß* hervorbringen. Dies sind ihre Produktivkraft und ihre Grenze gleichermaßen.

Kurzum: Die empirischen Kirchenmitgliedschaftsuntersuchungen zur Taufe sind keine schlichte »Abfrage« dessen, was ist oder was Menschen von sich aus mit der Taufe verbinden. Sie sind als Element theoretisch und theologisch angeleiteter Erkundungen im kirchlichen Kontext *konstruktive Wahrnehmungs- und Interpretationsstudien.*

---

[11] A. a. O., 19.

[12] Vgl. *K. Fechtner*, Sehhilfen. Zur Bedeutung soziologischer Einsichten für die neuere praktisch-theologische Kasualtheorie, in: *G. Wegner (Hg.)*, Gott oder die Gesellschaft? Das Spannungsfeld von Theologie und Soziologie, Würzburg 2012, 199–214; J. Matthes, Volkskirchliche Amtshandlungen, Lebenszyklus und Lebensgeschichte. Überlegungen zur Struktur volkskirchlichen Teilnahmeverhaltens, in: ders. (Hg.), Erneuerung der Kirche. Stabilität als Chance?, Gelnhausen u. a. 1975, 83–112. Weiterführende Impulse gingen von Joachim Matthes' Entwurf einer »[i]ntegrale[n] Amtshandlungspraxis« (101) aus. Die Betroffenen seien darin zu unterstützen, die »gesellschaftlichen Unbestimmtheiten in der Struktur des Lebenszyklus […] auf der Ebene der Lebensgeschichtlichen Erfahrung« (96f.) zu verarbeiten.

2 Taufwirklichkeit zwischen Theorie und Praxis: Das Taufbuch der EKU (2000) und die EKD-Orientierungshilfe (2008)

Empirische Theologie weitet den Blick auf die Wirklichkeit. Sie ist selbst zeitgebunden und auf Zeitgenossenschaft aus. Heute bewegt sie sich im spätmodernen Spannungsverhältnis zwischen kirchlich tradiertem bzw. dogmatisch fixiertem Glauben und individueller sowie gemeinschaftlich praktizierter Religiosität. Dabei übernimmt Empirische Theologie eine *Anwaltschaft für die gelebte Religion im Kontext des Christentums*, d. h. für die religiösen Empfindungen und Erfahrungen sowie ihrer unter Umständen diffusen und heterodoxen Deutungen seitens der Subjekte. »Nicht um die Anwendung der gelehrten Religion, sondern um den Kontakt der Theologie zum gelebten Leben geht es hier, ohne dass Leben und Lehre vordergründig gegeneinander ausgespielt werden dürften.«[13]

Exemplarisch soll im Folgenden nachgezeichnet werden, wie zwei neuere kirchliche Publikationen zur Taufe Bezug auf empirische Einsichten nehmen, ob bzw. wie diese theologisch wahrgenommen und auf kirchliche Praxis hin zur Geltung gebracht werden.

2.1 Das »Taufbuch« der EKU (UEK) (2000)

Mit dem neuen »*Taufbuch*«[14] reagierten die unierten Landeskirchen auf eine »verändert[e] kirchlich[e] Situation in der Gegenwart« (9), die auch die Taufpraxis umgreift. Bewusst wird die Pluralität heutiger Lebenskontexte aufgenommen, wenn die Taufe eines Kleinkindes, eines älteren Kindes und eines Erwachsenen als drei gleichberechtigte Optionen nebeneinandergestellt werden. Durch das neu eingefügte Element der Tauferklärung und Bewillkommnung (angeregt durch die Lima-Erklärung zur Taufe) »wird die ekklesiologische Bedeutung der Taufe unterstrichen und die Einfügung in die Gemeinde in sinnvoller Gestalt weitergeführt.« (25) Eine bewusste Neuerung liegt darin, *nonverbale Elemente* in der gottesdienstlichen Liturgie zu stärken: einerseits durch den fakultativen Gebrauch der Sinnzeichen (Kreuzeszeichen, Taufkerze und Taufgewand), andererseits durch Empfehlungen zur Gestaltung der Taufstätte und zu Ortswechseln im Kirchenraum (vgl. 32–34, 43 f.). Wenn die Taufhandlung mit der Frage eröffnet werden kann, welchen Namen das Kind hat, zeigt sich, dass auch die agendarisch geformte Taufliturgie mit der lebensweltlichen Bedeutung der Taufe ver-

---

13 *H.-G. Heimbrock*, Empirische Theologie als Erforschung Gelebter Religion, in: *Ders./ A. Dinter/K. Söderblom (Hg.)*, Einführung in die Empirische Theologie. Gelebte Religion wahrnehmen, Göttingen 2007, 72–83: 79.

14 *Kirchenkanzlei der EKU (Hg.)*, Taufbuch. Agende für die Evangelische Kirche der Union, Bd. 2, Berlin u. a. 2000.

schränkt wird: »Die Taufe ist ein Fest, bei dem die Namensgebung öffentlich bekräftigt wird.« (KMU IV, s. o.). Das neue Taufbuch, so lässt sich erkennen, nimmt (empirische) Beobachtungen sowohl als Herausforderungen wie auch in den liturgischen Gestaltungsoptionen auf: Es bestätigt, dass sich Taufe sukzessive vom Ereignis der Geburt weg verschiebt; es baut das Motiv der Zugehörigkeit aus; es akzentuiert das Taufgeschehen als sinnenhaftes Erlebnis; es gibt der biografischen Deutung Raum im Ritual.

Nun hebt die unierte Agende heraus, dass es sich bei der Taufe zwar um ein einmaliges Ereignis im Leben handelt, sie jedoch »der Hinführung und Weiterführung [bedarf], um sich in ihrer Bedeutung voll zu entfalten. So wird die Taufe zum Anfang und zum Inhalt eines Wachstumsprozesses, der sich über das ganze Leben erstreckt.« (20) Auch hier wird die Taufpraxis in eine dezidiert lebensgeschichtliche Perspektive gerückt. Es fällt allerdings auf, dass neutestamentliche und bekenntnisbezogene »Grundlinien des Taufverständnisses« (13–19) ausgezogen werden, um den Sinngehalt zu skizzieren, während die Handlungsmotive und Taufdeutungen der Eltern unberücksichtigt bleiben, jedenfalls nicht explizit aufgenommen werden. Dieser theologisch-deduktive und tendenziell belehrende Ansatz schlägt sich insbesondere in den Empfehlungen für das Taufgespräch nieder, in dem »Grund, *Bedeutung* und Ordnung der christlichen Taufe *verdeutlicht* werden [sollten]. Einzelne Elemente der Taufe können *erklärt* werden, so vor allem die Bedeutung des Glaubensbekenntnisses bei der Taufe.« (26, Hervorh. von K. F./C. M.) Außerdem seien die Eltern und Paten »auf ihre Verpflichtung zur Erziehung im christlichen Glauben« (ebd.) anzusprechen, wobei die sich unmittelbar anschließenden Ratschläge – religiöse Literatur im Rahmen des Taufgesprächs bereitzustellen, Elternseminare zur Taufvorbereitung einzurichten oder zum Taufgedächtnis im Elternhaus anzuleiten – unschwer zu erkennen geben, dass mit Erklärungen und Verpflichtungen einer Situation aufgeholfen werden soll, die durch die gegenwärtige Taufpraxis gerade nicht gewährleistet ist. Die Einsichten der empirischen Forschung und ihrer praktisch-theologischen Reflexion werden an dieser Stelle in den Modus des »Sollens« übersetzt. Das hängt damit zusammen, dass die Agende über sich selbst hinausgreift, wenn sie durch die »Ordnung« hindurch auf »Bedeutung« aus ist. Der Sinn der Taufe lässt sich nicht theologisch vorab bestimmen, um ihn dann agendarisch zu vermitteln, sondern er erschließt sich (erst) dort, wo die Beteiligten mit ihren eigenen Empfindungen und Vorstellungen Zugang finden zum gottesdienstlichen Taufgeschehen. Was für eine kirchlich verantwortete Taufe zu gelten hat, sagt die Agende; wie die Taufe bedeutsam wird, fragt eine empirisch instruierte Praktische Theologie. Beide Aspekte fallen nicht in eins.

2.2 Die EKD-Orientierungshilfe zur Taufe (2008)

Anlass für die »Orientierungshilfe«[15] sind zwei zentrale Problemanzeigen gewesen: Zum einen ließ es die ausufernde Vielfalt von Taufdeutungen und -praktiken geboten erscheinen, »die allgemein geltenden und verbindlichen Grundelemente des evangelischen Taufverständnisses und der evangelischen Taufpraxis« darzustellen und »mögliche Irrwege« abzuweisen (12). Zum anderen fehle es in den Gemeinden oftmals an einer befriedigenden »unterweisende[n] Begleitung der Taufe, sowohl in der Vorbereitung als auch in der lebenslangen Vergegenwärtigung und Deutung der eigenen Taufe [also der Nachbereitung].« (16) Genauer betrachtet enthält die kirchliche Stellungnahme zwei sehr unterschiedliche Konzepte, wie Tradition und Situation einander zugeordnet werden:

Im Aufriss dominiert ein *erster Ansatz*, demzufolge die »biblischen und kirchengeschichtlichen Vergewisserungen« und die »tauftheologischen Grundlegungen«, die vorangestellt sind, den »Horizont [bilden], innerhalb dessen diese Empfindungen, Bedürfnisse und Deutungen [sc. der Taufbeteiligten, K. F./C. M.] ausgelegt werden müssen« (41). Damit scheint der theologische Bedeutungsgehalt der Taufe bereits hinreichend und im Grunde abschließend bestimmt, bevor die Taufpraxis und das, was sie für die Subjekte bedeutsam macht, in den Blick genommen werden. Die kirchliche Lehre stellt gewissermaßen die Inhalte bereit, die in die Lebensvollzüge hinein vermittelt werden sollen. Die folgenden praktischen Empfehlungen, die kaum mit den theologischen Grundlegungen verbunden sind, nehmen wieder konstruktiv Bezug auf empirische Wahrnehmungen, die bereits zu Beginn als Fragestellung eingeführt worden sind.[16] Neben diesem ersten findet sich ein *zweites hermeneutisches Modell* innerhalb der Orientierungshilfe, das einen anderen Akzent setzt. Es sieht, vom Taufgespräch ausgehend, weniger einen Unterweisungsbedarf, sondern nimmt »Bildungschancen« (49) wahr, d. h., es zielt darauf, »mit Eltern und Paten über elementare Zusammenhänge des christlichen Glaubens ins Gespräch zu kommen.« (50) Verbunden ist damit die Annahme, dass in den Empfindungen, Bedürfnissen und Deutungen, die sich mit der Taufe verbinden, die Beteiligten »ihren eigenen Glauben« (45) neu entdecken. In ihm chiffriert und artikuliert sich eine »*theologia popularis*« (39), die wiederum die kirchlich-dogmatischen Überlieferungen herausfordert.

In der Orientierungshilfe selbst bleiben beide Konzepte unvermittelt.[17] Gerade wenn man mit guten theologischen Gründen daran festhält, dass die Glau-

---

15 *Kirchenamt der EKD (Hg.)*, Die Taufe. Eine Orientierungshilfe zu Verständnis und Praxis der Taufe in der evangelischen Kirche, Gütersloh 2008.

16 So wird beispielsweise die geringe Taufquote nicht verheirateter evangelischer Mütter ebenso bedacht (vgl. a. a. O., 14, 53) wie Veränderungen im Taufalter (vgl. a. a. O., 15, 42–44).

17 Vgl. aber zwei Beiträge, in denen Autoren der Orientierungshilfe in je unterschiedlicher

bensüberlieferung einen »Bedeutungsüberschuss« (8) enthält, wird man sich nicht mit dem ersten Ansatz begnügen können, der die häufig konstatierte Differenz von zeitgenössischem Taufbewusstsein und kirchlich formulierter Taufdogmatik im Grunde noch einmal ratifiziert. Im Gegenzug ist aber das zweite Modell darauf angewiesen, dass eine empirische Kasualforschung noch einmal sehr viel genauer, als dies quantitative Erhebungen können, den Tiefensinn gegenwärtig gelebter Taufpraxis konturiert und das, was die Taufe für die Beteiligten bedeutsam werden lässt, zugänglich macht, um es (praktisch-)theologisch wahrnehmen zu können.

3 Neuere empirische Forschung: Religiöse Sinngehalte gegenwärtigen Tauferlebens und ihre praktisch-theologische Erschliessung

Hartnäckig hält sich die Annahme, dass die Praxis der Taufe heute weithin von den Beteiligten ohne rechten Sinn für ihre religiöse Dimension wahrgenommen wird, theologisch seien die Taufbegehrenden ohnehin kaum sprachfähig. Die kirchliche Taufpraxis beruhe, so kann die Einschätzung zugespitzt werden, auf einer Art »bedeutungsvoller Indifferenz«[18]; sie sei offenbar für die Beteiligten bedeutsam, obwohl für sie die Taufe gar keine (bestimmte) Bedeutung habe. In jüngster Zeit haben *Christoph Müller* (im Folgenden: C. M.) und *Regina Sommer* (R. S.) zwei empirische Studien vorgelegt, die dieser konventionellen Wahrnehmung eindrücklich entgegentreten.[19] In beiden Arbeiten wird deutlich, wie die Taufe ihres Kindes für die Eltern – auch für die Patinnen und Paten, die Großeltern und andere Beteiligte – ein Raum ist, der in vielfältiger Weise und nicht selten in sich widersprüchlich existenzielle Lebenserfahrungen birgt. Diese können sich mit religiösen Empfindungen und Deutungen verbinden. Es sind gerade die Ambivalenzen – etwa die spannungsvolle Gefühlslage zwischen dem Dank

---

Weise die Überlegungen an anderer Stelle (selbst-)kritisch weiterführen: *K. Fechtner/L. Friedrichs*, Taufe und Taufpraxis heute. Praktisch-theologische Anmerkungen im Anschluss an eine Studie des Sozialwissenschaftlichen Institutes der EKD, in: Praktische Theologie 44 (2009), 135–145; *N. Slenczka*, Theologia popularis. Beispiel Taufkatechese: Realistische Möglichkeit oder frommes Wunschdenken?, in: Praktische Theologie 45 (2010), 83–91.

18 Vgl. *P.-A. Ahrens/G. Wegner*, Ungebrochene Akzeptanz der Taufe bei verheirateten Eltern – Erhebliche Taufunterlassungen bei Alleinerziehenden – Verbesserungsmöglichkeiten beim Taufvollzug. Analysen zum Taufverhalten der evangelischen Bevölkerung in Deutschland, Hannover 2006, 10.

19 Vgl. *C. Müller*, Taufe als Lebensperspektive. Empirisch-theologische Erkundungen eines Schlüsselrituals, Stuttgart 2010; *R. Sommer*, Kindertaufe – Elternverständnis und theologische Deutung, Stuttgart 2009.

für das Kind und die Sorge um es; die Diskrepanz zwischen familiären Bedürfnissen und gemeindlichen Belangen; der Widerstreit zwischen Generationenfolge und individueller Freiheit –, die Menschen dafür empfänglich und ihnen zugänglich machen, was in der Taufe symbolisch zur Darstellung und zur Geltung gebracht wird.

Der Praktischen Theologie fällt hierbei eine *Wahrnehmungs- und Vermittlungsaufgabe* zu, die mehrere Aspekte umfasst: Eine *bestimmte* Bedeutung gewinnt Taufe nur in ihren lebensweltlichen Konstellationen; in einer »kontextuellen Tauftheologie« (344 R. S.) sind die spezifischen biografischen, familiären, gemeindlichen und gesellschaftlichen Zusammenhänge wahrzunehmen, in die die Beteiligten eingebunden sind. Eine risikoreiche Schwangerschaft, eine markante Familiensituation, milieuspezifisch unterschiedliche Hoffnungen oder Befürchtungen, eine Behinderung des Kindes oder besondere Erfahrungen in der Gemeinde – dieses und vieles mehr konturieren die Taufmotive und die Deutungen des Taufgeschehens. Es gilt, die alltagsreligiöse Bedeutung der Taufe in den Äußerungen der Beteiligten aufzuspüren. Sie sorgsam zu eruieren, unterbricht manche binnentheologischen Sprachspiele. Zugleich aber werden bei gründlicher Recherche, auch dies zeigen die Erkundungen von Sommer und Müller, Bedeutungsaspekte und Sinnlinien artikuliert, die mit Bildern und Deutungen der biblisch-christlichen Tauftheologie in einen »wechselseitige[n] Auslegungs- und Bildungsprozess« (353 R. S.) gebracht werden können, um sie in ihrem eigenen Sinngehalt zum Ausdruck zu bringen und über die Grenze dessen hinauszuführen, was sie selbst zu artikulieren vermögen. Praktische Theologie bildet in dieser Weise eine *empirisch-kritische Hermeneutik* aus, die von der Einsicht geprägt ist, dass jede »Tradierung« zugleich eine »Kontextualisierung« darstellt, in der die Überlieferung verändert, weitergeschrieben und je neu entdeckt wird (vgl. 222 f. C. M.).

Den an der Taufe Beteiligten wird in dieser Perspektive eine eigene »religiöse Kompetenz« zugetraut (vgl. 162–166 C. M.), die auch dort erkennbar wird, wo Transzendenzerfahrungen und theologische Überzeugungen nur andeutungsweise und »in einer oft ›diesseitig‹ erscheinenden Sprache zum Ausdruck kommen.«[20] Sie zeigt sich vornehmlich in »Schlüsselszenen«, in denen sich Wendungen der christlichen Tradition situativ auf eine konkrete Lebenswirklichkeit hin als wahr erschließen, weil sie evident sind und lebensdienlich werden (vgl. 178–180 C. M.). Als Szenen sind sie biografisch und gemeinschaftlich in besonderer Weise erinnerungsfähig. Wo solche Schlüsselszenen zustande kommen, bewegen sich Pfarrer/innen und Taufeltern sinnschöpfend zwischen alltagsreligiösen und biblisch-theologischen Taufdeutungen, die in der kirchlichen »Kunst

---

[20] *C. Müller/R. Sommer*, Taufe empirisch: Die Stimme der Anderen, in: Praktische Theologie 46 (2011), 181–185: 184.

des Taufens« (Rainer Volp) verdeutlichen, was in der Taufe der Fall ist. Dabei tritt die Bedeutung des Taufgeschehens nicht erst dort zutage, wo es verbalisiert wird. Bedeutsam sind vielmehr bereits die rituelle Praxis der Taufe selbst, die »sinnlich-symbolische Erfahrungen« (267 C. M.) wirkt, und der sie umgreifende Prozess einer integralen Taufpraxis, die von den Vorbereitungen und dem Taufgespräch über den Gottesdienst und die Familienfeier bis hin zu Momenten der Tauferinnerung im weiteren Leben reicht. Hier sind es insbesondere Gegenstände, in denen sich das Taufgeschehen gleichsam materialisiert; Taufkleid, Fotografien, Karten und Geschenke sind präsentative »Medien lebensbegleitender Tauferinnerung und Taufdeutung« (vgl. 367–372 R. S.; 34–38 C. M.), die die Taufwirklichkeit zugänglich machen und präsent halten.

Die neuere empirische Kasualforschung geschieht, wenn auch keineswegs ohne Bezug zu quantitativen Untersuchungen, vorrangig qualitativ. Wo sie, wie bei Sommer und Müller – und vergleichbar auch in anderen Studien etwa zur Bestattung oder zur kirchlichen Trauung – leitfadenorientierte Interviews gestaltet und auswertet, inszeniert sie mit den Beteiligten so etwas wie zweite Taufgespräche. Gegenüber den pastoralen Taufgesprächen stellen sie in gewisser Hinsicht *reflexive Taufgespräche* oder *Meta-Taufgespräche* dar, in deren Rahmen gemeinsam die Taufkontexte tiefer ergründet sowie das Kasualgespräch und die Gottesdienstfeier rückblickend betrachtet werden. In dieser Weise erzeugen sie die Taufwirklichkeit mit, die sie erforschen.[21] Praktisch-theologisch kann man sagen: Empirisch-theologische *Taufnachgespräche* wirken selbst als »enabling conditions« (vgl. 62–65 C. M.) für weiterführende Erschließungs- und Bildungsprozesse. Sie dienen als Vorbild für eine spätmodern gewandelte Taufkatechese, die Menschen darin unterstützt, ihre ambivalenten Erfahrungen und Gefühle auszudrücken, christlich-religiös sprachfähig zu werden und sich des Sinns und der Bedeutung der Kasualie als »Lebensperspektive« (Müller) und »Bereitung zum Leben« (Sommer) zu vergewissern.

---

[21] So konstatiert Christoph Müller: »Manche Interviews lassen vermuten, dass die Entdeckung und das Ansprechen von Schlüsselszenen im Verlauf der Interviews stattfand. [...] Erste Deutungen werden verändert, neue Deutungen werden möglich [...]. Ein Interview ist etwas anderes als die Taufgespräche vor einer Taufe. Aber Interviews können auf das Potential verweisen, das durch ein interessiertes Gespräch freigelegt wird.« (*C. Müller*, a. a. O. [Anm. 19], 180.)

4 Resümee: Empirische Religionsforschung in praktisch-theologischer Perspektive

Wenn derzeit gelegentlich von ›Empirischer Theologie‹ gesprochen wird, dann ist dieser Ausdruck allerdings nicht ganz richtig. Denn Praktische Theologie ist nicht selbst empirisch, sondern sie nimmt empirische Einsichten reflektierend in sich auf, indem sie sie in einen praktisch-theologischen Zusammenhang stellt. Insofern sie sich der Kommunikation des Evangeliums verpflichtet weiß – sie ist also keineswegs voraussetzungslos –, setzt sie sich diskursiv dem aus, was für die Beteiligten ihre ›Kasualwirklichkeit‹ der Taufe darstellt. In diesem Sinne ist sie eine empirisch informierte Praktische Theologie. Zugleich ist sie darauf aus, kirchliches Handeln so wahrzunehmen und zu gestalten, dass sich in ihm die ›Wirklichkeit der Taufe‹ für alle, die an ihr teilhaben, als eine Realität erschließen kann, die sie nicht selbst hervorbringen und die sich zuerst und zuletzt als Wirklichkeit Gottes bestimmt.

Laiinnen und Laien

Empirische Religionsforschung als Beitrag zur Wahrnehmung religiöser Kompetenz

Christoph Müller

1 Vom Stolpern

Empirisch-theologische Forschung beginnt nicht selten mit einem Stolpern über vermeintlich bekannte oder selbstverständliche Phänomene oder über merkwürdige bzw. irritierende Beobachtungen und Entdeckungen: Was bekannt oder selbstverständlich erschien, erweist sich bei aufmerksamerem Hinsehen als ein in vielem noch unbekanntes und fremdes Terrain; oft wiederholte Überzeugungen, eingeschliffene Denkstile und vermeintliches Wissen werden umgeworfen.

So erging es uns auch in unserem Berner Projekt »Rituale und Ritualisierungen in Familien. Religiöse Dimensionen und intergenerationelle Bezüge«[1]. Im Zentrum des Projektes standen drei Typen von Ritualen: Taufe, Weihnachten und Abendrituale. Diese Rituale werden unterschiedlich begangen (einmal im Leben, einmal im Jahr, jeden Tag), führen die Generationen der Familie je anders zusammen und weisen unterschiedliche Formen, Inhalte und Bezüge zu Institutionen wie der Kirche auf.[2]

Bei der Erarbeitung der Projekteingabe hatte sich zu unserer Überraschung gezeigt, dass zu diesen Ritualen nur wenige empirische Untersuchungen vorliegen – obgleich Weihnachtsfeiern und Abendrituale in sehr vielen Familien durchgeführt werden. Was sich zahlreich findet, sind Bücher und Broschüren

---

[1] Das Institut für Praktische Theologie der Theologischen Fakultät der Universität Bern führte das Projekt im Rahmen des Nationalen Forschungsprogramms 52 »Kindheit, Jugend und Generationenbeziehungen im gesellschaftlichen Wandel« 2003–2007 durch. Dabei kamen qualitative und quantitative Methoden empirischer Sozialforschung zum Einsatz.

[2] Aus dem Forschungsprojekt wurden unterdessen folgende Monografien publiziert: *M. Baumann/R. Hauri (Hg.)*, Weihnachten – Familienritual zwischen Tradition und Kreativität, Stuttgart 2008; *K. Schori*, Kinder in Familienritualen. Zur kindlichen Erfahrung von Religion in rituellen Prozessen, Stuttgart 2009; *C. Müller*, Taufe als Lebensperspektive. Empirisch-theologische Erkundungen eines Schlüsselrituals, Stuttgart 2010; *C. Morgenthaler*, Abendrituale. Tradition und Innovation in jungen Familien, Stuttgart 2011.

zu Weihnachten aus der Sicht von kirchlichen Amtsträgern und Fachtheologen – aber wo blieb die Sicht der feiernden Familien? Bei den Abendritualen zeigte sich bald, dass sie als »Alltagsliturgie«[3] verstanden werden können. Weshalb kommen diese weit verbreiteten (Laien-)Liturgien in der Liturgiewissenschaft bestenfalls ganz am Rand vor?

Was die Taufe betrifft, so war ich bereits während des Studiums darüber gestolpert, dass es im Vergleich zur unübersehbaren Literatur zur Taufe, die aus der Perspektive von Theologen- und Amtstheologie[4] verfasst wurde, nur sehr wenige Untersuchungen zur Taufe gibt, in denen die Perspektive der betroffenen Laiinnen und Laien fokussiert wird.

Als Pfarrer hatte ich dann die Entdeckung gemacht, dass Taufgespräche sehr anders, nämlich viel stärker auf gleicher Augenhöhe und mit einer nicht selten verblüffenden Beteiligung der Taufeltern (manchmal auch der Patenleute) verlaufen, wenn diese sich auf das Gespräch vorbereiten können (z. B. aufgrund einer Liste von möglichen Taufsprüchen und einiger Vorschläge von Taufgebeten und Taufversprechen). Fast alle Eltern beschäftigten sich mit diesen Unterlagen, lasen sie sorgfältig, diskutierten sie miteinander, wählten diejenigen Texte aus, die sie am stärksten ansprachen oder formulierten hie und da selber neue Gebete oder Versprechen.

Die Möglichkeit, sich auf das Taufgespräch einstellen und sich auf ihre Weise vorbereiten zu können, eröffnete ihnen die Chance, eigenständig, von ihren Erfahrungen, Überlegungen und ihren Laien-Kompetenzen aus mit dem Pfarrer zu sprechen. Damit konnten von beiden Seiten aus Brücken gebaut werden. Die garstige Kluft zwischen dem »Volk« und dem, was ich als Amtsträger vermitteln wollte, erwies sich zunehmend als Folge negativer »selbsterfüllender Prophezeiungen«[5] und als eine Chimäre einer theologischen und kirchlichen Tradition,

---

3 Zusammenfassend: *C. Morgenthaler*, a. a. O., 269 f.; pointiert bereits in: *ders.*, Abendrituale. Umrisse einer ethnografischen Liturgik, in: Pastoraltheologie 97 (2008), 168–185.

4 Es ist nicht einfach, einen Begriff zu bilden, der den Unterschied zur »Laientheologie« markiert. »Akademische Theologie« oder »Schultheologie« scheint mir nicht treffender zu sein als »Theologentheologie«. – Der in meinen Überlegungen vorausgesetzte Sprachgebrauch von »Laie«/»Laiin« orientiert sich am allgemeinen Sprachgebrauch (z. B. im Bereich des Rechts oder der Medizin); Kriterium ist eine entsprechende akademische Fachausbildung, also nicht eine religiöse »Weihe« mit ihren tiefgreifenden kirchenrechtlichen und ekklesiologischen Konsequenzen. – »Amtstheologie« bezieht sich auf die Theologie von kirchlichen Amtsträgern, begründet in ihrer Ordination oder einer spezifischen Weihe.

5 Nach *P. Watzlawick*, Selbsterfüllende Prophezeiungen, in: *Ders. (Hg.)*, Die erfundene Wirklichkeit. Wie wissen wir, was wir zu wissen glauben?, München 1981, 91–110. Wenn Pfarrpersonen von abwertenden Be- und Verurteilungen ausgehen (z. B. dass den meisten Leuten die Taufe ›eigentlich‹ gleichgültig sei), spüren das die Leute, stellen sich darauf ein, verhalten sich entsprechend – und die Pfarrpersonen sehen sich in ihrem Urteil bestätigt.

die weiterhin von einem Deutungsmonopol ausging und gegenüber dem »Volk« blind und ignorant geworden war.

2 Die Entdeckung der »religiösen Kompetenz« der Laiinnen und Laien

Die überraschenden Entdeckungen führten dazu, dass ich mich in Tagungen mit Pfarrerinnen und Pfarrern und in der Ausbildung von Vikarinnen und Vikaren in besonderer Weise für die Beobachtungen und Erfahrungen interessierte, die sie mit den sogenannten Laien machen: Was kommt in Sicht, wenn ich eine Situation aus der Perspektive der Anderen wahrzunehmen versuche? Was zeigt sich, wenn diese ihre eigenen Überlegungen, Gefühle, Einsichten und Fragen zum Ausdruck bringen und mit ihren eigenen, auch religiösen bzw. theologischen Kompetenzen wahrgenommen werden? Was verändert sich etwa in der Vorbereitung und Durchführung von Kasualien, wenn diese Kompetenzen ernst genommen werden?

Diese Fragen erschienen zuerst oft ungewohnt, es wurden theologische Bedenken angemeldet, hie und da wurde die Befürchtung geäußert, durch ein solches empirisches Interesse in die Beliebigkeit abzugleiten; mehrheitlich aber wurden dort, wo der Perspektivenwechsel praktiziert wurde, wichtige und theologisch bedeutsame Entdeckungen gemacht.

Der Basler Praktische Theologe Walter Neidhart, selbst ein Streiter wider die Entmündigung der Nicht-Theologen[6] und ein Pionier der »empirischen Wendung« (wie der Religionspädagoge Klaus Wegenast es auf den Punkt gebracht hat)[7], hat mich ermuntert, einige meiner pastoralen Erfahrungen und Reflexionen in einem kurzen Aufsatz zu beschreiben.[8] Ich habe dabei die Einsicht fokussiert, dass sich Eltern im Taufgespräch auffällig anders verhalten, wenn sie merken, dass sie als Dialogpartner/in und Sachverständige wahr- und ernst genommen werden, mit ihrer (ggf. auch kritischen) Sicht der Dinge, mit ihren Vorstellungen von »Taufe«, »Glaube« und ihren Erfahrungen (mit dem Kind, mit der Eltern- und Paarbeziehung, mit der Kirche usw.). Sie waren damit nicht mehr in

---

6 Ein Beispiel ist das von ihm mit herausgegebene Themenheft 2 der Theologia Practica 26 (1991): »Ist die Emanzipation der Laien in den protestantischen Kirchen gescheitert?«

7 *K. Wegenast*, Die empirische Wendung der Religionspädagogik, in: Der Evangelische Erzieher 20 (1968), 111–124.

8 Vgl. *C. Müller*, Beteiligung von Eltern und Taufpaten bei der Vorbereitung und Durchführung der Taufe, in: Theologia Practica 23 (1988), 115–123; vgl. auch: *L. Friedrichs*, »Ein bissele Engel – das sind wir schon!« Plädoyer für das Taufgespräch, in: Pastoraltheologie 89 (2000), 418–434.

der Rolle der zu Belehrenden. Vielmehr konnten sie ihre religiöse Kompetenz einbringen und das Ritual mitgestalten.

3 »Religiöse Kompetenz«

Für das Konzept der »religiösen Kompetenz« hat mir ein Aufsatz von Joachim Matthes den entscheidenden Anstoß gegeben.[9] Ich gewann den Eindruck, dass er und seine asiatischen Gesprächspartnerinnen und -partner mit ihren kritischen Rückfragen an scheinbare Selbstverständlichkeiten in westlichen Theologien und Kirchlichkeiten genau das formulierten, was mich seit Jahren beschäftigte.

Die asiatischen Gesprächspartner gehen von einem Verständnis von Religion aus, in dem Religion im Alltag belassen wird und sich im persönlichen, sozialen und kulturellen Leben entfaltet. »Religion – ist das nicht ›Leben selbst‹« (144)? Haben christliche Kirchen die christliche Religion nicht »aus dem Alltag vertrieben« (149)? Werden nicht in christlichen Institutionen ein kirchliches Selbstverständnis, bestimmte Ausdrucksformen des »Christlichen« und damit *eine* Form »kirchlicher Alltäglichkeit« als *Maßstab des »Christlichen«* vorausgesetzt? Die Welt derjenigen, die diese kirchliche Alltäglichkeit nicht teilen (wollen), wird dann als eine Welt beurteilt, in der sich das Christliche »verdünnt« hat oder gar verloren gegangen ist.

Aus der Perspektive einer solchen Kirchlichkeit und der entsprechenden Theologien kann nicht mehr wahrgenommen werden, dass die Kirchenmitglieder, die sich jenem Maßstab des »Christlichen« nicht fügen, durchaus »*ihr* Leben, *ihren* Alltag religiös deuten wollen«, dass sie aber wenig von einer Kirche erwarten können, »deren Denken und Tun darauf angelegt ist, ihnen das nahezubringen, was den Alltag des *kirchlichen* Lebens ausmacht« (150). Vor allem kann in dieser Theologie und Kirchlichkeit nicht wahrgenommen werden, dass diese Kirchenmitglieder das zur Geltung bringen möchten, was *ihre »religiöse Kompetenz«* ausmacht. »Weshalb sollten sie sich, auf lange Sicht, einer Kirche verbunden fühlen, die ihnen dies antut« (149)?

Matthes ist aufgrund seiner empirischen Forschung überzeugt, dass der Anspruch auf diese eigenständige religiöse Kompetenz weiterlebt, »trotz aller Beschädigung, die ihm durch die eigene Kirche zugefügt worden ist«, trotz der Erfahrung, dass die Ausdrucksmöglichkeiten dieser Kompetenz »mittlerweile arg beschnitten« (154) sind und eine nicht traditionskonforme religiöse Selbstauslegung im Alltag abgewertet oder ignoriert wird.

---

[9] Vgl. *J. Matthes*, Die Mitgliedschaftsstudien der EKD im Spiegel asiatischer Gesprächspartner, in: Pastoraltheologie 85 (1996), 142–156.

Dass die »religiöse Kompetenz« nicht erdrückt werden konnte, schließt Armin Nassehi aus den Daten des »Religionsmonitors 2008« (zu Deutschland), im Speziellen aus den Interviews.[10] Diese präsentieren nämlich insofern ein »erstaunliches Ergebnis«, als sie »*eine erhebliche religiöse Kompetenz*« dokumentieren: »*Menschen scheinen in der Lage zu sein, religiöse Formen nicht nur reflexiv zu identifizieren, sondern auch praktisch auf ihr Leben zu beziehen*« (113). Die Behauptung, dass den Menschen in den untersuchten Gruppen so etwas wie religiöse Erlebnis- und Praxisformen verlorengegangen seien, lässt sich nach Nassehi nicht halten. Allerdings hat sich die Form religiöser Kompetenz verändert. Es gehe nun um eine neue, »postbürgerliche Form« (132) von Religion, nicht bloß um eine individualisierte Version einer stabilen religiösen Praxis. Die »Plausibilität der sagbaren Sätze« verdanke sich der »eigenen Lebenspraxis« (118). Dies bedeute zwar eine Unabhängigkeit von einer vorgeformten Kirchlichkeit, ginge aber nicht mit einer Gleichgültigkeit gegenüber bestimmten kirchlichen Angeboten einher, was sich in der Offenheit der Menschen in Bezug auf die Kasualien zeige (vgl. 130).

4 Empirische Religionsforschung als Türöffnerin zur Wahrnehmung religiöser Kompetenz

Dass Laiinnen und Laien und ihre religiöse und theologische Kompetenz in Sicht gebracht, in mancher Hinsicht auch überhaupt erst entdeckt werden, erscheint als eine der spezifischen Leistungen empirischer Religionsforschung. Das zeigen auch alle Arbeiten unseres Berner empirischen Projektes.[11] Das bestätigen ebenso weitere Berner Untersuchungen im Blick auf die Patenschaft[12] und die kirchliche Trauung.[13]

---

[10] Vgl. *A. Nassehi*, Erstaunliche religiöse Kompetenz. Qualitative Ergebnisse des Religionsmonitors, in: *Bertelsmann Stiftung (Hg.)*, Religionsmonitor 2008, Gütersloh 2007, 113–132.

[11] Vgl. die entsprechenden Publikationen (s. Anm. 2). Die fast gleichzeitig mit meiner Taufmonografie erschienene Habilitationsschrift von R. Sommer kommt in Untersuchungen aus dem Bereich der Evang. Kirche von Kurhessen-Waldeck zu sehr ähnlichen Ergebnissen: Vgl. *R. Sommer*, Kindertaufe – Elternverständnis und theologische Deutung, Stuttgart 2009.

[12] Vgl. *C. Graf*, ›Gotte und Götti‹. Eine empirisch-theologische Untersuchung zur Taufpatenschaft, Bern 2007 [www.zb.unibe.ch/download/eldiss/07graf_c.pdf (11. 01. 2012)].

[13] Vgl. *S. Fopp*, Trauung – Spannungsfelder und Segensräume. Empirisch-theologischer Entwurf eines Rituals im Übergang, Stuttgart 2007.

4.1 »Kompetente Expertinnen und Experten« (familiäre Weihnachtsfeste)

Maurice Baumann bezeichnet das familiäre Weihnachtsfest als »existenzielles ›Deutungslabor‹«[14]. Eltern und Großeltern können im Rahmen des Rituals ihre Rolle neu inszenieren und gestalten. Den Kindern kommt dabei eine zentrale Rolle zu. Dabei wird eine »originale Kreation« (62) möglich. Die Familienmitglieder erzählen von ihren Emotionen, von einer »spürbaren Kraft« und vom Erlebnis einer schöpferischen Gemeinschaft. »Das Zusammensein, die Solidarität und die menschliche Wärme sind Zeichen der oft unausgesprochenen Religiosität, die das Familienfest durchdringt und trägt« und »ins Licht einer symbolischen Deutung« stellt (53). Dabei nehmen die Beteiligten die Möglichkeit wahr, positive und negative Ereignisse bei der Gestaltung des Festes zu berücksichtigen, »die individuellen und sozialen Beziehungen zu deuten, Brüche, Krisen und Kontinuität zu markieren« und in die individuelle und familiäre Identität einzubringen (43).[15]

Es zeigt sich eine Religiosität, die nicht von einer kirchlich vorgegebenen Alltäglichkeit oder »von traditionellen Themen christlicher Theologie« her bestimmt ist (54). Diese Distanz zur *institutionalisierten Religion* (die aber mit dem Besuch des Weihnachtsgottesdienstes durchaus in die eigene Spiritualität integriert werden kann) und die Gestaltung einer *eigenständigen Weise von Religion* führt dazu, dass die Leute ihre Feier als »*nicht religiös*« bezeichnen können – oder wie es ein Vater auf den Punkt bringt: »[...] sicher nicht so religiös, wie man sich das vorstellt« (52. 56). Die eigene religiöse Praxis wird »eher als selbständiges Handeln verstanden, wofür alle persönlich verantwortlich sind« (52). Es ist *anders* religiös: Ein Elternteil sagt: »Es sind natürlich auch die Kerzen, alles trägt das natürlich. Und wenn dann Nonno singt oder so, den man das ganze Jahr nicht singen sieht oder so, denke ich, realisieren die Kinder schon, dass es eine Spiritualität ist« (55).

M. Baumann plädiert deshalb im Kontext der von ihm skizzierten »Praktischen Theologie der Fragmente« dafür, diese Religiosität nicht kirchlich zu vereinnahmen, sondern als ein (gegenüber traditioneller Kirchlichkeit) »autonomes Phänomen« (199) zu respektieren. Die Beteiligten sind »kompetente Expertinnen und Experten« gegenwärtiger Religiosität[16], deren Legitimität ohne Einschränkung anerkannt werden sollte (211).

---

[14] So M. Baumann im Beitrag »Ritualisierung und Religiosität der erzählten Familiengeschichte« in: *M. Baumann/R. Hauri (Hg.)*, a. a. O. (Anm. 2), 23–63: 43; ich zitiere im Folgenden auch aus dem Beitrag »Diskussion. Postmoderne Religiosität und Praktische Theologie«, 197–218.

[15] Spannend wäre ein Vergleich mit der Arbeit von *P. Zimmermann*, Das Wunder jener Nacht, Stuttgart 1992; fokussiert sind (Untertitel): »Religiöse Interpretation autobiographischer Weihnachtserzählungen« von Laien.

4.2 »Liturgische Alltagskompetenz« (Abendrituale)

Die Untersuchung von Christoph Morgenthaler führt anhand von minutiösen Auswertungen der vielschichtigen empirischen Daten zum Nachweis einer »erstaunlichen liturgischen Alltagskompetenz«[17] von Familien, die als »Subjekte liturgischen Handelns in der Praktischen Theologie bisher ausser Sicht«[18] blieben. Diese Abendliturgien sind nicht von der Tradition gesetzt, sondern werden von Eltern und Kindern in eigenständiger Weise in verblüffend subtilen Aushandlungsformen kreiert. »Weder abgesichert durch Agenden, noch trainiert in Seminaren zur Liturgik oder stabilisiert durch Jahrhunderte alte kirchliche Institutionalisierungen führen Eltern ihre Kinder mitten im turbulenten familiären Alltag ›in liturgicis‹ ein, ohne dass ihnen nur ›mores‹ gelehrt werden.«[19]

Wie bei den familiären Weihnachtsfeiern werden die Abendrituale nicht durch eine »kirchliche Alltäglichkeit« bestimmt. Es sind eigenständige Formen von Religiosität, die auch nicht einfach an traditionellen Formen des »Christlichen« gemessen werden können. Ebenso ist ein eindrücklicher Alltagsbezug charakteristisch.

4.3 »Erschliessungshermeneutik« – im Zusammenspiel von Amtspersonen, Laiinnen und Laien (Taufe)

Die Taufstudien von Regina Sommer und mir arbeiten heraus, dass die Wechselbeziehungen zwischen den Erfahrungen, Fragen und Überlegungen der an der Taufe Beteiligten und dem, was die Liturginnen und Liturgen aus biblischen und kirchlichen Traditionen in die Taufgespräche einbringen, für die Erschließung des Bedeutungsreichtums der Taufe konstitutiv sind. Es zeigen sich dadurch andere und bisher unbegangene Zugänge zu Traditionen (etwa zu neutestamentlichen Tauftexten) und den Erfahrungen der Betroffenen – und damit auch kritische Anfragen seitens der beteiligten Laiinnen und Laien. Das Ernst-Nehmen dieser Zugänge und Anfragen ist unvermeidlich mit anspruchsvollen hermeneutischen Aufgaben verbunden. Diese Aufgaben erfordern Perspektivenwechsel zu den (durchaus auch theologischen) Reflexionen und Anfragen der Beteiligten und eine wesentlich stärkere Hinwendung wissenschaftlicher Theologie zur differenzierten und reflektierten Wahrnehmung gegenwärtiger Lebenswirklichkeiten.[20] Sie stellen auch eine hohe Herausforderung an die reli-

---

16 »[…] damals wie heute« fügt Baumann bei (210), aufgrund seiner Beobachtungen von Analogien zu den offenen Erzählsystemen frühchristlicher Gruppierungen, wie sie sich gerade in den Weihnachtsgeschichten von Mt und Lk zeigen, vgl. a. a. O. (Anm. 2 und 14), 202 ff.

17 *C. Morgenthaler*, a. a. O. (Anm. 3), 182 f.

18 *Ders.*, a. a. O. (Anm. 2), 270.

19 Ebd.

20 Grundlegend in Bezug auf die Patenschaft: *C. Graf*, ›Gotte und Götti‹ (Anm. 12).

giösen und theologischen Kompetenzen der Liturginnen und Liturgen dar. Der wechselseitige Erschließungsprozess sprengt theologische Deutungsmonopole.

4.4 Horizontverschiebung und -erweiterung: Einsicht in Spannungsfelder, »Erzählorte« und das »doing gender« (Kirchliche Trauung)

Die Untersuchung von Simone Fopp[21] lässt die Trauung als Ritual sichtbar werden, das sich in verschiedener Hinsicht »im Übergang« befindet. Kirchliche Trauung konstituiert sich nicht nur an einem einzigen Tag. Vielmehr wird sie in einem Prozess konstituiert, der in gesellschaftlichen Hochzeitserzählungen verankert ist, bereits vor dem Hochzeitstag beginnt und in eigenen Erzählungen weitergeführt wird, die »in privaten Erzählgemeinschaften aus persönlichem Erleben entstehen« (51). Im Zentrum der Untersuchung stehen die betroffenen Laiinnen und Laien (52). Es sind verschiedene »Erzählorte« (z. B. Gespräche mit der Liturgin in der Kirche, in der die Trauung stattfinden wird; Begegnungen im Brautkleidgeschäft; das sorgfältige Auswendiglernen des eigenen Trauversprechens), »die es den Paaren ermöglichen, unterschiedliche Deutungen der Trauung zu kreieren« (322).

Die empirische Untersuchung führt zu grundlegenden Einsichten in Bedingungen, welche das Zusammenspiel zwischen Paaren und Amtspersonen eröffnen und fördern: Das Ernst-Nehmen von oft gravierenden Hindernissen (z. B. negative Bilder einer lebensfeindlichen kirchlichen Alltäglichkeit); die Wahrnehmung von vielfältigen Ambivalenzen und komplexen Spannungsfeldern bei den Paaren wie bei den Liturginnen und Liturgen – und ein sinnvoller Umgang damit (375ff.); die Achtsamkeit auf die Dynamik der verschiedenen »Erzählorte« (386ff.) und schließlich ein kompetentes gender-sensibilisiertes Vorgehen vonseiten der Amtspersonen (401ff.).

5 Perspektiven einer empirischen Religionsforschung

1. Menschen *sind fähig, eigenständig ihre religiösen Erlebnis-, Praxis- und Denkformen zu gestalten und zu reflektieren.*[22] Ihre religiöse Kompetenz bezieht sich auf die »gelebte Religion« und damit auf konkrete Lebenswelten, auf plurale Alltäglichkeiten – auch wenn es um Nicht-Alltägliches, um hervorgehobene Feste oder einmalige Rituale geht.

---

21 A. a. O. (Anm. 13).

22 Damit kommt natürlich auch in Sicht, wo Menschen ein eigenständiges Suchen und Gestalten und ihre religiöse Kompetenz auf- und abgegeben haben.

2. Es wird offensichtlich, dass religiöse Kompetenz *nicht an eine bestimmte theologische Ausbildung oder eine Weihe gebunden* ist.

3. Indem sich empirische Religionsforschung nicht auf die institutionalisierte Religion und ihre Repräsentation beschränkt, sondern auch die gelebte Religion der Laiinnen und Laien fokussiert, bringt sie eine *unabsehbare Vielfalt und Mehrdimensionalität gelebter Religion* in Sicht; dazu gehören auch Widersprüche, Ambivalenzen und Spannungsfelder.[23] Der in unterschiedlicher Weise situative, partikuläre, lokale, fragmentarische und oft auch genderspezifische Charakter gelebter Religion kommt in den Blick, manchmal auch eine »phantastische Gewöhnlichkeit«[24].

4. Die Erforschung der religiösen Kompetenz von Laiinnen und Laien öffnet den Blick für eine *»andere Religiosität« auch innerhalb christlicher Kirchen*. Sie unterscheidet sich von dem, was viele Leute als in kirchlichem Sinn »religiös« empfinden – und was sie oft explizit ablehnen: »Religion« als eine bestimmte Form von (Sexual-)Moral, von Konformismus gegenüber bestimmten Konventionen, institutionellen Geboten und Gedankengebäuden.

5. Wenn diese eigenständige religiöse Kompetenz an einer definiert-institutionellen Religiosität gemessen wird (als ob diese der Maßstab christlichen Glaubens wäre), wird sie bestenfalls einer *»distanzierten« oder »diffusen« Religiosität* zugeordnet. Oft wird sie auch explizit *abgewertet*; so finden sich in der Literatur zu den Kasualien zahlreiche Vermutungen, Urteile und Verallgemeinerungen, die sich dann besonders hartnäckig halten, wenn sie zu »selbsterfüllenden Prophezeiungen« werden.

6. Eine Theologie, die religiöse Kompetenzen von Laiinnen und Laien wahr- und ernst nimmt, kann sie nicht in ein geschlossenes Glaubenssystem einbinden. Deutungsmonopole werden verabschiedet (samt ihren Legitimations- und Immunisierungsverfahren). Lässt sich Theologen- und Amtstheologie auf den Perspektivenwechsel, das Risiko von »Mehrsprachigkeit«, wechselseitige Deutungsprozesse, Machtkontrolle und das oft anspruchsvolle Zusammenspiel der unterschiedlichen (immer begrenzten) Kompetenzen ein, werden rein deduktive Denkmodelle (also auch solche, die aus empirischen Daten Normen »ableiten« wollen) abgelöst von *unabschließbaren Entdeckungsprozessen und der Einsicht in deren lokalen und fragmentarischen Charakter*.

7. So ermöglicht die Wahrnehmung der religiösen Kompetenz von Laiinnen und Laien *theologiegenerative Horizonterweiterungen und -verschiebungen*.

---

[23] Vgl. *C. Müller*, Ambivalenzen in Kasualien. Wahrnehmungen und Umgangsweisen bei Taufen, kirchlichen Trauungen und Bestattungen, in: *W. Dietrich/K. Lüscher/C. Müller*, Ambivalenzen erkennen, aushalten und gestalten. Eine neue interdisziplinäre Perspektive für theologisches und kirchliches Arbeiten, Zürich 2009, 123–192.

[24] *G. Meier/W. Morlang*, Das dunkle Fest des Lebens. Amrainer Gespräche, 4., erweiterte Aufl., Oberhofen 2007, 122.

8. Ein stärkeres Gewicht empirischer Religionsforschung bereits im Theologiestudium wird zur Respektierung der religiösen Kompetenzen von Laiinnen und Laien beitragen und die Einsicht in die konstitutive theologische Bedeutung solcher Kompetenzen fördern.[25]

[25] Es ist vielleicht nicht ganz überflüssig, daran zu erinnern, dass Reformbewegungen in der Kirchengeschichte in der Regel auch durch eine Laienemanzipation charakterisiert waren.

Sinn

Empirische Religionsforschung und Alltagsphänomenologie

Kristin Merle

Empirische Religionsforschung betreibt Alltagsphänomenologie. Das sollte sie zumindest tun, wenn sie empirische Forschung sein will, die die Ergebnisse dessen, was sie erforschen will, nicht schon implizit mit sich führt. Trotzdem trägt sie – und aus diesem Dilemma kommt auch dieses Feld wissenschaftlichen Arbeitens nicht heraus – ihren Anteil zum Gesamten (re-)konstruierender Sinndeutungsakte bei, und zwar als je spezifische Interpretationsleistung, die gerade so erfolgen muss und nicht anders erfolgen kann. Dass das Verhältnis zwischen Phänomenologie und Soziologie – und damit auch der Religionssoziologie – freilich fundiert zu bestimmen und nicht einfach als produktiv Gegebenes zu postulieren ist, ist vielfach diskutiert worden.[1] Mit seinen proto-soziologischen Überlegungen – nicht zuletzt in seinem Werk »Strukturen der Lebenswelt« (dt. zuerst 1979/1984) zusammen mit Thomas Luckmann – hat Alfred Schütz jedoch Wesentliches zur Verhältnisbestimmung beigetragen, auf die der vorliegende Aufsatz rekurriert. Schütz dienen seine phänomenologisch orientierten Konstitutionsanalysen invarianter lebensweltlicher Strukturen als Voraussetzung auch der Analyse und Erhellung empirisch vorhandener konkret-lebensweltlicher Phänomene. Diese lebensweltlichen Strukturen findet jede und jeder Einzelne zu unterschiedlichen Zeiten und an unterschiedlichen Orten vor, und diese Vor-Gegebenheiten sind der Grund, auf dem Menschen ihre unterschiedlichen sozio-historischen Lebenswelten in einer gewissen Einmaligkeit erleben.[2] Grundlegendes Konstitutionselement der, freilich nicht ontologisch gedachten, »mathesis universalis« (Luckmann) wie der konkret-alltäglichen Lebenswelten

---

[1] Mit breitgefächertem Problemhorizont: *J. Raab/M. Pfadenhauer/P. Stegmaier/J. Dreher/B. Schnettler (Hg.),* Phänomenologie und Soziologie. Theoretische Positionen, aktuelle Problemfelder und empirische Umsetzungen, Wiesbaden 2008.

[2] Vgl. hierzu auch: *R. Hitzler,* Von der Lebenswelt zu den Erlebniswelten. Ein phänomenologischer Weg in soziologische Gegenwartsfragen, in: *J. Raab/M. Pfadenhauer/P. Stegmaier/J. Dreher/B. Schnettler (Hg.),* a. a. O., 131–140.

stellt nun die Relation ›Sinn‹ dar. Im Folgenden möchte ich also das Problem des Sinns, i. e. der Sinndeutung in zweierlei Richtung entfalten und fragen: (1.) Wie bauen sich Akte (re-)konstruierender Sinndeutung überhaupt erst auf? (2.) Wie verhalten sich – und das ist ja für jegliche Interpretation subjektiven Handelns wesentlich – subjektiver und objektiver Sinn zueinander?[3] Und (3.) was resultiert aus den vorangegangenen Überlegungen für eine an empirischen Phänomenen orientierte Religionsforschung?

1 Konstruktion von Sinn in der sozialen Welt und die Genese von Relevanzen

Das Problem des Sinnaufbaus ist komplex und sicherlich nicht von einer Warte aus hinreichend zu beschreiben. Das Problem des Sinnaufbaus ist zentral, gerade in einer Wissenschaft wie der Theologie, da die Rede von der Erfahrung von Sinn ein grundlegendes Erzähl- und Deutungsmuster mit Blick auf die Beschreibung religiöser Erfahrung darstellt, auf die sich wiederum die Theologie als Wissenschaft bezieht. Bevor also nach so etwas wie religiöser Qualifizierung von Erfahrung gefragt werden soll, wäre zuerst eine tragfähige Bestimmung des Sinnbegriffs zu leisten, die, als Zwischenschritt, wiederum zur Frage der (subjektiven) Relevanzgenese führt.

1.1 Sinn – eine Begriffsklärung

Eine erste Klärung schlägt also vor, ›Sinn‹ im Folgenden nicht substanziell und in einem emphatischen Sinne zu fassen. Vielmehr geht es um ›Sinn‹ in einem funktionalen Verständnis, es wird die Rede sein von ›Sinn‹ als einem Relationsbegriff; so kann ›Sinn‹ auch verstanden werden als »nichtnegierbare Universalform«[4]. Alfred Schütz kommt das Verdienst zu, das Interesse der philosophischen Phänomenologie, wie sie als eigenständige philosophische Methode von Husserl Anfang des 20. Jahrhunderts ins Werk gesetzt wurde, in die Soziologie hineingeholt und beides zu einer Theorie sozialer Handlung, die phänomenologischen Charakter hat, verbunden zu haben. In seinem Werk[5] widmet sich Schütz dem

---

[3] Gerade die Behandlung der ersten beiden Fragen fußt auf einer intensiven und systematischen Auseinandersetzung mit dem soziologischen Gesamtwerk Alfred Schütz'. Zur umfassenden Reflexion und Fruchtbarmachung des Schütz'schen Ansatzes für die Religionsthematik und die Praktische Theologie vgl. *K. Merle*, Alltagsrelevanz. Zur Frage nach dem Sinn in der Seelsorge, Göttingen 2011.

[4] *N. Luhmann*, Funktion der Religion, Frankfurt a. M. 1982, 21.

[5] Vgl. v. a. *A. Schütz*, Der sinnhafte Aufbau der sozialen Welt. Eine Einleitung in die verstehende Soziologie, Alfred Schütz Werkausgabe, Bd. II, Konstanz 2004 (Manuskript 1932); *ders./T. Luckmann*, Strukturen der Lebenswelt, Konstanz 2003 (1979/1984).

sinnhaften Aufbau der sozialen Welt, welcher sich auf reziproke Prozesse intersubjektiver Sinndeutung und deren Aufschichtung zurückführen lässt. In Anlehnung an Henri Bergsons Begriff der *durée* fasst Schütz den Sinnbegriff wie folgt:

> »*Sinn ist* [...] *die Bezeichnung einer bestimmten Blickrichtung auf ein eigenes Erlebnis*, welches wir, im Dauerablauf schlicht dahinlebend, als wohlumgrenztes nur in einem reflexiven Akt aus allen anderen Erlebnissen ›herausheben‹ können. Sinn bezeichnet also eine besondere Attitüde des Ich zum Ablauf seiner Dauer. Dies gilt grundsätzlich für alle Stufen und Schichten des Sinnhaften.«[6]

Für den Schütz'schen Sinnbegriff gilt zudem, dass »nur das Erlebte sinnvoll [ist], nicht aber das Erleben«[7]. Sinn wird immer erst nachfolgend manifest in der dem Erlebten nachfolgenden Reflexion (so sie denn erfolgt). Sinn ist also eine Bezugsgröße, die im Bewusstsein gestiftet wird; er ist nicht eine Eigenschaft, die einer Erfahrung selbst inne wäre oder gar eine spezielle Erfahrung selbst. Da die Prozesse der Sinnzuschreibung zuallererst am Ort des einzelnen Subjekts stattfinden, ist nur diesem der jeweilige Handlungssinn in jeweiligen Bewusstseinsakten zugänglich. Damit erhält die soziologische Betrachtung bei Schütz ihren phänomenologischen Charakter: Ausgangspunkt der Beschreibung ist das Subjekt/Ego, welches Welt ›strukturiert‹, und somit nicht zuletzt konstituiert. Gleichzeitig findet jedes Subjekt mit der historisch gegebenen Sozialwelt geprägte Sinnmuster, i. e. kulturell geprägte und hergestellte Sinnbezüge vor, die zur Interaktion, zum Abgleich und zur Auseinandersetzung zur Verfügung stehen. Die Wissenselemente im subjektiven Wissensvorrat sind sowohl sozial bedingt als auch sozial abgeleitet. Die Selektion von Elementen subjektiver Erfahrung hingegen zur ›Einverleibung‹ in den gesellschaftlichen Wissensvorrat – welche wiederum über subjektive Prozesse der Internalisierung, Objektivation und Externalisierung[8] geschieht – erfolgt unter Rekurs auf die hypothetische Relevanz dieser Wissenselemente für andere Mitglieder der Gesellschaft. Die Lebenswelt erhält ihre Ordnung durch kommunikative Handlungen, Zeichen und Symbole. Sinn als Bezugsgröße wird also immer erst subjektiv hergestellt oder nachvollzogen, weiß sich aber immer verwiesen auf einen sozial vorgegebenen Vorrat an Sinnmustern, auf den wiederum Bezug genommen werden will.

---

6 *A. Schütz*, a. a. O, 127. Im Original hervorgehoben.

7 A. a. O., 146.

8 Vgl. *P. L. Berger/T. Luckmann*, Die gesellschaftliche Konstruktion der Wirklichkeit. Eine Theorie der Wissenssoziologie, 18. Aufl., Frankfurt a. M. 2001, 139ff.

1.2 Alltägliche Lebenswelt und Sinnprovinzen

Fasst man nun den Alltag/die alltägliche Lebenswelt als den Ausschnitt aus der Lebenswelt mit ihren unterschiedlichen geschlossenen Sinnprovinzen (neben dem Traum, dem Spiel, der Wissenschaft, aber auch der Religion u. a.)[9], in dem der Mensch handelt und kommuniziert, in der er auch leiblich wirkt, so kann die alltägliche Lebenswelt auch als »ausgezeichnete Wirklichkeit«[10] (in Anlehnung an William James' »paramount reality«[11]) genannt werden. Wirklichkeit bildet sich dabei nicht aufgrund etwa einer ontologischen Struktur der Objekte heraus, sondern vielmehr durch den Sinn der Erfahrungen. Eine geschlossene Sinnprovinz, eben auch die der alltäglichen Lebenswelt, definiert sich also über einen spezifischen kognitiven Stil.[12] Die Geschlossenheit der Sinnprovinzen hat, nach Schütz, zur Folge, dass keine der Sinnprovinzen ohne Weiteres in eine andere transformiert werden könnte: Vielmehr findet der Wechsel in Form eines Sprungs statt (im Sinne des Kierkegaard'schen Schocks). Mit dem Wechsel verändert sich einerseits die Bewusstseinsspannung sowie andererseits Epoché, Sozialität, Spontaneität, Selbsterfahrung und Zeitperspektive. Wechsel der Sinnprovinz bedeutet also Wechsel des Erlebnisstils. Schütz bezeichnet die Wirkwelt des Alltags als »Archetyp unserer Erfahrungen der Wirklichkeit«[13], von dem alle anderen Sinnprovinzen als abgeleitet angesehen werden können. Den Alltag findet das Subjekt vor und lebt in ihm zunächst fraglos und selbstverständlich; der Alltag *selbst* ist erst einmal fraglos – und gestaltet sich über die Bedingungen Raum, Zeit und Sozialität aus.

Der Bezugspunkt der Kausalität (diese ist zu einem nicht unbeträchtlichen Teil sozial vermittelt und unterliegt einer permanenten, lebensgeschichtlichen Angleichung), auf die hin das Subjekt seine Erlebnisse und Erfahrungen interpretiert, liegt im persönlichen Relevanzsystem des Subjekts begründet. Der Auf-

---

9 *A. Schütz/T. Luckmann*, a. a. O. (Anm. 5), 54ff. – Den unterschiedlichen Sinnprovinzen ist eine jeweils spezifische Bewusstseinsspannung bzw. *attention à la vie* (Bergson) eigen. Die Bewusstseinsspannung der alltäglichen Lebenswelt nennen Schütz/Luckmann »helle Wachheit«. (A. a. O., 70.)

10 A. a. O., 29; *A. Schütz*, Symbol, Wirklichkeit und Gesellschaft, in: Theorie der Lebenswelt 2. Die kommunikative Ordnung der Lebenswelt, Alfred Schütz Werkausgabe, Bd. V.2, Konstanz 2003, 180.

11 Vgl. *W. James*, The Principles of Psychology. Vol. II, New York 1950, 283ff.

12 Vgl. *E. Husserl*, Ideen zu einer reinen Phänomenologie und phänomenologischen Philosophie. Erstes Buch: Allgemeine Einführung in die reine Phänomenologie. Neue, auf Grund der handschriftlichen Zusätze des Verfassers erweiterte Auflage, Husserliana III, Den Haag 1950, 134ff.

13 *A. Schütz*, Über die mannigfaltigen Wirklichkeiten, in: Theorie der Lebenswelt 1. Die pragmatische Schichtung der Lebenswelt, Alfred Schütz Werkausgabe, Bd. V.1, Konstanz 2003, 177–247: 209.

bau aller subjektiven Relevanzsysteme gründet – quasi als paradoxe Reaktion in Form einer Einklammerung des Zweifels (Epoché der natürlichen Einstellung), dass die Welt und ihre Gegenstände auch anders sein könnten – letztlich auf der »Fundamentalangst«[14]: Das Wissen um die Endlichkeit – die Fundamentalangst ist ja auf nichts weniger bezogen als die Antizipation des eigenen Todes – wird zur Grundlage aller Entwürfe im Blick auf einen jeweiligen Lebensplan, und um es kleiner zu fassen, aller Handlungsabläufe:

> »Sie [die Rahmenbedingungen der Erfahrung, welche jedermann auferlegt sind; KM] bilden gleichsam die Grenzen, innerhalb derer sich die subjektive Erfahrung der Lebenswelt in bestimmte Strukturen gliedert. Subjektiv können sie als Transzendenzen der Alltagswelt erlebt werden. Die Weltzeit begrenzt die subjektive Dauer; man altert in ihr und sie bildet den absoluten Rahmen der Lebenspläne. Die Zwangsläufigkeit der Weltzeit bedingt das subjektive Handeln; sie zwingt das Prinzip des ›first things first‹ den Tagesplänen auf. Die Geschichtlichkeit der Welt bedingt die Geschichtlichkeit der subjektiven Situation in der Welt.«[15]

Die Wirkwelt des Alltags ist hinsichtlich der Kommunikationspotenziale nicht hermetisch abgeriegelt, sondern prinzipiell durchlässig für Erlebnisse in oder mit anderen Sinnprovinzen: Intersubjektivität ist in ›Überschneidungsräumen‹ (»diskursive[n] Subunivers[en]«[16]) möglich. Semiotische Systeme bilden hier den kommunikativen Zusammenhang der unterschiedlichen Sinnprovinzen; sie sind die »Klammer der Lebenswelt«[17]. Doch auf welcher Grundlage – abgesehen von zuhandenen Sinnmustern – deuten Subjekte Selbst und Welt, auch in einem religiösen Sinn?

1.3 Relevanz und Typisierung

Das Problem der Relevanz ist unmittelbar an die Frage gebunden, wie Handeln möglich ist und unter welchen Bedingungen sich Handeln vollzieht. Die Genese von Relevanzen, auch im vorprädikativen Bereich, ist Voraussetzung jeglicher Konturierungsvorgänge, also jeglicher Orientierungsleistung: Etwas muss Relevanz gewinnen, damit es erfasst werden, identifiziert werden, gehandhabt werden kann, und so ist »[d]as Relevanzproblem [...] vielleicht das wichtigste und

---

14 A. a. O., 204.

15 *Ders./T. Luckmann*, a. a. O. (Anm. 5), 140.

16 *A. Schütz*, Don Quijote und das Problem der Realität, in: Theorie der Lebenswelt 1. Die pragmatische Schichtung der Lebenswelt, Alfred Schütz Werkausgabe, Bd. V.1, 289–314: 297.

17 *M. Endreß/I. Srubar*, Einleitung der Herausgeber, in: Alfred Schütz, Theorie der Lebenswelt 1, Alfred Schütz Werkausgabe, Bd. V.1, 7–29: 24.

zugleich schwierigste Problem, das es in der Beschreibung der Lebenswelt zu lösen gilt.«[18] Schließlich ist das Problem des Sinnverstehens an die Frage gebunden, wie Sinn zuallererst generiert wird, und das bedeutet: Das Relevanzproblem thematisiert die Frage der Auswahl dessen, was sinnhaft thematisch wird; Sinn und Relevanz sind: »[o]ffenbar Korrelativa: Nur zwischen Relevantem bestehen Sinnzusammenhänge; nur das im Sinnzusammenhang Stehende ist relevant.«[19] Relevanz wird so zum Grundbegriff der Ordnung mit Blick auf den alltäglichen Erfahrungsraum wie den Wissensvorrat. Anders ausgedrückt: Die Frage der Relevanz ist vordringlich eine Frage der biografischen Erfahrung in und mit der Welt und der (Re-)Interpretation dieser Erfahrung.

Bei Typisierung nun handelt es sich um den Vorgang, der eintritt, wenn zwei Phänomene miteinander abgeglichen werden müssen: Die Typisierung, als Bestimmung von Gleichheit oder Ähnlichkeit, ist also das Schlüsselkonzept des Aufbaus von Erfahrung; sie generalisiert bis zu einem gewissen Grad die jeweiligen Erfahrungen durch typisierende Rekognition oder Identifikation zu Klassifizierungszwecken – und damit zu Orientierungszwecken. Typisierungen durchziehen das menschliche Alltagsleben, sie stehen in engem Zusammenhang mit dem gesellschaftlichen Wissensvorrat. Sehr viele Typen sind vertraut. Diese Vertrautheit erschließt sich über die vorangegangene Sedimentierung von Erfahrungen (gesellschaftlicher Wissensvorrat) wie über Sozialisation bzw. Aneignung von Elementen des gesellschaftlichen Wissensvorrats (subjektiver Wissensvorrat). Ein Typus des lebensweltlichen Wissensvorrats kann dabei gefasst werden als »[…] ein in lebensweltlichen Erfahrungen ›gestifteter‹ Sinnzusammenhang. Anders ausgedrückt, der Typ ist eine in vorangegangenen Erfahrungen sedimentierte, einheitliche Bestimmungsrelation.«[20] Der Typus entsteht also in einer ganz ursprünglichen Situation, in der es gilt, eine problematische Situation durch eine Neuinterpretation einer Erfahrung zu lösen. Diese Lösung wird mit Hilfe des zuhandenen Wissensvorrats gefunden, also unter Mitwirkung einer ›alten‹ Bestimmungsrelation, welche sich für die aktuell zu bewältigende Situation als nicht ausreichend dargestellt hat. Typisierungen weisen die Eigenschaft auf, relativ offen zu sein, um – nach erfolgtem Abgleich – möglichst viele Phänomene subsumieren zu können. Es gibt also keine ›endgültigen‹ Typen im Wissensvorrat.[21] Die Typen selbst können so immer weiter angereichert werden. Typisierungen wie ihre Gehalte, aber auch die Stufung von Relevanzbereichen sind kulturabhängig. Das bedeutet zugleich, dass die Stufung von Relevanzen

---

18 *A. Schütz/T. Luckmann*, a. a. O. (Anm. 5), 253.

19 *A. Schütz*, Wiener Exzerpte, in: Relevanz und Handeln 1. Zur Phänomenologie des Alltagswissens, Alfred Schütz Werkausgabe, Bd. VI.1, Konstanz 2004, 45–55: 49.

20 *Ders./T. Luckmann*, a. a. O. (Anm. 5), 314.

21 Vgl. a. a. O., 316.

der Aushandlung fähig wie bedürftig ist. Sie sind verwiesen auf Legitimation. Das bedeutet, dass es Typen nur als problemorientierte Typen gibt. Typen sind also eingespannt zwischen ihre Konstitutionssituation, also erste, primäre Erfahrungen, und die Situationen ihrer Aktualisierung. Jeder klassifizierte Typ ist also eine Anwendung vorhandener Typisierungen. Neue Typisierungen entstehen nur, wenn das Passungsverhältnis nicht mehr als hinreichend empfunden wird – aber auch diese neue Bestimmung steht immer in einem Abhängigkeitsverhältnis zu bereits bestehenden Bestimmungsmöglichkeiten. Typisierungen sind insofern immer schon objektiviert, so sie sprachlich sind. Sprache kann in diesem Sinne als »Sedimentierung typischer Erfahrungsschemata, die in einer Gesellschaft typisch relevant sind«[22] aufgefasst werden.

1.4 Religiöse Qualifizierung von Erfahrung

Versteht man also Alltag/alltägliche Lebenswelt wie Religion als jeweils geschlossene Sinnprovinzen (neben Kunst, Wissenschaft, Politik, Fantasie etc.): Unter welcher Bedingung können überhaupt Erfahrungen als religiös qualifiziert werden? Die Unterscheidung der Sinnprovinzen stellt sich als abhängig von sozialer Konstruktion dar:

> »Zwar besitzt das Bewußtsein die Fähigkeit zur Erfahrung großer Transzendenzen; ob diese jedoch religiöser, ästhetischer oder theoretischer Art sind, ist Folge kultureller Konstruktionsprozesse [...]. Diese Position steht im übrigen im Einklang mit der anthropologischen Annahme der Vorgängigkeit des Sozialen: Wenn nämlich auch dem Transzendieren die Sozialität zugrunde liegt, dann sind die Ausprägungen der Transzendenzen, die Abgrenzung der Sinnprovinzen gegen den Alltag und die Unterscheidbarkeit der Sinnprovinzen gegeneinander soziale Konstruktionen.«[23]

Das bedeutet, dass die subjektive Erfahrung einer anderen Wirklichkeit der Ausprägung einer Sinnprovinz mit der ihr zugehörigen Symbolwelt vorgängig ist, sei dies nun in wissenschaftlicher, religiöser oder ästhetischer Hinsicht. Daraus folgt, dass die Klassifizierung von spezifischen Erfahrungen zu bestimmten Sinnprovinzen kulturspezifisch ist und einer gewissen Deutungsvarianz unterliegt. Die Erfahrung ›großer‹ Transzendenz muss nicht immer als religiös qualifiziert werden – es kann sich auch um eine ästhetische Erfahrung handeln oder um eine Erfahrung des wissenschaftlichen Typs. Sinnprovinzen sind »subjektiv

---

22 A. a. O., 319.

23 *H. Knoblauch*, Transzendenzerfahrung und symbolische Kommunikation. Die phänomenologisch orientierte Soziologie und die kommunikative Konstruktion der Religion, in: *H. Tyrell/V. Krech/H. Knoblauch (Hg.)*, Religion als Kommunikation, Würzburg 1998, 147–186: 161.

konstituierte Bereiche des Erfahrens«[24], die wiederum der Vergesellschaftung in der alltäglichen Lebenswelt fähig sein können (das gemeinsame Feiern eines Gottesdienstes kann dabei einen ›Überschneidungsraum‹ verschiedener kognitiver Stile konstellieren).

Mit Blick auf die religiöse Qualifizierung von Erfahrungen kann Religion als Konstrukt kommunikativen Handelns verstanden werden: In Akten zahlreicher Kommunikationen ›einigt‹ sich eine soziale Gruppe, auch eine Gesellschaft oder ein Kulturkreis darüber, welche Erfahrungen als religiös zu qualifizieren sind, wie bestimmte Erfahrungen zu interpretieren sind, und welche Handlungen institutionalisiert werden müssen, um die vorgenommene Deutung von Erfahrung für die soziale Gruppe als verbindlich etablieren zu können. Diese Prozesse erfolgen allmählich über die kommunikative Konstitution symbolischer Ordnungen.[25] Man könnte auch sagen: Die symbolischen Ordnungen bzw. die symbolischen Sinnwelten basieren auf Akten kommunikativen Handelns, deren Ort die Lebenswelt des Alltags ist. Hier wird die enge Verflochtenheit von Alltag und religiöser Erfahrung sichtbar: Jene kann nicht soziales Ereignis werden, ohne kommuniziert zu werden. Mehr noch: Jene findet auch für das Individuum nur eine Gestalt über (konventionalisierte) Denkformen – ohne dies existierte kein Begriff von etwas. Kommunikatives Handeln bezeichnet nun eine intersubjektive Wirkhandlung, welche vermittels der Konventionalisierung kommunikativer Abläufe zwischen subjektivem und objektivem Sinn Zeichen (re-)aktiviert und (re-)motiviert. Kommunikatives Handeln ist somit immer Herstellung sozialen Sinns und Legitimationsbestätigung für eine gerade favorisierte Sinnprovinz samt zugehörigen symbolischen Ordnungen. Die subjektive Erfahrung ist dabei Movens für Bestätigung, Ablehnung, Reproduktion, Destruktion oder Innovation. Die Möglichkeiten des Erfahrungsausdrucks sind zu einem großen

24 A. a. O., 158.

25 Bei Schütz heißt es: »Die symbolische Verweisung aber ist dadurch gekennzeichnet, dass sie den geschlossenen Sinnbereich des Alltags transzendiert und daß nur das appräsentierende Glied des Paares ihr angehört, während die Wirklichkeit des appräsentierten Glieds zu einem anderen Sinnbereich (in James' Terminologie) zu einem anderen Sub-Universum gehört. Wir können daher die symbolische Beziehung definieren, indem wir sagen, daß sie eine Appräsentationsbeziehung zwischen zwei Größen ist, die mindestens zu zwei geschlossenen Sinnbereichen gehören, wobei das appräsentierende Symbol ein Bestand der ausgezeichneten Wirklichkeit des Alltags ist.« (*A. Schütz*, Symbol, Wirklichkeit und Gesellschaft, a. a. O. [Anm. 10], 182.) – Zur Aktualisierung der Schütz'schen Symboltheorie und ihrer Anwendung auf die Moseslegende vgl. auch: *H. G. Soeffner*, Symbolische Präsenz: unmittelbare Vermittlung – zur Wirkung von Symbolen, in: *J. Raab/M. Pfadenhauer/P. Stegmaier/J. Dreher/B. Schnettler (Hg.)*, a. a. O. (Anm. 1), 53–64. Soeffner kommt hier nicht nur auf die Phänomene der Überdeterminiertheit und Ambiguität der Symbole zu sprechen, sondern auch auf das Problem der Ambivalenz.

Teil konventionalisiert.[26] Diesen reziproken Prozess zwischen subjektiver Erfahrung und Aufbau symbolischer Ordnungen nennt Hubert Knoblauch auch »Vergesellschaftung der Transzendenzen«[27].

2 Inkongruenz von subjektivem und objektivem Sinn – oder: Warum Fremdverstehen ein Problem bleibt

Empirische Religionsforschung ist nun an die Interpretation vorfindlicher religiöser Phänomene (privatisierte oder institutionalisierte Praxen, evtl. verbunden mit deutenden Selbstaussagen der Praktizierenden) verwiesen. Zwar beruht unsere soziale Interaktion in der alltäglichen Lebenswelt zunächst einmal auf der Operation mit zwei Idealisierungen: Erstens der Idealisierung der »Vertauschbarkeit der Standpunkte«[28], zweitens der Idealisierung der »Kongruenz der Relevanzsysteme«[29] – beides begründet die »Generalthese der wechselseitigen Perspektiven«[30]. Allerdings beheben Idealisierungen wie Generalthese nicht das Problem der Interpretation jenseits von Pragmatik.

2.1. Indexikalität der Perspektiven

Aufgabe der empirischen Religionsforschung ist es allerdings, diese – pragmatisch notwendige, jedoch wissenschaftlich naive – Form des gegenseitigen (Handlungs-)Verstehens zu überwinden und zu hinterfragen. Empirische Religionsforschung leistet Versuche des Fremdverstehens, die letztlich allerdings bestimmten Relativierungen und Grenzen unterliegen, die nicht aufgehoben werden können. Die grundlegende Bewegung bleibt bei aller Selbstreflexion und Zurücknahme: Unter Zuhilfenahme von Prozessen eigener Sinnkonstitution – wie könnte es auch anders möglich sein – wird das Verhalten oder die Handlung eines Anderen interpretiert. Die fremde Dauer ist dabei nur in »Auffassungsperspektiven«[31] gegeben. Die Dauer des Beobachtenden und die Dauer des Beobachteten kreuzen sich für die Zeit der Beobachtung (hier sind Situationen

---

[26] Das wird anschaulich, wenn man sich etwa die Bekehrungsberichte aus der »Vielfalt religiöser Erfahrung« ansieht; sehr viele Berichte folgen einem bestimmten Erzählduktus bzw. Erzählformular. (Vgl. *W. James*, Die Vielfalt religiöser Erfahrung. Eine Studie über die menschliche Natur, übers. von E. Herms und C. Stahlhut, mit einem Vorwort von P. Sloterdijk, Frankfurt a. M. u. a. 1997.)

[27] *H. Knoblauch*, a. a. O. (Anm. 23), 170.

[28] *A. Schütz/T. Luckmann*, a. a. O. (Anm. 5), 99.

[29] Ebd.

[30] Ebd.

[31] *A. Schütz*, Der sinnhafte Aufbau der sozialen Welt, a. a. O. (Anm. 5), 231.

direkter, wechselseitiger Kommunikation mit eingeschlossen): Die Gleichzeitigkeit besteht in der Parallelisierung der beiden inneren Dauerabläufe, im »Phänomen des Zusammenalterns«[32]. Es bleibt jedoch dabei, dass Ego einerseits nicht auf die fremde innere Dauer in Vollständigkeit und Kontinuität blicken kann, und dass jegliche Situation, welche Ego deutet, zunächst unwillkürlich von dem Referenzrahmen gezeichnet ist, den Ego in diese Situation mitbringt. Schütz nennt dies den »Index meines eigenen Jetzt und So«[33]. Grundsätzlich basieren alle Akte des Fremdverstehens auf Akten der Selbstauslegung, auch wenn sich die Forschenden mit aller Vorsicht einer möglichen Interpretation auf der Basis von Selbstaussagen der Partner und Partnerinnen ›im Feld‹ und selbstreflexiver beobachtender Teilnahme nähern.

2.2. FREMDVERSTEHEN ALS GRENZE

Mit der Involvierung des forschenden Subjekts in die Interpretation von Handlungen eines anderen Subjektes zeigt sich das Problem des Fremdverstehens deutlich. Dieser hermeneutische Zirkel ist letztendlich unhintergehbar: In die Auswertung jeglichen Datenmaterials (seien es Feldnotizen, Videoaufzeichnungen, Interviews etc.) ist immer der »Index des Jetzt und So« der Auswertenden eingeschrieben. Insofern kann man sich, bei aller Kontextuierungsleistung, dem gemeinten Sinn von Alter Ego nur annähern, ihn nicht erfassen. Wird also Fremdverstehen als Limesbegriff behandelt, muss sein Gelingen – allen Einwänden zum Trotz – als ›Arbeitshypothese‹ bestehen bleiben, sonst wären alle Überlegungen zur gelingenden sozialen Interaktion obsolet. Wichtig scheint, die Grenzen des Verstehensprozesses in Prozessen der Deutung präsent zu halten.

Mit aller Vorsicht kann so von ›subjektivem‹ und ›objektivem‹ Sinn gesprochen werden: Der subjektive Sinn verbindet das Gesetzte mit dem Bewusstsein des Setzenden, er ist das Produkt des ›Du‹, welches in der eigenen inneren Dauer Erlebnissen Aufmerksamkeit zuwendet. Hierauf kann in kommunikativer Absicht eine Zeichensetzung (Handeln) als Zeugnis der Aufmerksamkeitszuwendung, als Zeugnis der subjektiven Sinnsetzung erfolgen. Der Beobachter kann dies in der Annahme der Gleichzeitigkeit der inneren Dauer und unter Verwendung der Generalthese der Vertauschbarkeit der Perspektiven nachvollziehen – und Rückschlüsse auf den subjektiven Sinn ziehen (beobachtet als ›Handlung‹). Objektiver Sinn manifestiert sich an einem Erzeugten unter Absehung der bewusstseinsmäßigen Konstitutionsleistung eines Subjektes, eines ›Du‹ – der Deutende fragt nicht über die Einbettung des Erzeugten in den eigenen Sinnzusammenhang hinaus: »Objektiver Sinn ist nichts anderes als die Einordnung der

---

[32] A. a. O., 227.

[33] A. a. O., 228.

erfahrenden Erlebnisse von einem Erzeugten in den Gesamtzusammenhang der Erfahrung des Deutenden.«[34] – Allerdings ist der ›objektive Sinn‹ dem ›subjektiven Sinn‹ gegenüber immer logisch temporär-nachrangig; zudem ist er eben attributiv. Medium der Kommunikation, interaktional Voraussetzung für die Erhebung des ›objektiven‹ Sinns ist die Leiblichkeit, die Materialisierung des Handelns.[35] Ähnliches lässt sich auch für die individuellen Bewusstseinsprozesse des Subjektes aussagen, die der Forschende, kommunikativ erhellt, deutend verstehen möchte. Wie der Gang der bisherigen Überlegungen gezeigt hat, setzt allein die Artikulation des Subjektes von etwas einen solch komplexen und auch für das Subjekt einen nur bis zu einem gewissen Grad zur klaren Bewusstheit kommenden Prozess der Sinnkonstitution voraus, dass diese Prozesse für den interessierten Gesprächspartner niemals zur Gänze erhellt werden könnten: Nicht nur ist seine eigene ›Indexikalität seines eigenen Jetzt und So‹ immer in den Prozess der Deutung verwoben. Auch die Bedingungen der Kommunikation am Ort des Subjektes sind kaum in ihrer Komplexität zu erfassen (biografische Erfahrungen, die mit einem bestimmten Sinn verknüpft sind und in ein persönliches Relevanzgefüge verflochten sind; Konventionalisierungen in der Zeichenverwendung als Bezeichnung/Umschreibung für etwas; signifikante Bedeutungsverschiebungen im Umgang mit Konventionalisierungen, die jedoch nicht sprachlich transparent gemacht werden können etc.). Das Problem des Fremdverstehens bleibt also ein virulentes Problem nicht nur in den vielfach konventionalisierten Formen alltäglicher Interaktion, sondern auch für die empirische Religionsforschung.

3 Phänomenologie und empirische Religionsforschung

Für eine empirische Religionsforschung, die sich von den mundanphänomenologischen Überlegungen und Analysen Schütz' (und Luckmanns) inspiriert weiß, können spontan verschiedene Eigenschaften formuliert werden. Die empirische Religionsforschung ist als Wissenschaft mit einem eigenen kognitiven Stil mit der Interpretation von Wechseln zwischen kognitiven Stilen befasst – und insofern hat sie ihr besonderes Forschungsfeld zu reflektieren: Ihre Aufgabe ist es letztlich, Überschneidungsräume zu schaffen, in denen a) Artikulationen des Religiösen in einem für den ›Beobachteten‹/Gesprächspartner maximal authentischen Sinn (religiöse Sinnprovinz) Gestalt gewinnen, und das b) in einem kommunikativ geteilten gemeinsamen ›Raum‹ (alltägliche Lebenswelt), die c) unter

34 A. a. O., 272.

35 Vgl. a. a. O., 460.

den Bedingungen der eigenen Forschungstätigkeit dem Forschungsgegenstand entsprechende Interpretationen ermöglicht (Wissenschaft als eigene Sinnprovinz mit eigenem kognitiven Stil).

Die Leistung der empirischen Religionsforschung ist also wesentlich Übersetzungstätigkeit, die immer zugleich schon Interpretation ist. Und so fallen für die empirische Religionsforschung Aufgabe und Wesen in eins, wenn sie ernst nimmt, dass sie ihren Anteil zum Gesamten (re-)konstruierender Sinndeutungsakte beiträgt, und zwar als je spezifische Interpretationsleistung mit einem je geprägten eigenen Relevanzgefüge – und mit dem Wissen darum, dass das Verstehen fremder Selbstverhältnisse und ihrer Sinndeutungsprozesse immer nur approximativ zu leisten ist. Insofern lassen sich allgemeine Kriterien für die empirische Religionsforschung – unabhängig von ihrer Methodologie – formulieren sowie konzeptuelle Anknüpfungsversuche eruieren, die sich konkret auf den mundanphänomenologischen Ansatz Schütz' und Luckmanns beziehen.

3.1 Allgemeine Kriterien

Unabhängig von ihrem konkreten Forschungsgegenstand bleibt der empirischen Religionsforschung – wie jeder anderen Ausgestaltung empirischer Sozialforschung – als Haltung vorgegeben einerseits das, was Jürgen Habermas bereits mit Blick auf die transzendetalphilosophische Frage nach der Möglichkeit von Erkenntnis formuliert hat. Die Rede von ›objektiver Erkenntnis‹ impliziert unhintergehbare Schwierigkeiten; ein Desiderat bleibt jedoch die Offenlegung des theoretischen bzw. praktischen Erkenntnisinteresses.[36] Die Selbstreflexion der Wissenschaft gehört so zum Forschungsprozess genuin dazu, hat die empirische Religionsforschung ein emanzipatorisches Erkenntnisinteresse.[37] Daraus kann gewissermaßen ein positives Verständnis des Problems des hermeneutischen Zirkels folgen: Zwar muss ich, was ich erkunden will, schon in irgendeiner Weise kennen bzw. muss es mir als Phänomen entfernt bekannt sein, so dass ich eine Vorstellung davon habe. Doch die Thematisierung des eigenen Vorwissens der Forschenden und die reflexive Einspeisung dieser Auffassung in den Forschungsprozess sind von Nutzen für die ethnografische Beobachtung der eigenen Gesellschaft. Die Forschenden selbst werden in ihrer selbstreflexiven situativen Partizipation (Interviews, Beobachtung, Dokumentensammlung und -interpretation, audiovisuelle Aufzeichnungen und ihre Interpretation) zur Ressource für den Forschungsprozess.[38]

---

[36] Vgl. *J. Habermas*, Kultur und Kritik. Verstreute Aufsätze, Frankfurt a. M. 1973, 91, 244.

[37] Vgl. *ders.*, Erkenntnis und Interesse. Mit einem neuen Nachwort, 3. Aufl. , Frankfurt a. M. 1975, 244, 256.

[38] Vgl. *H. Knoblauch*, Qualitative Religionsforschung. Religionsethnographie in der eigenen Gesellschaft, Paderborn 2003, 31. – Die Rolle der Forschenden im Feld sowie die Ausweisung

Im Sinne einer regelgeleiteten »dichten Beschreibung« (C. Geertz) ergibt sich – zumindest aus den bisherigen Überlegungen zur Problematik des Sinnverstehens – die Aufgabe, in der Erhebung, Analyse und Interpretation von Daten einen Sättigungsgrad[39] anzustreben, der keine neuen Erkenntnisse mehr erwarten lässt. Empirische Religionsforschung lebt, wie jede Form empirischer Sozialforschung, von einem prozessualen Fortschreiten[40] und Durchdringen – im Prinzip ad infinitum. Allein die heuristischen Mittel (einschließlich des eigenen Erkenntnisvermögens) sind begrenzt.

3.2 Phänomenologische Lebensweltanalyse und Ethnomethodologie

Die Anfänge der Ethnomethodologie besitzen starke Bezüge zur phänomenologischen Lebensweltanalyse von Alfred Schütz.[41] Ethnomethodologie bezeichnet keine eigene Methode innerhalb der empirischen Sozialforschung. Vielmehr geht es darum, unter Verwendung herkömmlicher Methodik (wenig standardisierte Interviews, teilnehmende Beobachtung, Video- und Bandaufzeichnung, Transkriptionen, Beobachtungs- und Interviewnotizen), einem eigenen Forschungsinteresse nachzukommen, welches sich in der Frage zusammenfassen lässt, welches interaktive Handeln, Äußern und Denken von Menschen diejenige Wirklichkeit konstituiert, die als selbstverständliche Wirklichkeit wiederum dem eigenen Handeln, Äußern und Denken als Basis dient bzw. dann auch reproduziert, destruiert oder transformiert wird. Bei Harold Garfinkel heißt es entsprechend zur Erläuterung des ethnomethodologischen Programms:

> »I use the term ›ethnomethodology‹ to refer to the investigation of the rational properties of indexical expressions and other practical actions as contingent ongoing accomplishments of organized artful practices of everyday life.«[42]

Leitend ist die Annahme, dass Menschen mit ähnlichem bzw. identischem kulturellem Referenzrahmen bestimmte Methoden anwenden, um eben gemeinsame Selbstverständlichkeiten in ihrer alltäglichen Wirklichkeitskonstitution

---

des Erkenntnisinteresses wird mittlerweile in Lehrbüchern zur Sozialforschung standardisiert thematisiert, vgl. exemplarisch: *A. Przyborski/M. Wohlrab-Sahr*, Qualitative Sozialforschung. Ein Arbeitsbuch, 3., korr. Aufl., München 2010, 15–17, 53–62.

39 Vgl. u. a. *H. Knoblauch*, a. a. O., 31, 107f.

40 Vgl. u.a. *S. Lamnek*, Qualitative Sozialforschung. Lehrbuch, 5., überarb. Aufl. Unter Mitarbeit von Claudia Krell, Weinheim u. a. 2010, 21f.

41 Zum Verhältnis zwischen Phänomenologie und Ethnomethodologie und seiner historischen Genese vgl. auch *T. S. Eberle*, Phänomenologie und Ethnomethodologie, in: *J. Raab/M. Pfadenhauer/P. Stegmaier/J. Dreher/B. Schnettler (Hg.)*, a. a. O. (Anm. 1), 151–161.

42 *H. Garfinkel*, Studies in Ethnomethodology, Englewood Cliffs/NJ 1967, 11.

(*reality work*) hervorzubringen (reproduzieren, transformieren usw.). Dies geschieht unter Anwendung zuhandenen Wissens, also erstens unter Verwendung von szenischen Praktiken, zweitens unter Zuhilfenahme einschränkender Interpretationsverfahren mit Blick auf die Vieldeutigkeit von verwendeten sprachlichen und nichtsprachlichen Zeichen, drittens über die Handhabung von Darstellungstechniken (*accounts*), welche die Interpretation von Handlungen in ihrem Verfahren in eine, in der Regel vom Akteur erwünschte, Richtung lenken.[43] Phänomenologische Lebensweltanalyse (als Protosoziologie) wie Ethnomethodologie gehen also davon aus, dass Wirkhandlungen die soziale Welt konstituieren, und dass die Appräsentationssysteme Ansatzpunkte für die soziale Analysen sind. Erstere schreitet theoretisch-reflexiv voran, zweitere empirisch-reflexiv, die eine beschreibt eine protosoziologische Konstitutionstheorie, die andere erhebt die Konstitutionsanalysen empirisch mitten im Alltag der Akteure.[44] Insofern sind die phänomenologische Lebensweltanalyse wie der ethnomethodologische Ansatz interessante Gesprächspartner für eine empirische Religionsforschung, die daran interessiert ist zu erforschen, wie soziale Wirklichkeit über alltagspraktische Handlungen hergestellt wird – und zwar mittels Rekurs auf symbolische Ordnungen, die als »Klammer der Lebenswelten« fungieren und interpretatorisch die konkreten Phänomene des Alltags transzendieren. Denn: Auch die religiöse Qualifizierung von Erfahrung unterliegt den Konstrukten kommunikativen Handelns, und die Erforschung dieser empirischen Konstruktionsprozesse ist ein Weg, der wissenschaftlich – besonders auch in der Praktischen Theologie etwa der letzten zehn Jahre – zwar schon betreten worden ist, dessen Horizont aber weit ist. Dieser Horizont wird der empirischen Religionsforschung auch immer vorausliegen, denn die Wirklichkeiten sind mannigfaltig.

---

43 Vgl. *J. R. Bergmann*, Ethnomethodologie, in: *U. Flick/E. v. Kardorff/I. Steinke (Hg.)*, Qualitative Forschung. Ein Handbuch, Reinbek b. Hamburg 2000, 118–135: 125.

44 Vgl. *T. S. Eberle*, a. a. O., 160. – Zur empirischen Konstitutionsanalyse in der frühen Zeit der Ethnomethodologie am Beispiel von Garfinkels bekanntem Fall ›Agnes‹ sowie zur Konstitutionsanalyse des Forschungssettings vgl. *K. Merle*, a. a. O. (Anm. 3), 179–187.

III Methoden und Methodologie

Methodenintegrative empirische Religionsforschung

Christoph Morgenthaler

Die Tage, in denen sich Vertreterinnen und Vertreter quantitativer und qualitativer Forschung in den Haaren lagen, sind längst vorbei. Auch Adepten quantitativer und qualitativer Religionsforschung haben sich an eine schiedlich-friedliche Koexistenz gewöhnt und leisten je ihren unverzichtbaren Beitrag zur Erhellung gelebter Religion. Qualitative Methoden bewähren sich beispielsweise bei der Rekonstruktion religiöser Biografien[1] oder bei der Erschließung individueller religiöser Deutungsmuster.[2] Quantitativ orientierte soziologische Untersuchungen haben über mehrere Jahrzehnte hinweg Strukturen der Kirchenmitgliedschaft und deren Wandel erhellen helfen.[3] Salutogenetische Funktionen von Religiosität wurden in buchstäblich Hunderten von Untersuchungen belegt.[4] Entsprechend wurden auch die Methodologien, die mit den beiden Forschungsrichtungen verbunden sind, in ihrer je eigenen Leistungskraft gewürdigt und in der ihnen je eigenen Beschränktheit kritisch evaluiert.[5]

Eher neueren Datums sind Untersuchungen zu gelebter Religion, die sich nicht eindeutig dem einen oder anderen Forschungsparadigma zuordnen lassen,

---

1 Vgl. *R. Sommer*, Lebensgeschichte und gelebte Religion von Frauen. Eine qualitativ-empirische Studie über den Zusammenhang von biographischer Struktur und religiöser Orientierung, Stuttgart u. a. 1998.

2 Vgl. *H. Oertel*, »Gesucht wird: Gott?«. Jugend, Identität und Religion in der Spätmoderne, Gütersloh 2004.

3 Vgl. *W. Huber u. a. (Hg.)*, Kirche in der Vielfalt der Lebensbezüge. Die vierte EKD-Erhebung über Kirchenmitgliedschaft, Bd. 1, Gütersloh 2006.

4 Vgl. *K. I. Pargament*, The Psychology of Religion and Religious Coping. Theory, Research, Practice, New York 1997.

5 Quantitativ: *J. van der Ven*, Entwurf einer empirischen Theologie, 2. Aufl., Kampen u. a. 1994; qualitativ: *H. Knoblauch*, Qualitative Religionsforschung. Religionsethnographie in der eigenen Gesellschaft, Paderborn 2003; phänomenologisch: *A. Dinter/H.-G. Heimbrock/K. Söderblom (Hg.)*, Einführung in die empirische Theologie. Gelebte Religion erforschen, Göttingen 2007.

sondern in denen qualitative und quantitative Methoden kombiniert werden, um religiöse Phänomene einer vertieften erfahrungswissenschaftlichen Analyse zu unterziehen. Auch hier kann wieder auf die vierte Kirchenmitgliedschaftsstudie der EKD hingewiesen werden, in der sowohl quantitative wie qualitative Methoden eingesetzt wurden, um ein differenziertes Bild unterschiedlicher Formen der Kirchenmitgliedschaft, ihrer sozialen Verortung und individuellen Ausgestaltung zu erarbeiten.[6] In der Religionsforschung stellt sich die Frage, ob methodenintegrative Untersuchungsdesigns zu einem Typus der regelgeleiteten Analyse gelebter Religion werden, der besonders zur Erforschung religiöser Verhältnisse in Gesellschaften geeignet ist, die durch Prozesse der Pluralisierung, De-Institutionalisierung und Individualisierung von Religion geprägt sind. In diesem Beitrag werden Umrisse einer solchen methodenintegrativen Religionsforschung gezeichnet und wird nach der spezifischen Leistungskraft eines solchen Zugangs gefragt.[7]

1 Zielsetzungen methodenintegrativer Sozialforschung

Kombinierte Forschungsdesigns – neben der quantitativen und qualitativen eine dritte methodische Kraft in den Sozialwissenschaften – bauen auf reflektierten Formen der Zuordnung qualitativer und quantitativer Methoden auf, die im Blick auf Forschungsgegenstände und -ziele explizit begründet werden.[8] Im angloamerikanischen Raum wurde dieser Typus Forschung seit den 1990er Jahren hauptsächlich unter der Bezeichnung ›Mixed Methods Research‹ bekannt und definiert als »research in which the investigator collects and analyzes data, integrates the findings, and draws inferences using both qualitative and quantitative approaches or methods in a single study or program of inquiry«[9].

---

6 Vgl. *J. Hermelink u. a. (Hg.)*, Kirche in der Vielfalt der Lebensbezüge. Die vierte EKD-Erhebung über Kirchenmitgliedschaft, Gütersloh 2006 [Bd. 2: Analysen zu Gruppendiskussionen und Erzählinterviews].

7 Vgl. auch: *C. Morgenthaler*, Qualitative, Quantitative and Phenomenological Approaches to Experience – Complementary and Contrary. Empirical-theological Soundings from a Research Project on Family Rituals, in: *H.-G. Heimbrock / C. P. Scholz (Hg.)*, Religion: Immediate Experience and the Mediacy of Research, Göttingen 2007, 213–241; *C. Morgenthaler/ R. Hauri*, Tapes and Tables. Mixed Methods Research on Family Religion, in: Journal of Empirical Theology 20 (2007), 77–99.

8 Vgl. bes. *A. Tashakkori/C. Teddlie (Hg.)*, Handbook of Mixed Methods in Social & Behavioral Research, 2nd Print, Thousand Oaks/CA 2003.

9 *A. Tashakkori/J. W. Creswell*, Editorial: The New Era of Mixed Methods, in: Journal of Mixed Methods Research 1 (2007), 3–7: 4.

Dabei sollen die Methoden gezielt und begründet so kombiniert werden, dass Erkenntnisse gewonnen werden, die mittels Einsatz einer einzigen Methode nicht möglich wären. In Anlehnung an Greene, Caracelli und Graham[10] (1989) seien vier mögliche Zielsetzungen methodenintegrativer Forschung genannt:

- *Triangulation:* Ein soziales Phänomen wird gleichzeitig mit qualitativen und quantitativen Methoden vermessen und die Ergebnisse werden aufeinander bezogen. Die Zuverlässigkeit und Aussagekraft der Forschung wird dadurch erhärtet.
- *Komplementäre Zuordnung:* Die beiden Zugänge werden so kombiniert, dass die jeweiligen Schwächen des Gegenparts ausgeglichen werden und beide Datensorten je zum besseren Verständnis der anderen beitragen.
- *Initiation:* Qualitative und quantitative Daten werden einander so zugeordnet, dass Unstimmigkeiten und Widersprüche im Feld deutlich werden. Dadurch können bestehende Ansichten in Frage gestellt, neue Forschungsprobleme entdeckt und weiterführende Forschungsaktivitäten initiiert werden.
- *Erweiterung:* Unterschiedliche Methodologien werden in einem Projekt angewendet, um Breite und Tiefenschärfe der Analysen zu erhöhen.

Die unterschiedlichen Methoden kommen also zum Einsatz, weil sie je Aspekte der sozialen Wirklichkeit erhellen können, die nur durch sie zugänglich sind, und weil sie je auch bestimmte Schwächen aufweisen, die sie gegenseitig kompensieren können. Nicht nur die Unterschiedlichkeit der methodischen Zugänge, sondern auch die fast unbeschränkten Möglichkeiten der Anordnung und Zuordnung solcher Methoden macht eine Stärke methodenintegrativer Forschung aus. Sie können parallel oder nacheinander zum Einsatz kommen, an einzelnen Punkten oder kontinuierlich miteinander verbunden werden oder ineinander eingebettet sein. So finden sich in der Literatur zu methodenintegrativer Forschung mittlerweile viele verschiedene Typologien von Mixed Methods Designs. Eine Typologie – jene von Creswell und Plano Clark[11] (2007) – ist in Abbildung 1 dargestellt. Die Abbildung verdeutlicht nicht nur die Schritte und Zuordnungen, sondern zeigt auch unterschiedliche Funktionen, die solche integrativen Methodendesigns erfüllen können.

---

[10] Vgl. *J. F. Greene/V. Caracelli/W. F. Graham,* Toward a Conceptual Framework for Mixed-Method Evaluation Designs, in: Educational Evaluation and Policy Analysis 11 (1989), 255–275.

[11] Vgl. *J. W. Creswell/V. L. Plano Clark,* Designing and Conducting Mixed Methods Research, Thousand Oaks/CA 2007.

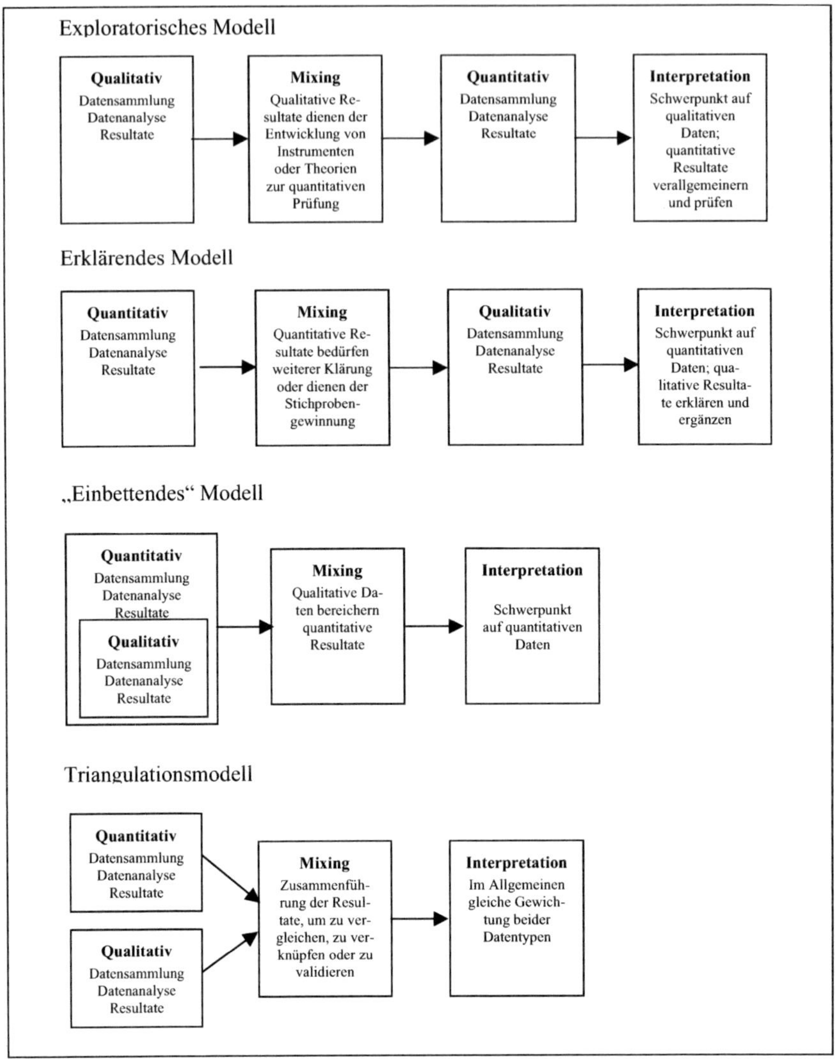

Abbildung 1: Modelle methodenintegrativer Forschung (adaptiert nach Creswell/Plano Clark 2007)

Kelle hat mit Nachdruck darauf hingewiesen, dass es nicht genügt, unterschiedliche Desings methodenintegrativer Forschung zu rubrizieren und zu beschreiben.[12] Vielmehr muss der Forschungsgegenstand Ausgangspunkt für die

12 Vgl. *U. Kelle*, Die Integration qualitativer und quantitativer Methoden in der empirischen Sozialforschung. Theoretische Grundlagen und methodologische Konzepte, 2. Aufl., Wiesbaden 2008.

Beschäftigung mit Methodenkombinationen sein und muss »substanzwissenschaftlich«[13] begründet werden, weshalb die verschiedenen Zugänge kombiniert wurden. Leider stehe kaum Literatur zur Verfügung, »in welcher die Frage beantwortet wird, bei *welchen* Gegenständen und Fragestellungen die verschiedenen Methodentraditionen jeweils *welche* Schwächen und Stärken aufweisen«[14]. Sinngemäß lässt sich dies auf methodenintegrative Religionsforschung beziehen. Deshalb wird bei der Darstellung methodenintegrativer Religionsforschung nun zuerst nach möglichen Funktionen verschiedener Methodendesigns gefragt und dann nach den spezifischen Leistungen, die qualitative resp. quantitative Methoden in methodenintegrativer Religionsforschung erbringen.

2 Modelle methodenintegrativer Religionsforschung

Die Leistungsfähigkeit unterschiedlicher Zuordnungsformen von qualitativen und quantitativen Methoden in empirischer Religionsforschung kann anhand der oben aufgeführten Typologie (vgl. Abb. 1) verdeutlicht werden. Je nach Forschungslage und spezifischem Forschungsgegenstand kann das eine oder andere Modell der Kombination angemessen sein.

Exploratorisches Modell: Dieses Design methodenintegrativer Forschung eignet sich zur systematischen Analyse von religiösen Phänomenen, die herkömmlichen wissenschaftlichen Kategorisierungen und Wahrnehmungsformen von Religiosität entgehen. So lassen sich neue Formen gelebter Religiosität qualitativ differenziert beschreiben. Daran anschliessende quantifizierende Formen der Forschung erlauben es, die soziale Einbettung, Häufigkeit und Relevanz neuer Formen gelebter Religiosität genauer zu beschreiben.

Erklärendes Modell: Dieses Design eignet sich dann, wenn gelebte Religiosität im Zusammenhang mit bestimmten psychischen und sozialen Randbedingungen erklärt werden soll. Kausale Zusammenhänge lassen sich aufgrund statistischer Analysen quantifizierter Daten in einem ersten Forschungsdurchgang aufweisen. Aufgrund der quantitativen Analysen können qualitative Methoden gezielt eingesetzt werden, um Wirkrichtungen zu veranschaulichen oder im Mikrobereich religiöser Interaktion genauer zu untersuchen.

---

13 A. a. O., 48.

14 A. a. O., 15.

»Einbettendes« Modell: In eine vorwiegend quantitativ ausgerichtete Studie, die allgemeine Merkmale gelebter Religiosität identifiziert, werden qualitative Untersuchungsteile eingebaut, die der Verdeutlichung und Illustration einzelner Untersuchungsaspekte dienen. Umgekehrt können aber auch in einer qualitativen Untersuchung bestimmte Aspekte gelebter Religion quantifizierend zusammengefasst, miteinander verglichen und statistisch ausgewertet werden. Der Schwerpunkt der Analysen und Interpretationen liegt dabei entweder im qualitativen oder quantitativen Bereich; Aspekte der jeweils anderen Methode sind »eingebettet«, präzisieren oder verallgemeinern quantitativ resp. qualitativ erhobene Aspekte gelebter Religion.

Triangulationsmodell: Hier werden Phänomene gelebter Religion von Anfang an auf zwei »Schienen«, nämlich qualitativ und quantitativ untersucht. Diese Untersuchungsstränge folgen ihrer eigenen Logik und entfalten je ihre Stärken. Die Kombination beider Datentypen erlaubt einen mehrperspektivischen Blick auf Phänomene gelebter Religion. Qualitative und quantitative Resultate werden dabei gleichgewichtig einbezogen. Qualitative Daten dienen der Illustration und Konkretion quantitativer Daten, quantitative Daten der Kontextualisierung und Kausalanalyse qualitativ erhobener Daten.

Unterschiedliche Designs können in methodenintegrativer empirischer Religionsforschung also unterschiedliche Funktionen erfüllen. Je nach Ziel und Gegenstand müssen aber auch die einzelnen qualitativen und quantitativen Methoden ausgewählt und einander zugeordnet werden. Auch hier ist es hilfreich, sich die spezifische Leistungsfähigkeit der beiden Methodentypen und einzelner methodischer Vorgehensweisen zu vergegenwärtigen. Damit kann eine typisierende Entgegensetzung qualitativer und quantitativer Methoden vermieden werden, wie sie üblich ist. Stattdessen wird nach dem spezifischen Erkenntnisgewinn gefragt, den einzelne Untersuchungsmethoden aus den beiden Traditionen und ihre Kombination für eine differenzierte Analyse einer spezifischen Form gelebter Religion versprechen. Das kann hier nur in exemplarischer Weise geschehen.

3 Zur Leistungsfähigkeit qualitativer Methoden in methodenintegrativer Religionsforschung

Einige Stärken qualitativer Methoden sollen zuerst hervorgehoben werden. Sie sind angezeigt, wenn es darum geht, die folgenden Aspekte gelebter Religion durch empirische Forschung besser zu erschließen:

Religiosität als unverrechenbare personale Erfahrung: Qualitative Methoden eignen sich besonders dazu, »varieties of religious experience«[15] differenziert zu beschreiben, Nuancen des religiösen Selbstverständnisses, unterschiedliche Strategien der Konstruktion religiöser Identität, die unverrechenbare Einzigartigkeit der individuellen Erfahrung des Numinosen zu rekonstruieren. Sie tragen insbesondere der Individualisierung von Religiosität in modernen Gesellschaften Rechnung, den biografisch und kontextuell hochspezifischen Formen, wie Religiosität von einzelnen Menschen gelebt, weiterentwickelt oder abgestoßen wird. Sie erlauben es »mundus in gutta« auch in religiösen Angelegenheiten zu entdecken: Das Einzigartige und doch auch Prototypische individueller religiöser Lebensformen.

Interaktiv konstituierte und reproduzierte Religiosität: Die Wahl qualitativer Methoden ist ebenfalls angesagt, wenn es darum geht, den Prozesscharakter religiöser Phänomene zu berücksichtigen und im Detail zu beschreiben, wie Formen der Religiosität in Mikrointeraktionen zwischen mehreren Personen ko-konstruiert werden und sich dabei die Perspektiven der Akteure verschränken. Sie ermöglichen Detailuntersuchungen, wie überlieferte Religiosität übernommen und weitergegeben wird. Sie eignen sich aber auch, wenn erhellt werden soll, wie neue Formen von Religiosität entstehen und sich sozial etablieren.

Der semantische Gehalt und performative Charakter gelebter Religiosität: Qualitative Methoden sind immer auch hermeneutisch angelegt, eignen sich also in besonderer Weise auch für Bedeutungsanalysen, die Erfassung der Inhaltlichkeit des jeweiligen religiösen Geschehens, die Attribution religiöser Bedeutung und die Rekonstruktion der Intentionalität und Motive von religiös Handelnden. Gelebte Religion hat zudem performativen Charakter, ereignet sich in Raum und Zeit, ist verkörpert und nur teilweise der Verbalisierung zugänglich. Qualitative Methoden, insbesondere auch die Auswertung visueller Daten, ermöglichen einen Zugang auch zu dieser Dimension gelebter Religiosität.

Fluide Religiosität: Neben den verdichteten, ja verdinglichten Formen von Religiosität findet sich in heutigen gesellschaftlichen Kontexten vermehrt auch Religiosität, die sich verflüssigt, verflüchtigt, amalgamiert. Qualitative Methoden sind angemessen beweglich und sensibel für diese Plastizität religiöser Phänomene, für fragile, filigrane und flüchtige Prozesse religiöser Bedeutungsbildung und religiöser Interaktion. Sie erlauben es, Differenzen in der Intensität, Entwicklung und Verbindlichkeit von Religiosität abgestuft zu beschreiben, Religiosität im Prozess, im Werden und Vergehen nachzuzeichnen.

---

15 *W. James*, The Varieties of Religious Experience. A Study in Human Nature, New York 1999 [1902].

4 Zur Leistungsfähigkeit quantitativer Methoden in methodenintegrativer Religionsforschung

Quantitative Methoden weisen ihrerseits gewisse Stärken auf. Sie eignen sich besonders, wenn es darum geht, folgende Aspekte gelebter Religion zu analysieren:

»Aggregierte« Religiosität: Quantitative Methoden sind speziell dazu geeignet, Religiosität auf der Ebene aggregierter Einzelfälle zu erfassen und systematische Zusammenhänge zwischen den untersuchten religiösen Variablen selbst und weiteren Variablen zu erschließen. Religiosität als ein »fait social« kann so empirisch erschlossen werden. Standardisierte Formen der Befragung ermöglichen es beispielsweise, Einstellungen einer großen Zahl von Menschen schnell und systematisch zu erfassen, zusammenzuführen und in diesem aggregierten Zustand statistisch zu analysieren und zu interpretieren.

Kontextuelle Religiosität: Durch eine quantifizierende Standardisierung der Datenerhebung können die Einzelfälle, die aggregiert werden, in einem sozialen Raum lokalisiert und in umfassenderer Weise kontextualisiert werden. So lassen sich Daten zur Religiosität bestimmter Personengruppen nach sozioökonomischen, gender-, alters- oder religionsspezifischen Randbedingungen gruppieren, beschreiben und vergleichen.

Kausalanalysen gelebter Religiosität: Die Auswertung quantitativer Daten mit inferenzstatistischen Methoden erlaubt es, Religiosität als abhängige oder unabhängige Variable zu verstehen, die mit anderen Variablen korreliert, von solchen Variablen beeinflusst wird oder sie ihrerseits beeinflusst. So kann Religiosität als ein Element in sozialen Kausalketten verstanden und können ihre Funktionsweisen erklärt werden.

Systematische Vergleiche gelebter Religiosität: Die Aggregierung von standardisierten quantitativen Daten nach formalisierten Regeln erlaubt es, Untersuchungsergebnisse zu gelebter Religiosität mit den Ergebnissen vergleichbarer Studien in eine nachvollziehbare Relation zu bringen.

5 Zur spezifischen Leistungsfähigkeit der Methodenkombinationen

Qualitative und quantitative Methoden weisen je spezifische Stärken auf, wenn es darum geht, gelebte Religion zu analysieren. Ein Bewusstsein dafür hilft bei der gezielten Auswahl einzelner Methoden in methodenintegrativer Forschung.

Ihre Leistungskraft kommt in ihrer je projektspezifischen Kombination erst recht zur Geltung. Qualitative Methoden holen in den Vordergrund, was in quantitativer Forschung im Hintergrund bleibt: Einzigartigkeit, Alterität, Prozess. Quantitative Methoden bringen andererseits zur Ansicht, was in qualitativen Studien zur gelebten Religion zu entschwinden droht: Die Regelhaftigkeit religiösen Geschehens, die durchschlagende Kraft sozialer Verhältnisse, die Vorhersehbarkeit gelebter Religion.

Dies kann noch etwas grundsätzlicher gefasst werden: Empirische Religionsforschung zielt auf die Analyse und Erklärung religiösen Handelns und damit verbundener Erfahrungen und Einstellungen ab. Für konkrete Handlungsvollzüge sind dabei Faktoren von Bedeutung, die auf unterschiedlichen gesellschaftlichen Ebenen angesiedelt sind. Auf der makrosozialen Ebene sind es sozialstrukturelle Handlungsbedingungen und soziokulturelle Handlungsmuster, auf der mesosozialen Ebene religiöse Gruppierungen und Institutionen, auf der mikrosozialen Ebene konkrete Handlungsziele und lokale Handlungsregeln, die für gelebte Religion wichtig werden. Die einzelnen Forschungsmethoden haben nun bestimmte Affinitäten zu diesen Ebenen: Quantitative Zugänge eignen sich besonders gut, Handlungsmuster gelebter Religion und mit ihnen verbundene religiöse Einstellungen auf makrosozialer Ebene zu erfassen; qualitative Ansätze bieten sich hingegen zur Analyse von religiösen Verhaltensmustern und Einstellungen auf mikrosozialer Ebene an. Sollen aber sowohl Mikro- als auch Makrophänomene untersucht werden, ist die Kombination von quantitativen und qualitativen Methoden nahe liegend.

Dieses Zusammenspiel der Methoden ist möglicherweise zur Analyse gelebter Religion gerade in Gesellschaften von besonderer Bedeutung, die durch Pluralisierung, De-Institutionalisierung und Individualisierung von Religiosität gekennzeichnet sind. Nach Knoblauch erweisen sich qualitative Methoden gerade bei der Erforschung der Gegenwartsreligion als besonders nützlich: »[...] je rascher sich die Gegenwartsreligion verändert und je vielfältiger ihre Erscheinungsformen sind, umso schwerer fällt es, sie mit Hilfe vorgefertigter standardisierter Fragen zu erfassen«[16] (Knoblauch 2003, 11). Dies leuchtet ein und ist doch nur die eine Seite. Auch tradierte Formen von Religiosität sind immer noch wichtig, wie sich empirisch vielfach belegen lässt. Zudem verfestigen sich auch neue Formen von Religiosität und lassen sich in ihrer sozialen Regelhaftigkeit beschreiben. Gelebte Religion ist gesellschaftlich determiniertes »fait social« und zugleich höchst personales, kontingentes Geschehen. Und diese beiden Pole stehen in Wechselwirkung. Aufschlussreich ist auch hier die Kombination der Perspektiven – inhaltlich und methodisch.

[16] *H. Knoblauch*, a. a. O. (Anm. 5), 11.

6 Zu den Voraussetzungen methodenintegrativer Religionsforschung

Methodenintegrative Forschung ist ein anspruchsvolles Geschäft. Vier Punkte, weshalb dies so ist, seien hervorgehoben:

Persönliche Voraussetzungen: Einzelne Forscher bevorzugen aus wissenschaftsgeschichtlichen und biografischen Gründen sowie wegen persönlicher Präferenzen, Wertvorstellungen und religiöser Konzepte eher quantitative oder qualitative Forschung. Das notwendige Training in einer der Methodentraditionen ist zudem aufwendig und geschieht oft in bedeutungsvollen wissenschaftlichen Referenzgruppen. Die Reflexion solcher Prägungen und Loyalitäten und die Fähigkeit zur Inbezugsetzung des eigenen methodischen Wissens zum methodischen Wissen anderer ist eine wichtige Bedingung methodenintegrativer Forschung.

Gruppendynamische Voraussetzungen: Methodenintegrative Forschung setzt meist die Arbeit in Teams voraus, in denen unterschiedliche methodische Richtungen vertreten sind. Gruppendynamische Prozesse müssen in solchen Teams so gesteuert werden, dass die verschiedenen methodischen Optionen nicht nur sachgerecht, sondern auch für die einzelnen Personen in der Forschungsgruppe stimmig aufeinander bezogen werden. Auseinandersetzungen lassen sich dabei nicht vermeiden und treffen wichtige Anteile des professionellen Selbstverständnisses.

Technische Voraussetzungen: Quantitative und qualitative Forschung benötigt je unterschiedliche Infrastrukturen und die forschungstechnischen Herausforderungen, die bewältigt werden müssen, sind je anders gelagert. Damit verbunden sind finanzielle Investitionen und Auseinandersetzungen um die Zuordnung der Mittel in einem Forschungsteam. Auch dies muss bewältigt werden.

Epistemologien: Die qualitativen und quantitativen Zugänge zu Erfahrung sind nicht nur methodisch unterschiedlich ausgeprägt und unterschiedlich begründet. Mit diesen Methodologien verbinden sich auch unterschiedliche Konzepte von Wirklichkeit, Kausalität, Mensch und Gesellschaft und – besonders brisant in Projekten empirischer Religionsforschung – Religion resp. Religiosität. Die Integration der Zugänge stellt also auch vor wissenschaftsphilosophische und theologische Probleme. Es sind weniger die Forschungsmethoden als die mit ihnen verbundenen Grundperspektiven auf Wirklichkeit und Erfahrung, die implizierten anthropologischen Konzepte und die Ideen zu Freiheit und Kausalität, Subjektivität und Objektivität, die sich in einem Forschungsteam nicht so einfach miteinander vermitteln lassen. Die jeweiligen Wirklichkeitsverständnisse müssen befragbar bleiben. Das setzt voraus, dass die Perspektivität jeglicher Forschung erkannt wird.

7 Ausblick

Der Artikel kann insgesamt als Plädoyer für eine multi-okulare Analyse gelebter Religion verstanden werden. Wenn qualitative Methoden das unverrechenbar Einzigartige, Kontingenz und die Kreation neuer Formen gelebter Religion fokussieren, ermöglichen quantitative Methoden einen differenzierten Blick für das Wiederkehrende, für gelebte Religiosität auch als eine verdichtete soziale Realität und als Wirkfaktor in sozialen und psychischen Prozessen. Methodenintegrative Forschung bietet Anleitungen dazu, wie diese Blickwinkel einander ergänzen, korrigieren, ablösen und transformieren können.

Methoden enthalten Regeln zur systematischen Re-Konstruktion von Wahrnehmung. Methodisches Training ist auch eine Wahrnehmungsschulung. Methodologien sind Wahrnehmungslehren. So kann die Auseinandersetzung mit qualitativen und quantitativen Methoden und ihrer Kombination letztlich auch dazu beitragen, die ästhetischen Fähigkeiten der Praktischen Theologie zu verfeinern.

›Gelebte Religion‹ in der praktisch-theologischen Ausbildung

Von der Programmatik des ›wirklichen Lebens‹ zum professionellen Umgang mit Empirie

Lars Charbonnier / Peter Meyer

1 Warum Empirie in der praktisch-theologischen Ausbildung?

1.1 Der aktuelle Trend zu empirischer Forschung in der Praktischen Theologie

Die empirische (Religions-)Forschung hat sich im Zentrum gegenwärtiger praktisch-theologischer Diskurse etabliert. Der vorliegende Band veranschaulicht dies vortrefflich. Die gemeinsame Konferenz der Fachgruppe Praktische Theologie der WGTh mit der Konferenz deutschsprachiger Pastoraltheologen und Pastoraltheologinnen e. V. zum Thema »Religiöse Kommunikation in empirischer Perspektive. Liturgie – Predigt – Seelsorge« im Jahr 2012 führte vor Augen, dass der Trend zur empirischen Methodologie auch den ›Kernbereich‹ der Handlungsvollzüge des gelebten Christentums erreicht hat. Damit wird eingelöst, was Henning Schröer bereits 1997 konstatierte: Die jüngste Entwicklung der Disziplin ist vom Bemühen um eine »Theorie empirischer Theologie« gezeichnet.[1] Auf Grundlage ihrer Sichtung der praktisch-theologischen Publikationen resümierten Andreas Feige und Ingrid Lukatis 2004 über das Forschungsrepertoire: »Empirie hat Konjunktur«[2]. Kaum ein praktisch-theologischer Lehrstuhl kann heute unter seinen Qualifikationsarbeiten nicht auch empirisch-forschend ausgerichtete Projekte aufweisen. »Empirische Erhebungen sprießen wie Pilze aus dem Boden der Forschungs-

---

1 Vgl. *H. Schröer*, Art. »Praktische Theologie«, in: Theologische Realenzyklopädie, Bd. 27, Berlin u. a. 1997, 190–220.

2 *I. Lukatis/A. Feige*, Empirie hat Konjunktur. Ausweitung und Differenzierung der empirischen Forschung in der deutschsprachigen Religions- und Kirchensoziologie seit den 90er Jahren – ein Forschungsbericht, in: Praktische Theologie 39 (2004), 12–32. Sie zählen 170 Arbeiten im untersuchten Zeitraum von 1990–2003.

landschaft«, diagnostizierte Birgit Weyel bei ihrer Tübinger Antrittsvorlesung 2008.[3]

Diese Entwicklung innerhalb der Praktischen Theologie, die cum grano salis zugleich die Hinwendung zur ›Gelebten Religion‹ einschließt, holt die neuzeitlich-theologische Einsicht in den Unterschied von Theologie und Religion ein. Vor allem aber reagiert sie auf tiefgreifende Entwicklungen, die Gesellschaft und Wissenschaften in den vergangenen Jahrzehnten mit zunehmender Deutlichkeit prägten – und auf die selbstverständlich auch die Praktische Theologie reagieren muss. In gesellschaftlicher Hinsicht spielt die »neue« Aufmerksamkeit für Religion eine wesentliche Rolle – unabhängig von der Frage, ob sie durch die Erkenntnis bleibender Bedeutung[4] oder die Einsicht in eine ›echte‹ Transformation der Rolle ›der Religion‹ motiviert wird.[5] Nicht nur über Fragen von Fundamentalismus und Atheismus, Problemstellungen migrationsgesellschaftlicher religiöser Diffusion und interreligiöser Verständigung, sondern auch im Interesse an allgemeineren – und bescheidener dimensionierten – Fragen der religiösen Kartographie oder der Bedeutung religiöser Rituale erfährt das Religionsthema unter empirischen Perspektiven seitens der Gesellschaft und ihrer Medien erhebliche Aufmerksamkeit.[6] Überdies zeigt sich, dass der sich seit den 1980er Jahren vollziehende Cultural bzw. Empirical Turn der Sozial- und Kulturwissenschaften auch in der Praktischen Theologie immer breiter und wie selbstverständlich Raum greift.

Entsprechend überrascht es also nicht, dass gegenwärtig phänomenologisch inspirierte und kulturhermeneutisch begründete Konzeptionen die Theorielandschaft der Praktischen Theologie dominieren, die jeweils die empirische Perspektive konstitutiv integrieren.[7] Unter Einbezug interdisziplinär sprachfähiger empirischer Forschung nehmen sie die religiöse Dimension von Kultur und Gesellschaft und damit Fragen kultureller Sinnmuster und symbolischer Ordnun-

---

[3] *B. Weyel*, »Kenntnis des wirklichen Lebens«. Von der Empirie in der Praktischen Theologie, Pastoraltheologie 97 (2008), 328–341: 328.

[4] So etwa *T. Luckmann*, Die unsichtbare Religion, Frankfurt a. M. 1991, oder *J. Habermas*, Glauben und Wissen. Friedenspreis des Deutschen Buchhandels 2001, Frankfurt a.M. 2001.

[5] So etwa *H. Knoblauch*, Populäre Religion. Auf dem Weg in eine spirituelle Gesellschaft, Frankfurt a. M. 2009.

[6] Vgl. beispielsweise den »Religionsmonitor« der Bertelsmann Stiftung im Blick auf die religiöse Lage der Welt: *Bertelsmann Stiftung (Hg.)*, Woran glaubt die Welt? Analysen und Kommentare zum Religionsmonitor 2008, Gütersloh 2009.

[7] Vgl. v. a. *A. Dinter/H.-G. Heimbrock/K. Söderblom (Hg.)*, Einführung in die Empirische Theologie. Gelebte Religion erforschen, Göttingen 2007, sowie aktuell: *A. Kubik*, Wahrnehmung der Lebenswelt und Kulturhermeneutik als theologische Aufgabe. Anzeige einer Baustelle, in: *T. Klie/M. Kumlehn u. a. (Hg.)*, Lebenswissenschaft Praktische Theologie?!, Berlin u. a. 2011, 113–145.

gen sowie ihre identitäts- und handlungskonstitutive Bedeutung insbesondere auf der Ebene der Individuen wahr.[8] Zugleich rechnen sie ihnen – gleichsam ›rückwärtig‹ – eine zentrale Rolle im Verständnis praktisch-theologischen Arbeitens zu.[9] Sie sorgen somit – weit über bloße Methodenfragen hinaus – für vielfältige Anschlussmöglichkeiten an die Diskurse der Disziplinen in der ›forschungslogischen‹ Nachbarschaft.[10] Darüber hinaus reagieren sie damit einerseits auf die häufig geäußerte Empfindung, zwischen Theorie und Praxis klaffe eine verheerende Lücke, andererseits auf die Erfahrung, dass die gelehrte Theologie für die Herausforderungen der Transformationsprozesse auf dem religiösen Feld unzureichendes Reflexionspotenzial zur Verfügung stellt.

1.2. Integration empirischer (Religions-)Forschung in die (praktisch-)theologische Ausbildung als Aufgabe

Dass Religion im öffentlichen Diskurs reüssiert und eine regelrechte Dynamisierung ihrer (empirischen) Erforschung nach sich zieht, bedeutet nun weder, dass sich theologisches Interesse an Empirie in der Ausbildung gänzlich auf einen Trend gesellschaftspolitisch induzierter Selbstreflexion der Bedingungen des postsäkularen Pluralismus stützt, noch, dass mit dem Forschungstrend das ›Problem‹ der Empirie in der theologischen (Aus-)Bildung gelöst wäre. Es besteht darum Anlass, theologische Konturen des Einbezugs empirischer Methoden sowohl funktionell zu beschreiben als auch systematisch zu lokalisieren:

Es gehört zu den Grundeinsichten protestantischer Theologie, dass gegenwärtiges (religiöses) Leben und konkrete Erfahrungen zentrale theologisch-me-

---

[8] Darin lässt sich der konzeptionelle Kern des Cultural Turn ausmachen, vgl. *A. Reckwitz*, Die Transformation der Kulturtheorien. Zur Entwicklung eines Theorieprogramms, Weilerswist 2008.

[9] Zum Cultural Turn und seiner Bedeutung für die praktisch-theologische Theoriebildung vgl. u. a. *J. Herrmann*, Medienerfahrung und Religion. Eine empirisch-qualitative Studie zur Medienreligion, Göttingen 2007, v. a. 19–23.

[10] Vgl. beispielsweise in je unterschiedlicher Programmatik *A. Dinter/H.-G. Heimbrock/K. Söderblom*, a. a. O. (Anm. 7), oder *J. A. van der Ven*, Entwurf einer Empirischen Theologie, 2. Aufl., Weinheim 1994. Vgl. dazu auch das Plädoyer von Stephanie Klein: »Damit ein Diskurs innerhalb der Praktischen Theologie und mit anderen Wissenschaften um Methoden und ihre Grundlagen in Gang kommt, ist eine methodische Ausbildung in der Praktischen Theologie angezeigt, wie sie im Studium der Soziologie und Psychologie oder der Exegese obligatorisch ist. Da die Fragen der Methoden und ihrer Grundlagen in der konkreten Forschungspraxis entstehen und meist erst dort in ihrer Tragweite erkennbar werden, bieten sich dafür Forschungswerkstätten und forschungspraktische Seminare an, in denen die Anwendung und Erprobung von Methoden mit der Diskussion der grundlagentheoretischen Voraussetzungen verbunden wird.« (*S. Klein*, Erkenntnis und Methode in der Praktischen Theologie, Stuttgart 2005, 115.)

thodologische Implikaturen transportieren. Der Zusammenhang zwischen einer im eminenten Sinne ›praktischen‹ und einer ›erfahrungsbezogenen‹ theologischen Praxis formierte im Nachhall scholastischer Streitigkeiten[11] bei M. Luther ein systematisches Kriterium ihrer Angemessenheit.[12] Es ist gerade die radikale Bestreitung sowohl des heilsfunktionalen Werts menschlicher Fähigkeiten einerseits als auch des institutionellen Delegationsprinzips andererseits, die es nahelegt, das ›Über-sich-Hinaus-Sein‹ des Einzelnen vor Gott und von Gott her theologie-methodisch über den konstitutiven Zusammenhang von Erfahrung und Praxis auszuweisen.[13] Freilich wurde dieses Grundmodell in den Strömungen des Protestantismus sehr unterschiedlich (weiter-)entwickelt und bewusst gehalten.

Ihre gegenwartstaugliche systematische Lokalisierung muss freilich die wissenschaftstektonischen und geistesgeschichtlichen Verschiebungen einkalkulieren, denen theologische Ausbildung von der Kritik der Aufklärung und der Universität im modernen Gewande hochdifferenzierter, technisch durchkomponierter Funktionsroutinen her ausgesetzt war und ist. Friedrich Schleiermacher bietet sich für die exemplarische Skizze einer Konzeption dieses Zusammenhangs an, weil er unter diesen Bedingungen – auch im Horizont der Herausbildung einer ›Methodologie empirischer Wissenschaften‹ – in seiner Organisationsform der Theologie ihren *Ausbildungs-* und *Wirklichkeits*bezug konstitutiv beisammenhält.[14] Konfessionelle Theologie an der Universität versteht sich für Schleiermacher nicht von selbst, sondern muss sich begründen – aus wenigstens drei Gründen: 1. Der realistische Blick zeigt, dass Religionsgemeinschaften ohne akademische Theologie existieren und trotz theologischer Reflexion in Krisen geraten. 2. Unter Bedingungen einer ausdifferenzierten Universitätslandschaft und eines geistigen Klimas, in dem die Bestreitung der ›Sache der Religion‹ zur (selbst-)verständlichen Option avanciert ist, kann universitäre Theologie ›umstrittene Gegenstände‹ nicht mehr unbesehen zum Ausgangspunkt nehmen. 3. Andernfalls drohte sie sich intellektuell zu isolieren – mit *praktischen* Rückwirkungen auf Kirche und Theologie.

---

[11] Vgl. *H.-G. Schöttler*, «Vera theologia est practica.« (Martin Luther) Theologie als topologische Wissensform in einer Welt als fragiler »topos« der Gottesbegegnung, in: *Ders./J. Först*, Quo vadis, theologia? Neue Perspektiven auf Religion in der späten Moderne, Münster 2009, 107–150.

[12] Vgl. exemplarisch Schlüsselsätze wie »sola experientia facit theologum«, WA TR1, 16,13, und »vera theologia est practica«, WA TR1, 72,16.

[13] Das schließt die konkrete Erfahrung der und in der Schriftlesung ein, vgl. abermals *H.-G. Schöttler*, a. a. O. (Anm. 11), 125f.

[14] Vgl. den Beitrag zu Schleiermachers Konzeption der Theologie von Wilhelm Gräb in diesem Band.

Die ›Lösung‹, die Schleiermacher im Zuge der preußischen Universitätsreform proponiert,[15] fordert – wie der Praxisbezug Luthers – die Theologie *als Ganze* heraus: Sie gewinnt ihr Existenzrecht durch ihren *über die theologische (Aus-)Bildung* vermittelten Beitrag zum praktischen Funktionskreis ›der Kirche‹ *als positive – empirisch fassbare – Religionsgemeinschaft*.[16] Zum Prinzip der Verbindung von Erfahrung und Praxis tritt also die Konkretion jener Sphäre, der sich die Theologie nun mittelbar zuordnet: Die partikulare Existenz des Christentums begründet spezifisch christliche Theologie. Sie verfolgt den Zweck, mit dem Potenzial des Wissenschaftskonzerts dazu beizutragen, seinen Kern – die christliche Religion – zu entfalten. In einem weiten Sinne verstanden, steigen ›Empirie‹ und ›theologische Ausbildung‹ zu Schlüsselbegriffen wissenschaftlicher Theologie auf. Schleiermacher geht in seinem Ansatz also von den beiden zentralen Fragen nach der *Begründung* und dem (praktischen) *Sinn* theologischer Wissenschaft aus.

Nicht allein methodologische Charakteristika ›der Empirie‹ unterscheiden diesen Ansatz von den Hauptwurzeln ›moderner‹ theologischer Renaissance der Empirie, von der bereits die Rede war.[17] Forschungsgeschichtlich entwickelte sie sich in zwei Schüben: In der Wende zum 20. Jahrhundert begünstigte das philosophische Klima (Lebens- und Lebensweltphilosophie) den Topos der Verteidigung des ›lebendigen‹, ›wirklichen‹ Lebens gegen die Erstarrung von Dogmatik und Spekulation (auch) in der theologischen Wissenschaft.[18] Was im allgemeinen Diskurs um die Verselbständigung der Theorie bis zu den Debatten um die ›Kritische Theorie‹ fortgeführt wurde, fand in der Theologie ein jähes Ende. Angesichts der Kulturbrüche des 20. Jahrhunderts und dem resultierenden Misstrauen in alles ›bloß Wirkliche‹ kam die Empirie erst wieder zum Zuge, als sich abzeichnete, dass der *methodische* Rückzug der ›Dialektischen Theologie‹ von der Konkretion kirchlicher Praxisgestaltung und der Situation der Zeitge-

---

15 Vgl. *C. Markschies*, Die Theologie in der Humboldt'schen Universität, Theologische Literaturzeitung 134 (2009), 3–12.

16 Vgl. *F. D. E. Schleiermacher*, Kurze Darstellung des theologischen Studiums zum Behuf einleitender Vorlesungen (1811/1830), hg. von D. Schmid, Berlin u. a. 2002, §§ 232–250.

17 Ein Zweig theologischer Debatte, der ›empirische Forschung‹ im Rahmen der Verpflichtung auf den Erfahrungsbezug jeglicher Wissenschaft als Generalthema der Theologie traktiert, prägt sich hingegen in den USA aus (vgl. nur *D. C. Macintosh*, Theology as an Empirical Science, London 1919; *B. E. Meland*, The Future of Empirical Theology, Chicago 1969; *R. C. Miller*, Empirical Theology. A Handbook, Birmingham 1992; *D. J. Rogers*, The American Empirical Movement in Theology, New York u. a. 1990).

18 Vgl. *B. Weyel*, Praktische Theologie und Empirische Religionsforschung, in: *Dies./M. Meyer-Blanck*, Studien- und Arbeitsbuch Praktische Theologie, Göttingen 2008, 49–59, 49 f; vgl. *P. Meyer*, Typen Empirischer Theologie, in: *A. Dinter/H.-G. Heimbrock/K. Söderblom*, a. a. O. (Anm. 7), 26–42: 28–30.

nossen handfeste Auswirkungen zeitigte: Der hohe (Selbst-)Anspruch traf auf eine – nach dem kurzen kirchlichen Boom der Nachkriegszeit – konkret oft klägliche und für die Handelnden unbefriedigende Praxis. Zuerst spitzte sich das als ›Problem der wirklichen Predigt‹ in der Homiletik zu[19] – als Präludium generalisierter Krisenwahrnehmungen.[20] Die (abermalige) ›Empirische Wendung‹[21] in Praktischer Theologie und Religionspädagogik reagiert auf den Bedarf, Aus- und Fortbildungszusammenhänge neu zu justieren: Mittels empirischer Kenntnisse sollten kirchlich Professionelle in die Lage versetzt werden, ihre Botschaft in der gewandelten Situation auszurichten. Hinzu tritt eine zweite, emanzipatorische Agenda sowohl gegenüber Usancen zeitgenössischer Theologie als auch autoritärer kirchlicher Strukturen.[22]

Die erste Perspektive – prominent entfaltet in der Kirchensoziologie – versteht ›empirische Forschung‹ vornehmlich als heuristisches Medium zur Vermittlung des Hiatus zwischen Theorie und Praxis, aber auch und in wachsendem Maße zwischen Steuerungsideen und Steuerungsbedarf der kirchlichen Organisation. Die zweite Perspektive versteht ›empirische Forschung‹ als theologisches Movens. Sie erwartet, dass die ›wirkliche Frömmigkeit‹ kritisches Potenzial zur Veränderung von Kirche und Theologie birgt. Lebensbezug bedeutet in diesem Sinne die theologische Herstellung von Religionsfähigkeit der kirchlichen Praxis.[23] Die bei Schleiermacher vorgedachte, das Ganze der Theologie beanspruchende Amalgamation – Empirie und Professionsbezug als zwei Seiten einer theologiesystematisch integrierten Medaille – spielt eine untergeordnete Rolle.

---

19 Vgl. *W. Trillhaas*, Die wirkliche Predigt, in: *H. Gerdes (Hg.)*, Wahrheit und Glaube. Festschrift für Emanuel Hirsch zu seinem 75. Geburtstag, Itzehoe 1963, 193–205; *H. Schröer*, Die Bedeutung der Dogmatik für die Predigtvorbereitung, in: Monatsschrift für Pastoraltheologie 53 (1964), 427–442; *D. Rössler*, Das Problem der Homiletik, Theologia Practica 1(1966), 14–28; *G. Otto*, Wider den »Mythos« der Verkündigung, Theologia Practica 7 (1972), 316–324.

20 Vgl. zur Wahrnehmung kirchlicher Leitungsgremien in den 60er Jahren des 20. Jahrhunderts: *A. Feige*, Universale Religionstheorie und Kirchlichkeitsforschung, in: Sociologia Internationalis 2 (1992), 143–157, 149–154.

21 Vgl. dem Begriff, weniger der Sache nach prägend: *A. Wegenast*, Die empirische Wendung in der Religionspädagogik, in: Der Evangelische Erzieher 20 (1968), 111–124.

22 Vgl. dazu *Y. Spiegel*, Praktische Theologie als empirische Theologie, in: *F. Klostermann/ R. Zerfaß (Hg.)*, Praktische Theologie Heute, München u. a. 1974, 178–194, 185 f; *H. Schröer*, Inventur der Praktischen Theologie. Zur heutigen Forschungs- und Studienlage, in: *G. Krause*, Praktische Theologie. Texte zum Werden und Selbstverständnis der Praktischen Disziplin der evangelischen Theologie, Darmstadt 1972, 445–459. (Mit einem Nachtrag von 1970, Erstveröffentlichung in: Deutsches Pfarrerblatt 69 [1969], 720–723.)

23 Vgl. *W. Gräb*, ›Ich rede mit dem Hörer über sein Leben‘. Ernst Langes Anstöße zu einer neuen Homiletik, in: Pastoraltheologie 86 (1997), 498–516.

Die Diskurse insbesondere der 1970er Jahre halten zwar die Einsicht in die Notwendigkeit der parallelen Entwicklung beider Aspekte prinzipiell wach,[24] nehmen auf das Gepräge der Theologie aber kaum in diesem Sinne Einfluss. Auf durchgreifende Effekte hin angelegte und faktisch immerhin zaghafte Ansätze einer Reform der theologischen Ausbildung folgten in den Schüben allgemeiner Hochschulreformen – denen die Einsetzung der Gemischten Kommission zur Reform des Theologiestudiums 1965 institutionell Ausdruck verlieh.[25] Rückt man ihre Reformschritte und die Entwicklungen akademischer Theologie insgesamt in das Licht gegenwärtiger Strukturdebatten sowohl in der EKD als auch in den meisten Landeskirchen, so bleibt auch dem nüchternen Betrachter nicht verborgen, dass der Abstand zwischen der theologischen Bildung an der Universität und den Erfordernissen der kirchlichen Gegenwart eher an Dramatik gewonnen hat – immerhin bereits gut vier Jahrzehnte nach der Forderung einer ›empirischen Wendung‹.

Drei Indikatoren belegen diese These: 1. Die universitäre Theologie nimmt wahr, dass die Diskurse der kirchlichen Strukturdebatten von den bestimmenden Momenten universitär-theologischer Sprachspiele weitgehend entkoppelt sind. Diese Entfremdung lässt sich nicht vereinseitigen: Während die kirchliche Organisation bei der Lösung ihrer (finanz-, demographie- und religions-)strukturellen Krise keine Hoffnungen in die akademische Theologie setzen zu können glaubt, weisen weite Teile der akademischen Theologie eine konkrete (Mit-)Verantwortung für diese Fragen und die Mitarbeit an den Klärungsprozessen zurück. 2. Pfarrer/innen verstehen sich ausweislich einer breiten Studienlage als nur für einen Bruchteil ihrer faktischen Aufgaben ›theologisch‹ ausgebildet. Weder Bewusstsein noch Kompetenzen wurden vermittelt, um eine breite Palette von Handlungsvollzügen – insbesondere auch jenseits ›klassisch kommunikativer Interaktion‹ – als religiös relevante und theologisch herausfordernde Aufgabe der ›sichtbaren‹ Kirche zu begreifen. 3. Die gegenwärtige Forschungslandschaft der Praktischen Theologie, insbesondere in der Religionspädagogik, die den Versuch unternimmt, die Herausforderungen gegenwärtiger christlicher Praxis als komplexes, d. h. auch kulturelles Phänomen und mit den wissenschaftlichen Standards geeigneter Bezugsdisziplinen zu untersuchen, stößt auf wenigstens drei Probleme: a) Abschluss- und erst recht Qualifikationsarbeiten erfordern methodische und methodologische Kenntnisse, die im interfakultär und kirchlich definierten Rahmen des grundständigen Theologiestudiums bislang so gut wie keine Rolle spielen.[26] b) Die Arbeit an gegenwärtiger Religionskultur und Religionspraxis im Lichte der professionellen Herausforderungen in Kirche und Schule

---

24 Vgl. nur *R. Zerfaß*, Praktische Theologie als Handlungswissenschaft, in: *Ders./F. Klostermann (Hg.)*, a. a. O. (Anm. 22), 164–177; *Y. Spiegel*, a. a. O (Anm. 22).

25 Vgl. dazu *C. Grethlein*, Pfarrer – ein theologischer Beruf, Frankfurt 2009, insbes. 42 f.

steht innertheologisch – paradoxerweise – vor erheblichem Rechtfertigungsdruck, sich ›als theologisch‹ im (zumeist historistisch aufgefassten, auf ›Gegenstände‹ der christlichen Tradition bezogenen) landläufigen Sinne auszuweisen.[27] c) Aus der gleichen Erwartung heraus wird das resultierende Orientierungspotenzial existierender Studien von Seiten der Kirchenleitungen selten im Sinne einer breiteren Bildung ›theologischer Urteilskraft‹ verstanden, sondern bestenfalls als wissenschaftlich filigran gearbeitete Einzelfallentscheidung implementiert.

Am Ende des knappen Durchgangs durch die aktuellen und forschungsgeschichtlichen Rahmenbedingungen lässt sich festhalten: Empirische Religionsforschung hat Konjunktur – Praktische Theologie kann wissenschaftlich sinnvoll nur in diesem Horizont operieren. Die systematische Aufwertung von Praxis und Erfahrung, die sich unter den Bedingungen der modernen Universität in der Verbindung von (sachlich: empirischem) Religionsbezug und (Aus-)Bildungsorientierung widerspiegelt, ist ein in der Sache der protestantischen Theologie begründetes Desiderat. Insbesondere in den religiösen Transformationsprozessen der jüngeren Vergangenheit zeigt sich, dass die verantwortete, methodisch anspruchsvolle Integration der Erschließung ›Gelebter Religion‹ in den theologischen (Aus-) Bildungszusammenhang weiterhin und dringlicher denn je ihrer Einlösung harrt.

2 Empirische Forschung in der gegenwärtigen (praktisch-)theologischen Ausbildung

2.1 Empirische Forschung als Dimension des Studiums: nahezu eine Leerstelle

Beschreibt Eilert Herms die ›empirische Wende‹ in ihrer »Hinwendung zur geschichtlichen Realität des Christentums in der Gegenwart, insbesondere zu seinen sozialen und psychischen Lebensdimensionen« als eines der beiden Grundmerkmale der Kirchenreformbewegung, die von der Gemischten Kommis-

---

[26] Dies dokumentiert sich nicht zuletzt darin, dass für empirisch arbeitende Qualifikationsarbeiten häufig noch immer die Bestellung ›methodisch kompetenter‹ Drittgutachter für nötig erachtet wird, obwohl sich die innerhalb der Praktischen Theologie geforderten methodischen Kenntnisse der Sache nach von methodischen Kenntnissen der aus anderen Disziplinen entliehenen Methoden (etwa in der Exegese oder Kirchengeschichte) durch nichts unterscheiden.

[27] Zur komplementären Reaktion der Universitätspräsidien wie Drittmittelgeber, Theologie v. a. als ›historisch‹ orientierte Unternehmung zu goutieren und ihren Beitrag zur Erforschung gegenwärtiger Religionspraxis zu delegitimieren, vgl. *C. Grethlein*, a. a. O. (Anm. 25), 53f.

sion seit 1965 aufgenommen wurden,[28] so mag der Befund verwundern, dass substanzielle Niederschläge dieses Reformanliegens in den ›offiziellen‹ Konzeptionen theologischer Ausbildung, ja selbst in den meisten ev.-theologischen Studienordnungen heute bestenfalls ein Inseldasein führen. Diese Verwunderung verschärft sich, wenn in Betracht gezogen wird, welches Gewicht dem akademischen Theologiestudium bei der Ausbildung der kirchlichen Profession im Protestantismus schon rein quantitativ – biografisch – zukommt.[29]

Ein Blick in die ›neuesten‹ Studienordnungen (modularisierte Studiengänge Mag. Theol./kirchl. Examen) zeigt:[30] Professionspraxis wird vornehmlich im konkreten Handlungsfeldbezug Thema (dominant: Unterricht, Predigt, Seelsorge); die Erkundung ›Gelebter Religion‹ wird, wenn überhaupt, vornehmlich als Blick auf ›das Fremde‹ (in Modulen Religionswissenschaft/Interkulturelle Theologie, teils explizit als »Außenperspektive«[31]) oder als Aufgabe fremder Disziplinen (Religionssoziologie, Religionspsychologie) und dann zumeist als Angelegenheit individueller studentischer Wahlinteressen (Schwerpunktbildung in Pflichtmodulen oder Teil des Wahl-(Pflicht-)Bereichs) aufgeführt.[32] Selten wird die Absicht zur theologischen Integration human-, kultur- und sozialwissenschaftlicher Erschließungswege ›Gelebter Religion‹ erkennbar.[33]

---

28 Vgl. *E. Herms*, Die Arbeit der Gemischten Kommission von 1985 bis 1998. Bilanz und Ausblick, in *M. Ahme/M. Beintker (Hg.)*, Theologische Ausbildung in der EKD. Dokumente und Texte aus der Arbeit der Gemischten Kommission / Fachkommission I zur Reform des Theologiestudiums (Pfarramt und Diplom) 1993–2004, Leipzig 2005, 159–177: 160.

29 In Europa in der Regel ein fünf- oder sechsjähriges Hochschulstudium, dem sich eine weitere Jahre dauernde praktische Ausbildungsphase anschließt. Vgl. *M. Beintker*, Zwischen Bologna und Pisa. Die Arbeit der Gemischten Kommission zur Reform des Theologiestudiums / Fachkommission I von 1999 bis 2003, in: *M. Ahme/M. Beintker (Hg.)*, a. a. O., 179–203, hier: 195–200.

30 Mit der ›Rahmenordnung für den Studiengang Evangelische Theologie‹, die eine modularisierte, nicht-konsekutive Studienstruktur unter Aufrechterhaltung der kirchlichen und akademischen Abschlussprüfungen vorsieht, wurde 2008 ein Prozess zur Neufassung lokaler Studienordnungen initiiert, der noch im Gange ist. Die folgenden Bemerkungen beziehen sich überblicksartig auf bereits öffentlich verfügbare lokale Studienordnungen/Modulhandbücher (Stand: 30. 06. 2011).

31 So etwa im Modul Mag. Theol. 101: Propädeutikum der Georg-August-Universität Göttingen oder in der Gestaltung disziplinübergreifender Module in den entsprechenden Wahlpflichtbereichen der Goethe-Universität Frankfurt.

32 So etwa in den praktisch-theologischen Zusatzmodulen Religionspsychologie 653 und Religionssoziologie 654 der Humboldt-Universität zu Berlin.

33 So etwa im praktisch-theologischen Aufbaumodul TheolP/D-AM-PT der Universität Hamburg.

Der De-facto-Umstellung auf präzise ›Kompetenzdefinitionen‹ und ausführliche Modulkataloge zum Trotz werden Fähigkeiten zur Aufschlüsselung, Beurteilung, Durchführung oder gar eigenständigen Konzeptualisierung empirischer Erschließung ›Gelebter Religion‹ oder auch nur spezifischer kirchlich-schulischer Wirklichkeit nicht genannt – sie könnten bestenfalls summarisch als »Methoden der Praktischen Theologie« mit gemeint sein. Kompetenztheoretisch lässt bereits aufhorchen, dass selbst bei Bezugnahme auf religionsforschende Disziplinen auf eine kognitiv-rezeptive Ebene (etwa: ›Kenntnisse zu‹; ›Wissen zu Ansätzen und Methoden‹) gezielt wird. Nur selten ist auch von der ›Anwendung‹[34] und vom ›Erlernen‹[35] von Methoden oder gar der methodenbewussten (empirischen) Erschließung kirchlich-religiöser Praxis die Rede.[36]

Die angedeutete Differenz zwischen dem empirischen Trend in der praktisch-theologischen Forschung und der Integration dieser Perspektive in eine grundsätzliche Reflexion des Theorie-Praxis-Zusammenhangs der Theologie als Ganzer spiegelt sich also – so man die Rhetorik der Studienordnungen als Indikator für die faktische Ausbildung verstehen möchte – in den konkreten Konzepten theologischer Bildungsprozesse wider: Theologischer Praxis- und Erfahrungsbezug, konkretisiert als methodisch abgesicherter Bezug auf ›Gelebte Religion‹ und ausgerichtet auf die Belange professioneller Praxis, beschränkt sich weitgehend auf die handlungsfeldbezogene Reflexion Praktischer Theologie sowie auf einige Interferenzen mit – nun allerdings prononcierten – religionswissenschaftlichen Beiträgen. Empirie boomt, aber im grundständigen Studium dominieren nach wie vor die Selbstverständlichkeiten anderer Paradigmen. Zur Erklärung dieser Entwicklung kann nicht allein auf die kirchlichen Zeitläufe verwiesen werden, in denen das Stichwort ›Kirchenreform‹ seinen emanzipatorischen Impetus eingebüßt und das Interesse am Wandel der Kirche durch eine ›religionsfähige‹ Theologie seine Überzeugungskraft verloren hat. Es sind wiederum theologie-konzeptuelle Gründe hinzuzunehmen – um zu beobachten, dass sich mit der Prätention des Professionsbezugs schließlich vor allem (wieder) ein material orientiertes, historisch konfiguriertes Theologieverständnis durchzusetzen scheint.

---

[34] So etwa im religionswissenschaftlichen Modul 360 RW-IT der Humboldt-Universität Berlin.

[35] So etwa im religionswissenschaftlichen Basismodul MTh-RW1 der Universität Heidelberg.

[36] So in den praktisch-theologischen Modulen PT 1 (MTh), dem kirchengeschichtlich-religionswissenschaftlichen Wahlpflicht-Modul KG/RW 1 (MTh) sowie dem Modul ›Empirische Theologie‹ PT/RP/KW 3 (MTh) der Goethe-Universität Frankfurt.

2.2 Was beinhaltet theologische Kompetenz im Pfarrberuf?

Die jüngere Debatte um die Ausbildung von Pfarrerinnen und Pfarrern in Wissenschaft und Kirche stützte sich schon früh (1988) auf den gegenwärtig in der ganzen Breite des Bildungswesens maßgeblichen Begriff der ›Kompetenz‹. Sie bezog ihn exklusiv auf die *theologische* Bestimmung der Funktion des *Pfarrberufs*, die aber wesentlich als *Konstante* verstanden wird: »›Theologische Kompetenz‹ ist der Inbegriff der Fähigkeiten, die für die *auftragsgemäße* und *professionelle* Führung des Pfarramts erforderlich sind.«[37]

Theologische Kompetenz wird als ›Fähigkeit zur Problemlösung‹ in eigener Sache konzipiert, nämlich als Kompetenz zur Auseinandersetzung mit Situation und Aufgaben des *Amtes*. Sie bezieht sich auf die ›Kenntnis‹ der Tradition, die persönliche, vertrauensvolle Bindung an ihren Anspruch auf Geltung und auf die (individuelle) Eignung zur Weitergabe (»Kommunikations-, Verstehens- und Artikulationsleistungen«, 13). Die ›Amtsperson‹ überträgt ›theologische Ressourcen‹ kommunikativ, deren überzeugende Darstellung ihre Aneignung »als *wahr* und für sie selbst gültig« (24) funktional voraussetzt. Im Duktus des Papieres: »Der für das Gelingen alles Weiteren entscheidende Schritt ist die Aneignung des Wahrheitsgehaltes der in Geltung stehenden kirchlichen Lehre.« (14, i. O. kursiv). Kommen aktuelle Erfahrungen ins Spiel (31), so als Prüfkriterium der Stichhaltigkeit des Wahrheitsanspruches von Texten. Wissenschaftssystematisch verbindet sich dies mit der Einebnung möglicher Unterschiede zwischen der theologischen Praxis im Ausbildungskontext der Universität und der theologischen Praxis im Funktionszusammenhang der Kirche: Lediglich verschiedene ›Akzentsetzungen‹ zwischen den Ausbildungsphasen Studium und Vorbereitungsdienst deuten sich an (20f.). Als »professionelle Handlung im Amt« gilt folglich »theologische Kompetenz in Aktion« (42).

Die kuriose Tatsache, dass sich auch die jüngsten theologischen Studienreformen (formal dem Kompetenzmodell der Bologna-Reform verpflichtet) expressis verbis auf das Steuerungsinstrumentarium der ›Stoffpläne‹ (also die 1998 beschlossene »Übersicht über die Gegenstände des Studiums der Evangelischen Theologie und die Voraussetzungen und Gegenstände der theologischen Prüfungen«) berufen,[38] erklärt sich nicht zuletzt aus dieser ›Interpreta-

---

[37] Grundsätze für die Ausbildung und Fortbildung der Pfarrer und Pfarrerinnen der Gliedkirchen der EKD (1988), in: *M. Ahme/M. Beintker (Hg.)*, a. a. O. (Anm. 28), 11–67: 12. Die in den folgenden Absätzen in Klammern beigefügten Seitenangaben beziehen sich auf diese Ausgabe. Vgl. dazu insgesamt auch *E. Herms*, a. a. O. (Anm. 28), sowie *M. Beintker*, a. a. O. (Anm. 29). Zur theologiepolitischen Einschätzung, die dieser Konzeptualisierung theologischer Kompetenz weitgehend ausbleibende Orientierungs- und Steuerungswirkung bescheinigt, vgl. *C. Grethlein*, a. a. O. (Anm. 25), 43–45.

[38] Vgl. die ›leitenden Gesichtspunkte‹ in der 2008 beschlossenen ›Rahmenordnung für den Studiengang Evangelische Theologie (Pfarramt/Diplom/Magister Theologiae)‹, hier: 1.

tion‹ des Professionsbezugs: Indem ›Lehre‹ bzw. ›Kommunikation von‹ wesentlich historisch zu erschließenden Materialbeständen a limine als ›die‹ exemplarische (und unveränderliche) Praxis des Amtes definiert wird, erscheint es, als sei die empirische »Hinwendung zur geschichtlichen Realität des Christentums in der Gegenwart« (Herms) eingelöst, sobald die Output-Seite des (so bestimmten und so reduzierten) Pfarramts bedacht wird.[39] Die Not der Praxis wird so paradoxerweise zur Tugend der wissenschaftlichen Theologie, sich trotz wesentlich unveränderter Struktur den strikten Professionsbezug zuschreiben zu können. Die jüngste Reformkampagne holt mithin politisch induzierten Handlungsbedarf ein, ohne dass die bildungstheoretisch avancierte Auffassung von ›Kompetenz‹ durchgreifend zum Zuge gekommen wäre – samt der dann naheliegenden professionsbezogen-empirischen Neujustierung der (Praktischen) Theologie.

2.3 Die Verortung empirischer (Religions-)Forschung in der Lehramtsausbildung

Auf einer anderen ›Programmebene‹ ev.-theologischer Ausbildungsdiskurse lassen sich Chancen und Probleme der Bildungsreform veranschaulichen: Das 2008 veröffentlichte Grundsatzpapier der Gemischten Kommission zur ›theologisch-religionspädagogischen Kompetenz‹ gelangt zu auffällig anderen, das Problem weiter ausschärfenden Impulsen für die theologische Ausbildung.[40] Dieser Differenz liegt eine andere Bestimmungsrichtung zugrunde: Keine ›Normpraxis‹, keine a limine in Anschlag gebrachten Essenzen ›pfarramtlichen Handelns‹ bilden den Ausgangspunkt der Entfaltung ›theologischen Handelns‹. Vielmehr führen die interdisziplinär geführten Bildungsdiskurse zu einer mehrperspektivisch beschriebenen, idealiter dem komplexen professionellen *Feld* der Berufspraxis von Lehrerinnen und Lehrern Rechnung tragenden Füllung des Begriffs theologisch-religionspädagogischer Kompetenz. Das resultierende Problem der Verbindung mit ›der ev. Theologie‹ liegt auf der Hand: Richten sich die ›Grundsätze‹ von 1988 und die nachfolgenden ›Begründungen‹ der theologischen Ausbildung auf die ›pfarramtliche Normpraxis‹, zeigen sich im Lichte der *anderen* Profession erhebliche Inkompatibilitäten. Dass das Kompetenzpapier für die Lehramtsausbildung dieses Problem dadurch entschärft, dass es die ›theologische (Fach-) Wissenschaft‹ zur professionsbezogenen Fachdidaktik (bzw. Religionspädagogik und religionspädagogischen Kompetenz) ins Verhältnis setzt, bereitet zwar im Horizont der üblichen universitären Organisation des Lehramtsstudiums kaum Probleme – entlarvt aber die Brüchigkeit des theologisch behaupteten Profes-

---

[39] Vgl. erneut die ›Grundsätze‹ *in M. Ahme/M. Beintker*, a. a. O. (Anm. 28), hier 23–67.

[40] Vgl. *Kirchenamt der EKD (Hg.)*, Theologisch-Religionspädagogische Kompetenz. Professionelle Kompetenzen und Standards für die Religionslehrerausbildung, Hannover 2008.

sions- und Praxisbezugs.[41] Schon auf der Programmebene wird nämlich (erneut) der Konflikt zwischen theologischer Selbstdeutung (›Professionsbezug‹) und der faktisch institutionalisierten theologischen Forschungs- und Bildungspraxis ersichtlich, in der die Logiken der Einzeldisziplinen weitgehend separat und isoliert exekutiert werden (›Gegenstandsbezug‹). Das hat im Kompetenzpapier die keineswegs nur darstellungspraktische Konsequenz, dass ›theologische‹ und ›religionsdidaktische Standards‹ für jede der benannten Teilkompetenzen getrennt aufgeführt werden (müssen) – der Professionsbezug also als Addendum geführt wird. Überdies tritt zutage, dass Reflexionsschleifen, die den professionellen, kritischen Einbezug ›der Wirklichkeit‹ betreffen, nahezu ausschließlich in den ›religionsdidaktischen Standards‹ ankern – die ›fachwissenschaftlich‹ konstituierte Seite der Theologie also eher keinen integralen Praxisbezug insinuiert.

Welche Standards aber versprechen ›jenseits‹ theologischer Fachwissenschaft Anschlüsse an ein ›praktisches‹ Verständnis ›erfahrungsbezogener Theologie‹? Für die Studienphase lassen sich folgende Aspekte ausmachen: eine »forschende Grundhaltung« und die Selbstreflexionsfähigkeit (Teilkompetenz 1), die Fähigkeit zur empirischen Analyse der »gegenwärtigen Situation des Religionsunterrichts in Gesellschaft und Schule und aus der Sicht von Schülerinnen und Schülern« inklusive der Kenntnis empirischer Ergebnisse »für die Qualität des Religionsunterrichts« (Teilkompetenz 2), die Fähigkeit zur Wahrnehmung weltanschaulich inhomogener Lerngruppen (Teilkompetenz 5), die Grundausrichtung der auf die Gegenwartskultur insgesamt abstellenden Teilkompetenz 6, vor allem aber die »Religionspädagogische Wahrnehmungs- und Diagnosekompetenz« (Teilkompetenz 9 – »auf Grundlage empirisch gesicherter Erkenntnisse und eigener Beobachtungen« mit Blick auf religiöse Herkünfte und Lebenswelten, Erfahrungen und Einstellungen der Schülerinnen und Schüler sowie ihre individuellen Lernstände), die ohne die Verschränkung theoretischer Konzeptionen und empirischer Einsichten nicht erlangt werden kann. Selbst hier fällt ins Auge, dass der Tendenz nach die *Rezeption* ›empirischer Kenntnisse‹ und ›Daten‹, weniger der *aktive Erwerb* empirisch-forschungsbezogener Kompetenz als ausreichende Grundlage lern- und religionsdiagnostischer Fähigkeiten erachtet wird.

2.4 Zwischenbilanz und Konsequenzen

Es lässt sich festhalten: Die Impulse zur Reform der theologischen Ausbildung gehen zeitlich und sachlich mit dem zweiten Schub der ›empirischen Aufbrüche‹ der (Praktischen) Theologie im 20. Jahrhundert parallel. Hier wie dort setzte sich bislang vor allem eine ›additive‹ Beimengung des empirisch aufgeschlossenen ›Lebens‹ bzw. der Wirklichkeit ›Gelebter Religion‹ durch. Die theologiesys-

---

41 Vgl. ähnlich *C. Grethlein*, a. a. O. (Anm. 25), 40 f.

tematischen Impulse zur Verbindung von Erfahrung und Praxis fassen in der Logik der Disziplinen nahezu ausschließlich in der Praktischen Theologie und ausbildungskonzeptionell vor allem im Bereich theologisch-religionspädagogischer Studiengänge Fuß. Der im Ausbildungsreformprozess initial dominante Impetus des Professionsbezugs wurde von den theologischen Fakultäten konzediert, aber vornehmlich auf ›Kommunikation der Theologie‹ im Pfarramt hin ausgelegt und der ›Stoffbezug‹ als ihre Grundlage zementiert. Diese hoch ambivalente ›Umbesetzung‹ des theologischen Bezugs auf kirchliche Berufe rückt seine *beruhigende* Orientierung an der Kommunikationsgestalt historisch explikativer Theologie an die Stelle der *Beunruhigung* der theologischen Wissenschaft angesichts der herausfordernd unklaren, empirisch manifesten kirchlichen (Berufs-)Wirklichkeit.

Der Erfolg entsprechender praktisch-theologischer Theorien *des* Berufes in den kirchlichen Diskursen lässt sich nun als Indiz für die Verunsicherung auffassen, in die diese Bestimmungsversuche hineinwirken.[42] Sieht sich hingegen die – fundamentaltheologisch begründet wie im Horizont aktueller Wissenschaftsdiskurse unausweichlich – zentral (auch) empirisch arbeitende Praktische Theologie dazu verpflichtet, ihr Forschungspotenzial auch als hochschuldidaktische Herausforderung zu begreifen, so gelingt eine Einlösung nur unter Berücksichtigung der theologiesystematischen Grundlinien, die den Provokationen der Wirklichkeit nachgehen: Das Ziel besteht nicht (primär) im Transfer empirisch gewonnener Kenntnisse, sondern in der Ausprägung eines empirisch-forschungsbezogenen Habitus für das Feld religiöser Praxis, der zu einer integralen theologischen Reflexion inmitten praktischer Aufgaben von kirchlichen Strukturreformen bis hin zu einzelnen Handlungsvollzügen in Gemeinde und Schule befähigt. Studierende und protestantische Religionspraxis tragen nur dann einen Gewinn von der Konjunktur der Empirie davon, wenn sie die – in exemplarischen Lernsettings zu fördernde – Kompetenz erlangen, mittels sowohl adäquater als auch transparenter Methodiken den ›doppelten Praxisbezug‹ – substanziell von der Praxis her und kritisch auf die Praxis hin – für die Theologie als Ganze aufrechtzuerhalten, wie es Schleiermacher einforderte. Diese Kompetenz setzt freilich die Einlösung der anspruchsvollen Aufgabe voraus, ›Theologie‹ nicht (ausschließlich) als Fortsetzung christlicher Lebens- und Glaubenspraxis

---

42 Diese stabilisierende Zuspitzung prägt die diskursbestimmenden Entwürfe in der jüngeren Pastoraltheologie, prominent vor allem den berufstheoretischen Ansatz von Isolde Karle: *I. Karle*, Der Pfarrberuf als Profession. Eine Berufstheorie im Kontext der modernen Gesellschaft, Gütersloh 2001 (3. Aufl., Stuttgart 2011). Karle bezieht die empirische Perspektive zwar konstitutiv in die Beschreibung des Pfarrberufs als Profession ein, für die ›klassische Bestimmung‹ deren Aufgabe als Kommunikation des Evangeliums bleibt sie hingegen weitgehend ausgeblendet.

mit wissenschaftlichen Mitteln, sondern als (auch insgesamt) professionell-reflexive Theorie christlich-religiöser Praxis in ihrer Vielfalt und unter Berücksichtigung ihrer teils gravierenden Transformationen aufzufassen. Empirische Erforschung ›Gelebter Religion‹ und professioneller Praxisfelder zieht nur dann theologische Bildungseffekte nach sich, wenn sie zu einer Habitualisierung der forschenden Haltung anregt – und (auch) in einem Maßstab erlernt wird, der sich so mit der Berufswirklichkeit verträgt, dass Professionskompetenz und empirische Forschungskompetenz sinnvoll verschmelzen. Anhand konkreter hochschuldidaktischer Szenarien sollen deshalb im Folgenden sowohl die realistische Durchführbarkeit als auch die Voraussetzungen einer in dieser Weise auf professionelle Kompetenzen zugespitzten Umgangsweise mit empirischer (Religions-)Forschung in der Theologie skizziert werden. Sie wollen dazu beitragen, dass der Einbezug von Elementen empirischer Forschung reflektiert werden kann und der kompetente Umgang mit ihr bis hin zur Durchführung eigener Forschungsprojekte nicht erst in Qualifikationsarbeiten gefördert wird. Ein empirisch-forschungsbezogener Habitus prägt sich so von Beginn der Ausbildung an.[43]

3 Die Bedeutung empirischer (Religions-)Forschung für die Professionskompetenz anhand hochschuldidaktischer Konkretionen theologischer Ausbildung

3.1 Wahrnehmungskompetenz – Bedeutung und (homiletische) Konkretion

Wer als professioneller Akteur mit eigenen Interessen im religiösen Feld unterwegs ist, muss sich in diesem so bewegen können, dass er nicht nur selbst nicht verlorengeht, sondern auch andere darin zu orientieren vermag. Entsprechend wichtig ist es, dieses religiöse Feld in seinen Ballungsräumen wie in seinen

---

[43] Diese Überlegungen sind anschlussfähig an aktuelle Diskurse der empirischen Sozialwissenschaften. Im Rahmen der Frage nach der Performativität empirischer Forschung wird die Dimension forschenden Handelns beleuchtet, also die Einsicht, dass empirische Forschung von der Entwicklung der Forschungsfrage bis zur Präsentation der Ergebnisse immer auch Wirklichkeit konstruiert, setzt und gestaltet. Angesichts dessen, so etwa Rainer Diaz-Bone, braucht es einen kritischen Habitus der Forschenden, welcher Wahrnehmungs-, Konstruktions- und Methodenkompetenzen integriert und die kritische Reflexion (eigenen) forschenden Handelns insbesondere im Blick auf das eigene Vorverständnis und dann auf die Kohärenz des Forschungsprozesses erlaubt, vgl. *R. Diaz-Bone*, Die Performativität der Sozialforschung – Sozialforschung als Sozio-Epistemologie, in: Historische Sozialforschung/ Social Historical Research 36 (2011), 291–310.

Grenzregionen wahrnehmen und häufig überhaupt erst als religiöses identifizieren zu können. Da jede Studierende in der Regel immer schon eigene Wahrnehmungspräferenzen und die Wahrnehmung damit immer zugleich auch einschränkende Perspektiven in das Studium einträgt, gilt es zunächst, diese einerseits als theologisch konstitutiv zu erkennen, andererseits eine kritische Distanz zu ihnen zu gewinnen und die eigenen Wahrnehmungsmuster und Konzeptionen von Religion vor dem Hintergrund ihrer persönlichen Genese zu reflektieren. In einem weiteren Schritt ist es dann geboten, andere Muster der Wahrnehmung kennenzulernen und sich einen souveränen Umgang mit ihnen anzueignen, um sie methodisch kontrolliert einsetzen zu können. So wird die Weite der Wahrnehmung gefördert und die Kriterien der Wahrnehmung können ausdrücklich gemacht werden. Gerade angesichts der Individualisierungsprozesse auf dem religiösen Feld, die auch innerhalb der christlichen Gemeinden stark ausgeprägt sind, in der Schule allzumal, braucht es diese breite Wahrnehmungskompetenz, um überhaupt agieren und praktisch tätig sein zu können.

In hochschuldidaktischer und spezifisch theologiedidaktischer Hinsicht bedeutet dies, bewusst Prozesse der Selbstreflexion anzuleiten und mit Phänomenen und sich auf sie beziehenden Theorien der Wahrnehmung – in erster Linie durch den Einbezug vorliegender empirischer Forschungsliteratur – zu konfrontieren, die vor allem Differenzerfahrungen zur eigenen bisherigen Wahrnehmung zu erzeugen in der Lage sind, um selbst wiederum kreative und konstruktive Lernprozesse zur Schulung der eigenen Wahrnehmungsfähigkeit anzuregen.[44] Diese sollten auf unterschiedlichen Wahrnehmungsfeldern angesiedelt sein, um ihre produktive Verwendung in unterschiedlichen Kontexten auch der späteren beruflichen Praxis anzuregen und nicht selbst wiederum zu Wahrnehmungsverengungen zu führen.

Am Beispiel der homiletischen Grundausbildung im Rahmen des Proseminars an der Theologischen Fakultät der Humboldt-Universität sei ein solches Vorgehen kurz veranschaulicht:

Das Feld der Predigt ist insofern von zentraler Bedeutung im Anspruch an Wahrnehmungskompetenzen der Pfarrerinnen und Pfarrer, weil die Predigt einerseits von der Subjektivität und Authentizität ihres Predigers lebt, andererseits aber die Hörenden selten über gleiche Wahrnehmungsmuster und ihnen entsprechende Milieuzugehörigkeiten, Lebensstile usw. verfügen, zugleich aber durch die Predigt in ihrer eigenen Lebensdeutung angeregt und inspiriert werden wollen und sollen.

---

[44] Selbstverständlich sind in Korrespondenz mit den folgenden zwei Kompetenzen unter 3.2 und 3.3 auch hier eigene Erprobungen anhand konkreter Methodik sinnvoll und wünschenswert.

Im homiletischen Proseminar wird entsprechend Rücksicht auf die Dimension der Hörenden und der predigenden Person genommen. Gerade die Selbstwahrnehmung der Predigerinnen und Prediger wird als konstitutiv insbesondere im Blick auf die Kritik an gehaltenen Predigten und die eigenen Zugänge zu Text und Thema einer Predigt ernst genommen und entsprechend als Methodenschritt ausgestaltet. Anhand der gehaltenen Predigten wird im Rahmen von Nachbesprechungen und Feedback in der Gruppe und mit dem Dozenten darauf aufmerksam gemacht, welche Selbstaussagen in der Predigt transportiert und implizit getroffen werden. Dazu dient die Auseinandersetzung mit Ergebnissen der Exegese und systematisch-theologischer Reflexion, die bereits als *andere* Wahrnehmungsmuster fungieren können oder als Begründung für die eigene Konstruktion herangezogen werden. Im letzteren Fall liefert die Auseinandersetzung mit den Predigtwahrnehmungen der Kommilitoninnen und Kommilitonen eine Fülle an unterschiedlichem Material, das zur Auseinandersetzung mit der eigenen Person und den eigenen theologischen Positionen sowie mit der Frage ihrer kommunikativen Mitteilbarkeit anregt. Damit wird ernst genommen, dass die predigende Person tatsächlich eine zentrale Rolle im Predigtgeschehen einnimmt. Dieses ist zwar bereits seit den 1960er Jahren auch homiletisch reflektiert worden, aber außerhalb der pastoralpsychologischen Ansätze häufig kaum intensiver in die Ausbildung integriert worden. Im Vordergrund steht dabei sicher die konstitutive Bedeutung der predigenden Person für die Identifikation religiöser Themen in ihrer Hörerschaft wie in der Predigtperikope: Was überhaupt als religiöses Thema und darüber hinaus als gegenwärtig und dazu noch für die je konkreten Hörerinnen und Hörer relevantes Thema erkannt und dann homiletisch gestaltet wird, ist in hohem Maße von dieser Wahrnehmungskompetenz geprägt. Deshalb wird im methodischen Schritt der Auseinandersetzung mit den Hörenden mit empirischen Studien gearbeitet, insbesondere der Milieuforschung und den Kirchenmitgliedschaftsuntersuchungen. Sie vermögen es zum einen, die Wahrnehmung darin zu schulen, wie differenziert Menschen gerade auch in der evangelischen Kirche in ihren Erwartungen an Gottesdienst, Predigt und Kirche sind, zum anderen auch wahrzunehmen, welche Themen die Hörenden aus welchen Gründen interessieren, wie sie die Welt und die Rolle der Kirche in ihr sehen, wie sie Gottesdienste erleben usw. Wahrzunehmen, wie unterschiedlich etwa die Erwartungen an einen Gottesdienst sind, welche verschiedenen, zum Teil unvereinbaren Stile von Liturgie, von Beteiligung, von Predigtinhalten oder von Musik konkret als ansprechend und relevant erlebt werden, führt unmittelbar in eine Auseinandersetzung nicht nur mit der Frage, wie man selbst zu diesen Präferenzen steht, sondern vor allem, wie jeweils theologisch reflektiert und begründet mit diesen umgegangen werden kann. Dazu werden im Seminar schließlich Hinweise gegeben, wie in der beruflichen Praxis die Wahrnehmung der Gemeinde, in der man arbeitet, methodisch kontrolliert und ressourcenadäquat eingeübt werden kann.

3.2 (Re-)Konstruktionskompetenz – Bedeutung und eine (poimenische) Konkretion

Im Zuge der Enttraditionalisierung und folgerichtigen Individualisierung und Pluralisierung religiöser Lebensdeutungen und korrespondierender Praxisvollzüge wächst die Bedeutung der Kompetenz zur Konstruktionswahrnehmung und Rekonstruktion anderer subjektiver und sozialer Denkmuster und Handlungsorientierungen. Sie beinhaltet die Fähigkeit, nicht nur wahrzunehmen, sondern auch Zusammenhänge zwischen Theorien und durch sie geleiteten Wahrnehmungsprozessen kritisch zu reflektieren und damit für das religiöse Feld ernst zu nehmen, dass Religion ein »diskursiver Tatbestand« ist, dessen Identifikation aufgrund von theoretischen Setzungen und nicht aufgrund von ontischen Gegebenheiten erfolgt.[45] Was als religiös gilt, welche Vorstellungen von »Gott und der Welt« dabei wie vorkommen und ausgestaltet werden, in welcher Funktion sie für das Leben Einzelner oder von Gruppen bis hin zu Gesellschaften stehen, muss immer wieder neu analysiert, begrifflich erfasst und entsprechend theoretisch rekonstruiert werden. Diese Fragen wiederum nicht nur auf bestimmte Phänomene oder Praxisfelder zu beziehen, sondern möglichst breit Konstruktionen wahrzunehmen und Rekonstruktionen zu produzieren, dient der professionellen Flexibilität und damit dem kompetenten Umgang im religiösen Feld. In gebotener Kürze sei dies am Beispiel der Poimenik exemplarisch veranschaulicht:

Wer im seelsorgerlichen Geschehen weniger die direkte Verkündigung an den Einzelnen als vielmehr die begleitende Hilfe zur Selbsthilfe auch in Glaubensfragen versteht, ist fundamental auf die Fähigkeit angewiesen, die Konstruktionen anderer für sich selbst zunächst angemessen rekonstruieren zu

---

[45] Im Zuge dieser Reflexionen lässt sich eine wichtige Aufgabe im Zusammenhang insbesondere der Frage nach Religion und ihrem Verständnis für die Praktische Theologie identifizieren, wie sie etwa Rolf Schieder der Praktischen Theologie ins Stammbuch geschrieben hat: Er schlägt im Zuge der Inflation der Religionstheorien vor, den Blick von der Frage »Ist das wirklich Religion?« auf die Frage »Warum wird das behauptet?« zu lenken: »Die Aufgabe der Praktischen Theologie bestünde dann weniger darin, die Metaphorisierung des Religionsbegriffs noch weiter zu treiben; sie sollte ihr Augenmerk vielmehr auf die Analyse von Religionszuschreibungspraktiken richten. Sie [...] fragt, was von wem zu welcher Zeit als Religion in Anspruch genommen, als Religion erkannt und anerkannt wird.« Vgl. *R. Schieder*, Medien durchschauen. Zur Disziplinierung des Körpers und zur Metaphorisierung des Religionsbegriffs, in: *E. Hauschildt/M. Laube/U. Roth*, Praktische Theologie als Topographie des Christentums. Eine phänomenologische Wissenschaft und ihre hermeneutische Dimension, Rheinbach 2000, 255–269: 265. Eine Typologie der Teilnehmer am Religionsdeutungsdiskurs hat Christian Albrecht kürzlich vorgelegt, vgl. *C. Albrecht*, Perspektivenerwartungen in den gegenwärtigen Religionsdeutungsdebatten, in: *F. W. Graf/F. Voigt (Hg.)*, Religion(en) deuten. Transformationen der Religionsforschung, Berlin 2010, 291–302.

können und darin die Stellen identifizieren zu können, die für das Verständnis des Lebens und der Welt des Gegenüber wesentlich sind: Wie konstruiert das seelsorgerliche Gegenüber seine Realität? Was kann aufgrund welcher Religionstheorien als religiöse Dimension dieser Realitätskonstruktionen in den Blick kommen? Welche anschlussfähigen Konstruktionen erlauben es dem Gesprächspartner, seine eigene Sicht so zu rekonstruieren, dass er tatsächlich in den Zustand versetzt wird, sich selbst helfen zu können, also subjektiv empfundenen Lebensgewinn durch die Seelsorge zu erreichen? Um mit diesen Fragen professionell und kontextuell adäquat umgehen zu können, braucht es neben der Wahrnehmungskompetenz eine Kompetenz zur Konstruktion und Rekonstruktion von religiösen Vorstellungswelten und Lebensdeutungssystemen. Diese hermeneutischen Kompetenzen sind entsprechend in Kontexten der Seelsorgeausbildung theoretisch wie praktisch zu reflektieren, also sowohl in der Auseinandersetzung mit aktuellen Ergebnissen religionspsychologischer Forschung wie auch am Beispiel eigener Seelsorgeerfahrungen. In Berlin wurde und wird dies beispielsweise in einer Veranstaltung zur Seelsorge mit alten Menschen umgesetzt, in deren Rahmen nicht nur Ergebnisse aktueller empirischer Forschung wahrgenommen wurden, sondern Begegnungen mit Menschen in Pflegeheimen ermöglicht und bewusst Gesprächssituationen gesucht wurden, die im Nachhinein ausgewertet und unter der Frage reflektiert wurden, welche Möglichkeiten der Rekonstruktion sich den professionellen Theologinnen und Theologen aufgrund der in den Gesprächen präsentierten Konstruktionen für ein seelsorgerliches Gespräch real ermöglicht haben oder ermöglicht werden könnten. In regelmäßig angebotenen Seminaren zur Krankenhausseelsorge, als zweites Beispiel, werden Seelsorgegespräche im Krankenhaus aufgrund einer Kooperation mit der Krankenhausseelsorge und im direkten Dialog mit ihren Seelsorgerinnen und Seelsorgern – also in einem mehrdimensionalen Theorie-Praxis-Reflexions-Bezug – ermöglicht. Hier werden aufgrund von im Nachhinein verfassten Verbatims ebenfalls diejenigen religiösen Theorien und Konstruktionen anschaulich, die in einführenden Lehrveranstaltungen religionstheoretisch, vor allem auch religionspsychologisch erarbeitet wurden und nun noch einmal anders wahrgenommen und reflektiert werden können. Das Ziel ist entsprechend nicht nur die theoretische Auseinandersetzung, sondern angesichts realer Gegebenheiten im religiösen Feld selbst die Ausbildung professioneller Kompetenz.

3.3 Methodenkompetenz – Bedeutung und Konkretionen

Das professionelle Handeln im Umfeld von Religion steht vor ähnlichen Herausforderungen wie andere Berufe im Bildungs-, Sozial- und Gesundheitswesen. Diese Berufsgruppen verbindet die hohe Bedeutung sozialer Interaktion, die sich im jeweiligen Handlungsfeld über lange Zeit und in engem Bezug sowohl zu allgemeinen (institutionellen, gesellschaftlichen, lokalen) Handlungsnormen als auch zur eigenen beruflichen Biografie einpendelt. Berufliche Handlungsroutine spielt in produktiver wie potenziell dysfunktionaler Hinsicht die maßgebliche Rolle.[46] Eine Vorbereitung auf Professionalität in diesen Feldern beinhaltet deshalb notwendigerweise die Fähigkeit, sich reflexiv und kritisch auf die eigene Praxis bzw. das eigene Praxisfeld beziehen zu können. Das gelingt nur, wenn im Ausbildungszusammenhang nicht nur Informationen *über* das Praxisfeld, sondern Kompetenzen zur eigenständigen methodischen Erschließung erworben werden. Der spezifische Gewinn dieser ›Methodenkompetenz‹ besteht darin, sich selbst durch eine relative Distanznahme besser verstehen zu lernen. Es ist darum nicht unerheblich, dass im Theologiestudium gerade auch empirische Methoden *als* Methoden (exemplarisch) eingeführt, eingeübt und kritisch diskutiert werden, die sich *prinzipiell* auch für Rückfragen an die eigene Praxis eignen, ohne dass ein ›förmliches Forschungsprojekt‹ initiiert werden muss. Das schließt ein kritisches Bewusstsein für die Grenzen jeglicher Methode und den Grundsatz der Gegenstandsangemessenheit ein. Im Bereich der Pflichtcurricula der ev. Theologie an der Goethe-Universität in Frankfurt lassen sich etwa folgende Beispiele nennen:

- Im Rahmen einer für alle Lehrämter obligatorischen Übung ›Verständigung über Religion‹ wird ein einfaches kommunikationspsychologisches und religionsanalytisches Grundmodell eingeführt und zunächst anhand von Kommunikationssituationen erprobt, die Studierende in ihrem Alltag erlebt oder beobachtet haben. Neben anderen Erschließungswegen bietet dieses Modell sodann einen Grundbaustein für die Auswertung von komplexen Verständigungssituationen aus Unterrichtshospitationen, die die Studierenden im Semesterverlauf durchführen und in der Übung präsentieren. Sie gelangen dabei regelmäßig zur Bedeutung der ›hinter‹ der Unterrichtskommunikation stehenden, größtenteils habitualisierten Grundannahmen und Einstellungen ›zur Religion‹ im Kontext des schulischen Beziehungsgefüges, andererseits werden sie durch das methodische Instrumentarium in die Lage versetzt, kritisch zu ihren eigenen (religions-)didaktischen und (unterrichts-)kommunikativen Grundhaltungen zurückzufragen.
- Im letzten Drittel des Proseminars ›Praktische Theologie‹, das anhand einer thematischen Zuspitzung (etwa: ›Kommunikation und Kult‹) einen Überblick über Idee, Arbeitsweisen, inner- und außertheologische Bezüge des Faches gibt, präsentieren Studierende Mikroszenarien relevanter Praxis (etwa: die Entscheidung über das ›Gottesdienstprogramm‹ in einer Kirchengemeinde)

---

46 Vgl. *T. Wyller*, Ethik und Phänomenologie im Kontext von Professionspraxis und Professionstheorie, in: *Ders./H.-G. Heimbrock (Hg.)*, Den Anderen Wahrnehmen. Fallstudien und Theorien für respektvolles Handeln, Göttingen 2010, 11–22.

als Fallstudie, die der Seminargruppe einen Anlass bietet, praktisch-theologische Reflexion auf ein konkretes, empirisch gesättigtes Problem hin zu entwerfen. Im Vordergrund steht dabei, Vertrauen in den Sinn einer methodisch angeleiteten Zurückhaltung gegenüber rein intuitiven Entscheidungen zu fassen. Auf diese Weise lässt sich – im Proseminar notwendig rudimentär – einüben, dass und auf welche Weise die Praxis selbst im Lichte historischer, religionstheoretischer, systematisch-theologischer und exegetischer Perspektiven komplexer erscheint – und sich theologisch anspruchsvolles Handeln von dieser Auffächerung her nahelegt.

- Um die Eigenständigkeit des Methodenproblems erkennbar zu machen, wurde im Rahmen eines Seminars Religiöse Sozialisation (in unterschiedlichen theologischen Studiengängen verortet) ein eigenständiger, eintägiger ›Methodenworkshop zur Empirischen Theologie: Empirische Erschließung von Religion in der Alltagskultur‹ eingerichtet. Einen Schwerpunkt bildet die methodologische Sensibilisierung für die korrespondierende Entwicklung von einem professionsbezogenen Forschungsinteresse (etwa: der Erforschung der religiösen Vorstellung eines Grundschülers) über den methodischen Zugang (etwa: über einen Symbolbildungsprozess, der nicht allein kognitiv veranlagt ist) bis hin zu theoretisch unterfütterten Analysen (etwa: im Horizont sozialpsychologischer Entwicklungstheorien). Einen anderen Schwerpunkt bildet das Einüben relevanter, zugleich elementarisiert eingeführter Forschungszugänge (etwa: Teilnehmende Beobachtung, Arbeit mit Kinderzeichnungen sowie erschließende und analytische Arbeit mit (Interview-) Gesprächen), deren Erarbeitung in Kleingruppen durch Theologinnen und Theologen angeleitet wird, die selbst mit der jeweiligen Methode in ›größeren‹ Forschungszusammenhängen gearbeitet haben. Im Laufe des Semesters erkunden studentische Forschungsteams dann exemplarisch einen Teilaspekt Religiöser Sozialisation eines Kindes oder Jugendlichen und dokumentieren religionstheoretische wie religionspädagogische Einsichten in ihrer Seminararbeit. Hier dient Methodenkompetenz unmittelbar dem Ziel, Schülerinnen, Konfirmanden oder Zeitgenossen schlechthin als religiöse Subjekte aufzufassen und eigene, aber auch theoretisch normierte religiöse Präferenzen nicht vorschnell zum einzigen Maßstab professionellen Handelns zu erheben.[47]

Insgesamt löst Methodenkompetenz im Anschluss an und in Ergänzung zu Wahrnehmungs- und (Re-)Konstruktionskompetenz in dem hier ausgeführten Verständnis das theologische Desiderat ein, nicht die eigene religiöse Identität, son-

---

[47] In Berlin wird regelmäßig als studiengangsübergreifendes Angebot auch für den nichtkonsekutiven Masterstudiengang »Religion und Kultur« eine Übung zur Einführung in qualitative Methodik angeboten, die einem ganz ähnlichen Konzept folgt.

dern das darauf bezogene eigene religiöse Interesse differenzbewusst in die Vollzüge christlich-kirchlicher bzw. konfessionsbezogen-unterrichtlicher Praxis einzubringen. Sie steht nicht unvermittelt neben anderen ›Methoden‹ der Profession, sondern ergänzt dieses auf ein direktes Handeln ausgerichtete Regelwissen um die Reflexivität, mittels derer die angemessene »Anwendung auf einzelne Fälle« gelingt, die also nicht instrumentell deduziert, sondern »Mittel und Zweck« zusammenfallen lässt, wie es Schleiermacher als Leitbild methodischen Handelns einfordert.[48]

4 Ein Plädoyer für die Empirie in der praktisch-theologischen Ausbildung

Wie eng oder weit der Gegenstand der Praktischen Theologie auch gezogen wird, ob er als kirchliche Praxis oder ›Gelebte Religion‹ konturiert wird, das Interesse richtet sich auf etwas, das es erst zu erheben gilt. Unter den Bedingungen religiöser Transformationen gilt mehr denn je: Bestehende Praxis leitet sich nicht einfach aus Traditionen ab, sondern muss wahrgenommen und rekonstruiert werden, um tatsächlich Erkenntnisgewinn über sie und damit wiederum reflektierte Handlungsorientierung für sie zu erhalten. Entsprechend ist die Theologie insgesamt und in ihrer interdisziplinär-arbeitsteiligen Struktur maßgeblich die Praktische Theologie konstitutiv auf empirische Forschung angewiesen. Um adäquat für einen religiösen Beruf in Kirche und Schule ausgebildet zu sein, braucht es bereits *im Studium* das Aneignen eines empirischen Habitus, der sich in der Ausbildung einer Wahrnehmungs-, (Re-)Konstruktions- und Methodenkompetenz niederschlägt.

Erst in Verwirklichung dieses Desiderats lässt sich unseres Erachtens unter gegenwärtigen Bedingungen Theologie in ihrem funktionalen Sinne sinnvoll so konzipieren, wie es durch Schleiermacher in Adaption des reformatorischen Selbstverständnisses für die moderne Universität eingefordert wurde. Durch den Einbezug der empirischen Forschung, insbesondere empirischer Religionsforschung, leistet die Praktische Theologie der Theologie mit all ihren Disziplinen insgesamt den Dienst, den doppelten Praxisbezug zu ermöglichen. Sie erfüllt mit zunehmender Berücksichtigung ›der Empirie‹ sowohl eine Schlüsselfunktion in sachlicher Hinsicht als auch eine Schlüsselrolle zur Ausprägung von Basiskompetenzen in hochschuldidaktischer Hinsicht: Andere theologische Disziplinen integrieren zunehmend die Maßstäbe sozial- und humanwissenschaftlicher, empirischer Forschung – von den Implikationen empirischer Beschreibung sozialer Wirklichkeit in der theologischen Ethik über die Bedeutung individueller

---

[48] Vgl. *F. D. E. Schleiermacher*, a. a. O. (Anm. 16), § 263–265.

Überzeugungen für dogmatische Theoriebildung bis hin zur wechselseitigen Integration rezeptions-empirischer Einsichten und kulturgeschichtlicher Verstehenszuwächse in den exegetischen Disziplinen. Die besondere Verantwortung der Praktischen Theologie für die Theologie als Ganze liegt darin, das Element solider empirischer Grundkompetenzen schon in der theologischen Ausbildung immer wieder und verstärkt einzufordern, es in seiner theologischen Bedeutung zu explizieren und auf die Kriterien angemessener Implementierung zu verweisen. Zu diesen Kriterien, die gerade in einer Phase des ›empirischen Trends‹ geltend gemacht werden müssen, zählen zum einen ein Mindestmaß reflexiver Komplexität auf der Diskurshöhe methodologischer Debatten in und mit den empirischen Bezugswissenschaften sowie zum anderen eine perspektivische Verpflichtung auf die drängenden Fragen, die der kritisch-interessierte Blick auf die konkrete Wirklichkeit (christlich-)religiöser Praxis zutage fördert.

Die Zukunft der Kirche (sicher nicht die Zukunft der ›Gelebten Religion‹!) hängt wesentlich nicht nur von der Gestaltung ihrer Organisationsstruktur ab, sondern auch und zuerst von der professionellen Kompetenz ihrer hauptamtlichen Mitarbeiterinnen und Mitarbeiter. Die verstärkte Integration empirischer (Religions-)Forschung in die Theologie und deren konsequente hochschuldidaktische Ausgestaltung zwischen Praxis- und Erfahrungsbezug ist für die Ausbildung dieser Kompetenz dringend geboten.

Autoren und Autorinnen

Dr. Lars Charbonnier, Jahrgang 1977, ist Wissenschaftlicher Mitarbeiter am Seminar für Praktische Theologie an der Theologischen Fakultät der Humboldt-Universität zu Berlin. Forschungsschwerpunkte sind: Empirische Religionsforschung, Altersforschung und Homiletik.

Dr. Kristian Fechtner, Jahrgang 1961, ist Professor für Praktische Theologie an der Evangelisch-Theologischen Fakultät der Johannes Gutenberg-Universität Mainz. Themenschwerpunkte sind: neben Liturgik und Homiletik Kasual- und Kirchentheorie in empirischer und kulturhermeneutischer Perspektive.

Dr. Wilhelm Gräb, Jahrgang 1948, ist Professor für Praktische Theologie an der Humboldt-Universität Berlin und Extraordinary Professor at the University Stellenbosch, South Africa. Aktuelle Forschungsschwerpunkte sind: Religion und Kultur, Religion und Menschenrechte, Bedingungen religiöser Kommunikation.

Dr. Hans-Günter Heimbrock, Jahrgang 1948, ist Professor für Praktische Theologie und Religionspädagogik am Fachbereich Evangelische Theologie der Goethe-Universität Frankfurt/Main. Forschungsschwerpunkte sind: Theorie und Methode Empirischer Theologie auf phänomenologischer Basis und Religionsdidaktik im Kontext Europas.

Dr. Andreas Kubik, Jahrgang 1973, ist Juniorprofessor für Praktische Theologie an der Theologischen Fakultät der Universität Rostock. Forschungsschwerpunkte sind: die Theorie religiöser Kommunikation sowie das Verhältnis von Religion und Aufklärung.

Dr. Kristin Merle, Jahrgang 1974, ist Assistentin am Lehrstuhl für Praktische Theologie (mit den Schwerpunkten Pastoraltheologie und Seelsorgelehre) der Eberhard Karls Universität Tübingen und Pfarrerin der Württembergischen Landeskirche. Forschungsschwerpunkte sind: Religion und Medien, Seelsorge, empirische Sozialforschung.

Dr. Peter Meyer, Jahrgang 1978, 2006–2012 Wissenschaftlicher Mitarbeiter am Fachbereich Ev. Theologie der Goethe-Universität Frankfurt/Main, seit 2012 Vikar der Evangelischen Kirche in Hessen und Nassau. Forschungsschwerpunkte sind: Predigtforschung, Phänomenologie gesprochener Sprache sowie empirische Methodologien der Praktischen Theologie.

Dr. Dr. Christoph Morgenthaler, Jahrgang 1946, emeritierter Professor für Seelsorge und Pastoralpsychologie an der Theologischen Fakultät der Universität Bern. Forschungsschwerpunkte sind: empirische Religionsforschung und systemische Seelsorge.

Dr. Christian Mulia, Jahrgang 1972, ist Wissenschaftlicher Mitarbeiter am Seminar für Praktische Theologie der Johannes Gutenberg-Universität Mainz. Forschungsschwerpunkte sind: freiwilliges Engagement in Kirche und Gesellschaft, Religionsgerontologie und Riskante Liturgien.

Dr. Christoph Müller, Jahrgang 1944, ist emeritierter Professor für Praktische Theologie (Homiletik, Liturgik und Kommunikationswissenschaften) an der Theologischen Fakultät der Universität Bern. Forschungsschwerpunkte sind: empirische Zugänge zu Kasualien (insbes. Taufe), Ambivalenztheorie und Praktische Theologie.

Dr. M.A. Angela Treiber, Jahrgang 1962, ist Professorin für Europäische Ethnologie/ Volkskunde an der Katholischen Universität Eichstätt-Ingolstadt. Publikationen im Bereich historische und empirische Religionsforschung (populäre Religiosität), Theorie- und Wissenschaftsgeschichte, Geschichte von Wissensmilieus, Alltags- und Sozialgeschichte regionaler Kulturen.

Cornelia Queisser, Jahrgang 1983, ist Studienreferendarin. Dissertation über Paul Drews' Programm einer empirisch orientierten Theologie (Rostock 2013).

Dr. Birgit Weyel, Jahrgang 1964, ist Professorin für Praktische Theologie in Tübingen mit den Schwerpunkten Pastoraltheologie und Seelsorgelehre. Aktuelle Forschungsschwerpunkte sind: Religion und Empirie, Religion und Gesundheit, Formen religiöser Sozialität sowie die Funktion Heiliger Texte für die Lebensdeutung.

Dr. Ralph Winkle, Jahrgang 1964, Wissenschaftlicher Mitarbeiter am Laboratoire d'anthropologie et de sociologie (LAS) an der Université de Rennes mit einem Projekt über Erscheinungsformen popularer Religiosität in Kriegszeiten. Verschiedene Publikationen zu den Themenbereichen Symbolisierung von Kriegserfahrung, populare Religiosität und Filmanalyse.

Register